Verein Münchener Entomologischer

Mitteilungen des Münchener Entomologischen Vereins

Verein Münchener Entomologischer

Mitteilungen des Münchener Entomologischen Vereins

ISBN/EAN: 9783744682541

Hergestellt in Europa, USA, Kanada, Australien, Japan

Cover: Foto ©ninafisch / pixelio.de

Weitere Bücher finden Sie auf **www.hansebooks.com**

Mittheilungen

des

Münchener
Entomologischen Vereins.

Erster Jahrgang.
1877.

Erstes Heft.

Dazu 1 Kupfertafel.

Redacteur: v. Harold.

München.
Theodor Ackermann.
1877.

Sitzungsberichte
des
Münchener Entomologischen Vereins.

Der Wunsch, auch in München, ähnlich wie in anderen grösseren Städten, für die entomologischen Interessen ein Centrum zu schaffen, veranlasste gegen Ende 1876 einige Freunde der Insektenkunde, geeignete Massnahmen zur Erreichung dieses Zieles in Erwägung zu ziehen. Nach einigen Vorbesprechungen, an denen sich die Herren Bastelberger, Dr. Gemminger, Dr. Graff, v. Harold, Hartmann, Hiendlmayer, Dr. Krantz, Dr. Kriechbaumer, E. Steinheil, Strasser und F. Will betheiligten, wurde beschlossen, einen Aufruf an die hiesigen Gesinnungsgenossen zur Gründung eines Entomologischen Vereins resp. zu einer ersten constituirenden Sitzung desselben zu erlassen.

Es betheiligten sich an dieser ersten Versammlung 22 Herren. Mehrere der Geladenen, am persönlichen Erscheinen verhindert, hatten ihre Zustimmung und ihren Beitritt schriftlich erklärt. Nachdem der provisorisch mit der Geschäftsleitung beauftragte H. v. Harold in kurzen Worten den Anwesenden den Zweck der Vereinigung dargelegt, wurde zur Berathung eines schon vorgearbeiteten Statutenentwurfs geschritten und schliesslich nach einigen Debatten der Wortlaut der Vereinsstatuten in nachstehender Weise festgestellt:

§ 1.

Zweck des Münchener Entomologischen Vereins ist die Förderung der Entomologie, unter besonderer Berücksichtigung der bayerischen Fauna, durch gesellige Zusammenkünfte unter den hiesigen Mitgliedern und durch Herausgabe einer besonderen Zeitschrift.

§ 2.

Mitglied des Vereins kann ein Jeder werden, der sich für Entomologie interessirt und den Jahresbeitrag geleistet hat. Dieser berechnet sich für die Mitglieder innerhalb des deutsch-österreichischen Postverbandes auf jährlich 6 Mark, für die ausserhalb dieses Verbandes befindlichen auf 6 Mark 50 Pfg. Die Zeitschrift wird den Mitgliedern franco unter Kreuzband zugesendet.

§ 3.

Die Aufnahme neuer Mitglieder geschieht, wenn dieselben dem Vorstande des Vereins oder einem der Münchener Mitglieder ihre Geneigtheit zum Beitritte mitgetheilt haben und alsdann in der nächsten Sitzung zum Mitgliede vorgeschlagen sind, ohne dass sich ein begründeter Einspruch gegen ihre Aufnahme geltend gemacht hat. Als begründeter Einspruch ist derjenige zu erachten, welchen die Majorität der Versammlung als triftig anerkennt.

Gäste können nur durch Mitglieder des Vereins eingeführt werden.

§ 4.

Der Ausschuss der Gesellschaft besteht aus:
1. dem Vorstande,
2. dessen Stellvertreter,
3. dem ersten Schriftführer,
4. dem zweiten Schriftführer,
5. dem Cassier.

Der Vorstand, in dessen Abwesenheit der Stellvertreter, präsidirt den Sitzungen und vertritt die Interessen des Vereins nach jeder Richtung. Er repräsentirt den Verein nach Aussen und den Behörden gegenüber. Ergibt sich bei Abstimmungen Stimmengleichheit, so gibt seine Stimme den Ausschlag.

Die Schriftführer führen gemeinschaftlich mit dem Vorstande die Correspondenz, halten die Mitgliederliste evident und verfassen die Sitzungsprotokolle.

Der Cassier besorgt die Geldangelegenheiten des Vereins, cassirt die Beiträge ein, quittirt dieselben und erstattet bei Jahresschluss Bericht über die Finanzlage.

Die Dauer obiger Funktionen erstreckt sich auf ein Jahr und beginnt das erste Gesellschaftsjahr mit dem 1. Januar 1877. Vor Ablauf des Jahres wird in einer Generalversammlung zur Neuwahl resp. Bestätigung der bisherigen Funktionäre geschritten.

§ 5.

Abänderung der Statuten sowie Zusätze zu denselben können nur in Generalversammlungen beschlossen werden. Hiezu ist die Majorität von zwei Drittheilen der Anwesenden erforderlich.

§ 6.

Die Auflösung der Gesellschaft findet statt, sobald sich drei Viertel der einheimischen (Münchener) Mitglieder hiefür ausgesprochen haben. Ueber allenfallsige Besitzstände des Vereins wird in der Generalversammlung Beschluss gefasst.

Sämmtliche Anwesende zeichneten sich hierauf in die aufliegende Mitgliederliste ein und nahmen sodann die Wahl des Vorstandes und des Ausschusses vor. Gewählt wurden:

Herr v. Harold als Vorstand,
Herr Dr. Kriechbaumer als Stellvertreter,
Herr F. Will als erster Schriftführer,
Herr M. Bastelberger als zweiter Schriftführer,
Herr F. Strasser als Cassier.

Die Genannten richteten einige Worte des Dankes an ihre Wähler für das in sie gesetzte Vertrauen und wurde die Sitzung, nachdem noch Zusammenkünfte in vierzehntägigen Terminen beschlossen wurden, um 12 Uhr geschlossen.

Sitzung vom 13. Dezember 1876.

Vorsitzender: Herr v. Harold. Anwesend: 16 Mitglieder.

Als neue Mitglieder werden vorgeschlagen und aufgenommen: Die Herren Oskar v. Kolb, Apotheker in Kempten, Bernhard Wagener, Marine-Intendantur-Secretair in Kiel und A. Fuchs, Pfarrer in Bornich, Hessen-Nassau.

Der Vorsitzende gibt bekannt, dass die bei der vorigen Zusammenkunft abwesenden Herren Dr. Gemminger, Frhr. v. Reichlin, Dr. Mess, A. Ebenböck und J. Merkel in die Mitgliederliste des Vereins sich eingezeichnet haben. Derselbe schlägt hierauf vor, in den Sitzungen jedesmal über neu eingehende entomologische Publikationen ein kurzes Referat zu erstatten. Die darauffolgende Discussion über die vom Vereine herauszugebende Zeitschrift führt zu dem Resultate, dass zu diesem Zwecke eine eigene Redactions-Commission gebildet werden soll. Gewählt werden in dieselbe: Herr v. Harold (dieser zugleich als Redacteur), E. Steinheil, Dr. Kriechbaumer und Hartmann. Die Commission wird beauftragt, bei einer der nächsten Sitzungen über die Modalitäten der Publikation Bericht zu erstatten.

Mit der Function eines Bibliothekars wird Dr. Kriechbaumer betraut.

Die Sitzung wird um 11 Uhr geschlossen.

Sitzungsberichte

Sitzung vom 27. Dezember 1876.

Vorsitzender: Herr v. Harold. Anwesend: 11 Mitglieder.

Als neue Mitglieder werden vorgeschlagen und aufgenommen: Die Herren Victor v. Röder in Hoym, Herzogthum Anhalt, Dr. L. v. Heyden und Dr. G. Haag-Rutenberg in Frankfurt a. M.

Der Vorsitzende legt den Anwesenden den Entwurf einer Geschäftsordnung vor. Nach längerer Debatte wird eine solche festgestellt, vom Ausschusse unterzeichnet und zu den Akten der Gesellschaft gelegt.

Nachdem Herr E. Steinheil und der Vorsitzende über neuere Literatur referirt, erstattet Letzterer im Auftrage der Redactions-Commission Bericht über den Plan der Zeitschrift. Derselbe schickt die Bemerkung voraus, dass es ihm gerade in der Aufgabe entomologischer Gesellschaften gelegen zu sein scheine, in ihren Publikationen formelle Correktheit aufrecht zu halten, um daraus jene vielfachen sprachlichen Barbarismen und Verstösse gegen allgemein anerkannte Regeln fern zu halten, welche namentlich in neuerer Zeit in der Literatur auftreten und ganz geeignet sind, die Entomologie in den Augen der wissenschaftlich gebildeten Zoologen zu discreditiren. Je zugänglicher die Entomologie für Jedermann ist, desto näher liege auch die Gefahr, dass Leute ohne alle naturwissenschaftliche Vorbildung und selbst ohne genügende Schulbildung das literarische Gebiet betreten. Liefere ein solcher ein selbstständiges, auf seine eigenen Kosten erscheinendes Werk, so bleibe er für den Inhalt desselben allein verantwortlich. Erfolge aber die Publikation in einer Vereinsschrift, so sei es dieser Verein sich, dem Autor und der Wissenschaft schuldig, alles Fehlerhafte daraus fern zu halten. Wenn aber entomologische Fachschriften fort und fort den Kartoffelkäfer Doryphora decemlineata nennen (das Thier ist entweder als Chrysomela oder als Leptinotarsa zu bezeichnen, eine Doryphora ist es niemals), oder Coutorhynchus, Cucujipes, Bostrichus u. s. w. festhalten, mitunter auch Beschreibungen novarum Lepidopterarum aufnehmen, dann fördern sie eben den Dilettantismus und nicht die Wissenschaft.

Die Gesellschaft beschliesst in Betreff der Publikation nachstehende Satzungen aufzustellen, welche zugleich für die Redactions-Commission als Regulativ bei ihren Geschäften dienen soll.

1.

Der Verein gibt jährlich unter dem Titel „Mittheilungen des Münchener Entomologischen Vereins" eine Publikation heraus, deren Umfang vorläufig auf 10—12 Druckbogen per Jahrgang projektirt ist.

2.

Die „Mittheilungen" erscheinen zweimal im Jahre, in Heften von durchschnittlich 5—6 Druckbogen.

3.

Die „Mittheilungen" zerfallen in zwei Abtheilungen. Die erstere umfasst die grösseren Originalarbeiten, insbesondere die descriptiven Aufsätze. Die zweite ist für die Vereinsangelegenheiten bestimmt, enthält kleinere Notizen, Correspondenzen und das Wesentlichste aus den Vereinssitzungen. Beschreibungen neuer Arten sollen grundsätzlich aus dieser zweiten Abtheilung ausgeschlossen sein und bleiben für den descriptiven Theil reservirt.

4.

Die Correkturen werden von den einzelnen Commissions-Mitgliedern, die Revisionen vom Vorstande vorgenommen. Letzterer übernimmt Redaction und Correktur der Sitzungsberichte.

5.

Bei ihren Funktionen verfährt die Redactions-Commission nach anfolgender, ihr vom Vereine auferlegter Instruktion:

a) Sie prüft die einlaufenden Manuskripte und entscheidet über deren Aufnahme in die Zeitschrift. Für die von den Verfassern in ihren jeweiligen Arbeiten ausgesprochenen Ansichten übernimmt weder die Gesellschaft noch die Commission irgend welche Verantwortlichkeit.

b) Die Commission wird es sich zur Aufgabe machen, bei völliger Wahrung der sachlichen Intergrität der betreffenden Artikel, für die formelle Correktheit derselben einzutreten.

c) Sie wird an einer gleichmässigen Orthographie in der deutschen Sprache festhalten und zwar nach den dermalen bestehenden, durch den Gebrauch sanktionirten Normen.

d) Grammatikalische Verstösse in Wortbildungen, im lateinischen oder griechischen Texte, werden einfach beseitigt. In Fällen jedoch, wo derartige Fehler nicht geradezu als Schreib- oder Flüchtigkeitsfehler zu betrachten sind, setzt sich die Commission behufs Herstellung eines richtigen Textes mit dem betreffenden Autor in's Benehmen.

e) Die Commission wird bestrebt sein, soweit ihr dies möglich ist, die Verwendung schon anderweitig vergebener Namen in den ihr vorgelegten

Arbeiten zu verhindern. Hat sie gegründete Anhaltspunkte dafür, dass bei Neubeschreibungen die fragliche Novität schon früher bekannt gemacht ist, so conferirt sie gleichfalls mit dem Autor über den Gegenstand.

6.

Die Commission trifft unter den vorgelegten Arbeiten, nachdem sie dieselben in vorstehender Weise geprüft hat, die geeignete Auswahl und bestimmt den Inhalt der Hefte. Sie wird darauf bedacht sein, den Interessen der verschiedenen Ordnungen nach Möglichkeit gerecht zu werden. Soweit nicht durch diese Rücksichtnahme auf die Vertheilung des Stoffes oder auf den Umfang der Hefte Ausnahmen nothwendig erscheinen, entscheidet für die Reihenfolge der Artikel das Datum ihrer Präsentation.

7.

Die Commission beginnt mit dem Drucke eines Heftes erst dann, wenn der Rechnungsführer den Voranschlag der Druckkosten als durch das Vereinsvermögen gedeckt erklärt.

8.

Von dem Gesichtspunkte ausgehend, dass die Herstellung von Separat-Abdrücken der einzelnen Artikel zwar höchst wünschenswerth für die Interessenten der einzelnen Insekten-Ordnungen ist, dagegen auf den Absatz der Zeitschrift selbst nachtheilig einwirken muss, kann die Redactions-Commission die Freigabe derselben nur bis zur Anzahl von 15 Stücken für die betreffenden Autoren befürworten, vorausgesetzt, dass diese auch Mitglieder des Vereins sind.

Auf die Anfrage einiger Mitglieder hin, ob der Verein Diplome auszufertigen gedenke, wird der Beschluss gefasst, vorerst hievon abzusehen und zur offiziellen Correspondenz eigene Vereins-Postkarten zu gebrauchen, die als Aufnahmsbelege und auch als Quittungen dienen sollen.

Hr. Dr. Kriechbaumer berichtet über eine Anzahl Insekten, die in Ingolstadt auf Spargelpflanzungen schädlich aufgetreten sind.

Hr. Hartmann zeigt eine Partie Insekten vor, die sich aus Fichtenzapfen entwickelten, welche er hier im Hirschgarten aufgelesen hatte. Ausser einigen unbestimmten Arten bemerkt man darunter *Euzophera terebrella, Grapholitha strobilella, pactolana, Tinea cloacella, Halyzia conglobata, Ernobius mollis, Anisotoma dubia, Rhagonycha mela-*

mura, Aricia lardaria, Syrphus lunulatus, Chrysopa prasina, Inocellia crassicornis, Phanerotoma dentata, Macrocentrus marginator und *Pimpla strobilorum*.

Schluss der Sitzung um 11 Uhr.

Sitzung vom 10. Januar 1877.

Vorsitzender: Hr. v. Harold. Anwesend: 11 Herren.

Als neue Mitglieder werden vorgeschlagen und aufgenommen: Die Herren Edmund Reitter in Paskau, Adolph Schwab, Apotheker in Mistek (Mähren), Dr. F. Katter, Gymnasiallehrer zu Puthus, Dr. O. Staudinger in Blasewitz und Direktor C. A. Dohrn in Stettin.

Die Versammlung fasst hierauf einstimmig den Beschluss, Herrn Professor Dr. von Siebold zum Ehrenmitgliede des Vereins zu ernennen.

Dr. Kriechbaumer und der Vorsitzende referiren über neuere Literatur. Letzterer spricht sich bei dieser Gelegenheit gegen den Gebrauch aus, jede Varietät mit eigenem Namen zu belegen, indem ihm hiedurch die Nomenclatur überbürdet und deren dionymisches Grundprinzip gefährdet erscheint. Hiegegen macht Dr. Kriechbaumer die Ansicht geltend, dass durch eine eigene Benennung sich die fragliche Form dem Gedächtniss besser einprägt und deutlicher bezeichnen lässt. Dr. Graff erörtert die Nothwendigkeit, jede, wenn auch noch so geringe, Abweichung von der Stammform genauestens zu beschreiben und auch eigens zu benennen, um für das Studium der Variationsfähigkeit der einzelnen Arten Material zu gewinnen.

Es folgt eine weitere Discussion über die sogenannte Mimicry, wobei der Vorsitzende die Ansicht ausspricht, dass in den fraglichen Fällen wohl überall Zufall oder Nothwendigkeit, zweckbewusstes Streben dagegen schwerlich anzunehmen sei.

Baron v. Gumppenberg zeigt den ersten Band seiner nach der Natur abgebildeten Lepidopteren vor. Die Versammlung nimmt mit regem Interesse Einsicht von der höchst gelungenen Ausführung der Darstellungen.

Hr. Bastelberger hält einen Vortrag über eine von ihm construirte Reise-Lichtfalle, einen Apparat, der so compendiös eingerichtet ist, dass er leicht verpackt und bequem transportirt werden kann.

Schluss der Sitzung um $10^{1}/_{2}$ Uhr.

Sitzung vom 24. Januar 1877.

Vorsitzender: Hr. v. Harold. Anwesend: 13 Mitglieder; als Gast: Hr. Hauptmann v. Sudtner.

Als neue Mitglieder werden vorgeschlagen und aufgenommen: Die Herren Professor Dr. Schmidt-Göbel in Wien und C. Schmidt, Pfarrer in Zülzefitz bei Labes (Pommern).

Hr. E. Reitter schickt zwei Artikel für die Zeitschrift ein, einen über die Gattungen *Merophysia* Luc., *Coluocera* Motsch. und *Reitteria* Leder, den anderen über die Gattungen *Platamus* und *Telephanus* Er. Dieselben werden der Redactions-Commission vorgelegt, welche deren Druck beschliesst. Hr. Dr. R. Gestro bietet die Annali des Museo civico di Genova im Tausche gegen die Vereins-Zeitschrift an. Der Antrag wird genehmigt.

Nach dem Referate über Literatur zeigt Dr. Kriechbaumer einige Hymenopteren vor, die er von Hrn. Gribodo in Turin zugesendet erhalten. Es findet sich darunter ein Bombus Americanorum, aus dessen letztem Hinterleibsringe der Kopf einer *Conops*-Art hervorsieht, ferner eine *Polistes gallica*, die einen Stylopiden zeigt.

Der Vorsitzende hält hierauf einen längeren Vortrag, in welchem er auf die Wichtigkeit der Studien über die geographische Verbreitung der Arten hinweist. Er bemerkt, dass für die scharfe Umgränzung der Verbreitungsareale vor Allem detaillirte Fundortsangaben erforderlich sind, dass aber in dieser Beziehung das Material noch dürftig ist. Ohne eine solche genaue Kenntniss der Verbreitungsbezirke scheint ihm die Verbindung der bisherigen mangelhaften Angaben zu allgemeineren Schlüssen verfrüht. Er findet in der genauen Durchforschung einzelner Localfaunen das geeignetste Mittel, um nach und nach, in dem Masse als sich diese Beobachtungsstationen vermehren und unter einander in Beziehung treten werden, den jeweiligen Gränzen der Wohnungsgebiete auf die Spur zu kommen. Er bringt daher die Anfertigung eines kritischen, auf sorgfältiger Bestimmung gestützten Verzeichnisses der Münchener Localfauna in Vorschlag und gibt einen Ueberblick über die bis jetzt vorliegenden und zu diesem Zweck brauchbaren Quellen.

Wegen vorgerückter Stunde wird der Schluss des Vortrages auf die nächste Sitzung verschoben und die gegenwärtige um 11 Uhr geschlossen.

Sitzung vom 7. Februar 1877.

Vorsitzender: Hr. v. Harold. Anwesend: 11 Herren; als Gast: Hr. Maler Eibach.

Der Vorsitzende verliest ein Schreiben des Herrn Professors Dr. v. Siebold, worin derselbe für seine Ernennung zum Ehren-Mitgliede des Vereins seinen Dank und zugleich die besten Wünsche für dessen Gedeihen ausspricht.

Als neue Mitglieder werden vorgeschlagen und aufgenommen: Die Herren Manuel Paulino d'Oliveira in Coimbra, Henri Tournier in Peney bei Genf und Theodor Kirsch, Apotheker in Dresden.

Herr E. Reitter sendet eine Arbeit für die Zeitschrift ein, enthaltend neue Arten und Gattungen der *Cucujidae*, *Nitidulidae*, *Trogositidae* und *Cryptophagidae*. Dieselbe wird der Redactions-Commission zugewiesen, welche deren Druck beschliesst.

Hr. F. Will erstattet unter Vorzeigung der Objekte einen kurzen Bericht über die von ihm am 25., 26. und 28. Dezember vorigen Jahres bei Erlangen gesammelten Coleopteren. Die Ausbeute betrug 34 Arten, auch wurde unter Tannenrinde die Larve der *Anthaxia morio* in 6 Exemplaren gefunden.

Es wird eine Zuschrift des Hrn. v. Röder vorgelesen, worin sich derselbe zur Bestimmung von Dipteren bereit erklärt.

Der Vorsitzende setzt hierauf seinen Vortrag über die Erforschung der Münchener Fauna fort. Es werden zwei Karten vorgezeigt, eine von Europa, die andere von Bayern, auf welchen die bisher nachgewiesenen Fundstellen des *Carabus nitens* eingezeichnet und durch Linien unter sich verbunden sind. Für das Vorkommen in Europa ergeben die vorliegenden Angaben ein ziemlich klares Bild über das Verbreitungsareal, namentlich scheint dessen Gränze im Süden durch den Fundort Innsbruck festgestellt. Die Nachweise für die Verbreitung in Bayern sind jedoch lückenhaft und lässt sich eine bestimmtere Abgränzung des Wohngebietes gegen das von diesem *Carabus* nicht bewohnte Terrain, namentlich gegen den Kreis Mittelfranken hin, zur Zeit nicht ersehen. Indem der Vortragende dann auf die Einzelnheiten zum Zwecke der praktischen Durchführung des Projektes eingeht, hebt er zum Schlusse besonders die Nothwendigkeit hervor, ein verhältnissmässig engbegränztes Terrain als Explorationsgebiet aufzufassen, da demselben sonst der Charakter einer faunistischen Einheit abhanden käme und das Bild einer Münchener Localfauna durch Einführung fremdartiger Elemente getrübt würde. Was die Begränzung selbst betrifft, so schlägt derselbe, in Anbetracht dass bei so beschränkter Räumlichkeit von natürlichen Gränzen überhaupt nicht die Rede sein kann, einen vom Mittelpunkte der Stadt ausgezogenen Kreis mit einer Radiuslänge von 15 Kilometer vor.

Nach längerer Debatte über den Gegenstand, bei welcher sich namentlich die Ansicht geltend macht, dass ein Kreis von grösserer Ausdehnung sich anempfehle, weil im eigentlichen Stadtgebiete und dessen nächster, von der Cultur ganz beherrschter Umgebung ohnehin keine Sammelergebnisse zu erwarten seien, beschliesst die Gesellschaft Nachstehendes:

1. Als Gränze der Münchener Fauna, deren kritische Erforschung sich der Verein zur Aufgabe stellt, wird ein Kreis vom Mittelpunkte der Stadt aus mit einer Radiuslänge von 20 Kilometer angenommen. Auf einem, bei den Akten der Gesellschaft deponirten Kärtchen wird dieser Kreis eingetragen und gilt in Zweifelsfällen als Auskunftsbeleg.

2. Das Verzeichniss soll vorerst nur im Manuskript angelegt und nach und nach durch Zusätze und Berichtigungen vervollkommnet werden. Die Gesellschaft behält sich vor, seiner Zeit die Drucklegung in Erwägung zu ziehen. Die Anlage findet auf einzelnen Blättern statt, in der Weise, dass jede Art auf einem eigenen Blatte vorgetragen wird.

3. Die einzelnen Ordnungen werden nachbenannten Herren zur Bearbeitung zugewiesen: Coleopteren: Hrn. v. Harold und Dr. Gemminger; Lepidopteren: Hrn. Hartmann und Professor Ebenböck; Hymenopteren: Hrn. Dr. Kriechbaumer; Dipteren: Hrn. Hiendlmayer.

Für die nicht genannten Ordnungen, welche keine Bearbeiter in loco gefunden haben, wird der Verein bestrebt sein, auswärtige Kräfte zu gewinnen.

Die Sitzung wird um 10 $^{1}/_{2}$ Uhr geschlossen.

Sitzung vom 21. Februar 1877.

Vorsitzender: Hr. v. Harold. Anwesend: 15 Herren; als Gast: Hr. Dr. Spangenberg.

Als neue Mitglieder werden vorgeschlagen und aufgenommen: Die Herren Dr. Oskar von Schneider in Dresden und Dr. August Forel in München.

Von Hrn. Dr. Lucas von Heyden ist für die Vereinsschrift eine Arbeit eingeschickt worden, welche die jüngst erschienenen Mélanges Entomologiques sur les Insectes du Portugal von Manuel Paulino d'Oliveira zum Gegenstand hat. Dieselbe wird der Redactions-Commission zugewiesen, welche deren Druck beschliesst.

Der Vorsitzende legt hierauf ein von August Ahrens herrührendes Preis-Verzeichniss nordamerikanischer Coleopteren vom Jahre 1837 vor, welches eine bibliographische Seltenheit bildet, die auch Hagen in seiner Bibliotheca Entomologica nicht aufführt. Es sind darin mehrere neue Arten beschrieben, die Anwesenden treten jedoch der vom Vorsitzenden ausgesprochenen Ansicht bei, dass ein derartiges Opusculum, das weder Druckort noch Verleger ausweist und daher niemals durch den Buchhandel zu beziehen war, nicht als Publikation aufzufassen, somit den darin enthaltenen Beschreibungen auch keine Berücksichtigung zu ertheilen ist.

Hierauf bringt Hr. Dr. Graff nachstehenden Antrag ein:

„Es möge der Verein bei Anlage seines kritischen Verzeichnisses der Münchener Fauna dasselbe nicht auf die Insekten allein beschränken, sondern, bis zur eventuellen Constituirung eines naturwissenschaftlichen Vereins auch gleiche Nachweise über sämmtliche andere Thierklassen entgegennehmen und dieselben einstweilen bei seinen Akten verwahren."

Der Antrag findet allseitige Zustimmung.

Auf die Tagesordnung der nächsten Sitzung bringt Hr. Dr. Steinheil folgenden Antrag:

„Ausser der Münchener Fauna, die durch einen Kreis von 20 Kilometer Radius abgegränzt wird, wendet der Verein seine spezielle Thätigkeit auch noch der Fauna von Oberbayern zu, durch genaue Feststellung in Bezug auf Art, Localität, Erscheinungszeit und Häufigkeit des Vorkommens, um im Anschluss an die Nachbarfaunen die Verbreitung der verschiedenen Arten und die Gränzen ihrer Areale constatiren zu helfen, da hierin mehrfach Lücken bestehen."

Die Sitzung wird um 10 Uhr geschlossen.

Sitzung vom 7. März 1877.

Vorsitzender: Hr. v. Harold. Anwesend: 11 Herren; als Gast: Hr. Lieutenant Böhm.

Als neue Mitglieder werden vorgeschlagen und aufgenommen: Die Herren A. Proudhomme de Borre in Brüssel und Dr. F. Chapuis in Verviers.

Nachdem Hr. Dr. Forel und der Vorsitzende über neuere Literatur Bericht erstattet, gibt Letzterer der Versammlung bekannt, dass an Stelle des Herrn Bastelberger, welcher sein Domizil nach Strassburg verlegt hat, ein zweiter Schriftführer zu wählen sei. Die sofort vorgenommene Wahl fällt auf Herrn E. Steinheil, welcher jedoch im Hinblick auf seine Geschäftsthätigkeit, die ihm mitunter längere Abwesenheit von München auferlegt, die Wahl dankend ablehnen zu müssen glaubt.

Auf Vorschlag des Vorsitzenden wird eine Neuwahl für die nächste Sitzung anberaumt.

Zur Tagesordnung übergehend, beschäftigt sich hierauf die Gesellschaft mit dem Antrage des Hrn. Dr. Steinheil. Nach längerer Debatte einigt sich dieselbe dahin, dass an dem früheren Beschlusse in Betreff der Münchener Localfauna festzuhalten sei, dass jedoch, um den als völlig begründet anerkannten Motiven des Herrn Antragstellers Rechnung zu tragen, von den Mitgliedern des Vereins die Ergebnisse ihrer Excursionen unabhängig von deren Ausdehnung oder Entfernung, in eigenen Sammelberichten vorgetragen und einstweilen bei den Akten des Vereins deponirt werden sollen. Diese Berichte müssen, um ihren Zweck zu erfüllen, detaillirte Angaben über Fundort, Erscheinungszeit und Häufigkeit der gesammelten Thiere ausweisen und ist auf die Richtigkeit der Bestimmung die grösstmöglichste Sorgfalt zu verwenden.

Der Vorsitzende theilt mit, dass unter einigen von Herrn E. Steinheil in Tirol gesammelten und ihm mitgetheilten Coleopteren sich zwei Arten vorgefunden haben, deren Vorkommen bis jetzt in Tirol nicht nachgewiesen war. Es sind dies *Aphodius obliteratus* Panz., dieser im Monat Januar bei Meran erbeutet und *Podagrica intermedia* Küst. vom Monte Baldo, als deren nördlichstes Vorkommen bis jetzt Pisa bekannt war.

Die Sitzung wird um 10 Uhr geschlossen.

Sitzung vom 21. März 1877.

Vorsitzender: Hr. v. Harold. Anwesend: 13 Herren, darunter Hr. v. Kolb aus Kempten.

Als neues Mitglied wird vorgeschlagen und aufgenommen: Hr. E. Wehncke in Altona.

Der Vorsitzende vermittelt an die Gesellschaft herzliche Abschiedsgrüsse von Seiten des bisherigen zweiten Schriftführers, Herrn Max Bastelberger.

Hr. v. Kolb hält hierauf folgenden Vortrag:

„Ueber die Möglichkeit der Theilung eines Schmetterlingsflügels in seiner horizontalen Lage in zwei gleiche Hälften."

Meine Herren!

Ich erlaube mir, Ihnen heute ein Vorkommniss mitzutheilen, das Ihnen zuerst einige Zweifel über die Möglichkeit desselben auftauchen lassen wird. Sie werden sich aber baldigst davon überzeugen, sobald sie das corpus delicti näher zu besichtigen Gelegenheit haben.

Es handelt sich um nichts Geringeres, als um die Theilung eines Schmetterlingsflügels, von *Parnassius Delius*, in seiner horizontalen Lage in zwei gleiche Hälften.

Ich pflege die Schmetterlinge, die ich in vielen Exemplaren besitze, die entweder beschädigt, deren eine Seite verkrüppelt, oder überhaupt in eine Naturaliensammlung nicht geeignet erscheinen, der bekannten Manier des Abdruckens auf Papier zu unterwerfen. Auf diese Weise behandelte ich auch ein Exemplar von *Delius*, welches aus der Gegend von Davosse stammte, und mir von einem Freunde der Entomologie von dort gebracht wurde.

Ich nahm die Procedur in der Art vor, dass ein Blatt (ungefähr die Grösse eines Octavblattes) starken Zeichnungspapiers in der Mitte zusammengefaltet wird. Nun wird eine hiezu bereitgehaltene concentrirte Gummilösung auf das Papier aufgetragen, und mit dem 4. Finger auf beide Seiten der Falte des Papiers ganz gleichmässig verstrichen, so dass der Finger nur ganz wenig mehr anklebt. Hierauf wird das mit einem Messer oder Scheerchen vom Körper abgetrennte Flügelpaar einer Seite, in der Art auf die mit Gummi überzogene Fläche gelegt, dass zuerst der untere Flügel und über diesen der obere Flügel zu liegen kommt, und zwar in der bekannten Ausspannung der Schmetterlinge. Nun schlägt man die leere Seite des in der Mitte zusammengefalteten Papiers auf die mit den Flügeln belegte andere Seite und reibt mit dem Daumennagel, bis sich der Abdruck der Farbe des Flügels als vollkommen erzeigt hat. Bei kleinen Schmetterlingen ist das oft sehr rasch bewirkt. Bei grössern, z. B. Atropos, Convolvuli, Saturnia Pyri etc. erfordert es sogar die Anwendung künstlicher Mittel, z. B. eines Falzbeines, um den nöthigen Druck zu erzeugen. Man kann nun nachsehen, ob der Abdruck schon fertig ist, oder noch zu wünschen übrig lässt, indem man die beiden offenen Seiten des zusammengefalteten Papiers etwas auseinander zieht. Wenn noch etwas mangelt, so schlägt man wieder zusammen und beginnt das Reiben von Neuem. Jedoch ist Vorsicht zu gebrauchen, dass das Papier ausserhalb der Flügel nicht zusammenklebt, indem sonst der ganze Abdruck zu Schanden geht. In dieser eben bezeichneten Art und Weise behandelte ich meine 2 *Delius*-Flügel (den oberen und unteren Flügel einer Seite). Als ich nun den Abdruck für fertig erachtete, zog ich beide Seiten des Papiers auseinander, ich fühlte etwas, wie einen geringen Widerstand und als ich den Abdruck vor mir hatte, waren auch 2 Flügel links und rechts der Mitte des Papiers anhaftend. Ich wusste, dass ich nur je einen Flügel auflegte, woher sollten jetzt 2 Oberflügel kommen? Nach genauer Untersuchung mit der Loupe fand ich sogleich, dass sich der obere **Flügel** in zwei gleiche Hälften getheilt hatte, während der untere fest an der hingelegten Stelle lag, möglichst seines Staubes entblöst. Dass ich sehr überrascht war, darf ich den Herren kaum sagen. Nach Abnahme der Flügel legte ich selbe sofort unter die schwächste Vergrösserung meines Microscop und fand meine Ansicht vollkommen bestätigt. Es zeigten sich nicht nur die beiden Theilungsflächen als vollkommen glatt und von jeder Spur eines Schmetterlingsstaubes frei, sondern es waren auch die Vertiefungen der Adern bemerkbar, aus welchen selbe herausgerissen waren. Die beiden äussern Seiten des Flügels waren noch theilweise mit den eigenthümlich geformten Schuppen von *Parnassius* dicht bedeckt, besonders an den schwarzen und rothen Flecken. Das Factum war richtig und wahr! Was war nun aber die Ursache, die Kraft, den Flügel von seiner feinsten und dünnsten Seite aus nach der stärkern resp. gegen den Körper des Schmetterlings hin so zu theilen. Es zeigen sich die Adern theilweise aus der Hornhaut herausgerissen, theilweise als ob sich selbe in der Mitte gespalten hätten. Das Auffallendste ist jedenfalls die Theilung von der Aussenseite des Flügels her. Die Ursache suche ich mir damit zu erklären, dass die Festklebung des ganzen Flügels an beiden Seiten des Papiers so stark war, dass ein Abgehen des Flügels nicht mehr möglich war, und das gleichmässige Aufmachen des Papiers und das dadurch mit gleicher Kraft hervorgebrachte Auseinanderziehen der beiden Papierseiten die Spaltung des Flügels veranlasste. Ich habe schon Tausende solcher Abdrücke gemacht, aber noch nie beobachtete ich diese Erscheinung; der Grund, dass es sich gerade bei diesem Genus ereignete, mag wohl damit im Zusammenhang stehen, dass diese Art verhältnissmässig sehr wenig Staub auf den Flügeln hat und deren Unterseite beinahe ganz staubfrei ist, wie wir dies in hervorragender Weise bei *Parnassius Mnemosyne* sehen können. Die Gelegenheit zur festen Anklebung des Flügels, beziehungsweise dessen Hornhaut, mag die Veranlassung zur Theilung gegeben haben. Ich machte noch vor einigen Tagen Versuche, welche leider in dieser gewünschten Richtung resultatlos blieben, wie ich ein paar Exemplare der Art vorzulegen mir erlaube. Sie können mir nun einwenden, dass dieselben Verhältnisse möglicherweise bei den Sesiiden oder Glasflüglern eintreten könnten, welche ja auch glasähnliche Flügel mit sehr wenigen Schmetterlingsschuppen haben. Auch diese habe ich versucht, wie sie selbst sehen können, aber ich glaube, dass die schmale und kleine Form der Flügel keine so grosse Fläche darbietet, um als festgeklebt der Kraft des Auseinanderziehens der Flügel Widerstand bieten zu können. Ausserdem sind gerade die äusseren Randseiten der Flügel so dicht beschuppt und da eine Theilung auf diesem Wege nur von der Aussenseite zu ermöglichen ist, so fehlt hier der Hauptmoment zur Verwirklichung dieses Vorkommnisses, nämlich das Festkleben des Aussenrandes der Flügel.

Damit keiner der Flügel verloren gehen kann, habe ich beide auf Papier fixirt, und zwar in der Art, dass die mit Schuppen bedeckte äussere Seite am Papier befindlich, dagegen **die beiden innern und getrennten Flächen** dem Auge frei zur Besichtigung und genauen Untersuchung unterbreitet ist. Der untere Flügel ist in der Lage, wie er sich nach dem Abdrucke zeigte. Der beigefügte Abdruck ist derselbe, bei welchem die merkwürdige Theilung vor sich ging.

Ich lade die Herren ein, weitere Versuche der Art zu machen, um zu erfahren, ob man es hier mit einem ganz eigenthümlichen Zufall zu thun hat, oder ob eine Theilung der Schmetterlingsflügel auf mechanischem Wege möglich ist.

Die Gesellschaft nimmt diese Mittheilung mit grossem Interesse entgegen.

Die Sitzung wird um 11 Uhr geschlossen.

Sitzung vom 4. April 1877.

Vorsitzender: Hr. v. Harold. Anwesend: 9 Herren. Die Herren Th. Sendtner und Strasser haben ihre Abwesenheit entschuldigen lassen.

Hr. v. Kolb hat den Antrag eingereicht, in den öffentlichen Blättern Berichte über die Verhandlungen resp. die Vorträge im Verein zu veröffentlichen. Die Gesellschaft beschliesst, dem Antrage insoferne Rechnung zu tragen, als über Gegenstände von allgemeinerem Interesse kurz referirt werden soll.

Hierauf hält Hr. F. Will einen längeren Vortrag über die Lautorgane bei den Insekten, wobei zugleich eine Anzahl sehr instructiver Präparate vorgezeigt wird. Derselbe weist nach, dass bei der Gattung *Trox* der zirpende Laut nicht wie bisher angenommen durch die Anwesenheit erhabener Punkte auf der Innenseite der Flügeldecken bedingt ist, sondern dadurch entsteht, dass an den Rand der letzteren der bewegliche Hinterleib mit seiner gekörnelten Aussenfläche reibt. Was den Ton bei *Acherontia atropos* betrifft, so bemerkt der Vortragende, dass derselbe, nach seinen mehrfach darüber angestellten Untersuchungen, unzweifelhaft durch die Reibung des Rüssels gegen die Palpen hervorgebracht wird.

Die Sitzung wird um 10 Uhr geschlossen.

Sitzung vom 18. April 1877.

Vorsitzender: Hr. v. Harold. Anwesend: 10 Herren. Die Herren Dr. Kriechbaumer und Strasser haben ihre Abwesenheit entschuldigen lassen.

Die Versammlung wählt hierauf durch Acclamation Hrn. Baron v. Gumppenberg zum zweiten Schriftführer.

Der Vorsitzende legt eine für die Zeitschrift bestimmte Arbeit über die Gattung *Aspicela (Coleoptera: Halticinae)* vor. Die Redactions-Commission beschliesst den Druck derselben.

des Münchener Entomologischen Vereins. XVII

Es wird der Beschluss gefasst, die Zusammenkünfte von jetzt an statt alle 14 Tage, alle 4 Wochen zu halten, dagegen an den ausfallenden bisherigen Sitzungstagen zwanglose Vereinigungen im Restaurationslocale des Ostbahnhofes einzuführen.

Die Sitzung wird um 10 Uhr geschlossen.

Sitzung vom 1. Mai 1877.

Der Vorsitzende, Baron v. Harold, theilt mit, dass er zur Uebernahme der früher von Herrn Dr. Gerstäcker am Berliner Museum bekleideten Custos-Stelle berufen worden; er ist dadurch genöthigt, seinen Vorsitz im Vereine niederzulegen und verabschiedet sich unter Dankesworten für das ihm von Seite des Vereines geschenkte Vertrauen. An seine Stelle tritt der seitherige zweite Vorstand Dr. Kriechbaumer und werden als Stellvertreter die Herren Eduard Steinheil und Dr. Gemminger gewählt, welche beide annehmen.

Sitzung vom 2. October 1877.

Unter dem Vorsitze des Herrn Dr. Gemminger werden als Mitglieder aufgenommen, die noch von der Naturforscherversammlung hier anwesenden Herren Dr. Eppelsheim aus Grünstadt in der bayerischen Rheinpfalz, Major Pirazzoli aus Imola und v. Bergenstam aus Wien.

Es wird beschlossen, die officiellen Sitzungen von nun an nur alle 4 Wochen, am ersten Dienstag jeden Monats, abzuhalten.

Sitzung vom 6. November 1877.

Herr Eduard Steinheil verliest ein Schreiben des Herrn Dr. Kriechbaumer, in welchem dieser seinen Rücktritt als Vorsitzender des Vereins erklärt; ersterer führt den Vorsitz, nachdem sein Vorschlag einer Neuwahl der Vorstandschaft abgelehnt wurde.

Dr. Ed. Mess stellt den Antrag, zur Förderung des Vereines wolle 1) jedes Mitglied seine Specialität in der Entomologie in eine Liste eintragen, die beim Vereine deponirt wird; 2) für die Beschaffung von Material, wo möglich auch von aussereuropäischem, nach Kräften beitragen. Zur formellen Ausarbeitung dieses Antrages wird ein Comité ernannt, bestehend aus den Herren Dr. Forel, Hartmann, Dr. Mess und E. Steinheil.

Sitzung vom 4. Dezember 1877.

Als neue Mitglieder werden aufgenommen: Dr. Stein, General v. Quedenfeldt und Oberlehrer Dr. Fischer, sämmtlich in Berlin, durch Baron v. Harold brieflich vorgeschlagen; ausser diesen auf Dr. Forel's Antrag Herr Henri de Saussure in Genf.

Der Vorsitzende, Herr Ed. Steinheil, verliest einen Antrag des Herrn Baron v. Harold, der Verein möge aus Utilitätsrücksichten vorläufig vom Schriftentausch mit anderen Gesellschaften Umgang nehmen; der Antrag wird unbeschadet früher eingegangener Verbindlichkeit angenommen.

Herr Kassier Hiendlmayr gibt hierauf ausführlichen Kassabericht und nach einer daran anschliessenden Darlegung der finanziellen Situation des Vereines durch den Vorsitzenden, circulirt eine Liste für freiwillige Beiträge zur Bestreitung der Ausgaben für die Zeitschrift, welche von den anwesenden 10 Mitgliedern die Summe von ℳ 72 ergibt.

Der Vorschlag des Herrn Dr. Moss zur Vermehrung der Einnahmen des Vereines Insekten unter den Mitgliedern zur Versteigerung zu bringen wird acceptirt und soll in nächster Versammlung ein erster Versuch damit gemacht werden.

Dr. Aug. Forel hält endlich noch einen längeren durch Skizzen erläuterten Vortrag über die Chitinhaut der Insekten. Die von der neueren Zoologie über diesen Gegenstand errungenen Fortschritte werden von ihm mitgetheilt. Die Chitinhaut ist bekanntlich ein festes Sekret des Protoplasma der darunter liegenden sogenannten Matrix- oder Hypodermiszellen, wie das Sekret der Drüsenzellen. Chitinhäute (sogenannte Intimae) kleiden auch die inneren Körperhöhlen aus, sind aber äusserst zart und glashell, daher von den Entomologen sehr oft verkannt; es sind einfach Einstülpungen der äusseren Chitinhaut, die sich dabei verdünnt. Der Vortragende zeigt als Beleg dafür eine Reihe vorzüglich schöner mikroskopischer Präparate.

Berichtigungen.

p. 105. *Colasposoma inconstans* — lege *instabile*.
Pag. 1 der Sitzungsberichte Zeile 2 von unten lege 7 Mark, statt 6 Mark 50 Pfg.

Mitglieder-Verzeichniss
des Münchener entomologischen Vereines
1877.

A. Ehrenmitglied:

Siebold Dr. Karl Theod. v., k. Universitäts-Professor und Conservator der zoologisch-zootomischen Sammlungen des Staates. München, Karlsstrasse Nr. 23/II.

B. Mitglieder:

Bastelberger Max, Lieutenant a. D., Strassburg, Steinwallstrasse 8/II. *Lepidopt.*
Baumann Ant., Bankbuchhalter, München, Mittererstrasse 6/III. *Conchil.*
Bergenstam Jul. Edler v., Wien, II. Bezirk, Tempelg. 8. *Dipt.*
Borre A. Prudhomme de, Bruxelles, Boulevard du Régent 21.
Bourgeois Jules, Rouen (Seine inférieure), 2 rue St. Maur. *Coleopt.*
Chapuis Dr. F., Verviers, 4 rue du Gymnase. *Coleopt.*
Dewitz Dr. H., Custos am zool. Museum, Berlin, Brandenburgstrasse 29. *Lepidopt. u. Physiologie der Insect.*
Dohrn C. A., Director, Präsident des entom. Vereines in Stettin, Lindenstrasse 22. *Coleopt.*
Ebenböck Alois, qu. k. Professor, München, Schwanthalerstrasse 17/II. *Lepidopt.*
Eppelsheim Dr. E., prakt. Arzt, Grünstadt (bayer. Rheinpfalz). *Coleopt.*
Fischer Dr. Ed., Oberlehrer am Friedrichs-Gymnasium, Berlin, Louisenstrasse 51. *Coleopt.*
Forel Dr. Aug., Privatdocent und Assistenz-Arzt an der k. Kreis-Irrenanstalt München, Auer Feldstrasse 6. *Formicid.*
Fuchs A., Pfarrer in Bornich bei St. Goarshausen (Nassau). *Coleopt.*
Gemminger Dr. Max, Custos am zoolog. Museum, München, Klenzestrasse 20f/II. *Allgem. Entom. Biolog. Coleopt.*
Gerstl Max, Steuerassessor, München, Frauenhoferstrasse 12/I. *Lepidopt. Coleopt.*
Graff Dr. Ludw., Professor, Aschaffenburg. *Biolog.*

*

Gumppenberg-Pöttmes Karl Frhr. v., k. General-Dir.-Sekretär, München, Landwehrstrasse 15/II. *Lepidopt.*
Haag-Rutenberg Dr. Georg, auf Hof Grüneburg bei Frankfurt a/M. *Coleopt.*
Harold Edgar Frhr. v., Custos am zoolog. Museum, Berlin, Wilhelm--strasse 134. *Coleopt.*
Hartmann Aug., pens. Kassier, München, Augustenstrasse 7/III. *Lepidopt.*
Hauser Friedr., Cand. med., München, Corneliusstrasse 7. *Biolog.*
Heyden Dr. Lucas v., Hauptmann in Bockenheim bei Frankfurt a/M., Schlossstrasse 54. *Coleopt.*
Hiendlmayr Ant., Kaufmann, München, Weinstrasse 11. *Dipt Hymenopt.*
Katter Dr. F., Gymnasiallehrer in Puttbus. *Coleopt.*
Kirsch Theod., Custos am k. Museum, Dresden, gr. Plauensche Strasse 13. *Coleopt.*
Kitt Th., Cand. vetr., München, Hildegardstrasse 2/0.
Kolb Oscar v., Apotheker in Kempten. *Lepidopt.*
Kranz Dr. C. A., k. Central-Impfarzt, München, Karlsstrasse 21/II. *Lepidopt.*
Kriechbaumer Dr. Jos., Custos am zoolog. Museum, München, Schwanthalerhöhe 20/III. *Allg. Entomol., Hymenopt. Dipt.*
Martin Dr. Robert, prakt. Arzt, München, Prannerstrasse 15/II. *Lepidopt.*
Merkl Jos., p. k. Centr.-Staatskassa-Controll., München, Karlsstrasse 18/I. *Lepidopt.*
Mess Dr. Ed., Director des Zuchthauses, München, Ohlmüllerstrasse 23/I. *Coleopt.*
Öttl Aug., Lithograph, München, Karmeliterstrasse 2a/III.
Oliveira Manuel Paulino d', Coimbra (Portugal). *Coleopt.*
Pauly Dr. A., stud. rer. natur., München, Veterinärstrasse 5/0.
Piazzoli Odoardo, Major in Imola (Italien). *Coleopt.*
Quedenfeldt v. General, Berlin. *Coleopt.*
Reichlin-Meldegg Gustav Frhr. v., Major a. D., München, Türkenstrasse 13/II. *Coleopt. Lepidopt.*
Reitter Edm., Verwalter in Paskau (Mähren). *Coleopt.*
Röder Victor v., in Hoym (Anhalt-Bernburg) *Dipt.*
Sallé Aug., Paris, 13 rue Guy de la brosse. *Coleopt. americ.*
Saussure Henry de, Genf, rue de la cité. *Hymenopt.*
Schlösser C., Cand. med., München, Glückstrasse 1a/I. *Lepidopt.*
Schmidt, Pfarrer in Zülzefitz bei Labes in Pommern. *Coleopt.*
Schmidt-Göbel, Professor, Wien III. Bez., Hauptstrasse 93/III. *Coleopt.*
Schneider Dr. Oscar v., Dresden, Rocknitzstrasse 15/II.
Schwab Adolph, Apotheker in Misteck (Mähren). *Coleopt.*
Sendtner Theodor, Direktor der bayer. Hypotheken- und Wechselbank, München, Ludwigstrasse 2/I. *Lepidopt.*

Staudinger Dr. Oscar, in Blasewitz bei Dresden. *Lepidopt.*
Stein Dr. J. P. E. Fr., Custos am k. zoolog. Museum in Berlin, Brandenburgstrasse 34. *Insect. aller Ordnungen.*
Steinheil Dr. Ad., Inhaber der opt. astronom. Werkstätte C. A. Steinheil Söhne, München, Landwehrstrasse 31/II. *Lepidopt.*
Steinheil Ed., Inhaber der opt. astronom. Werkstätte C. A. Steinheil Söhne, München, Landwehrstrasse 31/I. *Columb. Coleopt.*
Strasser Felix, Privatier, München, Schönfeldstrasse 17a/I. *Coleopt. (Carabidae).*
Tiesenhausen Baron v., Trient, Contrada di San Marco 69. *Coleopt.*
Tournier Henri, Peney bei Genf. *Coleopt.*
Wagener Bernhard, k. Marine-Intendantur-Secretär, Kiel, Friedrichstrasse 11. *Coleopt. (Cassidinae).*
Wehnke Ernst, Kaufmann, Harburg in Hannover. *Coleopt. (Dytiscidae).*
Will Friedr., Lieutn. a. D., München, Gabelsbergerstrasse 28/II. *Coleopt.*

Inhalt.

	Seite
Ueber *Merophysia* Luc., *Coluocera* Motsch. und *Reitteria* Leder, von Edm. Reitter	1
Ueber die Gattung *Platamus* und *Telephanus* Er., von Edm. Reitter	7
Neue Arten aus der Gattung *Sitophagus* Muls., von Edm. Reitter	8
Description d'une nouvelle espèce de *Lampyride*, par M. A. Chevrolat	11
Mélanges entomologiques sur les insectes du Portugal par Manuel Paulino d'Oliveira. Angezeigt von Dr. L. v. Heyden	12
Beschreibung einer neuen *Leptinotarsa*, von E. v. Harold	16
Uebersicht der Arten der Gattung *Aspicela*, von E. v. Harold	17
Neue Arten aus den Familien der *Cucujidae*, *Nitidulidae*, *Colydiidae* und *Cryptophagidae*, von E. Reitter	22
Drei merkwürdige Bernstein-Insekten, von J. P. E. Frdr. Stein	28
Die columbischen *Chrysomelinen* der Coleopteren-Sammlung von E. Steinheil	31
Eine neue *Ctenostoma*, von E. Steinheil	48
Cassididae, von B. Wagener	49
Neue columbische *Elateriden* aus Ocaña, von E. Steinheil	79
Neue Schmetterlinge des Berliner Museums, von Dr. H. Dewitz	85
Dämmerungs- und Nachtfalter von Porto-Rico, gesammelt von Herrn Consul Krug, zusammengestellt von Dr. H. Dewitz	91
Coleopterorum Species novae, autore E. v. Harold	97
Beschreibung eines neuen *Aphodius*, von E. v. Harold	112
Nomenclatorische und synonymische Bemerkungen zur zweiten Ausgabe des Catalogus Coleopterorum Europae, von E. v. Harold	113
Beitrag zur Kenntniss aussereuropäischer Coleopteren, von E. Reitter	126
Beschreibung eines neuen *Carabus*, von E. v. Harold	141
Sitzungsberichte	I
Berichtigungen	XVIII
Mitgliederverzeichniss	XIX
Inhalt	XXII

Druck der Dr. Wild'schen Buchdruckerei (Gebr. Parcus) in München.

Ueber Merophysia Luc., Coluocera Motsch. und Reitteria Leder.

Von

Edm. Reitter in Paskau (Mähren).

Unter dem gleichnamigen Titel veröffentlicht der Herausgeber des „Nunquam otiosus" in demselben p. 393 einen Artikel, dessen Inhalt zum Theile abweicht von den Anführungen, welche in meiner „Revision der europäischen *Lathridiidae*", (Stettiner Ent. Zeit. 1875. p. 297) enthalten sind. Aus diesem Anlasse erachte ich es für meine Pflicht auf die kritischen Erörterungen des Herrn Dr. Schaufuss einzugehen und die schwebenden Differenzen, wenn auch nicht endgültig zu entscheiden, so doch in möglichste Uebereinstimmung zu bringen.

Der Verfasser gibt in dem erwähnten Artikel zuförderst eine Aufzählung der beschriebenen *Merophysia-* und dann der *Coluocera-*Arten und macht hauptsächlich auf den Umstand aufmerksam, dass er bei den ihm bekannten *Coluocera-*Arten nur 8 Fühlerglieder bemerkte, während diese Gattung zehngliedrige Fühler haben soll. Ebenso, dass Rosenhauer seiner *Coluocera formiceticola* nur achtgliederige Fühler zuspricht. Der Verfasser machte ferner die Wahrnehmung, dass *Reitteria lucifuga* und die ihm bekannten *Coluocera-*Arten in der Nähe der Vorderecken des Halsschildes deutlich vorstehende Augen besitzen, welche aber klein sind und aus wenig Zellen bestehen mögen. Endlich sollen auch die *Merophysia-*Arten fast stets ein sehr kleines, breites und kurzes Schildchen besitzen. Da nun Leder seine Gattung *Reitteria,* vom Habitus einer *Merophysia,* von der letzteren Gattung hauptsächlich durch den Mangel der Augen und das Vorhandensein eines Schildchens abzweigt, so ist die erstere als eine *Coluocera* von der Gestalt der Merophysien zu betrachten.

In meiner Arbeit über die europäischen Lathridier, welche bereits im Juli-Septemberhefte (1875) der Stettiner Ent. Zeitung erschien, und die von Herrn Dr. Schaufuss in seinem Artikel, welcher im Septbr. 1876 ausgegeben wurde, nicht erwähnt wird, habe ich bereits bei der Charakteristik der Gattung *Merophysia* mitgetheilt, dass namentlich die grösseren Arten ein kurzes und breites Schildchen aufzuweisen haben. Die Fühler von *Coluocera* werden daselbst allerdings zehngliederig angegeben. Die Beschreibungen der Rosenhauer'schen *Coluocera formicticola*, sowie der Wollaston'schen *C. Maderae* habe ich nicht consultirt, da mir von der ersteren typische Stücke, aus Rosenhauers Händen vorlagen, und die zweite nicht zu berücksichtigen kam. Es ist mir somit die Angabe entgangen, dass die Fühler einer *Coluocera*-Art an einem Orte als achtgliederig angegeben seien, wesshalb ich sie, da sie Motschulsky als zehngliederig zeichnete, Redtenbacher etc. als zehngliederig aufführt, auf die Anzahl der Glieder nicht weiter untersuchte, was ich recht lebhaft bedauere. Bei dieser Gelegenheit möchte ich erwähnen, dass ich durch besondere Umstände damals förmlich pressirt wurde, meine Revision der Lathridier rasch zu beenden und der Presse zu übergeben. Ich unterlasse die Gründe hier anzuführen, da diese leicht zu unliebsamen persönlichen Auslassungen benützt werden könnten, durch welche unserer Wissenschaft gewiss nicht gedient sein möchte.

Meines Erachtens trägt an dem Widerspruche, bezüglich der Angabe der Fühlergliederanzahl von *Coluocera*, der Gründer der Gattung Motschulsky selbst in erster Linie Schuld. Die von Schaufuss p. 398 ausgesprochene Vermuthung, dass die Gattungs-Diagnose von *Coluocera*: Fühler zehngliederig, falsch sei, bestätigt sich vollkommen. Motschulsky sagt in der Gattungs-Charakteristik über die Anzahl der Fühlerglieder gar nichts; seine Zeichnung des Fühlers von *Coluocera formicaria*, die vielleicht nicht einmal von ihm selbst herrühren mag, veranschaulicht uns jedoch 10 Glieder. Nachdem ich jedoch die echte *C. formicaria* aus Grusien, also aus gleicher Quelle wie Motschulsky, besitze, unterliegt es keinem Zweifel, dass die erwähnte Zeichnung des Fühlers falsch ausgeführt worden ist, da in der That die Grusinische *C. formicaria* auch nur 8 Fühlerglieder besitzt. Unrichtige Angaben bei der Diagnostizirung neuer Gattungen stehen übrigens nicht vereinzelt da, und ähnliches ist wohl bereits den meisten descriptiven Entomologen, den grossen Erichson nicht ausgenommen, passirt und mag nicht so stark beurtheilt werden; denn trotz der unrichtigen Angabe der Fühlerglieder wurde die Gattung *Coluocera* dennoch stets richtig erkannt. Dagegen hat mich beispielsweise Redtenbachers Diagnostizirung seiner

Gattung *Xylolaemus*: „Fühler zehngliederig" und die in der That eilfgliederig und gewiss leichter als bei *Coluocera* zählbar sind, seinerzeit lange abgehalten diese Gattung richtig zu erkennen.

Durch den Aufsatz des Herrn Dr. Schaufuss angeregt, habe ich meine *Coluocera* und *Reitteria* neuerdings untersucht und gefunden:

1) Alle Colnoceren haben an der Stelle, wo sonst die Augen zu liegen pflegen, eine punktförmige, kleine und stumpfe Erhöhung, welche keineswegs von dunklerer Färbung begleitet ist, wie es bei entwickelten Augen zu sein pflegt; auch habe ich keine Facettirung dieser Hervorragung bemerkt.

2) Ganz ähnlich verhält es sich bei *Reitteria* Led., nur sind hier die Augenstellen weniger stumpf, und machen sich dieselben als ein deutliches, ziemlich spitzes Höckerchen bemerklich, welches ganz ähnlich wie bei den *Amaurops*-Arten gebildet, jedoch verhältnissmässig viel geringer entwickelt ist. Ebenso zeigt dieses Höckerchen gar keine Facetten und ist auch niemals anders als der übrige Theil des Körpers gefärbt.

Die Augenhöcker des *Amaurops Pirazzolii* Baudi kann man sogar noch mit kurzen Dörnchen besetzt nennen und damit drängt sich mir unwillkürlich die Ansicht auf, als ob diese Dörnchen als Verlängerung der unentwickelt gebliebenen Augenfacetten zu betrachten sind. Bei der Grösse und Deutlichkeit dieses Objectes wird man indess einig bleiben, dass die an Stelle der Augen befindlichen Hervorragungen, dennoch nicht als wirkliche Sehorgane betrachtet werden können, und analog dieser Annahme glaube ich, dass auch die punktförmige Erhöhung bei *Reitteria* und *Coluocera* als wirkliche Augen nicht zu bezeichnen sind. Das letztere wird noch dadurch wahrscheinlicher, dass die Augen der so naheverwandten Gattung *Merophysia* in ihrer Grösse und Entwickelung zu den Punkthöckerchen der *Reitteria* keine Uebergänge zeigen; sie sind bei *Merophysia* stets deutlich, schwarz, grob facettirt. Jedenfalls bieten also die punktförmigen facettlichen Hervorragungen der *Coluocera* und *Reitteria* gegenüber den entwickelten Augen der *Merophysia* einen leicht fasslichen Unterschied, der ohne Zweifel zur generischen Trennung der ersten zwei Gattungen mit verwendet werden kann. Soweit habe ich dem Ausspruche des Herrn Dr. Schaufuss, dass die Gattung *Reitteria* eine *Coluocera* im Habitus der *Merophysia* sei, nichts entgegen zu setzen.

Dass die *Merophysia*-Arten auch ein sehr kurzes, breites Schildchen, das jedoch gewöhnlich zum grössten Theile von dem Hinterrande des Halsschildes bedeckt wird, besitzen, habe ich schon in meiner Revision, also vor der Beobachtung meines geschätzten Herrn Collegen, erwähnt. Dasselbe ist also bei *Coluocera* und *Reitteria* ziemlich gross, ein gleichseitiges Dreieck vorstellend mit verrundeten Winkeln. Bei *Merophysia* ist es mindestens dreimal so breit als lang, dreieckig, mit abgestumpfter Spitze.

Aus den Anführungen des Herrn Dr. Schaufuss kann ich nirgends mit Sicherheit entnehmen, ob derselbe alle 3 Gattungen vereinigt, oder die *Reitteria* zu einer der beiden andern gezogen wissen will.

Meinerseits halte ich die beiden Gattungen *Coluocera* und *Merophysia*, trotz der nun constatirten gleichen Anzahl der Fühlerglieder für so wohlbegründet, wie es nur eine solche sein kann, da die Bildung der Vorder- und Mittelbrust bei beiden gänzlich verschieden ist. Ueber die Berechtigung der *Reitteria*, als besondere Gattung zu gelten, liesse sich eher streiten; denn gleichwie die Körperform nach dem Urtypus der Merophysien gebaut ist, tritt die Bildung ihrer Vorder- und Mittelbrust in nahe Verwandtschaft. Wie jedoch die Körperform von den *Merophysia*-Arten durch ihre gedrungene Form, das sehr kurze, nach vorn und abwärts gleichverengte Halsschild von allen sich entfernt, finden sich auch bei der Bildung der Brust nicht unwesentliche Differenzen. Ich füge hier die Uebersicht der Hauptunterschiede aller 3 Gattungen auf, und insolange eine weitere Uebergangsform von der *Reitteria* zu *Coluocera* oder von der ersten zu *Merophysia* nicht bekannt wird, ist für mich auch die dritte als gute Gattung aufrecht zu erhalten.

Augen undeutlich, nur als punktförmige, nicht facettirte Hervorragung bemerkbar. Schildchen sehr deutlich, fast halbrund. Die Vorderhüften deutlich, die mittleren mehr, die hintersten weit auseinanderstehend:

Halsschild an der Basis am breitesten, nach vorn verengt. Prosternum hinter den Vorderhüften gerundet erweitert, vor denselben halbkreisförmig ausgeschnitten. Mesosternum nicht gekielt, mit einer tiefen Querfurche. Seiten des Halsschildes auf der Unterseite seicht und gleichmässig ausgehöhlt . . *Coluocera*.

Halsschild vor der Mitte am breitesten, nach vorn

und gegen die Basis gleich stark verengt. Prosternum hinter den Vorderhüften schwach gerundet erweitert. Mesosternum mit 2 feinen Längskielen, zwischen denselben ziemlich breit; die Kiele gerade, von den Vorderhüften gegen die mittleren stark divergirend. Seiten des Halsschildes auf der Unterseite nicht ausgehöhlt, in der Nähe der Vorderecken mit deutlichen Fühlergruben . . . . *Reitteria*.
Augen deutlich, schwarz, grob facettirt. Schildchen sehr kurz und breit, wenig sichtbar. Die Vorder- und Mittelhüften wenig und fast gleichweit, die hintersten weit auseinander stehend. Halsschild vor der Mitte am breitesten, gegen die Basis verengt. Prosternum zwischen den Hüften bis zur Spitze gleich breit, die letztere nach abwärts gedrückt. Mesosternum kurz, mit 2 feinen Längskielen, zwischen denselben schmal; Kiele gegen die Mittelhüften parallel. Seiten des Halsschildes auf der Unterseite nicht ausgehöhlt; Fühlergruben erloschen . . . . *Merophysia*.

Weitere Unterschiede sind in meiner Revision angegeben. Ueber die Artenzahl der *Coluocera*-Arten kann ich auf das ebenda Gesagte verweisen. Wir haben bisher nur 3 gute Arten zu unterscheiden, nämlich *C. formicaria* Motsch., die gewöhnlich schmächtigere, *punctata* Mrkl., die meist gedrungenere und gewölbtere, und *Maderae* Woll., die grösste *Coluocera*-Form. Zu der ersten ist die *C. gallica* Schaufuss als Synonym zu ziehen. Seine als *C. formiceticola* angesprochene Art gehört ziemlich sicher zur *C. punctata*. Dass die letztere auch in Südfrankreich und Algier vorkommt, habe ich bereits in meiner Revision erwähnt, und sie wird jedenfalls auch auf Sardinien und den Balearen nicht fehlen. Ebenso ist die *C. subterranea* Motsch. nichts weiter als eine *formicaria*, auf kleinere Individuen gegründet; übrigens nach den wenigen vergleichenden Worten, die der Autor gibt, nicht einmal als beschrieben zu betrachten. Am Schlusse mag noch eine Berichtigung und die Beschreibung einer sehr ausgezeichneten *Merophysia*-Art Platz finden.

Der erste Satz des Schlussabsatzes auf p. 305 meiner Revision der europ. *Lathridiidae*: dass ich die *Merophysia minor* Baudi nicht kenne, soll gestrichen werden. Derselbe blieb durch ein Versehen noch nach Erhalt der Type stehen, wesshalb er mit dem Nachsatze nicht gut in Einklang zu bringen ist. Gegenwärtig besitze ich Stücke der *M. minor* aus Baudi's Händen, welche jedoch an dem Gesagten nichts zu ändern vermögen. Sie ist eine etwas kleinere Form der *M. carmelitana* Saulcy.

Eine neue, mit *oblonga* Kiesw. verwandte Art ist folgende:

Merophysia Bauduri: Dilute ferruginea, subnitida, prothorace subquadrato, latitudine paulo longiore, basin versus angustato, angulis posticis rectis, impressione basali media sat profunda, extus sensim obsoleta; antennis tenuioribus, articulis 4—7 quadratis. — Long. 1.9 mill.

Am ähnlichsten der *M. oblonga*, fast noch ein wenig grösser und schmächtiger, einfarbig hell rostroth, ziemlich glänzend. Fühler dünn, den Hinterrand des Halsschildes nicht erreichend, 4tes bis 7tes Glied ebenso lang als dick, das Keulenglied verhältnissmässig nicht allzu gross. Halsschild mindestens so lang als breit, im obersten Viertel am breitesten, hier gerundet und gegen die Basis in gerader Linie verengt, die Hinterecken rechtwinkelig. Vor der Basis befindet sich ein kräftiger Quereindruck, der nirgends durch ein Strichel oder ein Fältchen begrenzt wird, sondern sich gegen die Seiten zu allmählich abflacht. Die Oberfläche ist sehr fein, und ziemlich dicht, an der Basis etwas deutlicher punktirt, mit äusserst kurzer, feiner, staubartig greiser Behaarung. Vom Schildchen ist nur eine sehr kleine stumpfe Spitze sichtbar. Flügeldecken 2mal so lang als das Halsschild, lang eiförmig, ganz ebenso wie das Halsschild punktirt und behaart.

Von *M. carmelitana* Saulcy, welche ebenfalls ähnlich gebildete Fühler besitzt, entfernt sie sich durch viel grössere Körperform, längeres Halsschild und tieferen Basaleindruck, endlich durch dichtere Punktirung und Behaarung.

Von meinem geehrten Freunde Bauduer in Sos zur Bestimmung eingesendet und ihm zu Ehren benannt. Diese Art ist in Algier einheimisch. Nach den Zetteln, welche sich an den Nadeln befinden, stammt sie aus den Händen R. Oberthür's und wurde bei Bu-Saada und Biskra (1875) gesammelt.

Ueber die Gattungen Platamus und Telephanus Er.

Von
E. Reitter in Paskau (Mähren).

Herr Dr. Schaufuss hat im Nunquam otiosus p. 385—393 vier *Platamus*- und 4 neue *Telephanus*-Arten publizirt. Obgleich demselben die Beschreibungen meiner zwei Jahre vorher veröffentlichten 9 *Telephanus*-Arten nicht bekannt waren, lässt sich dennoch nach den Beschreibungen keines der Schaufuss'schen Thiere mit meinen identificiren. Da meine Arten zumeist aus Columbien, die seinen aus Brasilien stammten, lässt sich dieser Umstand erklären und glaubwürdig machen.

Jedenfalls aber kennt Herr Dr. Schaufuss die Gattung *Platamus* nicht. Die von Chevrolat als solche beschriebene Art: *pallidulus* = ein echter *Telephanus* und mit diesem ist mein *pallidus* Synonym. *Platamus Haroldi* Schauf. ist keineswegs die von Moritz in Columbien gesammelte und im Harold'schen Cataloge als species inedita angeführte Art. Die letztere wurde kürzlich nach Exemplaren meiner, ehemals der Germar-Schaum'schen Sammlung, von meinem Freunde Grouvelle in den französischen Annalen als *Platamus Schaumi* beschrieben. Die Gattung *Platamus* hat nur wenig Aehnlichkeit mit *Telephanus*; vor allem ist das erste Fühlerglied viel kleiner wie bei der letzteren Gattung, höchstens halb so lang als der Kopf (etwa wie bei *Parabrontes* Redtb.), die Fühler überhaupt kürzer und weniger zart, und das letzte Glied der Kiefertaster ist kurz, einfach verdickt, am Ende zugespitzt. Bei den *Telephanus*-Arten ist es mehr oder weniger gross, gestreckt beilförmig. Die Seiten des Halsschildes sind bei *Platamus* ebenfalls, gewöhnlich stumpf gezähnelt, es ist aber meist von anderer Form, die Seiten fast gleich breit, erst im untersten Drittel gegen die Basis verengt; bei *Platamus mexicanus* Grouvelle sogar von der Basis ab nach vorn verjüngt. Die Beine sind kürzer und die Schenkel mehr verdickt. Es gehören mithin alle von Herrn Dr. Schaufuss als *Platamus* beschriebene Arten zu *Telephanus*. Dass sich die *Telephanus* durch bunte Fühler erkennen lassen, kann ich nicht bestätigen; dies findet meist bei den Westindischen und Brasilianischen Arten statt; bei den Columbischen ist dies selten der Fall.

Telephanus lateralis Schauf. scheint von meinem *pilicornis* nur durch die Färbung der einzelnen Fühlerglieder abzuweichen.

Neue Arten aus der Gattung Sitophagus Muls.

Von

Edm. Reitter in Paskau (Mähren).

Vor Allem habe ich zu rectificiren, dass mein Genus: *Schedarosus* (Col. Heft XV. p. 42) der Gattung *Sitophagus* einzuverleiben ist. Die Arten derselben scheinen über die ganze Erde verbreitet zu sein. Interessant ist das Auffinden einer zweiten europäischen Art durch Dr. Krüper im Balkangebirge.

1. *Sitophagus turcicus* (n. sp.): *Oblongus, parallelus, planus, nitidus, glaber, rufus, oculis nigris; capite dense punctato, inter antennas transversim biimpresso; prothorace valde transverso, cordato, dense subtiliter, dorso in medio obsolete punctato, ante basin utrinque longitudinaliter impresso, impressionibus extus ubique in forea excurrentibus; angulis anticis rotundatis, posticis rectiusculis; elytris thorace latioribus, parallelis, apice conjunctim rotundatis, sat dense crenato-striatis, costa humerali et lateribus carinatis, supra nigro-piceis, basi tenuiter indeterminate, humeris lateribusque antice rufis.* — Long. 4 mill.

Patria: Balkan.

Im Körperbaue den südamerikanischen sehr flachen Arten recht ähnlich aber das Halsschild ist hier schmäler als die Flügeldecken, mit längeren und tieferen Basalstrichen und die Färbung ist eine ganz andere. Hell rostroth, die Augen schwarz, die Flügeldecken braunschwarz und nur die Wurzel derselben mit den Schultern und dem vorderen Theile des Seitenrandes schmal und unbestimmt rostroth gesäumt. Fühler ganz wie bei den bekannten Arten gebaut. Kopf sehr dicht und deutlich punktirt, zwischen den Fühlerwurzeln mit 2 querstehenden Eindrücken, der Vorderrand ist bei dem mir vorliegenden ♀ leicht ausgerandet. Halsschild breiter als der Kopf, aber schmäler als die Flügeldecken, doppelt so breit als lang, herzförmig, also im obersten Drittel am breitesten, von der Mitte gegen die kleinen rechtwinkeligen Hinterwinkel stark verschmälert. Die Scheibe in der Mitte sehr fein und erloschen, an den Seiten stärker und deutlicher punktirt, vor der Basis jederseits mit einem furchenartigen Längsstriche, welcher die Basis und die Mitte des Halsschildes erreicht. Die Längsstriche endigen beiderseits in eine grubenartige Vertiefung. Schildchen fast glatt. Flügeldecken parallel, an der Spitze gemeinschaftlich abgerundet, oben dicht gekerbt gestreift, die Zwischenräume noch mit Spuren von feinen Punktreihen, der Seitenrand und der mit ihm parallel laufende, ihm genäherte Schulterstreifen kielförmig erhaben. Unterseite sehr deutlich, namentlich das Prosternum sehr dicht punktirt.

Ist kleiner als *S. Solieri* Muls., von anderer Färbung, die Längsstrichel am Halsschilde sind tiefer und endigen in besonderen Gruben, die Streifen der Flügeldecken sind gekerbt, die Zwischenräume nur undeutlich flach etc. Diese schöne Entdeckung haben wir Herrn Dr. Krüper zu verdanken, der selbe im Balkan sammelte.

2. *Sitophagus castaneus* (n. sp.): *Oblongus, depressus, nitidus, glaber, castaneus, capite prothoraceque dense subtilissime punctatis, hoc transverso, haud cordato, ante basin utrinque foveola impressa, elytris ovalibus, leviter depressis, subtiliter striato-punctatis, interstitiis latis, planis, subtilissime punctulatis, costis humeralibus nullis.* — Long. 6 mill.

Mas. *Clypeus utrinque excavatus; margine laterali fortiter reflexo, antice utrinque valde angulatim producto.*

Fem. *Clypeus utrinque impressus, margine laterali leviter reflexo, antice leviter emarginato.*

Patria: Mexico.

Diese schöne, grosse Art weicht von allen bekannten durch weniger niedergedrückten Körper, die kastanienbraune Färbung, ovale Form und Bildung des Halsschildes etc. ab.

Kastanienbraun, glänzend, glatt. Kopf sowie das Halsschild sehr fein und dicht punktirt. Der erstere beim ♀ im vorderen Theile bis zu den Augen leicht vertieft, die Seitenränder wulstig aufgeworfen und der Vorderrand sehr leicht ausgerandet; beim ♂ ist derselbe Theil tief ausgehöhlt, die Seitenwülste sind hoch aufgestülpt und endigen vorn beiderseits in einen langen, schwach convergirenden und aufgebogenen lappigen Zahn. Halsschild kaum doppelt so breit als lang, in der Mitte am breitesten, am Vorrande deutlich ausgebuchtet, der Hinterrand schwach doppelbuchtig, die Seiten etwas gerundet, nach vorn mehr als gegen die Basis verengt, Hinterwinkel rechteckig, die vorderen fast ebenfalls, jedoch ist die äusserste Spitze leicht abgestumpft. Das Basalstrichel ist grübchenartig knapp ober der Basis jederseits eingedrückt, nicht sehr auffällig. Schildchen glatt. Flügeldecken von der Breite des Halsschildes, oval, an der Spitze gemeinschaftlich gerundet, die Scheibe schwach niedergedrückt, gestreift punktirt, die Streifen werden gegen den Seitenrand zu allmählich furchenartig und gegen die Naht zu feiner, die Zwischenräume sind breit, eben, sehr fein punktirt. Der Seitenrand ist kantig aufgeworfen, die Schulterrippe fehlt vollständig. Unterseite mit Spuren sehr subtiler Behaarung.

Aus Mexico, in meiner Sammlung.

3. *Sitophagus cavifrons* (n. sp.): *Elongatus, subparallelus, depressus, nitidus, glaber, rufus aut rufo-testaceus, capite remote punctulato, frons antice in medio foveola rotundata profunde impressa, clypeus apice bidenticulatus; prothorace longitudine vix latiore, sparsim subtilissime punctato, apicem versus angustato, striola basali utrinque nulla; elytris thorace vix latioribus, parallelis, apice conjunctim rotundatis, sat profunde striato-punctatis, interstitiis latis, planis, subtilissime seriatim punctulatis, stria humerali subelevata, supra nigris, basi rufis. Antennarum articulo ultimo praecedentibus majore, oblongo-ovato.* — Long. 4 mill.

Patria: Venezuela.

Von den bekannten Arten durch die Bildung der Stirn, des Halsschildes und durch die Form des letzten Fühlergliedes auffällig verschieden. Gelbroth, nur die Augen, die Bauchringe und die Flügeldecken mit Ausnahme des ersten Viertheiles an der Basis, schwarz. Das letzte Glied der Fühler ist bedeutend länger als die einzelnen vorhergehenden, länglich eiförmig. Kopf sehr spärlich und fein punktirt. Die Stirn eben, die Seiten nicht wulstig erhöht, am Vorderrande in der Mitte mit einer grossen, tiefen, runden Grube. Vorderrand des Clypeus mit 2 Zähnchen. Halsschild breiter als der Kopf, aber kaum schmäler als die Flügeldecken, im oberen Drittel am breitesten, fast so lang als breit, gegen die Basis zu leicht verengt, mit abgerundeten Vorder- und sehr kleinen spitz vortretenden Hinterwinkeln. Die Scheibe schwach kissenartig gewölbt, oben selbst wieder niedergedrückt, sehr spärlich und fein punktirt, ohne Basalstriche vor dem Hinterrande; vor dem Schildchen mit der Spur eines flachen Grübchens. Schildchen glatt. Flügeldecken parallel, an der Spitze gemeinschaftlich abgerundet, oben niedergedrückt, gestreift punktirt, die Zwischenräume gleichmässig, ziemlich breit, eben, mit einer höchst feinen Punktreihe in der Mitte, der Schulterstreifen neben dem fein erhabenen Seitenrande ziemlich deutlich kielförmig, der letztere flacht sich jedoch gegen den Apex der Flügeldecken allmählich ab. Die Naht ist sehr schwach, aber bemerkbar dachförmig erhaben. Unterseite sehr fein und weitläufig punktirt.

In meiner Sammlung.

Description d'une nouvelle espèce de Lampyride

par

M. A. Chevrolat.

Alecton indicus (nov. spec.): *Flavus, antennis, tibiis, tarsis elytrisque basi excepta nigris.*

Antennes limitées au dernier ségment abdominal, aplaties, à articles triangulaires, assez longuement étendus et rapprochés les uns des autres; prothorax en ogive, bisinué sur la base, trisilloné en dessus, relevé sur les bords. Elytres noires, avec le quart basal jaune, deux côtes internes, la suturale oblitérée à partir du milieu, la médiane presque entière. Un sillon submarginal peu profond.

Long. 12 $^1/_2$, larg. 5 $^1/_2$ mill.

Indes orientales. Espèce reçue de feu Mr. Trobert.

Mélanges entomologiques sur les insectes du Portugal

par

Manuel Paulino d'Oliveira.

Coimbra 1876.

Angezeigt von **Dr. L. von Heyden.**

In diesem ersten Hefte gibt der Verfasser einen Catalog der Käfer von Portugal und speciell der *Cicindelidae* und *Carabidae*. — Professor Paulino ist in letzter Zeit mit den namhaftesten deutschen und französischen Entomologen in Verkehr getreten; viele seither recht seltene Arten sind durch ihn in den europäischen Sammlungen verbreitet worden, z. B. der interessante *Lucanus Barbarossa*; er selbst aber erhielt auf diese Weise werthvolles Vergleichs-Material, das ihn befähigte, die Arten richtig zu unterscheiden. Da Paulino als Coleopterologe von Fach isolirt dasteht, so ist dies keine geringe Aufgabe; um so freudiger war Referent überrascht, als er bei seiner Reise 1868 in Portugal Professor Paulino in Coimbra besuchte und seine Sammlung musterhaft geordnet und die Arten mit ganz geringen Ausnahmen schon damals richtig bestimmt fand. — In der Vorrede beklagt der Autor seine Abgeschiedenheit von der anderen entomologischen Welt und die Schwierigkeiten, welche die Bevölkerung ihm bei seiner Lieblingsbeschäftigung in den Weg stelle; doch lasse er sich dadurch nicht abschrecken, seine Arbeit wolle nur den Weg ebenen, auf dem andere Entomologen in der Erforschung seines Landes vorwärts schreiten sollen.

In Heft I sind 6 *Cicindelidae* und 281 *Carabidae* besprochen. Bei jeder Art ist der genaue Fundort, der Gewährsmann, Notizen über die Lebensweise, bei schwierigeren Arten die Unterschiede von den nahe verwandten angegeben, ferner werden die hauptsächlichsten Varietäten angeführt.

P. 18 wird *Carabus antiquus* Dej. var. *Vieirae* beschrieben. Paulino sagt: La grosse taille (30 mm.), la grandeur de la tête, le rétrécissement de la partie postérieure du corselet et surtout la disposition des lignes élevées des élytres, donnent au seul individu que je possède un aspect remarquable qui pourrait le faire élever au rang de type d'une nouvelle espèce. — Élytres intermédiaires par leur forme aux élytres du type et de la var. *lusitanicus* Dej. Les gros points les plus saillants des trois séries des élytres ne sont pas oblongs, ce qui fait qu'on peut en compter jusqu'à vingt dans chaque série, tandis que dans le type je n'en ai jamais observé plus de quinze. Les autres lignes élevées sont entières et bien développées. — Patrie Leiria. — Paulino zieht übrigens nach Untersuchung reichlichen Materials den *Carabus antiquus* Dej. aus dem Süden (Beja und Faro) mit dem *Carabus lusitanicus* Dej. aus Nordportugal (Serra d'Estrella und Gerez) in eine Art zusammen; vermittelnde Stücke finden sich in den dazwischenliegenden Gegenden von Azambuja und Leiria.

P. 19 wird auf die portugiesische Form des *Carabus guadarramus* Laf. aufmerksam gemacht. Les élytres ne sont nullement réticulées mais striées, et d'ailleurs le bord du corselet est le plus souvent vert.

P. 20. *Carabus Heydeni* Brûlerie i. l. En 1868 j'ai reçu une lettre de Mr. Piochard de la Brûlerie m'annonçant la découverte d'un nouveau Carabe, au sommet du Borrageiros dans le Gerez, ressemblant un peu au *Steuarti*, mais d'une taille bien plus petite. Plus tard en 1870, M. Lucas von Heyden mentionne le même Carabe avec le nom ci-dessus désigné, en indiquant seulement qu'il appartient au groupe du *C. guadarramus*, qu'il possède la taille du *Deyrollei*, et que par la forme du corselet il diffère de ces deux espèces. Que je sache, la déscription complète de ce Carabe n'est pas encore publiée. Par les indications ci-dessus mentionnées, je crois de la même espèce le Carabe que j'ai trouvé dans la Serra do Gerez au mois d'août. J'en donnerai une diagnose différentielle à l'égard du *C. guadarramus* Laf. — Beaucoup plus petit, 17 à 18 mm. Le corselet est sensiblement moins rétréci postérieurement et les rebords latéraux plus étroits et beaucoup moins élevés. Dans les élytres les angles huméraux sont plus saillants, les bords plus parallèles, les lignes élevées moins distinctes, ce qui leur donne l'aspect réticulé, et moins nombreuses, ce qui fait que les trois séries de points se trouvent correspondantes à la 4. 8. et 12 ligne tandis que dans le *guadarramus* elles sont à la place de la 6. 14. et 22. — Referent fand von dieser neuen Art 3 ♂ und Brûlerie 2 Stück an der angegebenen Lokalität am 5. Juli 1868.

— P. 21. *Nebria brevicollis* F. *var. iberica* Paul. Assez commune partout. On peut reconnaître cette variété par la taille, le plus souvent un peu plus petite que dans le type, le corselet plus étroit, avec les rebords latéraux beaucoup plus larges et plus élevés, postérieurement plus rétrécis, et les angles antérieurs plus avancés. Dans la *N. andalusica* Rbr. le rétrécissement postérieur du corselet est encore plus fort et les côtés plus régulièrement arrondis. — Durch Paulino besitzt Referent 2 Stück aus Bragança und Bussaco.

P. 22. *Nebria Geraldesi* Paul. — *Nigra; palpis nigropiceis; thorace elongato et postice attenuato, in basi valde retuso; elytris ovatis, striatis, uniformiter marginatis.* Long. 13—15 mm. Referent fand von dieser Art eine Anzahl Stücke auf dem Pic de Borrageiros in der Serra do Gerez am 5. Juli und bei Sabogueiro in der Serra d'Estrella am 16. Juni. Sie ist mit der *sobrina* Schaufs. verwandt, aber länger, schmäler, das Halsschild herzförmig, nach der Basis stark verschmälert. Auch nahe verwandt mit *Dahlii* Sturm und *Vuillefroyi* Chaud. — In demselben Jahre 1876 wurde die Art auch von Schaufuss in Nunquam otiosus II. p. 368 (auf dem Druckbogen steht ausgegeben 30. Septbr. 1876.) als *N. punctato-striata* beschrieben. Der Autor hatte sie auf der Estrella entdeckt.

P. 27. *Zuphium Bocagei* Paulino. — *Ferrugineum; capite obscuriore, antennis pedibusque pallidioribus; thorace punctato, fortiter sinuato ante angulos posteriores.* Long. 5,5 mm. — Patria Azambuja. — Il se distingue de suite du *Z. Chevrolati* Brul. par la forte sinuosité du corselet. — Der Autor hatte die Güte dem Referenten ein Stück dieser seltenen Art, von welcher zur Zeit der Beschreibung nur ein Exemplar bekannt war, zu überlassen.

P. 28. *Dromius Putzeysi* Paulino. — *Capite rufo, macula fusca marginibus obsoleta, fortiter striato; prothorace rufo, quadrato, punctato; elytris fuscis, subtiliter striatis, maculis magnis duabus, altera*

humerali, altera postica lunata, insignitis; antennis pedibusque pallidis.
— Long. 3,5 mill. — Patria Coimbra. Au premier coup d'œil on pourrait confondre cette espèce avec le *D. bifasciatus* Dej., mais elle est bien différente. Le *D. Putzeysi* est un peu plus allongé, la tête est rougeâtre avec une couleur foncée en-dessus, où elle est assez fortement striée ce qui la distingue de toutes les espèces européennes du genre *Dromius*. Le corselet est ponctué et plus arrondi dans les angles antérieurs. Les stries des élytres sont un peu plus prononcées et les bords plus parallèles.

P. 30. *Lionychus albonotatus* Dej. *var. immaculata* Paulino.
— Coimbra. Variété sans taches ou lignes sinueuses dans les élytres.

P. 46 *Aristus capito* Dej. *var. obscuroides* Paulino. — Cette remarquable variété se rapproche beaucoup de l'*A. obscurus* Dej. Le corselet possède antérieurement la même forme que l'*obscurus* et il ne commence à se rétrécir que vers le milieu, ce qui n'est pas le cas chez le *capito;* la base du corselet est étroite comme dans cette dernière espèce, et les angles postérieurs, sont aussi droits. Il ressemble aussi à l'*obscurus* par la brièveté des antennes. — Patrie: Leiria. — Referent besitzt ein typisches Stück durch den Autor.

P. 53. *Stenolophus discophorus* Fisch. *var. nigricollis* Paulino.
— Coimbra. Il diffère du type par le corselet marginé d'un testacé rougeâtre.

Das zweite Heft über die Dytiscidae und Hydrophilidae ist in Arbeit.

Durch Prof. Paulino erhielt ich ferner die interessanten Arten: *Nebria Volxemi* Putz. und *Pterostichus Volxemi* Putz. beide beschrieben in den Annales soc. entomol. Belge 1874. Sie stammen von der Serra Monchique in Algarvien. — Eine schöne Varietät von *Oberea erythrocephala*. Der ganze Körper ist roth, mit Ausnahme der Decken, Augen und der Seiten der Mittelbrust, welche schwarz sind; die Fühler haben unregelmässige braune Flecken und das Bestreben ist vorhanden die schwarze Grundfarbe zu verdrängen.

Beschreibung einer neuen Leptinotarsa
(Coleoptera: Chrysomelidae.)

Von

E. v. Harold.

L. Behrensi: Oblonga, convexa, obscure viridi-aenea vel nigro-aenea, interdum nigro-violacea; thorace punctis majoribus et minutis sat dense adsperso, elytris dense, latera versus confuse, apicem versus subrugulose punctatis, punctis disco irregulariter triseriatis. — Long. 15 —18 mill.

Chrysom. massalis Dohrn i. litt.

Von ovaler, stark gewölbter Gestalt, ziemlich glänzend, heller oder dunkler erzfarbig, meist dunkel grünlich oder bläulich. Das Halsschild mit sehr feinen und etwas gröberen Punkten ziemlich dicht besetzt, die Punktirung an den Seiten markirter, diese vorn gerundet, die Vorderecken als kleines, aber scharfes Zähnchen abgesetzt. Die Flügeldecken dicht punktirt, die Punktirung an den Seiten und gegen die Spitze regellos und durch Querritzen etwas runzlig, auf der Scheibe unregelmässig gereiht und zwar sind je drei solcher Reihen einander mehr genähert, so dass die Zwischenräume dieser Punktstreifen als glatte, mitunter sogar schwach gewölbte Zwischenräume sich bemerkbar machen. Es kommen aber auch Stücke vor, bei welchen diese Reihenbildung nur schwer mehr zu erkennen ist. Die Epipleuren flach, fast ohne Punktirung, ihr Innenrand öfters röthlich durchscheinend.

Vaterland: Californien.

Von dieser stattlichen Art, welche an Grösse wohl noch die *lacerata* und die *caeica* übertrifft, sandte Herr Behrens mehrere Stücke an C. A. Dohrn. Sie unterscheidet sich von allen bis jetzt bekannten durch die einfarbigen, dicht punktirten Flügeldecken.

Uebersicht der Arten der Gattung Aspicela.
(Chrysomelidae: Halticinae.)

Von

E. von Harold.

Die Gattung *Aspicela* ist gegenwärtig auf eine Anzahl hübscher columbischer Arten beschränkt und sehr gut durch die knotig nach vorn hereintretende Hinterbrust charakterisirt. An dieser Hervorragung, die an den Stachel von *Doryphora* erinnert, nimmt auch das Mesosternum mit seinem Hintertheile Antheil, während die vordere Hälfte, auf welche der löffelartige Fortsatz des Prosternum gleitet, bedeutend tiefer liegt. Zu dieser eigenthümlichen Bildung der Brusttheile kommt eine einfache, durchaus nicht verdickte Klaue an den Hinterfüssen und ein in seinem oberen Theil stark abschüssiges Kopfschild, dessen Mitte sammt dem Ende des Nasenkiels eine mehr oder weniger spitze Beule bildet. Der Thorax hat einen ganz geraden Hinterrand und spitz nach vorwärts ausgezogene Vorderecken. Die Arten differenziren sich sehr gut durch verschiedene Farbenkleider, bieten dagegen nur geringe Sculpturverschiedenheiten, so dass die Selbstständigkeit einiger derselben fraglich bleibt.

Die mir vorliegenden 9 Arten lassen sich leicht nach folgender Tabelle bestimmen:

1. Abdomen omnino nigrum 2
   Abdomen apice vel lateribus flavum 6
2. Epipleurae margine externo flavo, interno fusco
   vel nigro 3
   Epipleurae omnino nigrae 4
3. Elytra flava, punctata . . . . . . *Osculatii*.
   Elytra nigra, variolata . . . . *rugosa*.
4. Elytra nigra, albolimbata . . . *unipunctata*.
   Elytra flavotestacea 5
5. Elytra flava, nigromarmorata . . . . *cretacea*.
   Elytra flava, albocincta . . . . *marmorata*.
6. Thorax omnino vel medio flavus 7
   Thorax viridis 8

2

7. Thorax omnino flavus . . . . *flavicans.*
Thorax medio flavus, nigrocinctus . . . . *albomarginata.*
8. Elytra viridia . . . . *nigroviridis.*
Elytra flava, nigroaeneo-limbata . . . . . *scutata.*

1. *Aspicela scutata* Latr. Voy. Humb. Ins. p. 52. t. 35. f. 7. (1833).
A. Boureieri Guér. Verh. Zool. Bot. Ver. Wien V. p. 609. (1855).

Schwarz, das Halsschild spangrün mit einem schwarzen Querfleck in der Mitte, welcher zuweilen in zwei einzelne Makeln aufgelöst ist, die Flügeldecken dicht und grob, etwas runzlig punktirt, gelblichbraun oder rothbraun, ringsum schwarzblau breit gesäumt, der äusserste Seitenrand und der Spitzenrand in etwas grösserer Ausdehnung, gelblichgrün. Die Epipleuren und der Hinterleib schwarz, an diesem das letzte Segment und die Seiten des vorletzten gelb.

Von S. Rosa und zwischen Maquanál und las Pavas; (Steinheil!).

Guérin's *A. Boureieri* ist nur eine Form, bei welcher der schwarze Saum der Flügeldecken die Spitze nicht erreicht, dagegen tritt an dieser die gelbgrünliche Farbe des Aussenrandes etwas weiter an der Naht herauf.

2. *Aspicela nigroviridis* Guér. Verh. Zool. Bot. Ver. Wien. V. p. 609. (1855).

Kopf und Schildchen schwarz, die übrige Oberseite schön spangrün (im Leben), unten sammt Beinen und Fühlern schwarz, die beiden letzten Bauchringe gelb, die Epipleuren bläulich schwarz. Thorax glatt, mit sehr deutlich abgesetzten Vorderecken. Flügeldecken dicht, leicht runzlig punktirt, hinten unmerklich gerundet abgestutzt.

Von Muzo, la Vega, Fusagasugá und Copér; (Steinheil!) auf dem Quindiu-Pass (Osculati!).

Herr Steinheil berichtet, dass das Thier im Leben schön bläulich- oder spangrün ist. Diese Farbe erhält sich nur ausnahmsweise bei den Sammlungsexemplaren; diese dunkeln, besonders auf dem vorderen Theile und der Scheibe der Flügeldecken nach, wobei die schwärzliche Färbung zugleich einen metallisch bläulichen Schein erhält.

Der Umriss des Thieres stellt ein sehr regelmässiges Oval vor und fällt die grösste Breite der Flügeldecken in deren Mitte. Ein einzelnes, aus dem westlichen Columbien (Wallis!) stammendes Stück zeigt jedoch hierin eine auffallende Verschiedenheit, indem die Flügeldecken gleich hinter den Schultern, unterhalb des allen Arten mehr oder weniger deutlich zukommenden Eindruckes, stark verbreitert sind, so dass deren Breite ihr Maximum weit vor der Mitte findet. Zugleich ist die Wölbung eine viel stärkere und erinnert die ganze Form fast an *Aegithus*. Ich wage es nicht auf dieses einzelne Stück hin, welches in allem Uebrigen mit der *nigroviridis* völlig übereinstimmt, eine eigene Art aufzustellen und möchte dasselbe vorläufig eher als ein abnorm gebautes betrachten.

3. *Aspicela flavicans* (n. sp.): *Simillima A. nigroviridi, at aliter colorata, capite, pedibus, antennis abdomineque nigris, hoc segmentis duobus ultimis testaceis, supra testacea, elytris basi vel disco plus minusve cyanescentibus.* — Long. 9½—10 mill.

Regelmässig eiförmig, schwarz, die Epipleuren blauschwarz, die beiden letzten Bauchsegmente gelb, das Halsschild glatt, weisslichgelb, die Flügeldecken heller oder dunkler bräunlich- oder röthlichgelb, an der Basis und zum Theil auch auf der Scheibe mehr oder weniger deutlich bläulich angelaufen. Punktirung wie bei *nigroviridis*, ebenso die Flügeldecken hinten unmerklich abgestutzt.

Von Fusagasugá.

Ich bin sehr in Zweifel darüber, ob die vorliegende Form nicht etwa auf unausgefärbte Stücke der *nigroviridis* zu beziehen ist, es spricht aber dagegen der Umstand, dass unter den vielen von Herrn Steinheil mitgebrachten Stücken beider Arten kein einziges in der Färbung vermittelnd sich zeigt, auch lässt das intensive Schwarz der Unterseite und der Beine eine ungenügende Entwickelung des Farbstoffes kaum annehmen. Nach den bisherigen Erfahrungen geben die Unterschiede im Farbenkleide bei *Aspicela* gute Artencharaktere ab und zwar fast die einzigen. Ohne Benützung derselben würden sich je nach der gröberen oder feineren Punktirung vielleicht nur zwei bis drei Formen auseinander halten lassen.

4. *Aspicela cretacea* Latr. l. c. p. 51. t. 33. f. 6. (1833).

Schwarz, das Halsschild weiss, nur in der Mitte des Vorderrandes schwarz gefleckt, die Flügeldecken dicht aber ziemlich fein punktirt, gelbbraun, der Aussenrand breit weiss gesäumt. Die Epipleuren und der Hinterleib ganz schwarz.

Quindíu-Stock, zwischen Tapias und las Cruzes. (Steinheil!).

5. *Aspicela Osculatii* Guér. Verh. Zool. Bot. Ver. Wien. V. p. 609 (1855).

Verlängert eiförmig, schwarz, das Halsschild weiss, in der Mitte mit einem schwarzen, vorn erweiterten Längsstreifen, ausserdem der äusserste Basalrand schwärzlich, die Flügeldecken gelblichbraun oder braungelb, ziemlich schmal weiss gesäumt, ausserdem jede mit einer grösseren runden Makel in der Mitte und einer etwas kleineren vor der Spitze, letztere zugleich etwas beulig erhaben; die Punktirung dicht und zum Theil ineinanderfliessend, mässig stark, auf den Makeln, besonders auf der hintern, etwas abgeschwächt. Die Epipleuren aussen gelb, innen schwarz, ebenso der ganze Hinterleib schwarz oder bläulich schwarz.

Von La Luzéra und La Vega; (Steinheil!) Bogotá (Lindig!). Guérin hat a. a. O. die Art nach Exemplaren ohne weisse Makeln beschrieben. Dieselben fehlen zuweilen ganz oder sie sind nur durch eine leichte Abschwächung der Punktirung angedeutet, da aber, wo sie sehr ausgeprägt erscheinen tritt auch noch manchmal an der Basis der Flügeldecken ein schlecht begrenzter weisslicher Querfleck hinzu. Die sehr ähnliche *cretacea* hat einen viel breiteren weissen Saum der Flügeldecken und sind bei ihr die ganzen Epipleuren und ebenso die letzten Bauchringe schwarz.

6. *Aspicela unipunctata* Latr. Voy. Humb. Ins. p. 63. t. 34. f. 4. (1833.)
Schwarz, das Halsschild weiss, die dicht und grob punktirten Flügeldecken in der Mitte auf der Naht mit einer gemeinschaftlichen, weissen, runden Makel, ebenso der Rand breit weiss gesäumt, Epipleuren und Hinterleib ganz schwarz.

Hr. E. Steinheil hat diese Art in Neu-Granada zwischen Las Cruzes und Maquanál angetroffen.

7. *Aspicela marmorata* (n. sp.): *Capite, antennis, pedibus, epipleuris abdomineque omnino nigris, thorace elytrisque albidis, his fortiter punctatis, rugulis nonnullis maculisque parvulis piceis.* — Long. 10 — 11 mill.

Etwas breiter eiförmig, der Kopf, das Schildchen und die ganze Unterseite sammt Beinen, Fühlern und Epipleuren schwarz, das Halsschild und die Flügeldecken weisslich gelb, letztere dicht und ziemlich grob punktirt, schwarz gesprenkelt; diese dunkleren Zeichnungen bestehen aus einer Menge unregelmässig vertheilter Pünktchen und kleinen Bogenstrichen, welche zugleich etwas erhaben sind und wie bei *Calligrapha* die Punktirung unterbrechen. Die schwarze Färbung der Epipleuren ist auch von oben am äussersten Randsaume bemerklich. Von Ocaña (Landolt!).

Eine durch die Sculptur sehr ausgezeichnete Art, die wegen des ganz schwarzen Hinterleibs und der schwarzen Epipleuren in nächste Verwandtschaft mit *cretacea* tritt, von dieser aber durch das ganz weisse Halsschild und die derbere Punktirung der Flügeldecken, abgesehen von deren Zeichnung, leicht sich unterscheiden lässt.

Unbekannt geblieben ist mir *A. discoidalis* Clark. Journ. of Ent. II. p. 381 aus Neu-Granada. Nach der etwas kritischen Beschreibung *(elytris marginibus fortiter viridibus!)*, scheint dieselbe der *scutata* nahe zu stehen, von der sie vielleicht nicht einmal verschieden ist. Was die *Altica albomarginata* Latr. Voy. Humb. I. p. 211 t. 3. (22) f. 10 betrifft so ist es offenbar dieselbe die unter dem nämlichen Namen nochmals im Vol. II. p. 53 t. 3. (33) f. 8 beschrieben und abgebildet wird. Dieselbe scheint eine sehr seltene Art zu sein, von der ich bisher nur ein von Herrn Dr. Chapuis mitgetheiltes Stück gesehen habe. Sie ist an ihrer höchst auffallenden Zeichnung leicht kenntlich. Das Halsschild ist weiss, an den Seiten breit, am Vorderrande schmal schwarz gesäumt. Die Flügeldecken haben einen weissen Randsaum, ihre Scheibe ist schwarz, mit leichtem Erztone, die Sculptur besteht in tiefen, unregelmässig gereihten Gruben, deren Zwischenräume wulstig erhaben sind. Die Epipleuren und der Hinterleib sind weissgelb, letzterer nur in der Mitte der oberen Segmente schwarz.

Die *rugosa* Guér. liegt mir ebenfalls nur in einem von Dr. Chapuis mitgetheilten Stücke vor. Sie ist durch die grob, narbig gerunzelten Flügeldecken ausgezeichnet. Bei dem vorliegenden Stücke zieht sich die gelbe Farbe des Aussenrandes der Flügeldecken auch noch eine Strecke weit an die Naht hinauf.*)

---

*) Eine auffallende Aehnlichkeit, vielleicht eine der täuschendsten die es überhaupt zwischen zwei, verschiedenen Gattungen angehörigen Arten geben kann, bietet mit dieser *rugosa* eine ächte *Oedionychis*, ebenfalls von Ecuador zu Hause, deren Diagnose ich hier mittheile:

Oed. variolosa: Elongato-ovalis, nigra, thoracis lateribus late, elytrorum limbo angustius flavis, illo laevi, his variolosis, atrocyaneis; corpore subtus cum pedibus antennisque nigris, his articulis 1—2 extus rufis. Long. 11 mill.

Von der *A. rugosa* hauptsächlich durch die Gattungsmerkmale, nämlich das einfache Metasternum, die dicken Hinterschenkel und das kugelige Klauenglied der Hinterfüsse unterschieden.

Neue Arten aus den Familien der Cucujidae, Nitidulidae, Colydiidae und Cryptophagidae.

Von

E. Reitter in Paskau (Mähren).

1. *Haplouncura subquadrata* (n. sp.): *Parvula, brevis, depressa, testacea, nitidula, confertim obsolete punctata, subtilissime pubescens, prothorace transverso, longitudine duplo breviore, lateribus subrectis angustissime marginato-reflexo, angulis, posticis rectis, anticis rotundato-obtusis, scutello magno, triangulari; elytris prothorace aequilatis et vix duplo longioribus, subparallelis, lateribus anguste marginatis, apice fere truncatis.* — Long. 2 mill.

Patria: Cap York (Australia bor.)

Der *H. luteola* Er. äusserst ähnlich, ebenfalls ganz hell röthlichgelb, gleichmässig sehr fein punktirt und behaart; das Halsschild ist jedoch mit den Flügeldecken gleichbreit, parallel, nach vorn nicht verengt, die Flügeldecken sind kürzer, die Fühlerkeule etwas kleiner etc.

Von Herrn C. A. Dohrn in Stettin, eingesendet.

2. *Micropeltis flavolimbata* (n. sp.): *Picea, nitidula, sparsim subsetuloso-pubescens, capite prothoraceque subtiliter ruguloso-punctatis, fusco-ferrugineis; thorace transverso, lateribus rotundato, flavo-limbato; elytris crebre fortissime irregulariterque punctatis, tuberculis duobus dorsalibus elongatis, subeleratis, lateribusque flavo-pallidis; antennis pedibusque testaceis.* — Long. 2.4 mill.

Patria: Chili.

Länglich, vor der unteren Spitze am breitesten, schwarzbraun, wenig glänzend, mit anliegenden Borstenhärchen ziemlich spärlich besetzt. Fühler rothgelb. Kopf und Halsschild dicht und seicht runzlig punktirt, bräunlich rostroth, die Ränder des letzteren breit blassgelb gerandet. Halsschild mehr als doppelt so breit als lang, an den Seiten gerundet, dicht und kräftig sägezähnig, unter der Mitte am breitesten. Flügeldecken an der Wurzel deutlich breiter als das Halsschild, bis zur Mitte gleichbreit, dann gegen die Spitze etwas gerundet erweitert, die Spitze gemeinschaftlich abgerundet, die Seiten schmal — in der Nähe der kantig vortretenden Schulterecken, ein wenig breiter abgesetzt, die äusserste Kante sehr fein sägezähnig und mit Härchen bewimpert. Oberseite sehr gedrängt, irregulär mit tiefen und grossen Punkten besetzt, wovon jene an der Naht beinahe eine Reihe formiren. In der Mitte in der Nähe der Naht, sowie vor der Spitze befindet sich auf jeder Decke ein schwach erhabener, tuberkelartiger Längskiel, der so wie der Seitenrand blass gelbbraun gefärbt ist. Ausserdem zeigt die Scheibe der Flügeldecken einige unbestimmte, sehr kleine gelbbraune Längsflecken. Beine rothgelb.

Von Chili. Von Herrn C. A. Dohrn eingesendet.

3. *Colydium Pascoei* (n. sp.): *Nigrum, nitidum, elytris apice piceis, antennis pedibusque rufis; prothorace trisulcato, elytris costatis, interstitiis biseriatim punctatis, costa prima interiore pone medium minus, costa secunda pone medium magis elevata, costis lateralibus aequalibus.* — Long. 6 mill.

Patria: Columbia.

Unserem *C. elongatum* recht ähnlich, aber die Furchen des Halsschildes sind nur durch kräftig vertiefte Linien markirt, die Seiten des letzteren sind mehr gerade, die Winkel treten besser eckig vor, die Flügeldecken haben eine ähnliche Sculptur; die erste Rippe neben der Naht jedoch schwächt sich gegen die Spitze ab, während die nächste (also mittlere) gegen die letztere sich noch mehr erhöht.

Von La Luzera; in der Sammlung des Herrn E. Steinheil in München.

4. *Penthelispa longicollis* (n. sp.): *Piceo-ferruginea, prothorace oblongo, subparallelo, lateribus medio subsinuato, dorso ante medium leviter impresso; angulis posticis obtusiusculis; elytris a medio apicem versus angustatis.* — Long. 3.5 mill.

Patria: Malacca.

Pechbraun, etwas glänzend, Fühler kurz und dick, die mittleren Glieder sehr stark quer. Kopf stark und dicht punktirt, vorn mit zwei seichten Furchen. Halsschild etwas breiter als der Kopf, bedeutend länger als breit, fast gleichbreit, fein gerandet, der äusserste Rand wenig aufgebogen, die Seiten in der Mitte mit einer schwachen kleinen aber immer deutlichen Ausbuchtung, die Vorderecken kaum vorragend, die hinteren stumpf, leicht gerundet. Oberseite dicht und kräftig punktirt, die Scheibe ober der Mitte mit einem breiten, seichten, aber deutlichen Eindrucke. Flügeldecken zwei und ein viertelmal so lang als das Halsschild, und bedeutend breiter als das letztere, dicht gefurcht, in den Furchen stark punktirt, von der Mitte zur Spitze stark verengt.

Von Herrn Th. Kirsch eingesendet. Unter den bekannten Arten durch das lange fast gleichbreite Halsschild, dessen Scheibe nur einen Eindruck besitzt leicht erkennbar.

5. *Cucujus Grouvellei* (n. sp.): *Elongatus, depressus, nigerrimus, antennis pedibusque sat elongatis, prothorace subrotundato, extus crenato, elytris coccineis.* — Long. 16 mill.

Patria: Himalaya.

Langgestreckt, gleichbreit, tief schwarz, etwas glänzend, nur die Flügeldecken matt hochroth. Die Färbung der letzteren ist annähernd jene des *C. sanguinolentus*, doch ist selbe noch um einen Ton heller. Fühler und Beine schlank. Kopf und Halsschild von gleicher Breite, gedrängt runzlig, grob punktirt, die Eindrücke des ersteren ähneln denen unserer Arten, nur sind sie tiefer. Das letztere kaum oder undeutlich breiter als lang, von kreisförmigem Grundriss, die Seiten schwach gezähnelt, die Scheibe mit ähnlichen Eindrücken versehen, wie unser *haematodes*. Schildchen schwarz, die punktirten Flügeldecken etwas breiter als das Halsschild, reichlich dreimal so lang als zusammen breit, diese ähnlich sculptirt wie unsere Arten, aber oben gleichmässiger abgeflacht.

Aus dem Himalaya; in meiner Sammlung.

6. *Brontes atratus* (n. sp.): *Subopacus, niger; prothorace lateribus inaequaliter denticulato, pone angulos anticos dentato-productos fortiter exciso, dorso prope latera utrinque subsulcato, elytris striato-punctatis, interstitiis subaequalibus, subtilissime granulato-rugosis.* — Long. 9 mill.

Patria: Malacca.

Einfarbig schwarz, ziemlich matt, die Unterseite schwarzbraun, die Füsse rostfarbig. Fühler den Körper fast überragend, das erste

Glied kaum so lang als die 4 folgenden zusammen, gegen die Spitze wenig verdickt; die folgenden Glieder unter sich ziemlich gleich lang, etwa dreimal so lang als in der Mitte breit. Kopf sehr fein runzlig gekörnt. Halsschild wenig breiter als der Kopf, so lang als breit, äusserst fein und dicht runzlig gekörnt, längs der Seiten mit einer schwachen Furche, die Seiten schwach gerundet, unregelmässig gezähnt. Die Vorderwinkel treten als eine nach aussen gerichtete zahnförmige Spitze vor, unter dieser ist der Seitenrand tief ausgeschnitten, der Ausschnitt bildet eine rundliche Bucht; knapp ober der Mitte befindet sich ein weiterer kräftiger Zahn, dem noch nach abwärts sich drei sehr schwache Zähnchen dicht anreihen. Flügeldecken breiter als das Halsschild, 3 1/2 mal so lang als zusammen breit, fast gleichbreit, die Scheibe zwischen den Schulterrippen schwach und dicht furchig gestreift, die Streifen seicht punktirt und sowie die gleichmässigen Zwischenräume sehr fein runzlig gekörnt. Die Schenkel in der Mitte kräftig verdickt.

Von Herrn Th. Kirsch eingesendet. Unterscheidet sich von dem gleichgrossen *nigricans* Pascoe (von Queensland) durch tief schwarze, gleichmässige Färbung, die ungleiche Zähnelung des Halsschildes etc.

Henotiderus. (N. gen. Cryptophagidarum.)

Antennae laterales, ante oculos insertae, 11-articulatae; articulo primo secundoque incrassato, clava triarticulata. Prosternum simplex. Frons utrinque vix subtiliter elevato-marginata. Prothorax elytris valde angustior, transversus, antrorsum levissime angustatus, lateribus vix incrassatus, crenatus, medio sinu utrinque denticulo, minuto, acuto terminato, (et linea elevata subtilissima longitudinali prope latera) instructus; angulis subdenticulatis; impressione basali transversa distincta. Elytra ampliata, breviter ovata, subirregulariter punctata, stria suturali integra. Tarsi 5-articulati, articulis 4 primis subaequalibus. Corpus fere ut in gen. Atomaria, breviusculum, dense fortiter punctatum, pube longiore hirtellum.

Eine neue ausgezeichnete Gattung zur Tribus der *Cryptophagini* gehörend, von der Körperform einer *Atomaria*, aber lang behaart, die Fühler sind seitenständig etc.

Der Kopf ohne erhabene Stirnleisten an den Seiten. Die Fühler ziemlich weit vor den Augen am Seitenrande des Kopfes eingefügt,

11-gliederig, den Hinterrand des Halsschildes erreichend; die beiden ersten Glieder verdickt; das erste rundlich, das zweite länglicher, weniger dick; die Keule dreigliederig. Halsschild doppelt so breit als lang und viel schmäler als die kurzen, breiten, eiförmigen Flügeldecken, nach vorn mehr als gegen die Basis verengt, der Seitenrand schwach gebuchtet, mit 2 spitzigen kleinen, abwärts gerichteten Zähnchen versehen, wovon jedes in gleichen Entfernungen von einander und den Winkeln des Halsschildes sich befindet. Ebenso sind die Vorder- und Hinterecken schwach zähnchenartig vorgezogen; das Zähnchen der Vorderwinkel ebenfalls nach abwärts strebend. Die äussersten Seiten sind sehr fein gerandet, ebenso befindet sich eine erhabene feine Längslinie auf der Scheibe in der Nähe des Seitenrandes, welche parallel mit dem letzteren verläuft. Der Basaleindruck ist deutlich, quer, linienförmig, beiderseits durch die erhabene Seitenlinie und ein daselbst befindliches kleines, aber tiefes Grübchen begrenzt. Schildchen quer, fünfeckig. Flügeldecken gewölbt, dicht und kräftig punktirt, mit sehr feinem ganzen Nahtstreifen. Prosternum einfach, die Seiten kaum gerandet. Beine schlank, Füsse 5-gliederig, die vier ersten Glieder unter einander fast gleich lang, das vierte nicht gelappt, einfach, das Klauenglied fast so lang als die vorhergehenden zusammen. Ob die Hinterfüsse beim ♂ nur 4-gliederig sind, kann ich zur Stunde nicht entscheiden.

Diese Gattung kommt in die unmittelbare Nähe von *Henoticus* Thoms. zu stehen und unterscheidet sich durch die Bildung des vierten Fussgliedes, des Halsschildes und den Mangel der Leistchen auf den Seiten der Stirne. Von *Thallestus* Woll., mit der sie ebenfalls in naher Verwandtschaft steht, entfernt sie sich durch die Bildung der Füsse, einfach punktirte Flügeldecken etc.

7. *Henotiderus centromaculatus* (n. sp.): *Nigro-fuscus, pube longiore grisea hirtellus, antennis pedibusque testaceis, capite prothoraceque crebre profunde punctatis, hoc basi distincte biximuato; elytris rufis, apice, macula communi transversa ante medium et macula oblonga laterali nigris, supra dense fortiter, apicem versus subtilissime punctatis.* — Long. vix 2 mill.

Patria: Japonia.

Von Herrn R. Hiller entdeckt.

8. *Liturgus japonicus* (n. sp.): *Oblongo-ovalis, subdepressus, minus nitidus, pube brevi fusca dense vestitus, subtus fuscus, supra niger; prothorace margine laterali postice elytrisque maculis tribus parcis punctiformibus ferrugineis, prima in medio pone basin, secunda prope suturam ante medium, tertia dorsali (non nunquam subbipartita) pone medium sita; antennis, clava fusca, tibiisque ferrugineis, tarsis testaceis.* — Long. 2.8 mill.
Patria: Japonia.

Dem *bifasciatus* ähnlich, aber regelmässiger elliptisch, die Behaarung etwas dunkler, die Punktirung feiner, mit geringerem Glanz. Die Flügeldecken zeigen etwas deutlichere Haarreihen, die Makeln sind dunkler, kleiner, punktförmig, rund; ihre Stellung ist ähnlich wie bei *bifasciatus*, jedoch stets nur 6 im Ganzen vorhanden. Die Schenkel sind dunkler, die Schienen rostbraun, dagegen die langen Tarsen hellgelb.

Von Herrn Hiller in Japan gesammelt.

9. *Corticeus cylindricus* (n. sp.): *Elongatus, subcylindricus, rufo-ferrugineus, nitidus, antennis pedibusque paullo dilatioribus, prothorace oblongo, sat dense distincte punctato, lateribus basique tenuiter marginato, elytris prothorace duplo longioribus, cylindricis, minus dense subtilissime subseriatim punctulatis.* — Long. 4 mill.
Patria: Ins. Fidschi. (Mus. C. A. Dohrn.)

Die grossen Augen berühren fast die Vorderecken des Halsschildes. Die Flügeldecken zeigen einige angedeutete Punktreihen neben der Naht. Mit *C. rufulus* und *longulus* verwandt, grösser als der erstere, das Halsschild ist deutlich kräftiger als die Flügeldecken punktirt, und durch die angedeuteten Punktreihen unterschieden, von dem letzteren schon durch kräftigere Punktirung des Halsschildes abweichend.

10. *Anommatus Baudii* (n. sp.): *Oblongus, leviter convexus, nitidus, rufo-testaceus; prothorace subquadrato, minus dense at fortiter punctato, linea dorsali angusta laevi, subelevata, margine basali utrinque exciso, elytris thorace fere duplo longioribus, sat fortiter seriatim punctatis, punctis remotis, apicem versus evanescentibus, seriebus duabus suturalibus profunde impressis.* — Long. 1.5 mill.
Patria: Toscana.

Länglich, ziemlich gleichbreit, leicht gewölbt, glänzend, rothgelb. Der Kopf ist tief aber spärlich punktirt. Das Halsschild so lang, oder fast so lang als breit, vorn am breitesten, gegen die Basis sehr schwach, aber bemerkbar verengt, die Scheibe nicht sehr dicht, jedoch kräftig punktirt, mit einer schmalen, glatten, kaum emporgehobenen Längslinie in der Mitte. Die Basis jederseits in der Mitte der einzelnen Decken mit einem kräftigen, sehr deutlichen, kleinen, fast halskreisförmigen Ausschnitte. Derselbe übertrifft die Crenulirung der Basis bei *A. Valombrosae* sehr bedeutend. Flügeldecken höchstens doppelt so lang als das Halsschild, mit ungefähr 12 deutlichen Punktreihen auf beiden zusammen. Die Punkte der Reihen sind auf der vorderen Hälfte kräftig, auf der hintern allmählich fast verschwindend ausgeprägt; überall stehen dieselben ziemlich zerstreut. Die zwei ersten Punktreihen an der Naht sind jederseits viel stärker als die nächsten eingedrückt.

Unterscheidet sich von *A. Valombrosae* durch weniger schmale und gewölbte Körperform, und von diesem und *Dieckii* durch die 12 Punktreihen auf den Flügeldecken, wovon die beiden an der Naht stärker ausgeprägt sind als die folgenden, und schmälere unpunktirte Mittellinie auf dem Halsschilde; endlich von *duodecimstriatus* und *pusillus* durch den deutlichen Ausschnitt jederseits an der Basis des Halsschildes und dessen schmälere, glatte, weniger emporgehobene Längslinie in der Mitte.

Kommt nach *A. pusillus* einzureihen.

Von Herrn Baudi de Selve in Turin eingesendet.

Drei merkwürdige Bernstein-Insekten.

Von

J. P. E. Frdr. Stein in Berlin.

In der ansehnlichen Sammlung von Bernstein-Einschlüssen, welche der hier ansässige Kaufmann Herr Kühl besitzt, fand ich bei aufmerksamer Durchsicht drei Insekten, welche, soweit mir die betreffende

Literatur zu Gesicht kam, bisher noch nicht beschrieben sind. Sämmtliche Stücke stammen vom Ostseestrande; zwei enthalten je einen *Paussus*, welcher zu der bis jetzt nur in Neuholland in mehreren Arten beobachteten Gattung *Arthropterus* Mac Leay gehört; eins schliesst einen Rhipidius Thunbrg. ein, der dem bekannten, noch jetzt lebenden, aber höchst seltenen *pectinicornis* Thunbrg. *(Blattarum* Sundev.*)* ähnelt; und eins birgt ein Hymenopteron, nämlich einen weiblichen *Mymar* Halid., der von unserem *pulchellus* Curt. nicht sehr verschieden ist.

Die drei Arten sind in Nachfolgendem kurz beschrieben und erläutert.

Arthropterus Kühlii: Alatus, castaneus, nitidus, glaber. Von der Grösse und den Umrissen des *Paussus Latreillei* Westw. Die Fühler bestehen aus acht flachen, viereckigen, dicht stehenden Querglieden mit einem ebensolchen, aber halbkreisrunden Endgliede. An keinem der beiden Stücke kann man die Beine deutlich sehen, weil selbe durch einen Schimmel-Ueberzug verdeckt sind; doch erscheinen die Schenkel etwas verdickt, und die Tibien am Grunde verjüngt, nach der Spitze verbreitert.

Rhipidius primordialis: Antennae undecim-articulatae, radiis octo. Von der Grösse und dem Ansehen des *Rh. pectinicornis* Thunbrg. Die Fiedern (Strahlen) der Fühler sind ziemlich gleich lang, die äussern etwas kürzer, als die innern; letztere fast doppelt so lang als Kopf und Halsschild zusammengenommen, und bei ein wenig niedergebogenem Kopfe die Basis der Mittelbeine erreichend. Die Flügeldecken sind schmal, stumpf zugespitzt, nach Aussen etwas umgeschlagen, das Schildchen völlig frei lassend, und nicht ganz halb so lang als die freiliegenden Flügel, welche gleichsam wie die Flügel eines Vogels nach der Spitze hin übereinander geschlagen ruhen. Das Schildchen ist nach hinten gerade abgeschnitten und etwas verschmälert, im Allgemeinen fast viereckig.

Ein zweites Stück dieser Art, welches der Präparator am Königsberger Museum, Herr Künow, zur Ansicht gütigst einsandte, war besonders gut erhalten und in allen Theilen sehr deutlich erkennbar; an demselben waren die Schenkel blassgelb; dessgleichen die Schienbeine am Grunde, weiterhin aber dunkelbraun, zusammengedrückt, und auf der Aussen- und Innenkante mit kurzen, dicht stehenden Börstchen besetzt, die auf die Tarsenglieder in gleicher Weise sich fortsetzen. Die Hinterecken des Halsschildes sind spitz vorgestreckt; Kopf, Halsschild und Flügeldecken dunkelbraun.

Mymar Duisburgi ♀ ; *glaber, nitidus, alis anticis subspathulatis, posticis linearibus, omnibus margine antico breviter, postico longe ciliato.*
Etwas kleiner als *M. pulchellus* Curt. Die Fühler sind 11- (9-?) gliederig, die Glieder von sehr verschiedener Form; die Mittelglieder kurz und dünn, die Basalglieder dicker und grösser, das Endglied länglich eiförmig. Der Hinterrand und die Spitze der Flügel erscheinen sehr gleichförmig und ziemlich lang gewimpert, die Vorderflügel fast spathelförmig, die Scheibe wasserhell. (Bei *M. pulchellus* Curt. sind die Vorderflügel ballkellenartig, d. h. gegen das Ende mehr plötzlich gerundet erweitert.) Die Hinterflügel linienförmig, nach der Spitze kaum merklich ein wenig verbreitert.

Mymariden sind schon von früheren Beobachtern, z. B. dem Dipterologen H. Loew*), im Bernstein gesehen worden. Namentlich aber hat der bereits verstorbene Pfarrer von Duisburg zu Steinbeck 18 Stück besessen, welche, seiner Beschreibung nach, mit meiner Art im Wesentlichen übereinstimmen, also *Mymar* gewesen sind. Diese Beschreibung (ohne Namengebung) findet sich im 9. Jahrg. (1868) der Schriften der Königl. physikalisch-ökonomischen Gesellschaft zu Königsberg, p. 23—28, und ist derselben auch eine Abbildung beigefügt, welche indessen nach dem eigenen Ausspruch des Verfassers auf Genauigkeit keinen Anspruch macht. Insbesondere die Insertion der Cilien in die Flügelfläche, statt in den Aussenrand derselben, widerstreitet, wie ich glaube, den bisher hierin gemachten Wahrnehmungen. Dagegen ist der Bau der Fühler und die Form der einzelnen Glieder mit denen des mir vorliegenden Stückes sehr übereinstimmend; da aber bei meinem Stücke beide Fühler fast genau übereinander lagern, ist die Zahl der Glieder kaum mit Sicherheit zu finden.

*) Stettiner entomolog. Ztg. VIII. Jahrgang, p. 339.

Die columbischen Chrysomelinen
der
Coleopteren-Sammlung
von
Eduard Steinheil.

Wenn gleich von Prof. Stål eine vorzügliche Monographie der *Chrysomelinen* Amerikas publicirt ist, so war doch zu der Zeit als dieses Werk entstand der amerikanische Continent in dieser Richtung noch so unvollständig durchforscht und ist es zum Theil noch jetzt, dass jede entomologische Reise nach jenem Welttheil neues Material liefert und wenn ich das in 7 Monaten auf meiner Reise in Columbien (dem ehemaligen Neu-Granada) Gesammelte mit dem vergleiche, was bereits beschrieben ist, so finde ich, dass die Fauna, wenigstens dieses Landes, noch ganz ausserordentlich wenig explorirt ist, denn unter den 37 Arten, die ich von dort besitze, sind aus dieser bereits monographisch bearbeiteten Gruppe 12 Arten, also fast ein Drittel, neu. In jenen Familien, denen nur kleine, weniger in die Augen fallende, Thiere angehören, ist das Procent-Verhältniss der neuen zu den beschriebenen Arten noch viel grösser, wie die von Baron v. Harold in den Col. Heften XIV und XV beschriebenen *Halticinae sulcicolles* meiner columbischen Sammlung zeigen.

Bei der erdrückend grossen Masse der *Coleopteren*, deren der Gemminger-Harold'sche Catalog schon 77008 beschriebene Arten ausweist, drängt sich mir die Ueberzeugung auf, dass derjenige, welcher diesen Zweig der Naturwissenschaften auch nur mit einigem Erfolg pflegen will, zumal wenn er wie ich sich diesem nur in Mussestunden widmen kann, sich auf eine begrenzte Fauna oder bestimmte Gruppe beschränken muss, wenn er die Entomologie nicht als blosse Spielerei treiben soll.

Von dieser Anschauung ausgehend habe ich speciell eine Sammlung der Käferfauna des heutigen Columbiens angelegt, für die ich durch Sammeln eines dort von mir eingeübten Indianers von Zeit zu Zeit mit neuem Material versehen werde.

Besondere Sorgfalt habe ich auf Notirung der Fundorte verwendet und dadurch manchmal einander nahe stehende Arten unterschieden, deren Verschiedenheit mir ausserdem vielleicht entgangen wäre. Alle in meinen Beschreibungen citirten Localitäten sind in einem Kärtchen zusammengestellt das in „Petermann's geographische Mittheilungen" Jahrg. 1876. Heft VIII bei Publikation von barometrischen Höhenmessungen als Taf. 15 erschienen ist. Bei späterer Veröffentlichung einer fast vollendeten Arbeit über meine columbischen *Lamellicornia* beabsichtige ich jenes Kärtchen und vielleicht einen kleinen Reisebericht beizufügen.

1. *Phaedon fuscipes* Stål. Oefvers. Vet. Ak. Förh. 1860. p. 469; Mon. p. 319.

In den Smaragdgruben von Muzo im Dezember sehr häufig auf Gebüsch; auch bei Fusagasugá, Copér und Medellin.

2. *Calligrapha argus* Stål. Diagn. 1859. p. 324; Mon. p. 277. Nur 1 Stück von H. Landolt bei Ocaña gesammelt.

3. *Calligrapha nupta* Stål. Diagn. 1859. p. 323; Mon. p. 267. Von Copér und La Vega, auch ein Stück im Westen Columbiens von G. Wallis gesammelt.

4. *Calligrapha Percheroni* Guér. Voy. Coquille Zool. 1830. II. 1. p. 146.

Ein einzelnes Exemplar bei Barranquilla anfangs Oktober abgeklopft, von auf dürrem Sandboden wachsendem Gebüsch.

5. *Zygogramma hexagramma* Stål. Diagn. 1859. p. 318; Mon. p. 239.

Im westlichen Columbien von Gust. Wallis gesammelt.

6. *Leptinotarsa undecimlineata* Stål. Diagn. 1858. p. 316; Mon. p. 163.

Schon an der Küste bei Barranquilla, dann zwischen Santa Rosa und Manizáles in Mehrzahl von Gebüsch abgeklopft, auch einige Stücke von Medellin und Sanpedro durch Leocadio Arango erhalten. Die Art scheint nicht nur über ganz Columbien und Bolivia verbreitet, sondern erstreckt sich durch Centralamerika bis nach Mexico. In Nordamerika wird sie durch eine andere verwandte Species vertreten.

Leptinotarsa decemlineata Say, den in letzter Zeit viel besprochenen Kartoffelkäfer, der ihr sehr ähnlich ist, aber dadurch leicht sich unterscheidet, dass bei ihm der Aussenrand der Flügeldecken gelb ist, während er bei *L. undecimlineata* einen schwarzgrünen Saum trägt.

Euryceraea nov. Gen.

$\varepsilon\nu\rho\dot{\nu}\sigma$ = latus
$\dot{\eta}$ $\kappa\varepsilon\rho\alpha\acute{\iota}\alpha$ = antenna.

Caput subplanum, infra oculos sat prominentes arcuatim impressum.
Labrum transversum, rotundatum, antice subemarginatum.
Palpi maxillares articulo ultimo cylindrico, lato, praecedenti vix breviore.
Antennae 11-articulatae, dimidio corporis longitudine: articulo primo inflato, secundo brevissimo, tertio paene ter longitudine secundi, articulis 7—11 clavam latam compressam formantibus.
Thorax subconvexus, transversus, longitudine duplo latior; lateribus antice magis quam postice rotundato-angustatis, angulis anticis late rotundatis, prominentibus.
Scutellum parvum, convexum, apice rotundatum, latitudine longitudini aequali.
Elytra convexa, ovalia, novem-sulcata, sulcis lineato-punctatis, sulco decimo abbreviato juxta scutellum.
Prosternum inter coxas elevatum, elevatione basin versus latiore, longitudinaliter sulcatum, basi truncatum.
Mesosternum sine processu, breve, declive, transversum.
Metasternum inter coxas angustatum, apice truncatum, a mesosterno separatum et cum mesosterno elevatius quam prosternum.
Pedes sat fortes, tibiis apice extrorsum sulco brevi instructis, unguibus simplicibus.

Die Form von Metasternum und Mesosternum in Verbindung mit dem übrigen Bau verweist dieses, durch die breiten Endglieder der Fühler und die metallische Färbung auffallende, Genus in nächste Nähe von *Leptinotarsa*. Die Arten scheinen zu den grössten Seltenheiten zu gehören, denn weder Stål noch Chevrolat, Chapuis und Baly war die Gattung bekannt. Die beiden mir vorliegenden Arten stammen aus dem Westen Südamerikas.

7. *Euryceraea Badeni* (n. sp.) Taf. 1. Fig. 5. *Oblongo-ovalis, chalybeo-metallica; thorace antice laxius punctato quam ad basin, angulis*

posticis obtusis; elytris convexis, rubro-cupreis, sulcorum interstitiis convexis, fascia transversa lata media thoracisque lateribus laete flavis. — Long. 13; lat. elytr. 7.5 mill.

Schön stahlblau, mit karminroth metallischen Flügeldecken, über deren Mitte eine breite schön citronengelbe Binde zieht, die an den Seiten etwas nach vorne sich verbreitert. Von gleicher Färbung ist der länglich ovale Flecken, der den ganzen Seitenrand des Halsschildes einnimmt. Der flache Kopf zeigt einzelne eingestochene Pünktchen; die eingedrückte Längslinie theilt sich vorne in zwei stark divergirende Zweige. Alle Glieder der stahlblauen Fühler, insbesondere die der Keule, sind flach gedrückt; das neunte ist am breitesten, nahezu doppelt so breit als lang. Die Halsschildfläche trägt zwischen den gelben Seitenmakeln grobe unregelmässig vertheilte Punkte, die etwas gröber und gedrängter gegen die Basis hin wenden. Die glatte gelbe Seitenmakel zeigt eine feine Randlinie, die sich über die Vorderecke am Vorderrand hinzieht, soweit dieser gelb ist; die Hinterecken sind stumpfwinkelig. Die Punkte in den Streifen der Flügeldecken sind grob, tief und dicht an einander gestellt. Der 4. und 5. Streifen vereinigen sich ziemlich weit vor der Spitze, dann der 3. und 6., die übrigen werden zuletzt etwas unregelmässig, ohne jedoch sich in verworrene Punkte aufzulösen. Die Naht zeigt an der Spitze eine feine Leiste. Die Punktreihen verschwinden alle vor der gelben Querbinde und setzen sich hinter derselben wieder fort; nur feine Pünktchen deuten sie auf der Binde an. Diese setzt sich auch noch auf die Epipleuren fort und die gelbe Makel am Halsschildrande erscheint auch noch auf den Parapleuren als breiter Saum. Die schwachen, vereinzelt stehenden Pünktchen der Unterseite tragen äusserst feine, graue Härchen. Die Hinterleibsringe zeigen gegen den Seitenrand einen faltigen Eindruck und am Spitzenrand in der Mitte eine Querreihe feiner Pünktchen. Das Analsegment ist an der Spitze einfach abgerundet. Die Enden der Schienen sind mit einem braunen Filz bekleidet, nur nicht an der Aussenseite, wo sich eine Rinne befindet, die das unterste Drittel einnimmt.

Von Frontino im westlichen Columbien (Wallis!). Ich verdanke diese schöne Art Herrn Baden in Altona, der mir ausser andern unicis auch dieses Thier aus seinen von G. Wallis acquirirten Coleopteren überliess.

Anmerkung: Bei dieser Gelegenheit füge ich die Beschreibung einer zweiten dieser Gattung angehörigen Art bei, welche sich in der Sammlung der Münchener k. Akademie der Wissenschaften befindet und von Dr. Moritz Wagner in Ecuador aufgefunden wurde.

Euryceraea Wagneri (n. sp.): *Oblongo-ovalis, chalybeo-metallica; thorace disco punctato, angulis posticis rectis; elytris sulcatis et lineato-punctatis, minus convexis, fascia transversa ante medium, suturam versus abbreviata, macula circulari ante apicem thoracisque lateribus angustius luteis.* — Long. 12.2; lat. elytr. 7.2 mill.

Die Flügeldecken sind bei dieser Art grünlich blau gefärbt, wie auch der übrige Körper; die gegen die Naht abgekürzte, auf dem dritten Zwischenraum in eine Spitze zulaufende gelbe Querbinde und der runde gelbe Flecken vor dem Ende, tragen meist verworren angeordnete, deutlich erhöhte Punkte. Die Punktreihen des 7., 8. und 9. Streifens sind hinter der Querbinde verworren und von Vereinigung der Längsstreifen ist nichts zu bemerken, weil an der betreffenden Stelle gerade die runde Makel liegt. Eigenthümlich ist, dass bei diesem Thiere, die wohl durch schlechten Alkohol etwas schmutzig gelben Flecken, tiefer liegen als ihre Umgebung, so zwar, dass man an ihren Rändern eine deutliche Kante bemerkt, als ob eine Schichte über den gelben Flecken gelegen und abgelöst wäre. Der Seitenrand des Halsschildes ist stärker geleistet, als bei der columbischen Art und die Parapleuren zeigen nur einen schmalen gelben Saum. Die ersten drei Fühlerglieder sind rothgelb, aber ihrer ganzen Länge nach auf der Ober- und Unterseite grünlich schwarz, welche Färbung auch die folgenden Glieder besitzen.

8. *Deuterocampta fasciata* (n. sp.): *Viridi-aenea, nitida; elytris in disco geminato-seriatim punctatis, thoracis angulis anticis articulisque primis quatuor rufo-testaceis; vitta suturali postice angustata, fascia transversa maximaque parte epipleurarum aeneis; articulis apicalibus tarsorum inermibus.* — Long. 9; lat. elytr. 6.6 mill.

Kurz oval, mässig glänzend, metallisch bronzefarbig, unten ins Grüne spielend, auf Kopf und Halsschild mit kupferigem Anflug; Kopffläche wenig gewölbt mit eingedrückter Längslinie die sich vorne gabelig theilt; die Punktirung am Innenrand der Augen dichter als auf der Mitte. Oberlippe am Vorderrand ausgeschnitten, schwärzlich, gelb gesäumt. Taster gelblich mit Bronzeschimmer; Mandibeln erzfarben. Die gelbbraunen ersten vier Fühlerglieder oben und unten der ganzen Länge nach angedunkelt. Halsschild mehr als doppelt so breit wie lang, ziemlich gleichmässig und gerade von den Hinterecken gegen die Spitze verengt, am Seiten- und Vorderrand geleistet, die Leiste in der Mitte des Vorderrandes sehr fein; die äusserste Spitze der Vorderecken gelb. Oberfläche verworren punktirt, die Punkte von ungleicher Grösse. Schildchen glatt, gerundet dreieckig, kaum länger als breit, plan. Die stark gewölbten, mehr als Kopf und Halsschild glänzenden Flügeldecken mit abgerundeten Schultern sind von rothgelber Farbe, zeigen doppelte Punktreihen und dazwischen noch höchst feine Punktirung; gegen den Seitenrand, namentlich nach rückwärts, lösen sich diese doppelten Punktreihen in verworrene Punktirung auf. Naht und Querbinde grün-erzfarben. Der erzfarbige Saum der Naht ist von der Wurzel bis zur Querbinde breit, hinter derselben viel schmäler und verschwindet fast ganz an der Spitze. Die Querbinde, etwas vor der Mitte gelegen, beschreibt einen flachen nach der Wurzel hin offenen Bogen und setzt sich noch auf die Epipleuren fort, wo sie sich vorzüglich nach rückwärts ausbreitet. Nahtspitze abgerundet, Seitenrand mit schwach aufgebogenem Rand der gegen die Spitze zu fast ganz verschwindet. Beine relativ kurz, Fühler wenig gegen die Spitze verdickt.

Von Fusagasugá.

9. *Labidomera (Cryptostetha) ocañana* (n. sp.): *Aenescente nigra, nitida; macula frontali capitis, limbo lato laterali prothoracis elytrisque geminato-seriatim punctatis, ferrugineis.* — Long. 9; lat. elytr. 6.5 mill.

Unterseite dunkel blaugrün, metallisch, Kopf- und Halsschildfläche mehr schmutzig grün. Mundtheile und Oberlippe rothgelb; letztere in der Mitte angedunkelt, auch die Mitte der zwei letzten Glieder der Kiefertaster. Die hellen Wurzelglieder der Fühler auf der Ober- und Unterseite schwarzgrün. Stirn wenig gewölbt mit feiner Mittellinie, auf der Mitte schwach, am Vorder- und Augenrand stärker und dichter punktirt. Die rothgelbe Stirnmakel erstreckt sich bis zur stumpfwinkeligen Querlinie in welche die Mittellinie ausläuft und ist hier etwas verbreitert. Halsschild 3mal so breit als lang, vor der Mitte am breitesten, nach rückwärts allmählich und gerade, gegen die stark vorragenden Vorderecken stärker und gerundet verengt. Die Mitte des Vorderrandes zeigt einen schmalen röthlichen Saum; der Seitenrand ist namentlich in den Vorderecken breit rothgelb; die Randlinie nur in der Mitte des Vorderrandes unterbrochen. Die Oberfläche mit Nabelpunkten besetzt, die jedoch auf der Mitte ganz fehlen; dazwischen sind feine Pünktchen eingestreut; der Grund aber erscheint durch fein lederartige Runzelung etwas matt. Das gleichseitige, dreieckige Schildchen ist schwach gewölbt, trägt einige feine Punkte und ist etwas glänzender als die Halsschildfläche. Die Flügeldecken sind einfärbig schmutzig rothgelb, beim lebenden Thier wahrscheinlich wie bei unserer *Lina populi* gefärbt; auch sie sind lederartig gerunzelt und dadurch etwas matt. Die in Doppelreihen angeordneten Punkte lösen sich gegen die Spitze in zerstreute Punkte auf. Im letzten Drittel ist ein eingedrückter Nahtstreifen bemerkbar, der sich an der Spitze mit dem feinen Streifen des Seitenrandes verbindet. Epipleuren und Parapleuren haben die Farbe der Flügeldecken. Die Spitze des Metasternum und das Mesosternum rothgelb, ebenso der Seitenrand des Hinterleibes und die Krallen. Beine kurz und kräftig, Schienenrinne nicht bis zur Mitte der Schienen hinaufreichend.

Von H. Landolt bei Ocaña gesammelt.

10. *Doryphora maculatissima* Stål. Diagn. 1857 p. 53; Mon. p. 11. Zwei Exemplare von Remédios.

11. *Doryphora fulgora* Stål. Diagn. 1857 p. 254; Mon. p. 54. Aus dem östl. Columbien; von einem Indianer in Bogotá gekauft.

12. *Doryphora nigro-guttata* Stål. Diagn. 1857 p. 54; Mon. p. 42. Ein Stück auf Gesträuch bei Naro im April; ein zweites von Remédios.

13. *Doryphora aeneo-notata* Stål. Diagn. 1859 p. 309; Mon. p. 69. Von Muzo im Dezember; auch von Copér.

14. *Doryphora rubro-punctata* Degeer. Mém. Ins. V. 1775 p. 351 t. 16. f. 10. Stål. Mon. p. 18.

Eine Varietät von 14 mill. Länge mit sechs gezackten Querbinden aus dem östlichen Columbien von einem Indianer in Bogotá gekauft.

15. *Doryphora fulgurans* Stål. Diagn. 1858. p. 253; Mon. p. 24. Zwei normale Stücke von La Vega; ausserdem eine Varietät von San Carlos (April) mit gröberer Punktirung und mehr ausgedehntem Schwarz auf den Flügeldecken, so dass diese schwarz sind mit drei gelben Zickzackbinden, zwei gelben Makeln an der Wurzel, und

3 bis 4 gelben Flecken jederseits vor der Spitze, von denen der der Naht nächstliegende am Ende rothgelb ist; ausserdem steht ein blutrother kurzer Längsstreifen im letzten Drittel hart am Seitenrand und die Epipleuren sind von der Mitte bis gegen die Spitze blutroth, im übrigen schwarz; nur an ihrem Innenrande nahe der Schulter ist noch eine kurze rothe Linie bemerkbar. Trotz alledem kann ich mich nicht entschliessen, eine eigene Art auf dieses Thier zu gründen, zumal ich nur ein einziges Stück davon besitze. Das Aufstellen zweifelhafter Arten ist ein schlechtes Verdienst um die Entomologie und wenn uns stärkere Punktirung oder etwas andere Färbung schon veranlassen, eine neue Species zu creiren, so laufen wir Gefahr bei sehr variabeln Arten, in jedem Individuum eine neue Species zu erblicken. Nicht die Aufstellung vieler Arten fördert unsere Kenntniss der zur Lösung der Frage über Entstehung der Art so sehr geeigneten Insektenwelt, sondern die richtige Scheidung des Wesentlichen und Charakteristischen vom Unwesentlichen.

16. *Doryphora rugosa* Jacoby. Proc. Zool. Soc. 1876. p. 816.

Ich war gerade im Begriff meine Arbeit über die Chrysomelinen Columbiens in die Druckerei zu geben, als ich durch Herrn Baden in Altona das Dezemberheft der Proceedings of the Zoological Society of London, 1876 erhielt, in welchem ich eine *Doryphora rugosa* fand, die ich als *D. mesomphalioides* beschrieben hatte. Die mir zugleich zur Ansicht mitgetheilten typischen Stücke der Jacobyschen Art liessen mir über die Identität mit der meinigen keinen Zweifel, sodass ich, noch eben im rechten Moment, der Publication einer zweitmaligen Beschreibung dieser Species vorbeugen konnte. Der Jacobyschen Beschreibung habe ich beizufügen, dass den 6 Exemplaren meiner Sammlung der rothe Streifen längs des Thoraxseitenrandes fehlt und dass die Färbung der Flügeldecken nicht selten ganz grünlich schwarz ist, überhaupt so veränderlich zu sein scheint, dass hierin selten zwei Stücke übereinstimmen. Auf der hier beigefügten Taf. 1. Fig. 1. habe ich ein zwischen den Extremen in der Mitte stehendes Exemplar abgebildet.

Meine Stücke stammen aus der nämlichen Quelle wie die Jacobyschen Typen, nämlich von G. Wallis, der die Art in westlichen Columbien sammelte.

17. *Doryphora latispina* Guér. règn. anim. 1845. p. 298. Stål. Mon. p. 76.
7 Exemplare von La Vega und Fusagasugá.

18. *Doryphora hemisphaerica* (n. sp.): *Breviter ovata, valde convexa, picea; prothorace laxe punctato; elytris laxe punctatis, punctis partim seriatim ordinatis, vitta intramarginali humero et medio in maculam dilatate, macula prope scutellum vittisque compluribus apice convergentibus, antice abbreviatis, testaceis.* — Long. 9; lat. elytr. 7,5 mill.

Der vorhergehenden Art nahe stehend aber fast noch mehr gewölbt und nach vorne nicht so verschmälert wie *D. latispina* Guér. Kopf, Halsschild und Beine etwas heller als der übrige Körper und mit etwas grünlichem Schimmer. Die Spitze der ersten 5 Fühlerglieder und des letzten Gliedes sowie Oberlippe, Taster und Mandibeln röthlich. Halsschild dem von *D. latispina* Guér. sehr ähnlich, nur am Seitenrand von der Mitte nach den Hinterecken nicht gerundet, sondern gerade verlaufend und auf der Oberfläche viel weitläufiger aber deutlich gröber punktirt. Schildchen ganz wie bei *D. latispina*, die Flügeldecken dagegen nicht wie bei dieser Art seitlich zusammengedrückt, sondern von nahezu kreisförmiger Form in der Ansicht von oben. Die Punktirung ist viel weitläufiger und die Punkte mehr in Reihen angeordnet als bei Guérins Art, abgesehen von der sehr abweichenden gelben Zeichnung. Die innere Basalmakel neben dem Schildchen ist wie bei *latispina* Guér., die äussere hängt mit dem längs des Seitenrandes bis zur Spitze sich hinziehenden gelben Streifen zusammen, der beiderseits, namentlich nach aussen, von einer sehr regelmässigen Punktreihe begränzt ist und in der Mitte eine, wie aus zwei zusammengeflossenen Makeln bestehende Abzweigung nach innen trägt. Mit der Spitze dieses Seitenstreifens vereinigt sich eine gelbe Nahtlinie die erst nach dem ersten Viertel der Länge beginnt, nach rückwärts der Naht sich nähert und eine Strecke weit, auf der Seite der Naht, etwas verbreitert ist. Ausserdem steht ein hackenförmiger Flecken mit der Spitze in Verbindung, dessen längerer innerer Theil nicht bis zur halben Länge der Flügeldecken hinaufreicht; zwischen diesem und dem Nahtstreifen ist noch ein kurzer Längsfleck bemerkbar der auch auf die Spitze zielt. Im letzten Drittel ist hart an der Naht eine tiefe Rinne eingedrückt die bei *D. latispina* fehlt. Der

Mesosternalzapfen ist mehr conisch und weniger flach gedrückt als bei *latispina*.

Das einzige Exemplar meiner Sammlung ist von H. Landolt bei Ocaña gesammelt.

19. *Doryphora brevispina* (n. sp.) Taf. 1. Fig. 7. *Nigroaenea, nitidissima; capite, foveola frontali impressa, thoraceque laevibus, hoc angulis anticis rotundatis; elytris valde convexis, seriatim subgeminatopunctatis, margine laterali, epipleuris, macula rotunda basali lineaque postica secundum suturam, cum macula centrali juncta, rufo-testaceis; mesosterni processu brevi, plano, rotundato.* — Long. 8; lat. elytr. 6 mill.

Wie bei den beiden vorhergehenden Arten sind auch bei dieser die Flügeldecken gegen die Spitze flacher gewölbt als gegen das Schildchen. Ober- und Unterseite schwarz, sehr glänzend, die beiden letzten Hinterleibsringe und der grösste Theil des vorletzten Segmentes rothgelb. Auf der glatten Kopffläche ist nur hie und da ein eingestochenes Pünktchen bemerkbar und innerhalb der Einlenkungsstelle der Fühler ist jederseits am Vorderrand ein schwacher Eindruck bemerkbar; eine Gränze zwischen Stirn und Kopfschild ist kaum angedeutet. Das Halsschild ist mehr als doppelt so breit wie lang, an den Seiten gerundet erweitert mit, durch ein vorspringendes Zähnchen und die jederseits flach ausgeschnittene Basis, rechtwinklig vortretenden Hinter- und völlig abgerundeten Vorderecken. Die spiegelblanke gewölbte Scheibe ist vom Seitenrand durch eine nach innen offene, sichelförmige Vertiefung getrennt, die mit einem schwachen Hintereckengrübchen sich verbindet. Der Basalrand ist mit einer in der Mitte unterbrochenen Punktreihe besetzt. Das glatte Schildchen ist breiter als lang, stark gerundet dreieckig, fast halbkreisförmig. Die schwarze Grundfarbe der Flügeldecken trägt deutlich einen Stich ins Grüne; jede trägt ausser dem verworrenen abgekürzten Streifen am Schildchen 9 Punktreihen, die stellenweise unklar doppelreihig sind. Die letzte Punktreihe steht in der Mitte des schön orangegelben Seitenrandstreifens; orangegelb ist auch die letzte Hälfte des dritten Zwischenraumes mit einer über den 4. und 5. Zwischenraum sich verbreitenden kurzen Makel an seinem vorderen Ende und mit einer erweiterten Stelle etwa im letzten Viertel der Flügeldeckenlänge, an der die 3. und 4. Punktreihe sich vereinigen. Mesosternalzapfen nicht länger als breit, unten flach gedrückt, mit leichtem Wulst an seiner Basis und stark zugerundetem Vorderrand. Spitze der ersten Fühlerglieder und der Kiefertaster, Rand der Oberlippe und die ganzen Lippentaster röthlich.

20. *Doryphora Landolti* (n. sp.) Taf. 1. Fig. 2. *Rufulo-aenea, metallica, valde nitida et convexa; fronte ad oculos punctulata, linea media subimpressa; 'thorace longitudine fere triplo latiore, laevi, basi lateribusque valde rotundatis, angulis anticis mucronatis, posticis obtusis, prope angulum scrobiculo impresso; elytris subgeminato seriatim punctatis, ochraceis, marginibus omnibus, maculaque discoidali magna plurilobata et lacerata, aeneis.* — Long. 10.5; lat. elytr. 7.7 mill.

Metallisch erzfarben, Kopf, Halsschild und Beine mit etwas röthlichem Schimmer. Die flache Stirne innerhalb der Augen mit deutlichen Punkten, Scheitel nur seitlich punktirt. Halsschild wohl 3mal so breit als lang, die Vorderecken stark vortretend und mit einer Spitze bewehrt, der Seitenrand stark gerundet; die Basis des Halsschildes wenig breiter als dieses am Kopf; hart innerhalb der stumpfen ein kleines Fältchen bildenden Hinterecken, ein tiefes Grübchen im Basalrand. Die Scheibe des Halsschildes ist glatt, nur einzelne Punkte stehen zerstreut gegen den Seiten- und Basalrand hin; der letztere ist um $1/3$ der Halsschildlänge in einer Bogenlinie gegen das Schildchen vortretend, an der Hinterecke aber rasch zurückgebogen, so dass dadurch die Ecken auffallend vortretend erscheinen. Längs des Seitenrandes ist ein schwacher Wulst angedeutet. Schildchen gleichseitig, gerundet dreieckig, glatt. Die gewölbten fast kreisförmigen Deckschilde haben ausser der abgekürzten Reihe am Schildchen, 9 Längsreihen von Punkten, die auf der Mitte der Flügeldecke meist etwas verworren oder doppelt sind; die erste Punktreihe vereinigt sich mit der 9 an der Spitze; die zweite verläuft vor der Spitze, die übrigen vereinigen sich wieder paarweise und zwar 3 mit 4, 5 mit 6, 7 mit 8. Alle Ränder der ockergelben Flügeldecken sind erzfarben gesäumt, die Basis am schmalsten. Von der Naht breitet sich ein grosser centraler erzfarbiger Flecken aus, der auf dem zweiten Zwischenraum ganz und zwischen abgekürztem und erstem Punktstreifen bis gegen die Mitte, von einer gelben Längslinie durchsetzt ist; ausserdem stehen auf der Mitte des 2, 4, 5, 7 und 8 Zwischenraumes

Fleckchen von der Farbe des Grundes, während rückwärts an der Vereinigung von Reihe 3 mit 4 und 5 mit 6 sowie auf der siebenten Reihe je eine erzfarbige kleine Makel auf gelbem Grund sich zeigt. Die Punkte auf den Flügeldecken sind alle braun gefärbt. Mesosternalzapfen nach abwärts gerichtet, cylindrisch, an der Spitze zugerundet. Die beiden ersten Fühlerglieder, der Mund und die Klauen roth. Fühler von mehr als halber Körperlänge, wenig gegen die Spitze verdickt.

Von H. Landolt bei Ocaña gesammelt.

21. *Doryphora luteipennis* (n. sp.): *Ovalis, dilute ferruginea; thorace brevi, lateraliter subparallelo et sicut margine basali utrimque nigro-viride limbato, disco maculis quatuor nigro-viridibus ornato; elytris luteis, circumcirca introrsum limbi nigro-viridis, purius flavescentibus, dorso geminato seriatim punctatis, punctulo discoidali post medium nigro viride.* Long. 12; lat. elytr. 8.3 mill.

Wohl am nächsten mit *D. suturata* Stål verwandt. Das ganze Thier bräunlich rothgelb, nur die Flügeldecken heller. Punktirung des Kopfes nicht gleichmässig dicht und die Punkte überdies von ungleicher Grösse; zwei Fleckchen auf der Stirn und zwei ebensolche auf dem Scheitel dunkel metallgrün. Halsschild sehr kurz, nach rückwärts kaum verengt, die Seiten fast gerade, nur gegen die Vorderecke zugerundet und die Ecke selbst als kleine Spitze vortretend; die Oberfläche weitläufig und ziemlich gleichmässig punktirt, beiderseits gegen den Aussenrand flach eingedrückt; über die Mitte liegen in einer Querreihe vier gleich weit von einander entfernte dunkelgrüne Flecken, von denen die beiden mittleren parallel zur Längenaxe des Thieres stehen und grösser sind, als die äusseren, die in der Richtung von den Hinterecken zur Mitte des Vorderrandes gestellt sind. Die vier Ecken des Halsschildes, der Vorderrand und die Mitte des Hinterrandes sind frei von dem metallgrünen schmalen Saum dieses Körpertheiles. Schildchen etwas länger als breit, gerundet, dreieckig, glatt. Die schmutzig gelben Flügeldecken sind an allen Rändern metallisch schwarzgrün gesäumt, am schmalsten an der Wurzel; innerhalb dieses Saumes liegt ein hellgelber Streifen, der dann erst in's schmutzig Gelbe übergeht. Zwischen den paarweise angeordneten Punktreihen feine Querrisse. Die Punkte nach rückwärts allmählich seichter; im letzten Drittel ein vertiefter Nahtstreifen. Epipleuren rothgelb. Mesosternalzapfen kürzer als das Metasternum, schräg nach abwärts gerichtet, schwach conisch. Beine, Mund und die ganze Unterseite bräunlich rothgelb; Fühler von halber Körperlänge, Glied 1 und 2 rothgelb mit schwärzlicher Makel auf der Oberseite, die übrigen Fühlerglieder ganz schwarz.

Aus Medellin, von Leocadio Arango gesammelt.

22. *Doryphora geminepunctata* Stål. Mon. p. 65. var. vide diese Zeitschrift Taf. 1. Fig. 3.

Meine 4 Exemplare die bei La Vega, Muzo und Copér gesammelt wurden, differiren gegen die von Stål gegebene Beschreibung durch die beiden schrägen Binden auf jeder Flügeldecke die dadurch entstanden sind, dass an diesen Stellen die Punkte nicht braun gefärbt sind wie auf den übrigen Stellen der Flügeldecken. Aber gerade in Bezug auf die Färbung der Punkte scheint die Art sehr zu variiren: bei einem meiner Stücke fliesst das Braun der Punkte auf dem Halsschild so zusammen, dass dieses ganz dunkelbraun und nur an den Seitenrändern gelb gesäumt erscheint. Prof. Stål, dem ich eines meiner Exemplare mittheilte, ist auch geneigt, es für eine Varietät seiner *D. geminepunctata* zu halten; leider sind ihm die typischen Stücke derselben zu einem Vergleich nicht mehr zugänglich. Es ist eben immer eine schwierige Aufgabe nach wenigen Individuen eine Art so charakteristisch zu beschreiben, dass Varietäten sicher als solche erkannt werden.

23. *Doryphora duodeviginti-guttata* Baly. Trans. Ent. Soc. New Ser. IV. p. 349. 20.

Ein Stück bei den Minas de Muzo von Eujenio Garzon im Juni gesammelt.

24. *Doryphora Arangoi* (n. sp.) Taf. 1. Fig. 6. — *Subovata, convexa, subtus viridi-aenea, supra aenea, valde nitida; thorace lateribus subparallelo, angulis anticis acutis non mucronatis, disco sparsim acervato-punctato; elytris flavis, seriatim punctulatis, epipleuris, limbo, vitta suturali cum macula parva basali cohaerente, fascia magna communi ante medium, macula transversa post medium maculaque parva anteapicali aeneis.* — Long. 11; lat. elytr. 8 mill.

Der *D. blanda* Stål am nächsten stehend. Stark gewölbt, schwarzgrün metallisch auf der Unterseite, oberseits braun erzfarbig. Rand der Oberlippe, Spitze des ersten Fühlergliedes an der Unterseite sowie die Spitze des Endgliedes röthlich. Kopffläche sehr fein und sparsam punktirt. Halsschild an den Seiten und den Vorderecken fein erhaben gerandet, in der Mitte des Vorderrandes mit einer feinen Randlinie; seine Oberfläche mit grösseren und kleineren Punkten, welche ungleich vertheilt stehen, spärlich besetzt, einige grössere Punkte an der Basis nahe den Hinterecken dichter beisammen. Schildchen gleichseitig dreieckig, die Seiten wenig gerundet, die Fläche schwach gewölbt, glatt. Die (etwa acht) Punktreihen auf den ockergelben Flügeldecken verschwinden vor dem letzten Drittel. In der Mitte der Basis jeder Flügeldecke steht eine kleine erzfarbige Doppelmakel, die mit der braunen Naht zusammenhängt; von dieser aus erstreckt sich vor der Mitte eine vielfach gebuchtete allmählich schmäler werdende Makel gegen den Seitenrand, den sie jedoch nicht erreicht. Eine ebenfalls zackige Quermakel steht hinter der Mitte, hängt aber nicht mit der Naht zusammen, der sie sich indessen mehr nähert als dem Seitenrand; endlich findet sich noch ein Fleckchen hinter jener, nahe der Naht, von gleicher Färbung. Der abwärts gerichtete, etwas aufgebogene, conische Mesosternalzapfen überragt fast den Vorderrand des Prosternums. Die letzten fünf Fühlerglieder sind schwach verdickt, matt schwarz.

Diese Art verdanke ich Herrn Leocadio Arango in Medellin, der selbe bei San Pedro im westlichen Columbien sammelte.

25. *Doryphora Ståli* (n. sp.) Taf. 1. Fig. 8. *Rufo-testacea, convexa; verticis macula thoracisque punctis duobus nigris; elytris subseriatim punctatis, flavis, suturae vitta antice valde dilatata, plaga elongata disci limboque laterali et basali fusco-aeneis. Antennarum articulis basalibus testaceis, 7—11 sub-incrassatis, fuscis.* — Long. 10.5; lat. elytr. 7.5 mill.

Die Stirn trägt eine schwache Längsfurche und ist leicht, an den Augen etwas stärker, punktirt. Das Halsschild hat gerade, parallele Seitenränder, ist nach vorne kurz zugerundet und zeigt an den Vorderecken eine kleine, auswärts gerichtete Spitze; die schwache Punktirung der Oberfläche ist an der Basis dichter, die beiden schwarzen Längsfleckchen beiderseits der Mitte stehen von einander etwas mehr ab, als vom Seitenrand und sind gleich weit von Basis und Vorderrand entfernt. Der metallisch braune Längsstreifen auf der Naht nimmt an der Wurzel mehr als die halbe Breite der Flügeldecken ein, verengt sich geradlinig bis $1/3$, bleibt dann eine kurze Strecke ohngefähr gleichbreit, verschmälert sich hierauf abermals um die Hälfte und verbindet sich an der Spitze mit dem Randstreifen, nachdem er vorher noch einmal etwas sich verbreitert hatte. Beine rothgelb, drittes Tarsenglied am Vorderrand braun gesäumt. Mesosternalzapfen schräg nach abwärts gerichtet, schwach conisch, am Ende abgerundet. Spitze des letzten Kiefertastergliedes und der Mandibeln schwarz.

Bei Medellin Ende März.

26. *Doryphora Wallisi* (n. sp.) Taf. 1. Fig. 4. *Subovata, viridi-cyanea, metallica; fronte leviter ter impressa, punctulata; thorace brevi, lateribus rectis, parallelis, angulis posticis sub-prominulis, anticis acuminatis; supra lateraliter fortius, basi densius quam in medio punctato; elytris disperse punctatis, utrinque maculis sex rufo-testaceis ornatis, exterioribus maculis quatuor lateraliter cohaerentibus.* — Long. 11—12; lat. elytr. 7.4—7.6 mill.

Das Thier erinnert bei oberflächlicher Betrachtung sehr an *Leptinotarsa Heydeni* Stål, ist aber kleiner und durch den schräg abwärts gerichteten Mesosternalzapfen eine ächte *Doryphora*. Kopf und Halsschild sind mehr grünlich als die Flügeldecken; diese Färbung haben auch die ersten sechs Fühlerglieder, von denen die drei ersten an der Vorder- und Rückseite röthlich sind; die fünf letzten etwas verdickten Glieder sind matt schwarz. Die namentlich gegen den Vorderrand hin sehr spärlich punctirte Halsschildfläche zeigt innerhalb des Seitenrandes einen flachen Eindruck und der sehr schmal aufgebogene Seitenrand setzt sich über die Vorderecken fort und geht längs des Vorrandes in eine auch in der Mitte noch deutliche Randlinie über. Die beiden isolirt stehenden Makeln an der Naht der Flügeldecken sind etwas breiter als lang, von unregelmässig rundlichem Umriss, die Makel an der Spitze viereckig, die beiden am Seitenrand mehr dreieckig; diejenige an der Wurzel ist die grösste, steht quer und ist mit der hinter der Schulter liegenden Seitenrandmakel durch eine breite über die Schulterecke laufende Linie verbunden. Die Verbindungslinien zwischen den übrigen Randmakeln sind sehr schmal. Epipleuren rothgelb; ein eingedrückter Nahtstreifen im letzten Drittel.

Die ziemlich derbe Punctirung der Flügeldecken wird gegen die Spitze und den Seitenrand hin runzelig, während die Punkte gegen die Naht hin auf der vorderen Hälfte stellenweise fast Reihen bilden. Fünfter Hinterleibsring beim ♂ mit einer tiefen Grube an der Spitze.

Ich besitze 4 Stücke dieser Art, die von Gust. Wallis im Westen Columbiens gesammelt sind. Das eine davon weicht von den übrigen dadurch ab, dass auf der Oberseite Kopf, Halsschild, Schildchen und der Grund der Flügeldecken schwarz, statt stahlblau sind, während die Färbung der Unterseite mit den übrigen Stücken übereinstimmt.

27. *Doryphora fatidica* Stål. Mon. p. 108.
Zwei Exemplare von Fusagasugá.

28. *Doryphora instabilis* Stål. Mon. p. 68.
Nur ein Stück von La Vega.

29. *Doryphora Dohrni* Stål. Mon. p. 107.
Vier Exemplare von La Luzera (Dezember) und aus dem östlichen Columbien (Winkler!) ohne nähere Fundortangabe.

30. *Doryphora epilachnoides* Stål. Mon. p. 107.
Von Paime, La Vega und Ubáque in vielen Exemplaren, die in der Zeichnung sehr variiren.

31. *Doryphora radiata* (n. sp.) Taf. 1. Fig. 9. *Breviter ovata, nigra, aeneo micans, subpubescens, supra sat dense punctata; thorace ferrugineo-limbato, basi utrinque vix arcuatim exciso; elytris valde convexis rufotestaceis, macula discoidali ante medium triangulari, cuneis duobus communibus, uno in basi, altero in suturae apice, maculaque triangulari majore, ramum secundum marginem lateralem ad humerum emittente, nigris; processu mesosternali conico, metasterno fere aequilongo, antennarumque basi rufo-testaceis.* — Long. 12; lat. elytr. 9.0 mill.

Grösser und gewölbter als *D. epilachnoides* Stål, der sie sehr nahe steht, aber sicher von ihr geschieden, durch den viel längeren, conischen, orangefarbigen Mesosternalzapfen, der weit weniger als bei *D. epilachnoides* von dem Ende des Metasternum durch die Naht abgesetzt ist. Auch das letztere ist hier wenigstens in seinem vorderen Theil orangegelb. Auf die Zeichnung der Flügeldecken, die bei *D. epilachnoides* in besonders hohem Grade variirt, darf kein Gewicht gelegt werden; aber die beiden Exemplare, die ich besitze, sind in dieser Beziehung ausserordentlich übereinstimmend. Die Zeichnung erinnert so auffallend an *Epilachna radiata* Guér., die in Columbien nicht selten ist, dass wenn man Fühler, Brustbildung und das viel grössere Halsschild übersieht, man eine grosse intensiv gefärbte *E. radiata* vor sich zu haben meint. Die gelben Epipleuren sind gegen die Spitze hin schwarz. Der keilförmige Fleck auf dem vorderen Theil der Naht ist viel spitzwinkeliger als der auf dem Ende stehende, von dessen Basis längs des Seitenrandes ein Ast zum rückwärts auf der Scheibe stehenden Flecken läuft, welcher ebenfalls längs des Seitenrandes einen Ast bis in die Nähe der Schulter entsendet. An den Fühlern sind die 6 bis 7 ersten Glieder gelb; vom dritten an trägt jedes an der Vorderseite eine dunkle Makel. Die Spitze und eine Linie an der Oberseite der Schenkel, auch die Basis der Tarsenglieder oder eine Linie auf denselben, ist rothgelb. Die Halsschildbasis ist entschieden beiderseits viel flacher ausgebuchtet als bei *D. epilachnoides* und die grünliche Unterseite ist schärfer punctirt.

Von Paime.

32. *Doryphora amoena* Stål. Mon. p. 105.

Im November und Dezember bei Bogotá und La Luzera auf Gesträuch nicht selten; auch ein Stück von Muzo, aber vorzugsweise aus der Hochebenen-Region. 9 Exemplare.

33. *Metastyla Balyi*. Harold. Col. Heft. XIV. p. 140.

Nur ein Stück am Quindiu zwischen Tapias und Las Cruzes von Gebüsch abgeklopft in 6—7000 Fuss Meereshöhe am 21. Februar.

34. *Desmogramma conjugata* Stål. Mon. p. 227.

Aus dem Westen Columbien's (Wallis).

35. *Elytrosphaera fulminigera* Stål. Mon. p. 148.

17 Exemplare von La Vega und Fusagasugá. Die Zickzacklinien auf den Flügeldecken bei einzelnen Exemplaren sehr brillant goldigroth oder metallisch gelb.

36. *Elytrosphaera testudinaria* Stål. Mon. p. 150.

3 Stücke von Winkler aus dem östlichen Columbien ohne nähere Fundortangabe.

37. *Microtheca columbiana* (n. sp.): *Nigro-aenea, oblongo ovalis; fronte antice impressa, utrinque infra oculos tuberculo instructo;*

thorace transverso, ante medium subdilatato; elytris lateraliter et in basi luteo-limbatis, indistincte punctulatis, saepe seriebus quatuor punctorum majorum instructis. — Long. 4—5; lat. elytr. 2—2.5 mill.

Halsschild mehr als um die Hälfte breiter als lang; bei manchen Stücken springen die Vorderecken etwas nach aussen vor und der Seitenrand ist bisweilen etwas gekerbt; gegen die Hinterecke zu liegt eine flache Grube, die Oberfläche ist bald stärker (manchmal beinahe runzelig), bald schwächer punctirt. Schildchen glatt, gerundet. Längs des Schildchens und an der Basis sind die Flügeldecken schmal und verwaschen, am Seitenrand breiter gelb gesäumt, der Saum nach innen deutlich abgegrenzt. Eine flache Grube an der Basis etwas gegen aussen gelegen und häufig eine kleine Längserhabenheit an der Nahtseite dieser Grube beginnend, sind, wie auch die Punktirung der Flügeldecken sehr veränderlich und fehlen manchmal fast vollständig. Von den 4 wenig regelmässigen Reihen gröberer Punkte auf jeder Flügeldecke sind oft nur 2 oder 3 vorhanden und mitunter fehlen sie ganz; niemals reichen sie weit über die Mitte hinab. Mund, Fühler und Füsse stets erzfarben; das letzte Bauchsegment gelb gerandet. Nahe am Hinterrand des Metasternum befindet sich ein rundes Grübchen und jederseits von diesem unmittelbar am Hinterrand ein noch viel kleineres solches.

Bei Bogotá, Muzo, La Vega und Paime auf Gebüsch, gemein.

Eine neue Ctenostoma.
(Coleopt. genus: Cicindelidae.)
Von
Ed. Steinheil.

Ctenostoma Landolti: Aenea, metallica, nitida; capite laevi, clypeo transversim punctis quatuor pilum gerentibus instructo; thorace laevi, glabro; elytris postice inflatis, humeris obsoletis, pilis singulis errectis vestitis, fascia ultra medium (suturam non attingente) lutea, post fasciam minime, inter humerum et fasciam fortiter punctatis, ante apicem emarginato-truncatum plica obliqua instructis. Antennis, primo articulo excepto, pedibus elytrorumque apice rufescentibus. — Long. 11.5 mill. ♀.

Patria: Espiritu Santo, Prov. Columbiana Santandér. (Landolt!)

Cassididae.

Von

B. Wagener in Kiel.

I.

Die Ed. Steinheil'schen Sammlungen.

Als es mir im Herbste des vorigen Jahres vergönnt war, die bewunderungswürdigen Sammlungen Columbischer Käfer meines verehrten Freundes, des Herrn Eduard Steinheil in München, kennen zu lernen, war es Gegenstand meines lebhaften Bedauerns, dass die Cassididen, deren Durchsicht mir vorzugsweise erwünscht gewesen wäre, an Herrn Chapuis in Verviers versendet waren; eine um so begründetere Empfindung, als die freundliche Zusage des Besitzers, mir diese Gruppe für meine entomologischen Versuche später mitzutheilen, durch die Befürchtung beeinträchtigt wurde, dass der genannte Gelehrte mir nichts zu arbeiten hinterlassen würde.

Ein glücklicher Zufall brachte die Thiere schneller, als zu vermuthen war, in meine Hände und belehrte mich gleichzeitig, dass Herr Chapuis zu mehr als einer flüchtigen Durchsicht nicht die Zeit gefunden hatte. Wenn also Dasjenige, was ich über diesen Theil der Sammlung meines werthen Freundes zu bemerken habe, nur zum kleineren Theile mit den Vermuthungen des Herrn Chapuis übereinstimmt, so wird dieser rühmlichst bekannte Gelehrte, falls ihm diese Zeilen zu Gesicht kommen, den Gedanken an eine versuchte Kritik hoffentlich zurücktreten lassen vor der Erwägung, dass ich mit mühseligem Studium nur Dasselbe erreicht habe, was ihm mit leichter Mühe in der halben Zeit gelungen wäre und dass eine so intensive Beschäftigung mit einem Gegenstande, wie ich sie seit Jahresfrist der Cassididengruppe gewidmet habe, nach dem natürlichen Laufe der Dinge einen höheren Grad von Zuverlässigkeit zu erzielen pflegt, als eine gelegentliche Betrachtung.

Bei dem absorbirenden Interesse, welches darwinistische und antidarwinistische Theorien heutigen Tages in Anspruch nehmen, liegt die Versuchung nahe, geographisch-faunistische Gruppenbilder als den

Prüfstein zu verwerthen, an dem sich jene Lehren bewähren sollen; aber das Material, das mir im gegebenen Falle vorliegt, mahnt um so mehr zur Vorsicht, als es den bekannten Vertretern der Cassididengruppe in Columbien gegenüber auch nicht annähernd auf Vollständigkeit Anspruch macht und mit einer dem Procentsatze nach ansehnlichen Reihe neuer Arten den Beweis liefert, dass die entomologische Erforschung jenes Landes eben nur rüstig begonnen hat.

Wenn ich mich also darauf beschränken musste, systematisch herzuzählen, was ich an Arten vorfand, so möchte ich vorausschicken, dass die Frage nach der Beständigkeit des Artbegriffes in der Entomologie in den Fällen näherer Verwandtschaft mir nicht als endgültig gelöst erscheint, bevor die Kenntniss der ersten Entwicklungszustände der Insekten diejenigen starken Vermuthungen, zu denen gewisse Unterschiede der vollkommenen Thiere berechtigen, bestätigt hat und dass die Systematik unserer Tage von diesem Gesichtspunkte aus auf um so schwächeren Füssen steht, als biologische Beobachtungen an exotischen Insekten noch zu den Seltenheiten gehören.

Es kommt hinzu, dass die Aussicht auf Constanz aller Unterscheidungsmerkmale nur im gleichen Verhältnisse zur Zahl der untersuchten Individuen steht, und da neue Arten nur selten auf grössere Mengen, in der Mehrzahl der Fälle auf beschränkte Reihen von Thieren, vielleicht gar auf einzelne Stücke gegründet werden, so wird sich der gewissenhafte Entomolog der Befürchtung nicht erwehren können, dass seine Diagnosen bestimmt, den Artbegriff für die Ewigkeit zu fixiren, nur eine Arbeit auf Zeit sein werden. Das Aushülfemittel, gewisse wiederkehrende Modificationen als Varietäten zu kennzeichnen, kann nur mit Vorbehalt und als Provisorium gebilligt werden, lediglich auf den Zweck berechnet, das Vorkommen dieser scheinbar aberranten Form festgestellt zu haben. Denn einmal wird die Frage, was Stammart und was Varietät ist, meistens um sehr viel später und nicht selten im Widerspruche zu den Vermuthungen des ersten Autors entschieden. Sodann aber liegt in der Beschreibung gesonderter Varietäten eigentlich schon ein Widerspruch zu dem Artbegriffe; denn wenn unter Varietäten solche Formen verstanden werden, welche nur gewisse Artmerkmale gemeinsam haben und an gewissen anderen Merkmalen innerhalb der für die Art gezogenen Grenzen alle möglichen Uebergänge und alle möglichen Veränderungen in der Generationsfolge aufweisen, so muss entweder durch eine richtige Artdiagnose jede bekannte und noch unbekannte Varietät bereits mitbeschrieben sein, oder aber die Merkmale der Varietät sind so constant, dass sie überhaupt gesondert beschrieben werden können, und wir haben keine Varietät mehr, sondern eine Art.

Die Gefahr, hierin zu irren, ist in der Cassididengruppe vorzugsweise vorhanden, denn bei der allgemeinen morphologischen Uebereinstimmung des Hautskeletts, bei der Constanz wichtiger Organe, wie der Beine, und da andere Organe, wie die Mundtheile, der äusserlichen Beobachtung grösstentheils entzogen sind, da die Fühlerbildung nur wenig variirt, da die Skulptur der Oberseite bei den grössten Gruppen fast völlig übereinstimmt, hat die Systematik aus dem wandelbarsten Merkmale der Färbung, einen grossen Theil ihrer Artcharaktere herleiten müssen und die Irrthümer früherer Beschreiber, welche mir auf diesem Gebiete bereits begegnet sind, bilden ohne Zweifel nur den kleinsten Theil Dessen, was eine besser basirte Artkritik finden wird.

Dies vorausgeschickt, lasse ich eine Herzählung derjenigen Cassididen folgen, welche, der Fauna Columbiens angehörig, in Herrn Steinheil's Sammlung gegenwärtig vorhanden sind:

1. *Himatidium quatuordecim-maculatum* Latr. var. nov. b. *Vitta elytrorum ut in var. a; sed prothorax ante basin utrinque macula parva nigra; corpus subtus pallidum, prosterno pectoreque nigris.*
Ein Stück von Copér.

2. *Himatidium thoracicum* Fabr.
5 Stücke vom Magdalena und von Muzo.

3. *Calliaspis nigricornis* Kirsch.
4 Stücke ohne besondere Fundortangabe von 5,5 bis 6,25 mill. Länge, welche ich auf die Kirsch'sche Art beziehen muss. Jedoch sind die Fühler bis auf die Spitze des Endgliedes ganz schwarz, das Mittelfeld des Halsschildes ist pechbraun bis schwarz, die Unterseite des Körpers roth, der Seitenrand der Flügeldecken nur gegen die Spitze hin gelb.

4. *Calyptocephala brevicornis* Bohem.
Ein Stück von Ocaña.

5. *Desmonota multicava* Latr.

22 Stücke von Paimo, Cañoas, Nare, Copér und Muzo. Darunter sind Varietäten, deren Halsschild allein oder deren Oberseite ganz dunkelpurpurn gefärbt ist; ausserdem ein Stück mit etwas monströs verbreitertem Halsschilde, an dem auch der Buckel der Flügeldecken hinten deutlicher als sonst abgesetzt ist.

6. *Canistra nigroaenea* Bohem.

18 Stücke von Copér, La Vega, Muzo und Paimo.

7. *Dolichotoma multinotata* (n. sp.): *Rotundata* (♂) *vel subtriangularis* (♀)*, postice attenuata, apice rotundata, convexa, nigroaenea, subnitida; prothorace subtilissime punctulato, utrinque late impresso, lateribus oblique ampliatis; elytris sat crebre, minus profunde rugosopunctatis, dorso obsolete elevato-rugosis, sanguineis, sutura, limbo, maculis plurimis irregularibus in dorso et in margine nigris; evidenter gibbosis.* — Long. 17—19 mill.; lat. 17—18 mill.

Patria: Columb. Cayenn. Surinam.

Der *D. variegata* zunächst stehend, aber grösser und dadurch deutlich unterschieden, dass der breite Seitenrand eine Reihe von etwa 6 schwarzen Flecken zeigt, alle unregelmässig, die mittleren quer, bindenartig, stets weit entfernt von der schmaleren Randfärbung und selbst bei den Stücken mit schwarzer Rückenfärbung ohne deutlichen Zusammenhang nach beiden Seiten. Im Uebrigen entsprechen die Randflecken ihrer Stellung nach keineswegs den Binden von *D. variegata*.

Var. *Elytra dorso toto nigroaenea, margine sanguineo, nigrocincto et maculato.*

Sieben Stücke in Herrn Steinheil's Sammlung von Fusagasugá, Nare und zwischen Mompox und El Regidor gesammelt.

8. *Dolichotoma nigrosparsa* (n. sp.): *Subtriangularis, nigra, opaca, supra setulis brevibus albidis parce adspersa; antennis articulis quinque basalibus subtus flavis; elytris laete sanguineis, sutura margineque nigris, punctis remotis haud profundis, subseriatis, in marginem irregulariter dispersis et valde remotis impressis, punctis omnibus modice nigro maculatis, nigredine antice ad basin in plagas magnas et disco exteriore in vittam latam longitudinalem nigras confluente.* — Long. 16 mill.; lat. 15.5 mill.

2 Stücke von S. Rosa, ohnweit Manizales.
Gehört zum Formenkreise der vorigen Art.

9. *Dolichotoma nigrosanguinea* (n. sp.): *Subrotundata, nigra, opaca, supra setulis albidis parce adspersa; elytris sanguineis punctis magnis impressis dorso subseriatis, margine irregulariter dispersis, hic illic confluentibus, nigris, interstitiis disci evidenter et crebre fuscomaculatis; basi plaga sat magna subtriangulari nigra, gibbum attingente.* — Long. 15 mill.; lat. 14.75 mill.

Ein Stück zwischen Nare und Honda, ausgezeichnet durch die dicht bräunlich gefleckten blutrothen Zwischenräume auf dem Rücken der Flügeldecken; Naht und Aussenrand sind nicht schwarz gefärbt.

Gleichfalls dem Formenkreise der beiden vorigen Arten angehörig.

10. *Calaspidea columbiana* Bohem.
4 Stücke von Cañoas und Sanpedro.

11. *Mesomphalia textilis* Bohem.
1 Stück zwischen Tapias und Las Cruzes.

12. *Mesomphalia caudata* Bohem.
5 Stücke von S. Rosa, zwischen Las Pavas und Piedra de molér, und von Guayabál.

13. *Mesomphalia Steinheili* (n. sp.): *Subtriangularis, convexa, opaca; prothorace nigro, inaequali; elytris acuminatis, basi valde retusis, et in gibbum obtusum elevatis, sanguineis, margine suturaque anguste, apice latius, plagaque disci anterioris triangulari humeros amplectente et in suturam irregulariter excurrente, nigris; undique modice subremote punctatis, in plaga basali obsolete rugulosis.* — Long. 16—20 mill.; lat. 12,5—15 mill.

Patria: Columb. (Nova Granada).

Eine häufige und in den Sammlungen verbreitete Art, in der Grösse sehr verschieden, aber in der Zeichnung ziemlich constant, *M. caudata* am nächsten stehend wegen der Zuspitzung der Flügeldecken, aber durch die Färbung und den Mangel der erhabenen Runzeln auf Rand, hinterem Rücken und äusserer Scheibe leicht zu unterscheiden. Die hintere Gränze des schwarzen Basalfleckes ist nicht immer scharf, bisweilen dehnt sich derselbe über den ganzen Rücken, vorzugsweise längs der Naht aus, aber stets bleibt der verbreiterte Rand frei von erhabenen Runzeln.

5 Stücke in Herrn Steinheil's Sammlung stammen von Sanpedro im westlichen Columbien.

14. *Mesomphalia clocata* Bohem.
6 Stücke von Medellin (Arango).

15. *Mesomphalia dissecta* Bohem.
5 Stücke von Ubáque und Fusagasugá.

16. *Mesomphalia rubroreticulata* Bohem.
2 Stücke von Muzo.

17. *Mesomphalia extricata* Bohem.
1 Stück zwischen Mompox und El Regidor.

18. *Chelymorpha puncticollis* Bohem.
1 Stück von Copér.

19. *Chelymorpha scitula* Bohem. var. nov. b. *Elytrorum plaga nigra vitta lata longitudinali rufotestacea divisa.*

1 Stück der Stammart von Muzo, 1 Stück ebendaher, bei welchem sich die schwarzen Rücken der Flügeldecken vorn und auf dem hinteren Theile roth gefleckt zeigen und 3 Stücke der ausgeprägten Varietät b von Muzo und Nare.

20. *Omoplata signata* Panz.
10 Stücke (die meisten schön grün gefärbt) von Fusagasugá und Medellin (Arango).

21. *Physonota alutacea* Bohem.
5 Stücke von Muzo und aus dem westlichen Columbien (Wallis!).

Die Exemplare sind sehr gross, schön gelb und der Buckel der Flügeldecken ist ungefleckt; nach meinen Erfahrungen lassen sich columbische Stücke dieser häufigen Art gut von den mexikanischen unterscheiden. Dennoch ist mir nicht zweifelhaft, dass *Ph. alutacea* und *Ph. cyrtodes* in eine Art zusammen zu ziehen sind.

22. *Charidotis furva* Bohem.
1 Stück von Ocaña.

23. *Charidotis Steinheili* (n. sp.): Ovata, convexa, supra evidenter pubescens, nigra, undique anguste flavotestaceo-marginata; prothorace dorso postico rugosopunctato; scutello medio foveolato; elytris irregulariter profunde sat dense, interstitiis tenuissime vage punctatis, singulo maculis duabus magnis ferrugineis subangulosis, basi et pone medium locatis, sicut dorsum cruce nigra notatum appareat; antennis flavis, articulis a secundo usque ad decimum apice, ultimo toto nigrescentibus; corpore pedibusque nigris. — Long. 7 mill.; lat. 6 mill.

Ein Stück von Ocaña.

Mit keiner bekannten Art zu verwechseln; in der Zeichnung der Oberseite an *Coptocycla Buqueti* erinnernd; würde systematisch vor *Ch. ocularis* zu stellen sein.

24. *Ctenochira nigrocincta* (n. sp.): Rotundata, parum convexa, dilute flava, nitida; prothorace basi plaga triangulari nigra; elytris remote irregulariter punctato-striatis, pone scutellum vix impressis, annulo magno, lato, ad latera et postice utrinque oblique truncato, maculam mediocrem subrhomboidalem flavam, profunde nigropunctatam, includente. — Long. 5 mill.; lat. 4 mill.

Ein Stück von Cañoas.

An den Fühlern sind die 4 letzten Glieder schwarzbraun; die gelbe Flügeldeckenmakel ist etwas erhaben, unregelmässig, theilweise buchtig gerandet und enthält einige verschieden grosse, schwarzpunktirte Flecken, so dass sie aus mehreren verschlungenen, dicken, gelben Runzeln zu bestehen scheint. Das Schildchen ist wie die ganze Unterseite gelb.

Wäre zu *Ct. nigroannulata* zu stellen.

25. *Ctenochira fraterna* Bohem.
2 Stücke von Copér.

26. *Ctenochira bifenestrata* Bohem.
Ein Stück von Fusagasugá.

27. *Ctenochira semilobata* (n. sp.): Rotundata, convexa, dilute flava; antennis articulo ultimo apice nigro; prothorace disco postico plaga magna semicirculari aut antice producta nigra; scutello flavo; elytris profunde remote subseriatim punctatis, pone scutellum valde impressis,

obtuse gibbosis, dorso medio foveolatis, plaga magna communi nigra, interdum ad suturam parce flavo-variegata, ramulos duos latos, marginem non attingentes, emittente, alterum basalem, alterum pone medium oblique antrorsum directum. — Long. 6.5 mill ; lat. 5.25 mill.

Patria: Columbia, Mexiko.

Nahe verwandt mit *Ct. palmata*, aber leicht kenntlich an den beiden Randausläufern der Rückenmakel. Beide sind kurz, an ihrer Basis breit, der vordere nur wenig nach aussen verschmälert und am Ende abgerundet, ohne Vorder- oder Seitenrand zu berühren; der hintere ragt stumpflappig und wenig hervor, sein hinterer Rand geht fast geradlinig in den hinteren Rand der Rückenmakel über, wesshalb der Ast schräg nach aussen und vorn gerichtet erscheint. Das Schildchen ist bleichgelb wie die Unterseite und Beine.

3 Columbische Stücke von Copér in Herrn Steinheil's Sammlung. Bei diesen ist die schwarze Rückenmakel nicht gelbgefleckt und die Halsschildmakel läuft nach vorn in eine Spitze aus. In meiner Sammlung 4 Stücke aus Mexiko.

28. *Ctenochira hebraea* Fabr.
Ein Stück von Ubáque.

29. *Ctenochira varians* (n. sp.): *Subovata, convexa, dilute flava; prothorace basi plaga subtriangulari, nigra; elytris remote irregulariter punctato-striatis, pone scutellum impressis, annulo magno lato, postice fere attenuato, ad latera late emarginato, postice oblique truncato, maculam mediocrem flavam, parce et interdum fusco-punctatam, includente.* — Long. 6 mill.; lat. 5.5 mill.

Zwei Stücke von Maripí und Muzo.

Zu *Ct. vivida* zu stellen, aber unterschieden durch stumpfwinklige nicht abgerundete Schulterecken und den hinterwärts eher verschmälerten als verbreiterten schwarzen Ring.

30. *Coptocycla sexpunctata* Fabr.
4 Stücke von Cartago, Copér und Fusagasugá.

31. *Coptocycla ternata* Bohem.
Ein Stück von Paime.

32. *Coptocycla consobrina* Bohem.
4 Stücke von Nare, zwischen Mompox und El Regidor, von Maripí und Muzo.

33. *Coptocycla Zelleri* Bohem.
7 Stücke von Muzo, La Vega, Paime und Fusagasugá.
Die Angaben Boheman's über Zahl und Stellung der gelben Flecken auf den Flügeldecken bedürfen der Berichtigung. Es sind normal 10 Flecken auf jeder Decke vorhanden, 4 längs der Naht, davon der hinterste kleiner als die übrigen, einer an der Basis, einer etwas vor der Mitte des Rückens und 4 ungleich grosse, der 2. und 4. kleiner eine äussere Rückenreihe bildend. Die Farbe der Oberseite ist bei den vorliegenden Stücken übereinstimmend wachsbleich.

34. *Coptocycla flavolineata* Latr.
2 Stücke zwischen El Regidor und Chucuri.

35. *Coptocycla propinqua* Bohem.
5 Stücke zwischen Barranquilla und Mompox am Magdalena.

36. *Coptocycla judaica* Fabr.
6 Stücke von Ocaña, Ubáque, zwischen El Regidor und Chucuri, von Cartago und Copér.

37. *Coptocycla Phoebe* Bohem.
Ein Stück von Muzo.

38. *Coptocycla Buqueti* Bohem.
9 Stücke von Guayabál, Copér, Paime, Fusagasugá, La Vega und La Mesa.

39. *Coptocycla Heydeni* (n. sp.): *Rotundata, flavotestacea, convexa, nitida; prothorace postice plaga maxima atra, usque ad angulos extensa, lateribus rectis, medio antrorsum rotundata, postice ad latera evidenter sat dense punctata; elytris distincte gibbosis, regulariter striato-punctatis, striis suturalibus profundioribus, dorso plaga maxima atra, utrinque ramulos duos latos in marginem emittente, alterum basalem, postice modice dilatatum, alterum pone medium; callo humerali laevi,*

margine a disco serie e punctis modicis, pone ramulum posteriorem serie e foveolis 4—5 magnis sejuncto. — Long. 6.75 mill.; lat. 6.5 mill.

Ein Stück dieser schönen Art von Muzo.

II.
Neue Arten.

1. *Hoplionota bioculata* (n. sp.): *Subrotundata, supra nigro-picea, anguste flavescenti-marginata, subtus testacea; prothorace postice transversim biimpresso, lateribus profunde crebre punctatis, inter dorsum et latera vittis duabus longitudinalibus arcuatis ferrugineis; scutello ferrugineo, apice impresso; elytris subseriatim punctatis, carinis duabus, hic illic tuberculatim elevatis, pone medium connexis et in tuberculum validum elevatis, deinde ambabus continuatis et rugula transversa iterum connexis, paullo ante apicem desinentibus; margine interiore ante medium macula oblonga, flavescenti-hyalina.* — Long. 5 mill.; lat. 4.75 mill.

Patria: Sumatra.

Der *H. bifenestrella* Boh. am nächsten stehend aber dadurch gut unterschieden, dass die beiden Längskiele der Flügeldecken hinter dem Haupthöcker deutlich fortgesetzt, bald darauf durch einen Querkiel verbunden sind und dann getrennt und deutlich kurz vor der Spitze endigen. Von dem äusseren Längskiele aus verlaufen ausserdem zwei Queräste nach dem Rande der Scheibe.

(In meiner Sammlung.)

2. *Porphyraspis reticulata* (n. sp.): *Obscuro-sanguinea; prothorace dorso remote, lateribus dense punctato, dorso lateribusque obscurius colorato; elytris crebre profunde seriatim punctatis, dorso interstitiis duobus elevatis, antice secundo et quarto, postice primo et tertio, quare carinae medio introrsum flexae videntur, praeterea interstitia serierum omnia elevata, reticulatim inter se conjuncta; margine profunde punctato, serie e foveolis magnis, antice abbreviata, a disco sejuncta; corpore subtus flavo-testaceo.* — Long. 4.5 mill.; lat. 4.25 mill.

Patria: Amer. merid.

Der *P. cyclica* am nächsten stehend, in der Färbung dunkler, namentlich Rücken und Seiten des Halsschildes, so dass zwei hellrothe schräg nach aussen verlaufende Längsbinden erscheinen. Die Kiele der Flügeldecken sind stark erhaben, die Reticulatur der inneren Scheibe sehr deutlich; ausserdem gut unterschieden durch die Reihe tiefer Gruben, welche die Scheibe vom Rande trennt. Auf der Unterseite sind der Kopf und die Tarsen gebräunt.

(In meiner Sammlung.)

3. *Prioptera punctipennis* (n. sp.): *Rufo-testacea; antennarum articulis duobus ultimis nigris; prothorace laevi, ante scutellum impresso foveolisque duabus disci parvis inaequali; elytris profunde vix seriatim punctatis, interstitiis hic illic irregulariter elevatis, disco antico profunde unifoveolatis, singulo maculis quatuor, tribus modicis, quarum una in foveola disci locata, quarta prae caeteris permagna, margini adfixa.* — Long. 10 mill.; lat. 8.5 mill.

Patria: Ind. or. (Calcutta).

Zu *P. maculipennis* zu stellen. Kenntlich an den stark und unregelmässig punktirten Flügeldecken, deren Zwischenräume sich stellenweise zu kürzeren, glatten Längserhabensseiten ausbilden; der erste nahe der Naht ist fast ganz erhaben. Von den vier Flecken jeder Flügeldecke ist der hintere Randfleck viermal so gross, wie die übrigen, der obere Aussenfleck verschwindet, von oben gesehen, ganz in der Schulterausshöhlung der Scheibe. Die Flügeldecken sind nur andeutungsweise gehöckert; die Unterseite ist einfarbig gelbroth.

2 Stücke in meiner Sammlung.

4. *Tauroma Bohemani* (n. sp.): *Subquadrata, valde convexa, supra nigroaenea, opaca, subtus nigrocuprea; prothorace modice punctato medio profunde canaliculato, dorso utrinque leviter bifoveolato; elytris antice valde umbonatis, dense aciculatis, remote profunde, lateribus seriatim punctatis; humeris lateraliter extensis, validis, brevibus, non reflexis. Prosterno antice obsolete, postice profunde punctato, medio longitudinaliter foveolato.* — Long. 12 mill.; lat. 9.5 mill.

Patria: Brasil.

T. Bohemani Mannerheim in litt.

Durch den deutlich abgesetzten, rundlichen Höcker, die Sculptur der Flügeldecken und der Vorderbrust gut unterschieden. Zu *T. Reichei* zu stellen.

(In meiner Sammlung.)

5. **Mesomphalia Haroldi** (n. sp.): *Subtriangularis, supra nigroaenea, immaculata, subnitida, subtus nigra; prothorace antice vix emarginato; scutello medio sulco profundo transverso diviso; elytris subacuminatis, obtuse gibbosis, antice non retusis, dorso antico dense et anguste, versus marginem et apicem remotius et obsoletius elevato-reticulatis, reticulo densissime aciculato, areolis modice punctatis; margine latissime explanato; pedibus nigris, tibiis tarsisque infuscatis.* — Long. 19,5 mill.; lat. 19 mill.

Patria: Valdivia.

Der *M. inexculta* wohl zunächst stehend. Durch die Querfurche des Schildchens, den Mangel an farbigen Auszeichnungen der Oberseite und die Sculptur der Flügeldecken hinlänglich charakterisirt.

(In meiner Sammlung.)

6. **Mesomphalia marginevittata** (n. sp.): *Rotundata, supra obscure nigrofusca, gibbo humerisque exceptis opaca; antennis basi fuscis; prothorace obsolete punctulato; elytris obtuse gibbosis, undique reticulo parum elevato instructis, areolas parvas, evidenter punctatas includente; margine limbo excepto sanguineo, intus saepe obscurius maculato.* — Long. 11—12 mill.; lat. 10—11 mill.

Patria: Chimborazo.

Der *M. coalita* am nächsten stehend, gut unterschieden durch die kleinen und deutlich punktirten Gruben der Flügeldecken.

2 Stücke in meiner Sammlung.

7. **Mesomphalia quinquefasciata** (n. sp.): *Rotundata, convexa, opaca, nigra, setulis brevissimis albidis parce adspersa; elytris leviter subremote punctatis, antice in gibbum validum obtusum, lateraliter compressum elevatis, vittis transversis quinque angustis, elevatis, undulatis, in marginem latius excurrentibus, quarum prima in margine basali posita, apiceque irregulariter sanguineis; vittis subtus translucentibus.* — Long. 19 mill.; lat. 16 mill.

Patria: Columbia.

Ein Stück dieser ausgezeichneten Art, welche mit keiner bekannten *Mesomphalia* verglichen werden kann, in meiner Sammlung.

8 **Poecilaspis semiglobosa** (n. sp.): *Rotundata, convexa, nitida, nigra; prothorace dorso obsolete, remote, lateribus evidenter crebrius punctato, antice utrinque macula magna cuneiformi, marginem nonnisi apice*

attingente, dilute sanguinea; elytris crebre, profunde, hic illic rugoso-punctatis, singulo maculis quinque parvis, tribus prope suturam, nonnihil elevatis, duabus in margine, sanguineis; humeris angulatis. — Long. 10 mill.; lat. 9 mill.

Patria: Brasil.

Unter allen Arten dieser Gruppe leicht kenntlich an der fast vollkommenen Kreisform, höheren Rückenwölbung und den dicht und tief punktirten Flügeldecken. Charakteristisch ist auch die Halsschildmakel, welche mit ihrer äusseren Hälfte den Vorderrand niemals berührt, also einen schwarzen Zwischenraum lässt.

(In meiner Sammlung.)

9. *Physonota pellucida* (n. sp.): *Ovata, parum convexa, flavo-testacea, nitida; antennis supra medio infuscatis, introrsum serratis; prothorace laevi, margine postico angustissime maculisque quinque nigris, tribus transversim positis juxta basin, duabus minoribus ante medium, dorso antico, lateribus et ante scutellum dense reticulato; elytris undique punctis crebris, dorso antico nonnihil remotis, fundo iterum impunctis leviterque infuscatis, obsitis; sutura leviter infuscata, marginibus pellucidis, dense reticulatis; capite flavo, ore nigro, corpore flavovariegato, pedibus flavis, femoribus supra lineaque externa tibiarum nigris.* — Long. 20 mill.; lat. 17 mill.

Patria: Demerara.

Durch die grossen, im Grunde deutlich eingestochenen Punkte der Flügeldecken und die Fleckenbildung des Halsschildes von verwandten Arten gut geschieden. Die Flügeldecken sind spitz zugerundet. Dem Formenkreise der *P. caudata* angehörig.

(In meiner Sammlung.)

10. *Physonota plicata* (n. sp.): *Ovata, modice convexa, pallide flava, nitida; antennis flavis, articulo primo subtus, 3—6 supra, reliquis totis nigris; prothorace laevi, lateribus plica transversa, parum elevata, instructo; elytris obsolete valde remote punctatis, subtus margine basali suturaque apice nigris, subattenuatis; capite flavo, ore nigro; corpore subtus flavo, pectore medio plaga et abdomine utrinque serie e maculis parvis nigris; pedibus flavis, femoribus anticis tibiisque supra linea nigra notatis.* — Long. 13—14 mill.; lat. 9—10 mill.

Patria: Mexico.

Zu dem Formenkreise von *P. caudata* gehörig, durch die leicht erhabene Querfalte jederseits des Halsschildes und die fast erloschene Punktirung der Oberseite von den verwandten Arten gut geschieden.

3 Stücke in meiner Sammlung.

11. *Physonota brunnea* (n. sp.): *Oblongo-ovata, convexa, nitida, supra dilute brunnea, subtus nigra; antennis basi subtus, articulo primo excepto, rufis; prothorace dorso parce, lateribus densius punctato, medio canaliculato; elytris mediocriter crebre punctatis, sutura carinisque duabus leviter elevatis, disco exteriore obsolete sulcatis; abdomine utrinque serie e maculis flavis; pedibus nigris.* — Long. 12—13 mill.; lat. 8.5—9 mill.

Patria: Brasil.

Zu dem Formenkreise von *P. exarata* gehörig, durch die hellbraune Farbe der Oberseite von allen verwandten Arten unterschieden.

2 Stücke in meiner Sammlung.

12. *Physonota notativentris* (n. sp.): *Oblongo-ovata, convexa, supra flava, subtus nigra; antennis articulis 1—4 totis, 5. basi flavis; prothorace dorso crebre, lateribus minus profunde sed creberrime, subrugoso-punctato, canaliculato, lobo antescutellari bilobatim inciso; elytris creberrime punctatis, sutura sat late carinulisque duabus dorsalibus leviter elevatis, abdomine utrinque serie macularum flavarum, pedibus nigris, femoribus apice et subtus, tibiis tarsisque subtus fuscorufis.* — Long. 10.5— 11.5 mill.; lat. 6.5—7 mill.

Patria: Brasil.

P. exarata und *candida* am nächsten stehend; durch das stark und dicht auf dem Rücken etwas runzlig punktirte Halsschild von den verwandten Arten gut unterschieden.

2 Stücke in meiner Sammlung.

13. *Physonota bipunctata* (n. sp.): *Oblonga, convexa, supra rufotestacea, subtus rufa; antennis nigris, articulo primo toto, 2—4 subtus ferrugineis; prothorace dorso obsolete remote, lateribus crebre evidenter punctulato, dorso nigro-bimaculato; elytris crebre punctatis, dorso carinulis duabus dilutioribus, punctatis; apice subacuminatis; subtus capite, plaga pectoris media, segmentisque abdominis basi nigris; pedibus ferrugineis, femoribus basi, genubus tarsisque insuper nigris.* — Long. 10 mill.; lat. 5.25 mill.

Patria: Mendoza (Argentin).

Von allen bekannten Arten durch die auffallend schmale Körperform und das mit zwei Mittelflecken versehene Halsschild ausgezeichnet zu scheiden.
(In meiner Sammlung.)

14. *Aspidomorpha bioculata* (n. sp.): *Rotunda, flavo-testacea; antennis articulis duobus ultimis nigro-fuscis; prothorace laevi, scutello basi evidenter parce punctato; elytris regulariter seriatim punctatis, punctis leviter impressis, fuscis, apicem versus, serie suturali excepta, evanescentibus; antice valde gibbosis, nigris, dorso medio castaneis, in medio margine macula magna oblonga, undique nigrocincta, et ante apicem altera parva, extus haud nigrocincta, albidis, pellucidis; corpore subtus flavotestaceo, pectore plaga magna transversa, nigra.* — Long. 12.5 mill.; lat. 12 mill.

Patria ignota.

Eine sehr ausgezeichnete Art. Die hoch und scharf gehöckerten Flügeldecken sind breit gerandet; die kastanienbraune Farbe des mittleren Rückens geht nach aussen und hinten schnell in tiefes Schwarz über, das sich auch auf den ganzen Rand ausdehnt. Inmitten des Randes, etwas nach vorn gerückt, stechen zwei grosse, weissliche Augenflecken von dem dunklen Grunde auffallend ab, kurz vor der Naht ist der schwarze Rand durch zwei gleichfarbige kleine Kreissegmente, deren Basis der Rand selbst bildet, unterbrochen. Vermuthlich die breiteste Art, im Verhältniss zur Länge betrachtet. Der *A. togata* sehr nahe stehend, vielleicht nur eine schöne Varietät.
(In meiner Sammlung.)

15. *Aspidomorpha ramulopicta* (n. sp.): *Rotundata, flavotestacea; antennis articulis duobus ultimis nigris, ultimo apice subtus flavo; elytris evidenter et regulariter striato-punctatis, stria suturali magis impressa; antice leviter obtuse gibbosis, macula communi suturali pone gibbum, duabus basalibus juxta scutellum, in disco exteriore vitta postice abbreviata et medio interrupta, antice posticeque ramulum in marginem emittente, quorum anteriore subtriangulariter testaceo-maculato, et sutura apice nigris.* — Long. 10 mill; lat. 8.5 mill.

Patria: Brisbane (Austral.)

Gut gekennzeichnet dadurch, dass der breite Seitenast an der Basis der Flügeldecken eine grosse, nahezu dreieckige rothe Makel

trägt. Auch der vereinzelte gemeinsame Nahtfleck hinter dem Höcker ist in der Gattung noch nicht beobachtet.
(In meiner Sammlung.)

16. *Aspidomorpha Badeni* (n. sp.): *Rotundata, flava, nitida; antennis articulis duobus ultimis nigris, ultimo apice flavo; elytris subtiliter striato-punctatis, postice laevibus, antice ad suturam leviter compressis haud gibbosis et disco antico unifoveolatis; fasciis duabus latis, anteriore suturam non attingente et in disco exteriore postice dilatata, posteriore undulata, apiceque suturae nigris; corpore subtus pedibusque flavis, ore infuscato, unguiculis ferrugineis.* — Long. 9.5—11 mill.; lat. 8.5—9.5 mill.
Patria: Australia.

Nahe verwandt mit *A. punctum*, zumal mit der *var. C.* Die Nahtmakel ist niemals vorhanden, der vordere Rücken mit einer deutlichen Grube versehen; die vordere Querbinde, an ihrem inneren Ende stark und breit nach hinten verlängert, erreicht die Naht niemals, kaum mit einer Spitze die Basis des Schildchens.

6 Stücke in Herrn Baden's und meiner Sammlung.
(Ist mir mehrfach mit der fälschlichen Benennung *A. Westwoodi* zugegangen.)

17. *Hybosa unicolor* (n. sp.): *Valde convexa, obtuse umbonata, supra ferruginea, nitida, subtus nigra, ore pedibusque ferrugineis; prothorace postice evidenter, versus basin et latera obsoletius punctato, margine dilutiore; elytris profunde sat crebre subseriatim punctatis, punctis hic illic fundo infuscatis; margine obsoletius rugoso-punctato.* — Long. 10.5 mill.; lat. 8.5 mill.
Patria: Columbia.

Durch ungefleckte Oberseite, stumpfe Buckelung der Flügeldecken und eine zusammenhängende Randlinie grösserer Punkte von der verwandten, aber viel grösseren *H. gibbera* gut geschieden.
(In meiner Sammlung.)

18. *Hybosa marginegutata* (n. sp.): *Valde gibbosa, supra obscuro-sanguinea, marginibus omnibus, dilutioribus, nitida, subtus flavo-testacea; prothorace angulis posticis transversim impressis; elytris profunde remote punctatis, antice retusis et ad suturam evidenter impressis, obtuse gibbosis, maculis binis nigris in margine, altera ante, altera pone*

medium, quarum postica in discum excurrit: margine ante medium loco maculae anticae profunde impresso. — Long. 9 mill.; lat. 7 mill.

Patria: Brasil.

Die beiden schwarzen Randflecken zeichnen die Art vor allen übrigen dieser Gattung aus.

(In meiner Sammlung.)

19. *Laccoptera nigricornis* (n. sp.): *Ovalis, rufo-testacea, subnitida; antennis totis nigris; prothorace dorso confertim aciculato, margine obsolete plicato; elytris profunde punctato-striatis, dorso carina a gibbo orta instructis, densissime, praesertim lateribus, transversim reticulatis, in margine dilatato profunde rugoso-punctatis, vitta longitudinali lata, a callo humerali orta posticeque introrsum dilatata, gibbo, maculaque parva dorsi postica nigris; corpore subtus pedibusque nigris, abdomine late flavomarginato.* — Long. 9.5 mill.; lat. 8 mill.

Patria: Africa (Loango).

Von allen bekannten Arten durch die ganz schwarzen Fühler und die auf jeder Flügeldecke isolirt bleibende Längsbinde gut unterschieden. Würde zu *L. spectrum* zu stellen sein.

(In meiner Sammlung.)

20. *Laccoptera tredecim-guttata* (n. sp.): *Subtriangularis, convexa, testacea; antennis articulo ultimo supra nigro; prothorace postice obsolete aciculato, medio nigro-bimaculato; elytris crebre punctato-striatis, punctis ocellatis; sutura interstitiisque secundo et quarto, hoc utrinque abbreviato, elevatis, dorso, haud margine, undecim-nigro maculatis, obtuse gibbosis; margine profunde punctato.* — Long. 8 mill.; lat. 7 mill.

Patria: Manila.

Der *L. 13-punctata* zunächst stehend; von den verwandten Arten durch die fast erloschene Sculptur des Halsschildes und dadurch gut unterschieden, dass die äusseren Flecke der Flügeldecken nicht auf den Rand übertreten, von oben gesehen also fast ganz in der seitlichen Wölbung der Scheibe verschwinden; von *L. philippinensis* durch die Farbe der Fühler unterschieden.

(In meiner Sammlung.)

21. *Ctenochira flavoscutellata* (n. sp.): *Rotundata, convexa, dilute flava; antennis articulo ultimo apice nigro; prothorace disco postico*

plaga magna semicirculari nigra; scutello flavo, anguste brunneo-marginato; elytris profunde, disco intus remote, extus sat crebre seriatim punctatis, pone scutellum profunde impressis, obtuse gibbosis, dorso medio foveolatis, plaga magna communi nigra, immaculata, haud emarginata. — Long. 6,5 mill.; lat. 5,25 mill.

Patria: Mexico.

Zu *C. carnifex* und *rubrocincta* gehörig. Den schwarzen Auszeichnungen der Oberseite fehlt die rothe Umrandung; von der gleichfalls verwandten *C. sepulchralis* genügend geschieden durch den halbkreisförmigen, vorn nicht zugespitzten Halsschildfleck und die fehlende Ausrandung der Flügeldeckenmakel.

2 Stücke in meiner Sammlung.

22. **Ctenochira uniramosa** (n. sp.): *Rotundata, convexa, dilute flava; antennis articulo ultimo apice nigro; prothorace disco postico plaga magna semicirculari scutelloque nigris; elytris profunde subcrebre seriatim punctatis, pone scutellum valde impressis, obtuse gibbosis, dorso medio foveolatis, plaga magna communi nigra, pone emarginaturam mediam ramulum latum, limbum vix attingentem, apice rotundatum, in marginem emittente.* — Long. 6 mill.; lat. 5 mill.

Patria: Mexico.

Dem Formenkreise von *C. palmata* angehörig; von *C. bilobata* namentlich durch die Färbung der Fühler und die ungefleckte Rückenmakel der Flügeldecken unterschieden.

3 Stücke in meiner Sammlung.

23. **Coptocycla vittata** (n. sp.): *Supra dilute olivacea, subtus ferruginea, convexa, nitida, prothorace plaga basali semicirculari ferruginea, margine externo punctato, signatura pallidiore ancoraeformi interrupta; elytris sat remote profunde seriatim punctatis, ad suturam leviter striatis, dorso antico obtuse gibbosis, plaga maxima ferruginea, antice ad marginem et juxta suturam sat late olivaceo-variegata, pone medium vitta obliqua olivacea interrupta; inter discum et marginem serie e foveolis profundis, medio ad finem vittae breviter interrupta; margine hyalino, humeris evidenter productis, apice leviter rotundatis, supra impressis.* — Long. 7,5 mill.; lat 6,75 mill.

Patria: Brasil.

(In meiner Sammlung.)

24. *Coptocycla plagifera* (n. sp.): *Rotundata, modice convexa, pallide flava; prothorace, basi plaga lata sanguinea, antice nigro marginata; scutello sanguineo; elytris profunde punctato-striatis, striis suturalibus profundioribus, dorso plaga magna sanguinea, undique nigro-marginata, lateribus leviter emarginata, postice arcu semicirculari, antrorsum aperto, communi antice in singulo macula sat magna ovali, pallide flavis; arcu maculisque haud punctatis, illo leviter sulcato, ambabusque undique sat late nigro-marginatis; margine crebre profunde rugosopunctato.* — Long. 7—7.5 mill.; lat. 6.5 mill.

Patria: Brasil.

Der *C. Deyrollei* am nächsten verwandt und durch die schönen Zeichnungen auf den Flügeldecken gut unterschieden. Gehört in die Gruppe mit stark vorgezogenen Schulterecken; die Flügeldecken sind leicht gehöckert.

(In meiner Sammlung.)

25. *Coptocycla subacuminata* (n. sp.): *Subtriangularis, minus convexa, dilute flava; antennis articulo ultimo nigro; prothorace medio disci obsolete bifoveolato, basi plaga magna semicirculari, antice irregulariter emarginata, nigra, postice flavo-bimaculata; scutello nigro, marginibus transversim rugulosis; elytris apice subacuminatis, remote, irregulariter seriatim punctatis, humeris valde prominulis, subrotundatis; dorso plaga magna, lateraliter medio profunde excisa, prope suturam plagis quatuor flavis ornata, anterioribus magnis, elongatis, posterioribus minoribus, subquadratis; margine obsolete transversim rugoso.* — Long. 8—8.5 mill.; lat. 7—7.25 mill.

Patria: Peruv. orient.

Der *C. Buqueti* am nächsten stehend; habituell ausgezeichnet durch die starke Verschmälerung der Flügeldecken nach rückwärts, welche im Vergleich zu der Zurundung bei anderen Arten der Gattung die Decken schwach zugespitzt erscheinen lässt.

6 Stücke in meiner Sammlung.

III.
Ctenochira Chapuis.

Die Gattung *Ctenochira* verdankt ihre Entstehung der verdienstvollen Fortsetzung von Lacordaire, Genera des Coléoptères, durch Herrn Chapuis; sie ist im XI. Bande dieses Werkes pag. 409 charakterisirt und pag. 356 und 406 durch die Gruppenübersichten ausgeschieden. Sie war um so einfacher herzustellen, als Boheman in seiner Monographia Cassididarum die Gattung *Coptocycla* nach der Beschaffenheit der Klauen in zwei Gruppen theilt; es erübrigte nur, für die Gruppe mit gezähnten Klauen den Namen zu finden und die Gattung war fertig.

Bei einer Gattung wie *Coptocycla* mit nahezu 500 Arten mag es ein Gebot der Nützlichkeit sein, eine natürliche grössere Gruppe abzuzweigen und zur selbstständigen Gattung zu erheben; ich will auch nicht annehmen, dass die abfällige Kritik, welche Boheman's Gattungen von Herrn Chapuis pag. 353 l. c. erfahren, auf diesen speciellen Fall angewendet werden soll. Aber wenn man berücksichtigt, dass für den Gattungsbegriff feststehende Principien überhaupt nicht vorhanden sind, und dass er lediglich dem Bedürfnisse systematischer Gliederung, keinenfalls aber natürlichen Gränzen seine Entstehung verdankt, so ist es eine leichte Sache, einen Standpunkt hierin anzunehmen, welcher von demjenigen Anderer abweicht, schwer aber, begründbaren Tadel auszusprechen.

Es hat für mich nicht langer Uebung bedurft, mich in Boheman's Gattungen zu orientiren; sie sind auf den allgemeinen Habitus begründet und ergeben sich auf den ersten Blick. Wenn Herr Chapuis zur Scheidung nach anderen Merkmalen seine Zuflucht nimmt, so scheint mir die natürliche Gruppirung der Arten eben nicht gewonnen zu haben, abgesehen davon, dass wir auf ein Erkennen der Gattung auf den ersten Blick künftig verzichten müssen.

Die Gattung *Ctenochira* ist von *Coptocycla* nicht eher zu unterscheiden, bevor nicht die Loupe über die Beschaffenheit der Klauen aufgeklärt hat. Die Klauen sind bei *Ctenochira* gezähnt, bei *Coptocycla* glatt.

Von den bisher beschriebenen Arten der Gattung zählt Boheman im vierten Theil seiner Monographie 92 auf, eine neue Art, *Ct. Lindigi*, hat Kirsch in der Berliner Entomologischen Zeitschrift von 1865, eine andere, *Ct. peruviana* derselbe im 1876er Jahrgang derselben Zeitschrift beschrieben; die erstere von beiden ist in dem Catalogus der Herren Dr. Gemminger und v. Harold irrthümlich zu *Coptocycla* gestellt; endlich habe ich in den vorstehenden Abhandlungen 5 neue Arten aufgestellt, so dass zur Zeit 99 bekannt sind. Ich lasse nicht unerwähnt, dass die Zahl der noch unbeschriebenen Arten, lediglich nach dem mir vorliegenden Material zu schliessen, gross sein muss.

Im Nachstehenden gebe ich eine Tabelle nach einfachen Merkmalen, welche mir bei der Bestimmung dieser Thiere wesentliche Dienste geleistet hat.

1. Elytra basi ad scutellum impressa, saepe gibbosa   2.
Elytra basi ad scutellum haud impressa, idcirco non gibbosa . . . . 61.
2. Elytra dorso flavescentia, signaturis obscurioribus   3.
Elytra dorso nigra vel sanguinea vel omnino margine satioratiora, saepe signaturis clarioribus . . . . 11.
3. Elytra annulo communi nigro ornata . . .   4.
Elytra in disco exteriore vitta obscura, saepe suturam versus arcuata ibique cum opposita conjuncta . . . . 6.
4. Prothoracis plaga basalis nigra linea longitudinali flava divisa . . . .   *C. trepida*
Bohem. III. 518.
Prothoracis plaga basalis longitudinaliter haud divisa . . . . 5.
5. Humeri apice rotundati   . .   *C. vivida*
Bohem. III. 517.
Humeri apice obtuse angulati .   . .   *C. varians*
n. sp I. Nr. 29.
6. Prothorax basi plaga nigra, immaculata, nisi in lobo flavo-marginata . . . .   7.
Prothorax basi plaga nigra, flavo-maculata .   8.
7. Elytra praeter vittam longitudinalem dorso immaculata . . . .   *C. tabida*
Bohem. III. 511.

Elytra praeter vittam punctis dorsalibus fundo
maculisque nonnullis suturalibus nigris   *C. aprica*
Bohem. III. 514.

8. Prothoracis plaga basalis unimaculata .   *C. quadrata*
Degeer. Bohem. III. 512.
Prothoracis plaga basalis maculis compluribus
flavis . . . . 9.

9. Prothoracis plaga basalis maculis duabus flavis   *C. sertata*
Erichs. Bohem. III. 510.
Prothoracis plaga basalis maculis compluribus
irregularibus . . . . 10.

10. Antennae articulis 8 et 9 totis, ultimo apice
nigrofuscis . .   . .   *C. coronata*
Bohem. III. 515.
Antennae articulo ultimo apice fusco   *C. plebeja*
Bohem. III. 516.

11. Elytra dorso plaga magna obscuriore, margine
toto dilutiore . . . . 12.
Elytra aliter colorata . .   . . . . 23.

12. Prothorax nonnisi basi plaga obscuriore . . 13.
Prothorax disco toto obscuriore, plaga basali
deficiente . . . . 21.

13. Prothoracis plaga basalis immaculata . . . 14.
Prothoracis plaga basalis flavo-maculata . . 18.

14. Scutellum flavum 15
Scutellum prothoracis plagae basali concolor,
saepe obscurius . . . . 16.

15. Elytrorum plaga dorsalis medio profunde emarginata . . .   .   *C. sepulchralis*
Bohem. III. 491.
Elytrorum plaga dorsalis haud emarginata   *C. flavoscutellata*
n. sp. II. Nr. 21.

16. Elytra margine antico diluto sanguineo, postice
pallide-flavo . . .   .   *C. carnifex*
Bohem. III. 497.
Elytra margine toto flavescente . .   . . 17.

17. Elytra plaga dorsali nigra, roseo-marginata,
vel dilute brunnea . . . . . *C. rubrocincta*
Bohem. III. 498.
Elytra plaga dorsali nigra, haud roseo-mar-
ginata . . . . *C. sagulata*
Bohem. IV. 481.
18. Scutellum nigrum . . . . *C. peltata*
Bohem. III. 492.
Scutellum flavum . . . . 19.
19. Prothoracis plaga basalis unimaculata . . 20.
Prothoracis plaga basalis quinquemaculata . *C. divulsa*
Bohem. III. 490.
20. Elytra plaga dorsali extus medio profunde
emarginata . . . . . . *C. Ståli*
Bohem. IV. 480.
Elytra plaga dorsali extus haud emarginata *C. plicata*
Bohem. III. 493.
21. Corpus subtus pedesque ferruginea . . . *C. morio*
Fabr. Bohem. III. 496.
Corpus subtus pedesque pallide flava . . 22.
22. Antennae totae flavae . . . . . *C. scabra*
Bohem. III. 495.
Antennae articulis 8—9 totis, 11. apice
supra fuscis . . . . *C. punicea*
Bohem. III. 494.
23. Elytra dorso nigra, flavo-rugosa . . . . 24.
Elytra aliter colorata . . . . 34.
24. Prothoracis plaga basalis macula una vel
maculis tribus ornata . . *C. hieroglyphica*
Bohem. III. 503.
Prothoracis plaga basalis maculis 5,7 vel 9
flavis ornata . . . . 25.
25. Antennae totae flavescentes . . . . . . 26.
Antennae articulis ultimis infuscatis . . . 27.
26. Prothoracis plaga basalis maculis 7 flavis
ornata, medio antice non producta . . *C. hebraea*
Fabr. Bohem. III. 504.

Prothoracis plaga basalis maculis 5 vel 9 flavis
ornata, medio antice triangulariter producta   *C. plecta*
Erichs. Bohem. III. 505.

27. Antennae articulo ultimo apice nigro . . .   *C. cumulata*
Bohem. III. 508.
Antennae articulis compluribus nigris vel fuscis 28.

28. Antennae articulis 4 ultimis totis nigris vel
fuscis . . . . 29.
Antennae articulis 4 ultimis non totis nigris 31.

29. Scutellum extus anguste fusco-marginatum . 30.
Scutellum flavum, haud marginatum . . .   *C. confusa*
Bohem. III. 509.

30. Elytra interstitiis interioribus evidenter elevatis   *C. conscripta*
Bohem. III. 499.
Elytra interstitiis vix elevatis . . . .   *C. Freyi*
Bohem. IV. 483.

31. Antennae articulo ultimo flavo . . . . . 32.
Antennae articulo ultimo apice nigro . . . 33.

32. Antennae articulis 8 et 9 fuscis . . . .   *C. reticulata*
Thunb. (C. retifera Bohem. III. 506.)
Antennae articulis 9 et 10 nigrofuscis . .   *C. retexta*
Harold (C. reticulata Fabr. Bohem. III. 507.)

33. Antennae articulo 8 nigro . . .   *C. papulosa*
Bohem. III. 500.
Antennae articulo 8 flavo . .   *C. intermedia*
Bohem. III. 502.

34. Elytra dorso plaga magna communi obscuriore,
ramulos in marginem emittente . . . 35.
Elytra aliter colorata . . . . 58.

35. Elytrorum plaga dorsalis utrinque ramulos
duos in marginem emittens . . . . . 36.
Elytrorum plaga dorsalis utrinque ramulum
unum emittens . . . . 50.

36. Prothorax flavo-testaceus, disco postico con-
fertim nigro-maculatus . . . .   *C. aciculata*
Bohem. III. 465.
Prothorax aliter coloratus . . . 37.

37. Elytrorum humeri supra arcuatim foveolati   *C. peruviana*
    Kirsch. Berl. Ent. Ztg. 1876. S. 96.
    Elytrorum humeri non foveolati, saepius
    punctati . . . . 38.
38. Scutellum nigrum . . . .   *C. stigmatica*
    Bohem. III. 476.
    Scutellum flavum vel ferrugineum . . . . 39.
39. Antennae flavae, immaculatae . . . . . 40.
    Antennae flavae, nigro- vel fusco-maculatae 42.
40. Elytrorum humeri supra non punctati   .   *C. glabrata*
    Bohem. III. 469.
    Elytrorum humeri supra punctati . . . . 41.
41. Elytrorum humeri supra serie arcuata e punctis
    mediocribus . . . .   *C. difficilis*
    Bohem. III. 466.
    Elytrorum humeri supra rugoso-punctati . .   *C. optata*
    .Bohem. III. 470.
42. Antennae flavae, articulo ultimo apice nigro 43.
    Antennae flavae, articulis compluribus nigris 44.
43. Elytra dorso plaga communi nigra   . .   *C. semilobata*
    n. sp. I. Nr. 27.
    Elytra macula parva communi vittaque disci
    exterioris nigris . . . .   *C. semilunaris*
    Bohem. IV. 475.
44. Antennae articulo ultimo flavo .   . . 45.
    Antennae articulo ultimo nigro   . . . 46.
45. Elytra humeris apice acutis   . .   *C. signaticollis*
    Bohem. III. 475.
    Elytra humeris apice rotundatis . . : .   *C. fraterna*
    Bohem. III. 473.
46. Scutellum flavum, extus nigro-marginatum .   *C. lugubrina*
    Bohem. III. 317.
    Scutellum flavum, haud marginatum . . . 47.
47. Antennae articulis 5 ultimis nigris . . .   *C. maculosa*
    Bohem. III. 472.
    Antennae articulis 3 vel 4 ultimis nigris . 48.

48. Prothorax basi leviter 4-foveolatus . . . *C. patruelis*
Bohem. III. 467.
Prothorax basi non foveolatus . . . . . 49.
49. Prothorax plaga basali unimaculata . . *C. anxia*
Bohem. III. 477.
Prothorax plaga basali multimaculata . . *C. hectica*
Bohem. III. 471.
50 Elytrorum plaga dorsalis ramulum basalem
emittens . . . . 51.
Elytrorum plaga dorsalis ramulum pone medium
emittens . . . . 53.
51. Scutellum nigrum . . . . *C hypocrita*
Bohem III. 483.
Scutellum flavum . . . . 52.
52. Prothorax immaculatus . . . . *C. foliata*
Bohem. III. 482.
Prothorax plaga postica nigra ornatus . *C. severa*
Bohem. III. 485.
53. Scutellum nigrum . . . . 54.
Scutellum flavum . . . . 56.
54. Prothorax plaga basali immaculata . . . 55.
Prothorax plaga basali flavo-unimaculata *C. infantula*
Bohem. IV. 477.
55. Antennae articulo ultimo apice nigro . *C. uniramosa*
n. sp. II. Nr. 22.
Antennae articulis 8 et 9 totis, 11. apice nigris *C. bilobata*
Bohem. III. 486.
56. Antennae articulo ultimo apice nigro . . 57.
Antennae articulis 8 et 9 totis, 11. apice nigris *C. dissimilis*
Bohem. III. 488
57. Prothorax plaga basali nigra flavo-trimaculata *C. palmata*
Bohem. III. 487.
Prothorax plaga basali nigro picea, obsolete
ferrugineo-variegata . . . . *C. salebrata*
Bohem. IV. 478.
58. Elytra obscura, singulum ante medium macula
intra-marginali pellucida . . . . . 59.

Cassididae.

> Elytra nigropicea, angulo humerali margineque
  postico flavis . . . .   *C. dolorosa*
  Bohem. III. 489.
59. Prothorax plaga basali sordide testacea, immaculata . . . .   *C. bipellucida*
  Bohem. III. 481.
  Prothorax plaga basali picea vel nigra, flavo-
  maculata . . . . 60.
60. Scutellum crebre punctatum . . . .   *C. derosa*
  Bohem. III. 479.
  Scutellum vix punctatum . . . . . .   *C. bifenestrata*
  Bohem. III. 480.
61. Elytra flavescentia vel virescentia, immaculata 62.
  Elytra vario modo maculata . . . . . 67.
62. Corpus subtus pallidum, immaculatum . . 63.
  Corpus subtus nigrum vel nigro maculatum 66.
63. Elytra margine laevi, haud rugoso . . . 64.
  Elytra margine rugoso . . . . 65.
64. Elytra striis 5, 6. et 8. longe ante apicem
  desinentibus, 4. et 7. prope apicem connexis   *C. pallidula*
  Bohem. III. 463.
  Elytra regulariter punctato-striata, striis haud
  abbreviatis . . . .   *C. lixiva*
  Bohem. IV. 474.
65. Elytra pone basin leviter elevata . . . .   *C. virescens*
  Bohem. III. 461.
  Elytra pone basin haud elevata .   *C. indecorata*
  Bohem. III. 462.
66. Prothorax laevis . . . .   *C. ingenua*
  Bohem. III. 464.
  Prothorax ante basin utrinque punctatus . .   *C. impura*
  Bohem. III. 460.
67. Elytra dorso flavescentia, signaturis obscuri-
  oribus . . . . 68.
  Elytra dorso nigra vel sanguinea, saepe signa-
  turis clarioribus . . . . 87.

68. Elytra vittis longitudinalibus nigris vel sanguineis . . . . 69.
Elytra aliter colorata . . . . 73.

69. Elytrum singulum vitta una, ante apicem introrsum arcuata et ad suturam cum opposita conjuncta, ferruginea; sutura immaculata   *C. rubrolineata*
Bohem. III. 436.
Elytrum singulum vittis compluribus . . . 70.

70. Elytra vittis tribus, in quibus sutura, praeterea maculis saepe binis lateralibus, nigris   *C. vittigera*
Bohem. III. 434.
Elytra vittis pluribus . . . . 71.

71. Elytrum singulum ad suturam stria evidentiore, fusca, punctata, impressa, medio inter strias 5 et 7 linea longitudinali dilute ferruginea; corpus subtus nigrum . . . .   *C. rustica*
Bohem. III. 435.
Elytra vittis quinque, in quibus sutura margineque nigris . . . . 72.

72. Prothorax margine basali maculis 6 inaequalibus nigris . . . .   *C. quinquevittata*
Bohem. IV. 469.
Prothorax fascia basali inaequali, utrinque profunde emarginata, nigra . . . . .   *C. quinquelineata*
Bohem. IV. 470.

73. Elytra flavescentia, dorso annulo communi nigro vel rubro . . . . . . 74.
Elytra aliter colorata . . . . 83.

74. Elytra plaga annulo cincta subrhomboidali, punctis nigris impressa . . . . 75.
Elytra plaga rotundata . . . . . . 76.

75. Scutellum nigrum . . . . .   *C. porosa*
Bohem. III. 442.
Scutellum flavum . . . . . .   *C. nigrocincta*
n. sp. I. Nr. 24.

76. Elytra plaga flava signatura suturali nigra
maculata . . . .   *C. Lindigi*
Kirsch., Berl. Ent. Ztg. 1865. S. 96.
Elytra plaga flava haud maculata . . . 77.

77. Scutellum concolor cum annulo elytrorum . 78.
Scutellum concolor cum macula media elytrorum 81.

78. Elytra annulo nigro, apico utrinque obliquo
truncato . . . .   *C. nobilitata*
Bohem. III. 437.
Elytra annulo sanguineo, utrinque nigro-
marginato . . . . 79.

79. Plaga prothoracis rufo-ferruginea, antice
obscurior . . . .   *C. zonata*
Bohem. III. 441.
Plaga prothoracis nigra . . . . . 80.

80. Antennae totae flavae . . . .   *C. servula*
Bohem. III. 445.
Antennae articulis duobus vel tribus ultimis
nigrofuscis . . . .   *C. rotalis*
Bohem. III. 439.

81. Elytra annulo atro, nisi antice in medio angustius, postice latius ferrugineo . .   *C. nigroannulata*
Bohem. III. 440.
Elytra annulo rufo vel sanguineo, intus et
extus nigromarginato . . . . . . 82.

82. Prothorax ante basin utrinque in margine
plagae punctulatus . . . .   *C. magica*
Bohem. III. 438.
Prothorax laevis, impunctatus .   *C. centropunctata*
Bohem. III. 444.

83. Elytra flavescentia, dorso maculis remotis
parvis et arcu laterali lato nigris; pro-
thorax maculis decem parvis nigris . .   *C. blandidica*
Bohem III. 460.
Elytra flavescentia, parce fusco- vel nigro-
maculata . . . . 84.

84. Corpus subtus nigrum . . . . 85.
    Corpus subtus flavum vel sanguineum . . 86.
85. Prothorax maculis duabus nigris . . . . *C. Cynarae*
    Bohem. III. 431.
    Prothorax maculis novem fuscis .   . *C. glareosa*
    Bohem. III. 430.
86. Prothorax maculis quinque fuscis . .   *C. vitellina*
    Bohem. III. 433.
    Prothorax maculis sex nigris .   . *C. subtincta*
    Bohem. III. 432.
87. Elytra dorso nigra vel castanea, immaculata,
    margine flavescenti . . . . 88.
    Elytra dorso nigra, maculata . . . . . 89.
88. Plaga dorsalis nigra, medio rufo-brunnea . *C. flavocincta*
    Bohem. III. 452.
    Plaga dorsalis tota atra . .   . . *C. melanota*
    Bohem. III. 451.
89. Elytra dorso nigra, annulo antico et arcu
    postico flavis . . . . 90.
    Elytra aliter colorata . . . . 92.
90. Corpus subtus nigrum, flavo-maculatum . . *C. Fairmairei*
    Bohem. III. 453.
    Corpus subtus flavum . . . . 91.
91. Antennae articulis tribus ultimis nigris . . *C. gemina*
    Bohem. III. 455.
    Antennae articulis quatuor ultimis nigris . *C. signatifera*
    Bohem. III. 454.
92. Elytra dorso nigra, annulo communi flavo . 93.
    Elytra dorso nigra, flavo-maculata . . . 98.
93. Plaga annulo cincta flavo-maculata . . 95.
    Plaga nigra interna immaculata . . . . 96.
94. Macula flava interna utrinque prope suturam
    locata ovata . . . . *C. mystica*
    Bohem. III. 446.
    Macula flava interna utrinque prope suturam
    ocata subtriangularis . . . . . . *C. circinaria*
    Erichs. Bohem. III. 447.

95. Annulus flavus latus, medio angustior ibique
 saepe interruptus . . . .   *C. circumcincta*
 Bohem. III. 449.
 Annulus flavus medio haud angustatus . . . 97.
96. Plaga dorsalis sanguinea, extus nigrocincta,
 annulo flavo utrinque nigro-marginato .   *C. media*
 Bohem. III. 450.
 Plaga dorsalis atra . . . .   *C. diffinis*
 Bohem. III. 448.
97. Prothorax plaga basali nigra, in marginem
 extensa, flavo-trimaculata . . . . .   *C. amicta*
 Bohem. III. 456.
 Prothorax plaga basali in marginem haud
 extensa, flavo-multomaculata . . . 99.
98. Prothorax plaga 5-maculata . . . . .   *C. flavonotata*
 Bohem. III. 457.
 Prothorax plaga 9-maculata . . . . .   *C. guttigera*
 Bohem. III. 459.

Neue columbische Elateriden aus Ocaña.
Von
Eduard Steinheil.

1. *Anoplischius Landolti* (n. sp.): *Fuscus, nitidus, fulvo-pubescens; fronte medio subimpressa; prothorace latitudine longiore, punctulato, a basi angustato, angulis posticis carinatis; elytris post medium attenuatis, punctato-striatis, interstitiis subconvexis, punctulatis; pedibus fusco-flavis.* — Long. 8.5; lat. elytr. 2.4 mill.

In Candèze's Sektion I gehörig. Unten dunkler, oben, namentlich auf den Flügeldecken, heller braun; auf der Mitte des Halsschildes und vor jeder Hinterecke ein undeutlicher schwärzlicher Flecken. Parapleuren, Vorderrand des Prosternums und die Bauchseiten röthlich. Die schwach gewölbte Stirn dicht grob punktirt, der zugerundete Kopfschildrand über dem Niveau der Oberlippe erhöht, Mitte der Stirn zwischen den Augen kaum etwas eingedrückt. Die je ein Haar tragenden Pünktchen auf dem Halsschild sehr fein. Streifen der

Flügeldecken an der Basis ziemlich tief, nach rückwärts seichter werdend; Flügeldeckenende stumpf. Unterseite mit feinen anliegenden Härchen nicht dicht bekleidet, auf den Hinterleibsringen körnig punktirt.

2. *Ischiodontus piceipennis* (n. sp.): *Castaneus, nitidus, leviter fulvo-pubescens; capite convexo, dense punctato; prothorace longitudine latiore, lateraliter fortius et densius punctato, a basi fortiter angustato, angulis posticis carinatis; elytris piceis, thoracis latitudine, distincte punctato-striatis, interstitiis planis, transversim subrugosis, sutura rufescente; antennis pedibusque badiis.* — Long. 10.2 mill.; lat. 3.0 mill.

Scheint dem *I. subsericeus* Cand sehr nahe zu stehen. Unterseite kastanienbraun, Oberseite pechbraun, eine Querbinde über die Mitte des Halsschildes und die Hinterecken mehr röthlich. Seiten des Halsschildes fast ganz gerade gegen den Kopf hin verlaufend und stark verengt, seine Oberfläche in der Mitte ziemlich fein, nach den Seiten hin dichter und gröber punktirt. Die pechbraunen Flügeldecken haben eine röthliche Naht. Die Naht ist an der Spitze ganz schwach divergirend. Die Längsstreifen sind scharf und deutlich, ihre Zwischenräume eben, undeutlich der Quere nach gerunzelt; Flügeldeckenlänge 7 mill.

3. *Ischiodontus vittatus* (n sp.): *Piceus, fulvo-pubescens; fronte convexa, punctata; thorace latitudine longiore, postice paulo dilatato, lateribus late testaceis; elytris badiis, punctato-striatis, interstitiis subconvexis, subrugosis, basi, sutura vittaque laterali nigro-piceis. Parapleuris testaceis, abdominis subgranulati pectorisque marginibus rufis; antennis pedibusque testaceis.* — Long. 9 mill.; lat. elytr. 2.3 mill.

Zur zweiten Sektion nach Candèze gehörig. Die Stirn ist längs der Augen röthlich; das Halsschild auf der Oberfläche fein punktirt, seine Seiten fast ganz gerade, die gekielten Hinterecken lang vorgezogen, seine Vorderecken stark abwärts gebogen; die pechschwarze Mitte erstreckt sich über $1/3$ der Breite; das lanzettliche Schildchen ist röthlich. Die Punktstreifen der Flügeldecken sind etwas dunkler gefärbt als die Zwischenräume; der schwarze Streifen längs des röthlichen schmalen Seitenrandes verschwindet im letzten Drittel. Die gelben Parapleuren zeigen einzelne schwach erhabene Pünktchen.

4. *Monocrepidius ocañanus* (n. sp.): *Fuscus, cinereo-pubescens, frontis medio subimpresso, thorace aequaliter punctulato, late ochraceo*

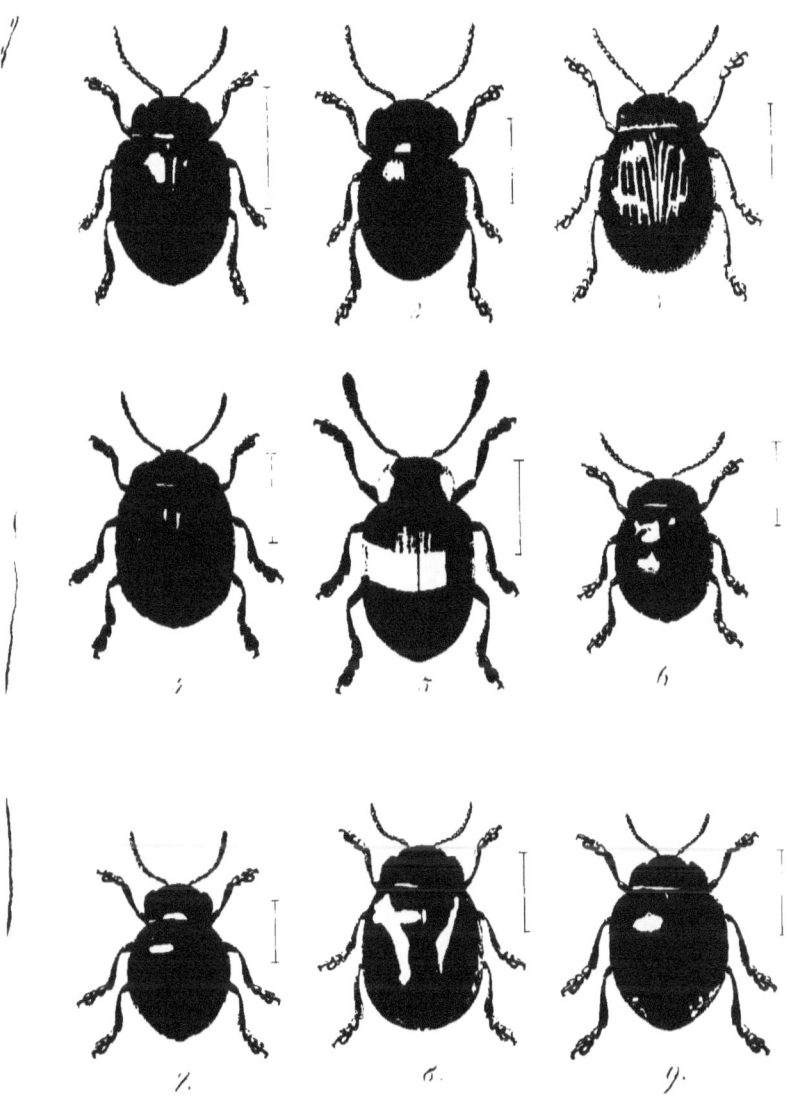

limbato, in angulis posticis bicarinatis angustato; elytris thorace ultra bis longioribus, punctato-striatis, interstitiis subconvexis, maculis duabus ochraceis post medium ornatis, angulo suturali apice oblique truncato; ore, antennis pedibusque testaceis. — Long. 11 mill.; lat. elytr. 2,9 mill.

Das dritte Fühlerglied um die Hälfte länger als das zweite und um $\frac{1}{3}$ kürzer als das vierte. Punktirung der schwach der Länge nach eingedrückten Stirn stärker, die des kissenartig aufgetriebenen Halsschildes feiner, ja sehr fein und ganz gleichmässig. Betrachtet man gelb als die Grundfarbe der Halsschild-Oberseite, so trägt die Scheibe eine grosse rautenförmige dunkle Makel, deren vordere Spitze durch den Vorderrand des Halsschildes abgeschnitten ist, während die entgegengesetzte die Mitte der Basis berührt. Die Seiten dieser unteren Spitze sind nicht geradlinig, sondern ausgebuchtet. Das Halsschild ist etwas länger als breit, seine grösste Breite liegt im letzten Drittel, von dem aus die Seiten nach vorne zu gerundet verengt verlaufen, während sie nach rückwärts etwas ausgebuchtet sind, wodurch die Hinterecken schwach nach aussen gerichtet erscheinen. Die beiden Kanten jeder Hinterecke vereinigen sich am Ende unter einem sehr spitzen Winkel. Die fast glatten Parapleuren sind am Aussenrand breit gelb gesäumt. Die Flügeldecken an der Basis kaum breiter als der Abstand der Halsschildspitzen, sind am Ende schräg abgestutzt und die Zwischenräume der Streifen wenig stärker als das Halsschild punktirt. Die obere gelbe Makel steht etwas hinter der Mitte auf dem 5., 6. und 7. Zwischenraum, die andere in $\frac{4}{5}$ der Länge näher am Aussenrand; sie ist bei meinem Stück auf der rechten Flügeldecke kaum angedeutet, also wahrscheinlich wenig constant.

5. *Acolus basalis* (n. sp.): *Niger, leviter fulvo-pubescens; fronte punctata, triangulariter impressa, prothorace longitudine non latiore, punctato, aurantiaco, limbo basali angulisque posticis nigris; elytris brevibus, rufo-testaceis, postice nigris, fortiter punctato-striatis, interstitiis convexis, subgranulatis; abdominis segmento ultimo fortiter punctato. —* Long. 7 mill.; lat. elytr. 2 mill.

Diese Art gehört in Candèze's 2. Sektion zu *Acolus similis* Cand.; das Halsschild trägt eine schwache Längsfurche, die an der Basis beginnt und in der Mitte verschwindet; es ist, mit Ausnahme des schwarzen Saumes an der Basis der die Hinterecken miteinschliesst sowohl oben als auf der Unterseite ganz orangefarben. Die rothgelben Flügeldecken seitlich vom Schildchen schwarz gesäumt, sind in den letzten $2/5$ schwarz, welche Färbung sich an der Naht bis zum ersten Drittel heraufzieht. Das letzte Hinterleibssegment ist auf der Unterseite stärker und dichter punktirt als die übrigen Hinterleibsringe, Füsse und Beine schwarz, letztes Tarsenglied bräunlich.

6. *Aeolus bisignatus* (n. sp.): *Ae. designato* Cand. *valde affinis, sed angustior; prothorace latitudine longiore; elytrorum macula media diffusa, abdominis basi rufescente.* — Long. 7 mill.; lat. elytr. 2 mill.

Gestreckter als *Ae. designatus* Cand., dem diese Art sehr nahe steht. Halsschild am Vorderrand beiderseits schmal gelb gesäumt, in den etwas divergirenden Hinterecken gelb, zwischen diesen nach der Basis stark abschüssig. Die gelbe Makel etwas hinter der Mitte jeder Flügeldecke ist unscharf begränzt und hängt nicht mit dem Seitenrand zusammen, steht aber diesem viel näher als der Naht. Die ersten Hinterleibsringe sind in der Mitte röthlich; Fühler und die ganzen Beine blassgelb.

7. *Aeolus multisignatus* (n. sp.): *Rufo-testaceus, fulvo-pubescens, pectore abdomineque (ultimo segmento excepto) nigropiceis; thorace latitudine distincte longiore, vitta dorsali lineiformi nigra, angulis posticis divaricatis. Elytris punctato-striatis, interstitiis convexis, sutura ad basin, puncto humerali et apicali, fascia arcuata postica, maculisque duabus inter basim et fasciam nigris; antennis pedibusque rufo-testaceis.* — Long. 7.2 mill.; lat. 1.9 mill.

In Candèze's Sektion I, Subsektion 3 gehörig. Oben rothgelb, Halsschild und Kopf mehr röthlich. Stirne kaum gewölbt, deutlich punktirt, am Vorderrand stark gerundet und wie das sehr fein punktirte Halsschild weniger pubescent als die Flügeldecken. Halsschild seitlich wenig gerundet und nur schwach nach vorne verschmälert. Ein dreieckiger pechschwarzer Flecken an der Basis reicht als Linie verengt immer undeutlicher werdend bis zum schmal schwarz gesäumten Vorderrand. Schildchen schwärzlich. Flügeldecken kaum $2\frac{1}{2}$ mal so lang als zusammen breit, nach rückwärts erst gegen die Spitze verengt, an dieser zugerundet. Der 5. und 6. Längsstreifen vereinigen sich in der Mitte und etwas unterhalb derselben entspringen diese Streifen wieder aus einem Punkt; dies findet sich symmetrisch auf beiden Flügeldecken und ist möglicherweise eine Eigenthümlichkeit dieser Art, von der ich nur ein einzelnes Stück besitze. Von der kleinen Makel auf der Schulterecke geht ein schmaler dunkler Saum bis 1/3 der Länge am Seitenrand herab, wo sich eine etwas schräg gestellte schwarze Makel an ihn anschliesst. Die Naht vom Schildchen bis kaum 1/3 ihrer Länge ist gleichfalls schwarz. Auf dem dritten Zwischenraum in der Mitte steht eine längliche schwarze Makel. Die Binde wird auf jeder Flügeldecke von einem zackigen Bogen gebildet, dessen Mittelpunkt in der Mitte zwischen diesem und der Spitze liegt. Das dunkle Fleckchen ganz nahe an der Spitze ist sehr klein. Die Unterseite des Halsschildes ist rothgelb mit breitem pechschwarzem Saum am Vorderrand des Prosternums. Brust und Bauch pechfarben, nur die Spitze des vorletzten und das ganze letzte Hinterleibssegment rothgelb.

8. *Aeolus fissus* (n. sp.): *Rufo-testaceus, fulvo-pubescens; thorace latitudini longitudine aequali, antice angustato, vitta media nigra, angulis posticis divaricatis; scutello nigro; elytris punctato-striatis, interstitiis vix convexis, punctulatis, limbo angusto basali et laterali, sutura maculaque obliqua in 2/3 longitudinis nigris. Epipleuris prosternique margine antico nigris.* — Long. 7.4 mill.; lat. elytr. 2 mill.

Fühler länger als der halbe Körper, bräunlich, die beiden ersten Glieder gelb. Stirne gewölbt und wie das Halsschild fein punktirt. Die Hinterecken stark divergirend und an der Spitze etwas aufwärts gebogen. Die dunkle Makel auf den Flügeldecken berührt weder den Seitenrand noch die Naht und ist ihr spitzeres Ende nach der Naht und etwas aufwärts gerichtet. Flügeldeckenspitze abgerundet; ein schmaler Saum am Hinterleib, der Vorderrand der Brust und die Mittelhüften schwarz.

9. *Anchastus apicalis* (n. sp.): *Niger, pubescens; thorace longitudine latiore, angulis posticis ferrugineis; elytris badiis, striato-punctatis, interstitiis transversim rugulosis, limbo laterali apice dilatato evanescente fusco; antennarum duobus articulis primis rufulis, pedibus testaceis.* — Long. 4.1 mill.; lat. elytr. 1.2 mill.

In die Abtheilung des *A. hilaris* Cand. gehörig; Fühler kräftig, Stirn gewölbt und fein punktirt; Halsschild ziemlich gewölbt, von der

Basis bis zur Mitte gleichbreit, dann zum Vorderrand gerundet verengt, die kurzen Hinterecken divergirend, ihre Spitze aber etwas einwärts gerichtet. Oberfläche des Halsschildes fein punktirt und scheckig pubescent. Schildchen schwarz. Die hellbraunen Flügeldecken haben nach innen verwaschenen dunkelbraunen Seitenrand; dieses Braun nimmt im letzten Drittel fast die ganze Breite der Flügeldecke ein und erscheint dadurch noch um so deutlicher als Makel, dass es von oben, innen und unten durch dichter stehende gelbliche Härchen begränzt wird. Diese oberhalb des braunen Flecks vom Seitenrand schräg nach der Naht hin sich herabziehende Binde dichter stehender Härchen ist am Seitenrand sehr breit, wird an der Naht schmal und zieht sich über die Spitze bis wieder zum Aussenrand unterhalb des braunen Flecks. Flügeldeckenspitze stumpf.

10. *Orthostethus Landolti* (n. sp.): *Nigro-piceus, cervino-pubescens; prothorace latitudini longitudine aequali, a basi paulo angustato, punctato, angulis posticis divaricatis, carinatis; elytris thorace triplo longioribus, a basi arcuatim attenuatis, crebre punctatis, stria suturali impressa, apice non mucronatis. Palpis, antennis pedibusque ferrugineis.* Long. 20.5 mill.; lat. elytr. 5.1 mill.

Durch die geringe Grösse von allen bekannten Arten dieses Genus ausgezeichnet. Stirn sehr flach gewölbt, Kopfschild vorgezogen und dichter punktirt als der Scheitel. Zweites und drittes Fühlerglied von gleicher Länge. Halsschild von der Basis an sehr wenig verengt, erst zuletzt gegen die Vorderecken hin stärker gerundet verschmälert, seine Basis vor dem Schildchen mit einer deutlichen Beule. Flügeldeckenbreite an der Schulter fast gleich mit dem Abstand der Halsschildhinterecken, ihre Verengung gegen die Spitze rascher, als anfangs, die Nahtstreifen an der Spitze tiefer eingedrückt; die Punktirung ihrer Oberfläche fein und gleichmässig, während die des Halsschildes weitläufiger und gröber ist. Schildchen an der Spitze concav.

Neue Schmetterlinge des Berliner Museums.

Beschrieben von Dr. **H. Dewitz** in Berlin.

(Hiezu Taf. II.)

Papilio Zaddachii.
Fig. 1.

In der Gestalt gleicht er *P. Cacicus* Luc.; auch stimmen die Zähne und Schwänze der Hinterflügel beider überein. Die Länge des Vorderflügels (von der Wurzel bis zur Flügelspitze) beträgt 0,057 m. In der Zeichnung und besonders der Färbung scheint er sehr isolirt dazustehen, und nur schwache Anklänge an *Cacicus* lassen sich wahrnehmen. Die Oberseite besitzt eine schwarzbraune, fast schwarze Grundfarbe. Die Vorderflügel werden von einer breiten, ziegelrothen Schrägbinde durchzogen, welche ziemlich von der Mitte des Vorderrandes auf den Innenwinkel (die Ecke, welche Innen- und Hinterrand oder Saum bilden) zu verläuft. Ein Theil der Binde liegt in dem äusseren Drittel der Mittelzelle. Der innere Rand der Binde bildet beinahe eine gerade Linie, der äussere ist convex, der Flügelwurzel zugebogen und zeigt zwischen je zwei Längsrippen eine Einbuchtung, so dass er gezackt erscheint; vom Vorderrande des Vorderflügels ausgehend, tritt ein schwarzer, breit sichelförmiger Fleck am äussersten Ende der Mittelzelle in die rothe Querbinde ein. Der gekrümmte Aussenrand der breiten Querbinde wird von zwei, vom Innenwinkel ausgehenden, schmalen Binden begleitet. Die innere, eine Zackenbinde, erreicht den Vorderrand des Flügels, ist verloschen und von schwefelgelber Farbe. Die äussere steigt nur bis zur Mitte des Flügels empor und besteht aus 4 bis 5 ziegelrothen, mit der convexen Seite der Flügelwurzel zugekehrten Monden. Den Saum der Hinterflügel begleiten 2 Reihen grosser, verloschener Monde, deren convexe Seite ebenfalls der Flügelwurzel zugewandt ist. Die äusseren sind gelb, die inneren blau.

Die Unterseite zeigt ziemlich dieselbe Färbung, wie die Oberseite, nur hat die schwarzbraune Grundfarbe der Oberseite an den Hinterflügeln und den Spitzen der Vorderflügel einen chocoladefarbenen Ton angenommen; die äusseren, gelben Monde der Hinterflügel sind nur als Schatten sichtbar, die innern, blauen, nach der Flügelwurzel zu schwarz eingesäumt; der Augenfleck am Innenwinkel der Hinterflügel ist blau, dann schwarz und zu äusserst gelb. In derselben Lage und Ausdehnung wie bei *Cacicus* die gelbe Querbinde, markirt sich auch bei *Zaddachii* auf der Unterseite der Hinterflügel eine vom Vorderrande zum Innenwinkel verlaufende breite Binde, doch ist sie nur schwach sichtbar, indem die braune Grundfarbe einen nur um Weniges helleren Ton angenommen hat.

Ein Exemplar (♀) aus Columbien von Wallis.

Heliconius Salvinii.

Stimmt in Form, Grösse, Färbung und Zeichnung mit *Antiocha* Cram. überein und unterscheidet sich nur durch eine breite gelbe Binde auf der oberen und unteren Seite der Hinterflügel, welche dieselbe Form und Lage hat, wie bei *Chestertonii* Hew.

Drei Exemplare (2 ♂, 1 ♀) vom Orinoco von Moritz.

Callithomia Tridactyla.
Fig. 2.

Der Vorderflügel ist 0,035 m. lang. Im Flügelschnitt und zum grossen Theil auch in der Färbung und Zeichnung stimmt sie mit *Hezia* Hew. überein. Die schwarzen, etwas durchsichtigen Vorderflügel tragen schwefelgelbe Flecken, welche genau dieselbe Anordnung zeigen, wie bei *Hezia*; auch haben beide braune Hinterflügel mit breiter schwarzer Einfassung am Vorder und Hinterrande, wie auch milchweisse, nur auf der Unterseite deutlich hervortretende Flecken an der Spitze der Vorderflügel und am Saume der Hinterflügel. Auf den ersten Blick unterscheidet sich jedoch *Tridactyla* von *Hezia* durch einen grossen schwefelgelben Fleck der Hinterflügel, welcher dicht hinter der Mittelzelle gelegen nach dem Saume zu in eine kurze und zwei lange fingerförmige Spitzen ausläuft.

Ein Exemplar (♂) aus Antioquia in Columbien von Wallis.

Ithomia Petersii.
Fig. 3.

Steht in Form, Grösse und Zeichnung sehr nahe dem Weibchen von *Zygia*.*) Der Vorderflügel ist 0,032 m. lang, ziemlich durch-

---

*) Godman and Salvin, Proceedings of the zoological Society of London 1877. p. 62.

sichtig, schwarz mit fast denselben schwefelgelben Flecken, wie bei *Zygia*, nur sind die an der Flügelspitze gelegenen bei *Petersii* kleiner. Die 6 weissen Randflecken der Vorderflügel treten bei *Petersii* viel deutlicher hervor, als bei der andern Art. Die Hinterflügel sind rothbraun mit einem schmäleren schwarzen Vorderrande und einem breiten, fast bis in die Hälfte des Flügels hineinreichenden schwarzen Saum, in dem ebenso wie bei *Zygia* eine Reihe grosser, abgerundeter, den Rand begleitender, weisser Flecken liegt. Die äussere Spitze der rothbraunen Zeichnung, die Partie zwischen dem hinteren Ende der Mittelzelle und dem breiten schwarzen Saum, zwischen Rippe 3 und 5 *), ist schwefelgelb gefärbt. Die Unterseite besitzt dieselbe Zeichnung und Färbung wie die obere, doch ist der oben rothbraun und schwefelgelb gefärbte Theil der Hinterflügel unten ganz schwefelgelb und nur bräunlich angehaucht. Der Körper ist schwarz, die Unterseite des Bauches weisslich. Fühler schwarz mit hellgelben Spitzen. Von *Zygia* unterscheidet sich also *Petersii* besonders durch den grossen schwefelgelben Fleck an der Spitze der rothbraunen Zeichnung auf der Oberseite der Hinterflügel und durch den viel breiteren schwarzen Saum derselben.

Ein Exemplar (♀) aus Antioquia in Columbien von Wallis.

Ceratinia Excelsa Feld. var.

Unterscheidet sich von *Excelsa* nur dadurch, dass die weisse Binde der Hinterflügel auf der Oberseite der braunen Grundfarbe gänzlich gewichen ist. Die Unterseite zeigt sie jedoch in derselben Ausdehnung wie *Excelsa*.

Ein Exemplar aus Costa Rica von Schmeltz, ein anderes aus Chiriqui von Staudinger.

Sais Rosalia Cram. var. *Virchowii*.
Fig. 4.

Das Berliner Museum besitzt 6 Stück von *Rosalia*. Die Spitzen der Vorderflügel sind bei dem einen, wie dies auch die Cramer'sche Abbildung zeigt, ockerfarben, bei andern schwarz mit ockerfarbenem Sichelfleck zwischen der gelben Schrägbinde und dem Flügelrande,

---

*) Die Bezeichnung des Flügelgeäders nach Herrich Schäffer, Schmetterlinge von Europa Bd. I. t. II.

bei wieder anderen endlich ganz schwarz. Die gelbe Schrägbinde der
Vorderflügel wie überhaupt die übrige Färbung und Zeichnung beider
Flügelpaare ist bei allen Exemplaren gleich. Durch die Vermittlung
des Herrn Professor Virchow hat genanntes Museum ein Exemplar
aus Puerto Cabello erhalten, bei dem das Schwarz der Vorderflügel-
spitzen die gelbe Schrägbinde so eingeschränkt hat, dass sie zwar eine
sehr ähnliche Zeichnung wie bei *Rosalia* beibehaltend, in ihrer Breite
auf ein Drittel verkleinert ist. Im Uebrigen stimmen Färbung und
Zeichnung mit *Rosalia* überein.

Acraea Atrata.

In der Form übereinstimmend mit *Nox* Bates; auch besitzt sie
wie diese eine kohlschwarze, tief dunkelblau schillernde Oberseite.
Die Unterseite gleicht der von *Leucomelaena* Bates*), wenn man sich
bei letzterer die breite gelbe Schrägbinde der Vorderflügel weg denkt.
Sämmtliche Rippen sind schwarz, zwischen je 2 derselben verläuft
nach dem Saume zu ein schwarzer Strich; die Zwischenräume zwischen
den schwarzen Rippen und Strichen sind gelbgrau, so dass eine
schwarze und gelbe Streifung hervorgebracht wird; die Wurzelhälfte
der Vorderflügel der Unterseite ist schwarz mit sehr schwachem Schiller,
die Wurzel der Hinterflügel unterseits schwefelgelb bestäubt. Körper,
Taster, Fühler schwarz; Hinterleib auf der Bauchseite gelb behaart.
Länge des Vorderflügels 0,022 m.

Ein Exemplar (♂) aus Antioquia in Columbien von Wallis.

Acraea Steinii.

Stimmt mit der Vorigen in Grösse, Gestalt und Färbung vollkommen überein, sogar die gelbe Behaarung auf der Unterseite des
Hinterleibes ist dieselbe. Sie unterscheidet sich von ihr nur dadurch,
dass der Innenrand auf der Oberseite der Hinterflügel schön karminroth gefärbt ist. Dieses rothe Band beginnt dicht an der Flügelwurzel und reicht bis zum Innenwinkel, in der Breite bis an Rippe 2.

Ein Exemplar (♂) aus Antioquia in Columbien von Wallis.

---

*) Die Herren Godman und Salvin, welche sich mehrere Jahre in Mexico
aufgehalten haben, theilen mir mit, dass *Leucomelaena* das Weibchen zu
Nox ist.

Eucides Künowii.
Fig. 5.

Die Länge des Vorderflügels beträgt 0,037 m. In Flügelschnitt und Färbung der Hinterflügel mit *Mereaui* Hübn. übereinstimmend, nur dass bei *Künowii* die rothbraune Binde an ihrem Aussenrande nicht so scharf gezackt ist und das Schwarz der Flügelwurzel etwas weiter in den Flügel hineintritt. Auch die Vorderflügel beider zeigen Aehnlichkeit, doch sind die meisten der rothbraunen in der schwarzen Grundfarbe liegenden Flecke bei *Künowii* kleiner und viel matter gefärbt. Bei letzterer liegt am Innenrande ein langgezogener, vom Innenwinkel bis zur Mitte des Innenrandes verlaufender, rothbrauner Streif; ein viereckiger Fleck in der Mitte der Zelle 2, zum Theil noch in Zelle 1. b. hineinragend; von ihm aus verläuft ein schmales Band auf Rippe 2 bis zur Mittelzelle und setzt sich hier am Innenrande derselben bis zur Flügelwurzel fort.—Das hintere Ende der Mittelzelle trägt einen kleinen Fleck, Zelle 3 einen keulenförmigen, mit dem spitzen Ende dem Saume des Flügels zugekehrten, Zelle 4 einen kurzen gedrungenen, dem Saum genäherten, Zelle 5 und 6 endlich je einen langgezogenen, wie auch die übrigen, rothbraun gefärbten Fleck.

Die Unterseite der Vorderflügel ist ebenso wie die der Hinterflügel mattbraun, mit den zum Theil durchschlagenden, hier gelblich gefärbten Flecken der Oberseite. Den Saum der Vorder- und Hinterflügel begleiten weisse, an den Vorderflügeln viel weniger deutliche Fleckchen. Der Körper ist schwarz mit weissen Fleckchen auf der Unterseite. Im Genick und auf der oberen Seite des Brustkastens stehen einige gelbe Punkte. Fühler schwarz.

Ein Exemplar (δ) aus der Sierra Nevada de Sta. Martha von Tetens.

Grapta Haroldii.
Fig. 6.

In Schnitt und Zacken der Flügel übereinstimmend mit *C-album* L. Länge des Vorderflügels 0,03 m. Oberseite hell gelbbraun, wie die hellsten Exemplare von *C-album* L. oder wie *Egea* Cr., mit schwarzbraunem Saume, ähnlich wie er sich bei *C-album* findet. Wurzel der Flügel dunkelbraun; an den Vorderflügeln zieht sich diese braune

Färbung weit in die Flügel hinein. Ein vom Vorderrande der Vorderflügel ausgehender, sich nach hinten zuspitzender schwarzer Fleck, liegt am hinteren Ende der Mittelzelle, ein kleinerer, verwischter am Vorderrande des Flügels, zwischen ebengenanntem und der Flügelspitze, zwei kleine abgerundete Fleckchen in der Mitte der Mittelzelle. Auf den Hinterflügeln verläuft in der gelben Grundfarbe, dem Saum genähert und mit ihm gleichlaufend, eine Reihe dunkelbrauner Punkte. Die Färbung und Zeichnung der Unterseite ist die bei *Grapta* sich meistens findende: die Grundfarbe grau, die Wurzelhälfte der 4 Flügel dunkler, graubraun; der Saum schwärzlich; beide Flügelpaare auf der Unterseite mit braunen Sprenkeln dicht besetzt. Der weisse C-Strich in der Mittelzelle der Hinterflügel nur schwach ausgeprägt.

2 Exemplare (♂) aus Mexico von Ehrenberg.

Heterochroa Wallisii.

Steht *Melanthe* Bates nahe. Die Grundfarbe der Oberseite ist schwarz, etwas ins Bräunliche übergehend, die der unteren matter. Auf dem Vorderflügel verläuft eine weisse, in der Nähe des Flügelsaumes mit gelbem Anflug versehene Querbinde, welche genau dieselbe Länge, Breite und Stellung hat, wie die rothe Binde bei *Lara* Hew. und auf der Unterseite den Flügelsaum nicht erreichende, weisse Strahlen entsendet. Die Wurzelhälfte der Vorderflügel und der Hinterflügel sind auf der Unterseite fast ebenso gezeichnet und gefärbt, wie bei *Melanthe* und hauptsächlich unterscheidet sich diese von *Wallisii* dadurch, dass sie eine breite gelbe, *Wallisii* eine schmale weisse Querbinde auf den Vorderflügeln trägt.

Ein Exemplar (♂) aus Antioquia in Columbien von Wallis.

Pandemos Godmanii
Fig. 7.

Der Vorderflügel besitzt eine Länge von 0,033 m., eine scharfe Spitze, einen etwas geschweiften Saum und einen stark abgerundeten Innenwinkel. Der Saum steht fast senkrecht auf dem Innenrande. Der Hinterflügel ist am Aussen- und Innenwinkel, wie auch am Saume so vollständig abgerundet, dass er der Länge nach durchschnitten zwei symmetrische Hälften gibt. Die Oberseite der Vorderflügel zeigt eine braune Grundfarbe mit einer weissen gekrümmten

Binde, deren concave Seite der Flügelwurzel zugekehrt ist; sie verläuft von der Mitte des Vorderrandes ausserhalb der Mittelzelle auf den Innenwinkel zu, ohne diesen jedoch zu erreichen, sondern erstreckt sich nur bis zur Rippe 2. Der Raum von der Flügelwurzel bis zur Binde ist violettblau angehaucht. Auf der Unterseite ist die weisse Binde etwas breiter und erreicht den Innenrand. Der Raum von der Flügelwurzel bis zur Binde ist hier schwarzbraun, von ihr bis zum Saume hell graubraun. Die Oberseite der Hinterflügel schön blau, der Innenrand fast bis zur Rippe 2 braun, wie die Oberseite der Vorderflügel. Unterseite der Hinterflügel (ebenso wie die Spitzen der Vorderflügel unterseits) hell graubraun. Körper und Fühler hellbraun.

Ein Exemplar (♂) von Vera-Cruz von Deppe.

Dämmerungs- und Nachtfalter von Portorico,

gesammelt von Herrn Consul Krug*),

zusammengestellt von Dr. H. Dewitz.

Dämmerungsfalter.

Macroglossa Blainii Gundlach.
Macroglossa Tantalus Linn. Cr. t. 68. f. F. Hübn. ex. Lep. II. *Zonata* Dr. t. 26. f. 5.
Perigonia Lusca Fabr.
Enyo Lugubris L. *Fegeus* Cr. t. 225. f. E.
Pergesa Thorates Hübn. Zutr. f. 525. u. 26.
Oenosanda Noctuiformis Wlk.
Pachylia Ficus Linn. Dr. II. t. 26. f. 1.
Chaerocampa Nechus Cr. t. 178. f. 2.
Chaerocampa Tersa L. Dr. I. t. 28. f. 3.

---

*) Das Verzeichniss der von Herrn Consul Krug auf Portorico gesammelten Tagschmetterlinge ist in der Stettiner ent. Zeitung 1877 erschienen.

Deilephila Lineata Fabr., Smith u. Abbot t. 39. *Daucus* Cr. t. 125. f. D.
Philampelus Vitis Linn. Cr. t. 268. f. E.
Philampelus Fasciatus Sulz. *Vitis* Dr. I. t. 28. f. 1.
Philampelus Labruscae Linn. Cr. t. 184. f. A.
Ambulyx Strigilis Linn. Dr. I. t. 28. f. 4.
Anceryx Stheno Hübn. exot. Schm. III.
Anceryx Oenotrus Cr. t. 301. f. C.
Anceryx Merianae Grote.
Anceryx Alope Dr. t. 27. f. 1. Cr. t. 301. f. G.
Anceryx Ello Linn. Dr. I. t. 27. f. 3. Cr. t. 301. f. D.
Anceryx Rimosa Grote.
Sphinx Rustica Fabr. Cr. t. 301. f. A. Hübn. exot. Schm. III.
Sphinx Brontes Dr. II. t. 29. f. 4.
Sphinx Cingulata L. F. *Convolvuli* Dr. I. t. 25. f. 4. Smith u. Abbot t. 32.
Sphinx Carolina Linn., Smith u. Abbot t. 33.
Pseudosphinx Tetrio Fabr. *Hasdrubal* Cr. t. 246. f. F.
Amphionyx Antaeus Dr. II. t. 25. f. 1.
Amphionyx Cluentius Cr. t. 78. f. B.

Nachtfalter.

Eine *Sesia* der Gattung *Melittia* Hübn. Walk. angehörend, steht nahe *M. Satyriniformis* Hübn. Zutr. Der schlechten Erhaltung wegen unbestimmbar.
Glaucopis Tyrrhene Hübn. Zutr. f. 483 u. 84.
Glaucopis Omphale Hübn. exot. Schm. II.
Glaucopis Chalciope Hübn. Zutr. f. 469—70.
Glaucopis Insularis Grote, Proceedings Ent. soc. Philadelphia 1866—67. p. 188. t. 5. f. 5.
Glaucopis Multicincta Walker, List of the Specimens of the British Museum, p. 163. — Butler, Illustrations of typical Specimens of Lepidoptera Heterocera of the British Museum 1877. t. 11. f. 11.
Glaucopis Selecta Herr. Schäffer exot. Schmet. f. 256. Die Art variirt sehr, indem die schwarzen Zeichnungen der Flügel bald stärkere, bald schwächere Dimensionen annehmen, und das Roth des Hinter-

leibes, wie auch das Gelb der Brust gänzlich schwinden können. Herrn Consul Krug ist es gelungen, die schönsten Uebergänge aufzufinden, und wir sehen eine zusammenhängende Reihe vor uns, welche zwei sehr von einander abweichende Formen verbindet. An der Spitze steht die von Herr. Schäffer abgebildete Form; sie besitzt das Roth und Gelb des Körpers in der grössten Ausdehnung. Bei den nächsten Stücken schwindet das Roth des Hinterleibes immer mehr und erhält sich schliesslich nur noch an dem vorderen Ende desselben oberseits als zwei Punkte und am Afterende als schwacher rother Saum. Diese Form hat sich schon befestigt, scheint häufig zu sein und findet sich ausser auf Portorico auch auf St. Thomas und Port au Prince. Bei den folgenden Exemplaren schwindet auch das Gelb der Schulterdecken und des Halskragens, wobei zwar bei einigen Stücken das Roth auf der unteren Seite des Hinterleibes wieder etwas hervortritt, bis wir schliesslich am entgegengesetzten Ende der Reihe angelangt, keine Spur mehr von dem durch Schwarz verdrängten Roth und Gelb des Körpers wahrnehmen. Gleichzeitig nimmt am unteren Ende der Reihe auch das Schwarz der Flügel zu, und beim letzten Exemplar ist der der Vorderflügelwurzel zunächst liegende Glasfleck dem Schwarz gänzlich gewichen, der grosse mittlere auf einen sehr kleinen, dicht am Vorderrande gelegenen reducirt und auch der dem Hinterrande zunächstliegende bis auf die Hälfte verkleinert. Auf den Hinterflügeln hat sich nur ein kleiner Glasfleck in der Nähe des Hinterrandes erhalten; alle übrigen glashellen Partien sind dem Schwarz gewichen. Dieses zeigt am Kopfe, Körper und der Oberseite der Vorderflügel eine blaugrün schillernde Bestäubung, welche auf der Unterseite der Flügel mit Ausnahme der Ränder und der Spitzen der Vorderflügel so dicht liegt, dass vom Schwarz nichts mehr sichtbar ist. Dieselbe blaugrüne Bestäubung zieht sich durch die ganze Reihe hindurch, natürlich bei den ersteren Stücken in geringerer Ausdehnung, da ihre Flügel grosse, von Schuppen entblösste Glasflecken besitzen. Ferner stimmen alle Exemplare darin überein, dass sie weisse Fühlerspitzen besitzen, ebenso weisse Flecken am oberen Ende der Oberschenkel, auf der Unterseite des Hinterleibes jederseits eine weisse Fleckenreihe und eine weisse Verbindungshaut zwischen Brust und Hinterleib unterseits. Obwohl das letzte Stück, ohne jedes Roth und Gelb, fast ganz schwarz, vom ersten, dem von Herr. Schäffer abgebildeten, himmelweit verschieden ist, so glaube ich dennoch, dass es noch nicht das äusserste Extrem repräsentirt, sondern dass sich eine Form findet, bei der die Glasflecken der Flügel ganz schwinden. Freilich ist unser letztes Exemplar nicht mehr weit davon entfernt.

Horama Pretus Cram. t. 175. f. E u. F. Hübn. exot. Schmet. III.

Horama Panthalon Fabr. Entomologia systematica III. p. 405. n. 65.

Empyreuma Pugione L. *Lichas* Cram. t. 45. f. B.

Charidea Cimicoides Herr. Schäffer, Schmetterlinge der Insel Cuba.

Charidea Bicolor Herr. Schäffer, Schmetterlinge d. Insel Cuba.

Charidea Proxima Grote.

Echeta Flavicollis n. sp. Diese kleine Art aus Portorico, liegt in 8 Stücken vor (darunter nur ein Weibchen). Die Länge des Vorderflügels 0,013 m., beim Weibchen 0,016 m. Grau, etwas metallisch glänzend; Unterseite der Brust, des Bauches, der Füsse, vordere Längshälfte des Vorderflügels, von Rippe 3 bis zum Vorderrande oberseits und Spitze des Vorderflügels unterseits weiss; Vorderhüften, Unterseite des Kopfes, erstes Glied der Palpen und Halskragen gelb. Diese Art besitzt also in der Färbung die grösste Aehnlichkeit mit *Albipennis* Herr. Schäffer, unterscheidet sich nur durch die Grössendifferenz (Länge des Vorderflügels bei *Albipennis* 0,02 m.), die weiter in den Vorderflügel hineintretende graue Färbung oberseits und die grauen, keine Spur von Gelb zeigenden Schulterdecken. Da alle 8 Exemplare einen gelben Halskragen tragen ohne anderweitige gelbe Zeichnung auf der Oberseite, so habe ich diese Art *Flavicollis* genannt.

Von *Echeta Albipennis* Herr. Schäffer, Schmetterlinge der Insel Cuba, besitzt das Berliner Museum 3 Stücke. Auf 2 passt die gegebene Beschreibung genau, das dritte jedoch, obwohl ohne Zweifel dasselbe Thier, zeigt nicht den dunkeln, graubraunen Innenrand der Vorderflügel, ebensowenig den gelben Halskragen und von dem gelben Innenrande der Schulterdecken sind nur schwache Spuren sichtbar; Weiss ist an Stelle genannter Farben getreten. Auch ist zu erwähnen, dass bei allen drei Stücken nicht der ganze Hinterleib graubraun gefärbt ist, wie dieses aus der Beschreibung Herr. Schäffers hervorgeht, sondern nur die obere Seite, die untere dagegen weiss.

Eupseudosoma Niveum Grote, Herr. Schäffer exot. Schmet. f. 279.

Halisidota Bimaculata n. sp. Steht *Halisidota Cinerea* Walker, List Specimens British Museum p. 741 nahe, besonders jedoch *Irontes* Cram. t. 382. f. E. — Flügel, Kopf, Fühler, Beine und zum Theil auch der Körper chocoladefarben. Hinterflügel mit Ausnahme der Ränder mehr glashell. Unterseite der Brust, oberes Ende der Vorderhüften und Oberseite des Hinterleibes gelb; letztere wird von einer chocoladebraunen Mittellinie durchzogen, welche ebenso gefärbte Querlinien, die Hinterränder der Leibesringe, senkrecht durchschneiden. Die Unterseite des Hinterleibes, die Oberseite der Brust und die lange, die vordere Hälfte des Hinterleibes oberseits bedeckende Behaarung chocoladefarben. Die beiden Schulterdecken gelb, mit schmalem dunklem Saum und dunkeln, metallisch glänzenden hinteren Spitzen. Ein metallisch glänzender Punkt am Kopfe hinter jedem Fühler. Nur ein, zwar gut erhaltenes Exemplar (♂) lag der Beschreibung vor.

Halisidota Cubensis Grote.

Halisidota Cinctipes Grote.

Ecpantheria Eridane Hübner exot. Schmett. I. 2 ♀.

Ecpantheria Icasia Cram. t. 181. f. E. 1 ♂.

Pareuchaetes Cadaverosa Grote.

Pareuchaetes Affinis Grote.

Composia Sybaris Cram. t. 71. f. E.

Lauron Vinosa Dr. I. t. 23. f. 4.

Deiopeia Bella Linn. Dr. I. t. 74. f. 3.

Deiopeia Ornatrix Linn. Dr. I. t. 74. f. 2.

Cydosia Nobilitella Cram. t. 264. f. G.

Mieza Albulata Herr. Schäffer, Schmett. d. Insel Cuba, *Cincia Conspersa* Walker.

Lagoa (Walker, *Chrysopyga* Herr. Schäffer) *Krugii* n. sp.: Erinnert in der Zeichnung an *Nuda* Cram. t. 306. f. B. Die Grundfarbe der dunkelsten Männchen rehbraun; die Hinterflügel einfarbig mit hellerem Vorderrande; die hellen Adern der Vorderflügel sind ebenso wie bei *Nuda* dunkelbraun und dann hell (bis zu Weiss) eingefasst. Am hinteren Ende der meistens hell gefärbten Mittelzelle der Vorderflügel findet sich ein abgerundeter dunkelbrauner Fleck. Auf der Unterseite sind auch die Vorderflügel mit Ausnahme der meistens heller gefärbten Rippen einfarbig rehbraun; Kopf, Körper und Füsse mit langen rehbraunen, bei einigen Exemplaren weisslichen Haaren bedeckt. Die Weibchen sind viel heller gefärbt, doch gibt es auch Männchen, welche ihnen in dem Farbenton nahe kommen. Der Flügelschnitt ist derselbe wie bei *Nuda*, doch ist *Krugii* bedeutend kleiner, die Länge des Vorderflügels beträgt beim ♂ 0,012 m., beim ♀ 0,017 m.

Ausser den 6 Exemplaren von Portorico befinden sich im Berliner Museum 2 ♀ aus Columbien, von Moritz gesammelt. Auch hat Herr Consul Krug Raupe, Puppe und Cocon mitgebracht. Erstere erinnert an die Raupe von *Nuda*, Troschel's Archiv für Naturgeschichte 1878. p. 26. t. I. f. 20., ist mit langen, weichen, rehfarbenen Haarbüscheln bedeckt, so dass man vom Körper wenig sieht; am Kopf- und Afterende steht ein die übrigen um das Doppelte überragender Büschel. Der Cocon ist ähnlich gebaut wie der von *Nuda*, fast wie Leder, an der dem Blatte oder Aste aufsitzenden Seite platt, im Uebrigen gewölbt. Ein Ende ist senkrecht zur Ansatzfläche abgestumpft und mit einem halbkreisförmigen Deckel versehen, der beim Ausschlüpfen des Thieres so geöffnet wird, dass er mit der dem Gegenstande aufsitzenden Seite des Cocons in Zusammenhang bleibt, also nicht ganz abgestossen, sondern nur aufgeklappt wird, ganz so wie ich dieses bei *Nuda* beschrieben habe. Zwar ist dieser Cocon von Portorico, wie auch einer aus Columbien fast ganz nackt oder nur mit wenigen Haaren der Raupe bedeckt, während auf der gewölbten Aussenseite des Cocons von *Nuda* eine dicke Lage verfilzter Raupenhaare sich findet. Doch glaube ich, dass die beiden vorliegenden Gespinnste von *Krugii* alt und durch Wind und Regen ihrer Haardecke beraubt sind. Die hellbraune Puppe besitzt ebenso wie die von *Nuda* zum grössten Theil vom Körper gelöste, frei abstehende Gliedmassen. Herr Consul Krug theilt mit, dass eine Fliege ein Ei auf die Raupe legt und zwar gerade dann, wenn diese beginnt sich zu verspinnen. Man findet dann später im Cocon statt der Schmetterlingspuppe den Cocon der Fliege; die Fliegenmade hat die Raupe gänzlich verzehrt. Diese Art soll sehr von den lästigen Eindringlingen zu leiden haben.

Nystalea Ebalea Cram. t. 310. f. C., *Conchyfera* Guen.

Cyrrhesta (Walker) *Nyseus* Cram. t. 75. f. E.

Edema Insularis Grote.

Coleopterorum Species novae

autore E. Harold.

(Specimina typica in Museo Berolinensi asservantur.)

A. Scarabaeidae.

1. *Macroderes nitidus:* Valde convexus, subglobosus, nitidus, niger, capite antico transversim rugulato, postice punctulato, carina transversa frontali, clypeo late obtuse bidentato, thorace denso, fortiter et aequaliter punctato, basi immarginata, antice in ♂ subretuso, elytris leviter crenato-striatis, interstitiis sat fortiter et subseriatim punctatis, stria octava a basi usque ante apicem carinata, pygidio nitido, punctis magnis remote adsperso. — Long. 11—12 mill. Cap bon. spei. A congeneribus corpore nitido et elytrorum punctis sat distincte seriatis diversus.

2. *Catharsius Pandion:* Niger, minus nitidus, clypeo fortiter bidentato, fronte lamina laevi, sat angusta, medio subito angustata et in corniculo longiusculo desinente, thorace dense subtiliter granulato, medio excavato et bidentato, dentibus laevibus, elytris leviter crenulato-striatis, interstitiis planis, subtilissime parce punctulatis, carina laterali usque post medium producta. — Long. 25—30 mill. Port Natal. Proximus illi *C. Phidias*, qui differt clypeo obtusius dentato, lamina rugato-punctata, elytris nitidis.

3. *Catharsius Harpagus:* Niger, modice nitidus, clypeo rotundato integro, capite laeviusculo, fronte cornu erecto simplici, thorace dense granulato, medio impresso et bituberculato, inter et ante tubercula laevi, elytris sat profunde striatis, interstitiis laevibus, leviter convexis, carina laterali usque ad medium producta. Fem.: Thorace antice carina transversa arcuata. — Long. 22—30 mill. Afric. austral. Proximus illi *C. tricornutus*, qui differt capite grosse punctato, thorace pone cornua areis laevibus elytrisque nitidis.

4. *Catharsius Camillus* (Dej.): Niger, nitidus, clypeo obtuse bidentato, capite rugato-punctato, fronte cornu procumbente subrecurvo attenuato, thorace dense granulato antice retuso, bidentato, laevigato et utrinque foveolato, elytris leviter striatis, interstitiis planis, evidenter

sat denso punctatis, carina laterali ante medium desinente. — Long. 23—30 mill. Port Natal. A praecedentibus cornu prostrato elytrisque punctulatis diversus.

5. *Catharsius coronatus:* Oblongus, modice convexus, niger, capite laevi, nitido, thorace aequaliter fortiter punctato, elytris crenulato-striatis, interstitiis leviter convexis, punctulatis. Mas: Clypeo dentibus duobus elongatis, subrecurvis, late distantibus, interdum brevioribus basique latioribus; fronte cornu brevi erecto, lateraliter utrinque in ramum producto. Fem.: Clypeo breviter bidentato, fronte tuberculo conico. — Long. 13—16 mill. Ceylon.

6. *Copris sphaeropterus:* Niger, nitidus, capite cornu elongato, erecto, apice recurvo, thorace parum profunde punctato, maxima ex parte oblique declivi, margine superiore medio obtuse bilobato, parte declivi medio rugose punctata et antice longitudinaliter subgibbosa; elytris globosis, subtilissime striatis, stria octava a basi usque ad finem tertiae continuata, interstitiis planis, subtiliter obsolete punctatis. — Long. 22 mill. Cap bon. spei. Affinis *sexdentato*, thoracis forma sicut et elytris adhuc brevioribus diversus.

7. *Phanaeus mirabilis:* Viridi-metallicus, thorace dorso subsericante, antice et ad latera antica interdum cyanescente; clypeo breviter bidentato; thorace basi medio non bifoveolato; elytris sulcatis, interstitiis convexis, laevibus, sutura fusco-pilosa; tibiis anticis quadridentatis. Mas: Vertice carina media ante oculos transversa, fronte cornubus duobus divaricatis, basi ex lamina communi salientibus et intus denticulatis; thorace valde retuso, parte elevata antice recte truncata, parte declivi nitida; foveolis lateralibus magnis, transversis, postice carinam usque ad angulos posticos emittentibus. In minoribus frons breviter furcata, inter dentes majores alteris duobus minutis. — Long. 20—23 mill. Brasilia. Species praeter capitis armaturam, quae omnino certas generis *Onthophagus* species simulat, omnino distinctissima.

8. *Onthophagus dives:* Omnino laete cupreus, supra breviter fulvo-pubescens; capite mutico, granulato, fronte carinula brevi transversa arcuata medioque usque ad marginem posticum longitudinaliter obsolete cristata, clypeo integro; thorace granulato, postice medio

laevi, basi non marginata, transversim subimpressa, medio evidenter angulata; elytris leviter striatis, interstitiis planis, sat dense et longitudinaliter confluenter punctatis; pygidio asperato-punctato, viridicupreo; tibiis tarsisque nigro-aeneis. — Long. 11—12 mill. Nyassa, Afric. or. trop. Ex affinitate *Brucei*, *smaragdini* et *aciculati*, ab hoc praecipue colore et thorace acutius granulato, longitudinaliter linea laevigata non signato diversus.

9. *Onthophagus lacustris:* Nigerrimus, antennis rufis, nitidus, supra brevissime, ad elytrorum latera nonnihil distinctius flavosetulosus; capite dense punctato, clypeo integro rotundato, in medio marginis postici in ♂ tuberculis duobus minimis; thorace dense punctato, punctis postice majoribus et subocellatis, basi subtiliter marginata; elytris leviter striatis, interstitiis planis, dense et subasperato rugose punctatis; pygidio subsericeo, obsolete punctato. — Long. 9 mill. Nyassa. Ab *O. apicali* colore omnino nigro sicut et carinis clypei transversis deficientibus, a *carbonario*, cui forsan proximus, capite mutico, thorace elytrisque multo fortius punctatis diversus.

10. *Onthophagus Kindermanni:* Rotundato-ovalis, nitidus, nigro-piceus, antennis fusco-rufis, clava rufo-picea; capite brevi, clypeo antice late truncato et utrinque rotundato, carina subarcuata verticali, altera frontali, medio obtuse late dentata et utrinque cornu subarcuato, compresso, apice truncato armata; thorace elytris nonnihil latioribus, sat dense fortiter asperato-punctato, basin versus medio sublaevi, angulis anticis dentiformibus extus directis, antice declivi, dorso medio tuberculo brevi, depresso et subexcavato; elytris leviter striatis, interstitiis bi-vel triseriatim sat remote granulato-punctatis, leviter subconvexis; tibiis anticis margine externo ante dentes marginales integro. ♂. — Long. 10 mill. Species insignis, utpote ex Rumelia proveniens a Dom. Kraatz communicata, habitu potius cum incolis Asiae tropicae, e. g. *O. aeneus*, *orientalis*, *gazella* etc. conveniens.

11. *Onthophagus nocticagus:* Parum nitidus, niger, capite thoraceque leviter subcyanescentibus; clypeo sat acute at late bidentato, vertice carina transversa, fronte utrinque pone oculos cornu brevi erecto armata; thorace dense et fere confluenter ocellato-punctato, punctis autem parum profundis, dorso depresso et antice trituberculato

tuberculo medio latiore, depresso, antice subrotundato-truncato; elytris leviter crenato-striatis; interstitiis sat dense subtiliter granulatis, granulis magnitudine inter se inaequalibus; tarsis attenuatis, metatarso postico margine externo obsolete tantum unidentato. — Long. 7 mill. Aegyptus. Speciem hanc curiosam Dom. Dönitz communicavit cum adnotatione: in ventriculo bufonis reperta. *O. camelum* approximat, at clypeo bidentato, genis extus angulatis, thorace non aciculato, etc. omnino diversa.

Obs. *O. seminulum* Klug generi *Caccobius* adnumerandus.

B. Chrysomelidae.

12. *Crioceris Balyi:* Capite rufo-testaceo, juxta oculos et post cristam validam supra-ocularem piceo, thorace rufo, medio angulatim dilatato, punctis majoribus subseriatis adsperso, basi medio transversim impresso, elytris sat parallelis, nigris, fascia lata antica alteraque apicali flavis, valde striato-punctatis, corpore subtus cum pedibus antennisque crassiusculis rufo, abdomine interdum infuscato, tibiarum anticarum margine externo tarsorumque articulis apice plus minusve piceis. — Long. 5 mill. Nyassa. Affinis *C. cylindricae*, at colore, crista breviore non dentata sicut et thorace medio angulato-dilatato omnino diversa. Quoad colores potius *Cr. paracenthesim* approximat, at crista frontali pone oculos valde discedens.

13. *Eurydemus Hartmanni:* Ferrugineus, thorace subvirescente, elytris testaceis, basi macula longitudinali alteraque marginis lateralis post humerum, subnebulosis fuscis; capite fortiter punctato, vertice distincte subtiliter longitudinaliter cristato, spatio inter oculos angustissimo; thorace brevi, lateribus rotundatis, fortiter punctato; elytris striato-punctatis, punctis jam a medio apicem versus sensim evanescentibus, stria 5 sulcata. — Long. 5 mill. Sennaar. Speciem hanc insignem Dom. R. Hartmann, Nubiae peregrinator praeclarus, detexit.

14. *Eurydemus nubiensis:* Castaneus, capitis margine postico, thoracis maculis duabus magnis, elytrorum sutura, limbo, vitta discoidali, genubus, tibiarum basi et apice fusco-piceis vel nigris; capite valde punctato, thorace disco subtiliter, utrinque fortius punctato; elytris fortiter et usque ad apicem aequaliter striato-punctatis.

Long. 4½,5 mill. Sennaar. Affinis *Eu. flavicanti*, capite densius et fortius punctato sicut et colore diversus.

15. *Eurydemus flavicans*: Oblongus, nitidus, testaceus, antennarum articulis 7—9 leviter infuscatis; vertice inter oculos angustato, longitudinaliter subsulcato; thorace sat fortiter punctato, basi marginata; elytris valde punctato-striatis, pone basin subimpressis; prosterno punctis magnis obsito; episterni thoracis angulo externo producto. — Long. 5 mill. Nyassa.

16. *Eurydemus maculosus*: Nitidus, rufotestaceus, elytris maculis duabus nigris, una minore, oblonga ante medium, altera elongata post medium; capite vago, clypeo fortius punctato, vertice inter oculos longitudinaliter subsulcato; thorace sat fortiter parum dense punctato, antice angustato; elytris fortiter striato-punctatis, pone basin transversim impressis; antennis filiformibus, articulis 2—3 aequilongis, 7—11 subinfuscatis; tibiis posticis longitudinaliter carinatis. — Long. 5 mill. Nyassa.

17. *Eurydemus madagassus*: Nitidus, aeneus, femoribus piceo-aeneis, tibiis, tarsis antennisque testaceo-rufis; capite laevi, fronte inter oculos linea impressa longitudinali, thorace transverso, punctis raris remotis adsperso, angulis anticis deflexis; elytris fortiter striato-punctatis, utrinque basi latera versus transversim leviter impressis, interstitiis planis, laevibus; femoribus posticis sat breviter, anticis fortissime dentatis. — Long. 5 mill. Madagascar.

18. *Syagrus morio*: Niger, antennis piceis, articulis 4 basalibus rufo-piceis, capite dense, utrinque pone oculos substrigose punctato, medio foveola longitudinali, thorace fortiter minus dense punctato, elytris valde striato-punctatis, interstitiis leviter, nono fortius, convexis, laevibus. — Long. 6½ mill. Port Natal.

Rhembastus (n. g., *Eumolpinae*, Sect. *Typophorinae*): Antennae filiformes, apicem versus vix vel leviter tantum incrassatae, articulo 1 incrassato, 2 tertio aequilongo vel parum breviore. Caput deflexum, oculis distantibus, acute at breviter emarginatis. Thoracis episterna margine antico intus leviter rotundato. Femora omnia dentata. Tibiae posticae apice extus emarginatae. Unguiculi fissi. Ad

genus *Syagrus* proxime accedens, antennis minus incrassatis, articulo
secundo longiore, non subgloboso sicut et thorace non cylindrico, parte
inferiore angulatim ad latera deflexa distinctum. Huc pertinent *Rhy-
parida collaris* Gerst., *trivialis* Gerst. (= *micans* Gerst.), *cyanipennis*
Gerst. et *obscurella* Gerst.

19. *Rhembastus puncticollis:* Obscure cupreo-aeneus, antennis
pedibusque piceo-rufis, capite dense punctato, punctis postice longitudinaliter confluentibus; thorace subopaco, transverso, postice fere sub-
angustato, punctis majoribus sat dense adsperso; elytris thoracis basi
evidenter latioribus, fortiter striato-punctatis, punctis apicem versus
multo minoribus; prosterno utrinque antice lateribus carinatis. —
Long. $3\frac{1}{2}$ — 4 mill. Nyassa.

20. *Rhembastus geniculatus:* Nitidus, fusco-rufus, genubus,
tibiis apicem versus, tarsis antennisque nigro-aeneis, his basi rufescentibus; capite laevi, vertice longitudinaliter leviter impresso; thorace
antice angustato, subtilissime remote et parum distincte punctulato;
elytris subtiliter striato-punctatis, punctis apicem versus adhuc obsole-
tioribus, stria 5 parte basali profunda; prosterno ut in *puncticolli*
elevato-marginato; femorum denticulo minuto. — Long. $4\frac{1}{2}$ mill.
Madagascar. Affinis *collari*, minor, pedum colore femorumque dente
minuto praecipue diversus.

21 *Rhembastus striatus:* Piceus, subaenescens, pedibus antennisque piceo-rufis, abdomine rufo-piceo, metasterno obscure viridi-
aeneo; capite obsolete punctato; thorace transverso, antice angustato,
sat dense punctato; elytris fortiter punctato-striatis, striis 8 et 9 antice et postice abbreviatis, interstitiis disco planis, ad latera convexis;
femoribus breviter sed acute dentatis. — Long. 5 mill. Madagascar.

22. *Rhembastus suturalis:* Rufus, sutura et genubus nigro-
aeneis, corpore subtus rufo-piceo; capite postice laevi, antice punctulato; thorace transverso, punctato, ad latera sublaevi, margine basali
anguste fusco; elytris fortiter striato-punctatis, striis 8 et 9 antice
et postice abbreviatis, 3 et 10 ad apicem conjunctis, epipleuris subaeneis; prosterno margine laterali antice utrinque breviter carinato
femoribus dente minuto. Long. $3\frac{1}{2}$ mill. Madagascar.

23. *Rhembastus variabilis:* Oblongo-ovalis, nitidus, rufo-testaceus, capite subtilissime punctulato, thorace transverso, punctulato, ad latera sublaevi, elytris fortiter et usque ad apicem aequaliter striato-punctatis, interstitiis planis, apice tantum leviter convexis; prosterno antice ad latera elevato-marginato, femoribus breviter sed acute dentatis. — Long. $4^1/_2 - 4^3/_4$ mill. Nyassa, Port Natal.

Var. a. Femoribus pectoreque piceis.

Var. b. Elytris sutura medio maculisque 2 parvis, una basali intra humerum et scutellum, altera medio nigro-aeneis.

Var. c. Elytris macula communi circa scutellum alteraque suturali ante apicem aeneis.

Var. d. Aeneo-niger, elytrorum plaga transversa ante medium tibiisque rufis.

Differt a *Rh. triviali* corpore magis oblongo, punctis elytrorum majoribus et usque ad apicem aequaliter distinctis, a *suturali* statura majore et latiore, interstitiis elytrorum multo minus convexis.

24. *Rhembastus nanulus:* Castaneus, nitidus, oblongus, sutura, elytrorum margine laterali, post humerum latius, et interdum thoracis basi obscure viridi-aeneis; capite laevi, thorace sat fortiter at disco tantum punctato, elytris striato-punctatis, punctis sensim apicem versus evanescentibus, interstitiis planis; femorum denticulo minimo. — Long. $2^3/_4$ mill. Madagascar. Simillimus *Rh. suturali*, at statura multo minore et interstitiis non convexis facile dignoscendus.

25. *Rhembastus pusillus:* Nitidus, nigro-cyaneus, pedibus antennisque testaceo-rufis, corpore subtus piceo, metasterno cyanescente; capite subtiliter obsolete punctulato; thorace disco subtilissime punctato, lateribus laevibus; elytris striato-punctatis, punctis sensim apicem versus evanescentibus, stria 5 parte basali profunda, interstitiis planis; femorum denticulo minimo. — Long. 2 mill. Madagascar.

26. *Rhembastus nubilus:* Fusco-rufus, nitidus, elytris circa scutellum usque ad medium fere indeterminate aenescentibus; capite thoraceque laevibus; elytris sat fortiter striato-punctatis, apice laevibus, punctis in stria 2—5 basi fere obsoletis; antennis rufo-testaceis, articulo 7 et 10—11 infuscatis; femorum denticulo minimo. — Long.

4 mill. Madagascar. Affinis *Rh. geniculato*, at thorace breviore lateribus fortius rotundatis discedens.

Ivongius (n. g.; *Eumolpinae*: Sect. *Typophorinae*): Caput deflexum, clypeo a vertice sulco transverso distincto. Oculi sat magni, acute at brevissime emarginati. Episterna prothoracis margine antico subrecto, intus ad angulum leviter rotundato. Prosternum antice ad marginem lateralem utrinque elevato-marginatum. Tibiae posticae ante apicem emarginatae. Femora mutica. Unguiculi fissi. Ad genus *Rhembastus* prope accedit at femoribus muticis et clypeo linea transversa discreto discedens. Species nonnullas minutas ex Insula Madagascar continet.

27. *Ivongius rufipes*: Nitidus, nigro-piceus, clypeo pedibusque obscure rufis, capite laevi, vertice linea subtili impressa longitudinali, thorace antice leviter angustato, disco obsolete punctato; elytris leviter striato-punctatis, postice fere laevibus, stria 5 juxta callum humeralem profundiore; antennis rufo-testaceis, filiformibus, articulis 10—11 infuscatis. — Long. $2^3/_4$ mill. Madagascar.

28. *Ivongius rufinus*: Nitidus, ferrugineus, sutura elytrorumque limbo plus minusve obscure viridi-aeneis; capite thoraceque laevibus; elytris sat profunde striato-punctatis, punctis basi minoribus, apicem versus omnino evanescentibus. — Long. 2 mill. Madagascar.

29. *Ivongius antennarius*: Testaceus, antennarum articulis 7—8 fuscis et reliquis nonnihil crassioribus, fronte punctulata; thorace laevi, antice vix angustato; elytris striato-punctatis, postice laevibus. — Long. $2^1/_2$ mill. Madagascar.

Pheloticus (n. g.; *Eumolpinae*: Sect. *Typophorinae*): Antennae filiformes, articulo 2 tertio dimidio fere breviore. Oculi late distantes, breviter emarginati. Episterna prothoracis margine anteriore intus leviter rotundato. Femora antica mutica, postica dentata. Tibiae posticae ante apicem emarginatae, extus non caniculatae. Unguiculi fissi, parte interiore acuta at brevi. Proxime accedit ad genus *Typophorus*, differt autem episterno prothoracis minus rotundato, antennis apicem versus vix incrassatis, tibiis non carinulatis nec canaliculatis sicut et spina interna unguiculorum breviore.

30. *Pheloticus dorsalis:* Obscure rufus, nitidus, elytris plaga magna communi dorsali suffusa fusca; capite remote punctulato, vertice linea leviter impressa longitudinali; thorace disco vago punctulato; elytris leviter striato-punctatis, apice laevibus, punctis basi in stria 1—4 obsoletis, quinta juxta humerum callosum profundiore; antennis rufo-testaceis, apice infuscatis. — 'Long. 8 mill. Madagascar.

Nossioecus (n. g.; *Eumolpinae:* Sect. *Typophorinae*): Antennae filiformes, apicem versus non incrassatae, articulo 1 subelongato, non globoso, 2 tertio aequilongo. Caput deflexum, oculi magni, clypeus a vertice inter oculos sulco distincto divisus. Episterna prothoracis margine recto, ad angulum internum tantum leviter rotundata. Femora 4 postica dentata. Tibiae posticae ante apicem emarginatae. Unguiculi appendiculati. A caeteris Typophorinarum generibus praecipue unguiculis divaricatis, non fissis, ab *Aulacia* femoribus posticis dentatis diversum.

31. *Nossioecus Leferrei:* Obscure aeneus, nitidus, subtus cum pedibus obsrure rufo-piceus, antennis tarsisque ferrugineis; thorace transverso, antice sublaevi, utrinque longitudinaliter strigose punctato, lateribus late marginatis; elytris valde striato-punctatis, interstitiis leviter, ad latera evidentius convexis; femoribus laevibus, non punctatis. — Long. 4—4 $\frac{1}{2}$ mill. Madagascar or.

32. *Colasposoma inconstans:* Subcylindricum, modice nitidum, viridi-metallicum vel cyaneum, subtus obscure cupreum vel nigrocyanescens, capite dense punctato, clypeo labioque semicirculariter emarginatis, thorace brevi, dense punctato, basi utrinque juxta medium leviter sinuata, elytris thoracis medio non latioribus, dense et fortiter transversim rugulatis, margine laterali anguste explanato; femoribus anticis validis, obtuse dentatis. — Long. 5 $\frac{1}{2}$—6 mill. Nyassa.

33. *Colasposoma costatum:* Subnitidum, oblongo-ovale, cupreoaeneum, pedibus, femorum medio viridi-aeneo excepto, palpis antennisque fuscorufis; capite dense punctulato, labio transverse quadrato, antice vix sinuato; thorace densissime subrugulose punctulato; elytris dense punctatis, costis 4 laevibus discretis, 1 cum 4 ante apicem conjunctis. — Long. 7—8 mill. Nyassa. Affine *C. subcostato*, at

capite thoraceque multo densius ac subtilius punctatis sicut et costis
elytrorum evidentibus diversum.

34. *Colasposoma flavipes*: Subcylindricum, laete viridi-aeneum,
antennis pedibusque testaceis; capite subtiliter et remote, clypeo fortius
punctato, thorace remote punctulato, elytris sat dense fortiter et subseriatim, ad latera transversim subrugose punctatis; femoribus inermibus, episternis prothoracis emarginatis et antice albido-pilosis. —
Long. 6 $^1{}_{.2}$ mill. Port Natal.

35. *Colasposoma madagassum*: Convexum, nitidum, laete
aurato-viride vel viridi-cupreum, pedibus piceis, femoribus et abdomine
nigro-viridiaeneis vel piceis, antennis obscure rufis; capite cum clypeo
aequaliter sat dense, thorace nonnihil remotius punctato, elytris vage,
non seriatim punctatis, ad latera tantum serie et costula parum distinctis; femoribus anticis obtuse dentatis. — Long. 8—8½ mill.
Madagascar. Affine *C. rutilanti*, majus, elytris subtilius punctatis et
absque linea seriata punctorum diversum.

Obs. *Colasposoma crenulatum* Gerst. generi *Palesida* adnumerandum.

36. *Scelodonta vicina*: Obscure aenea, subpurpurascens, elytris
plagis aeneo-fuscis adspersis, episternis metathoracis dense albo-villosis;
capite fortiter punctato, vertice longitudinaliter sulcato; thorace transversim rugato, antice medio distincte et fortiter punctato; elytris valde
punctato-striatis, inter puncta transversim crenatis, interstitiis ex parte,
juxtamarginali omnino convexis. — Long. 4¾ mill. Nyassa.

Simillima *Sc. sansibaricae*, major, fronte sulcata thoraceque antice
fortius punctato diversa.

Sybriacus (n. g.; *Eumolpinae*: Sect. *Nodostominae*); Antennae
robustae, apicem versus sensim crassiores, articulo 3 secundo longiore
quarto breviore. Oculi minuti, late distantes, vix emarginati. Prosternum margine postico rotundato. Femora antica dentata, postica
mutica. Tibiae anticae incurvae et apice angulatim dilatatae, posticae
extus ante apicem sinuatae. Unguiculi appendiculati. *Nodostoma
magnificum* Baly huc referendum.

37. *Sybriacus Lefevrei*: Viridi-aureus, elytris ad suturam
cyanescentibus, pedibus viridi-cyaneis, femoribus, basi apiceque exceptis,
laete rufo-testaceis, anticis bidentatis, dente uno in margine superiore,

altero in inferiore posito, antennis cyaneo-nigris, articulis 2 basalibus rufis; thorace sat dense punctato; elytris subseriatim leviter punctatis, non costatis, antice pone basin leviter transversim impressis. — Long. 10 mill. Madagascar.

Eriotica (n. g.: *Halticinae sulcicolles*): Corpus subelongatum, parum convexum, elytris densissime et brevissime pilosis. Antennae articulis 2 et 3 brevibus, inter se longitudine aequalibus, simul sumptis quarto vix longioribus. Thorax postice subangustatus, postice, margine basali approximato, sulco transverso, utrinque nonnihil ante angulos posticos terminato. Prosternum inter coxas angustum, acetabulis anticis late apertis. Femora postica modice incrassata. Tibiae omnes calcari apicali instructae. Unguiculi appendiculati. Generi *Diphaulaca* approximans, elytris pilosis et praecipue prosterno angusto omnino diversum.

38. *Eriotica fuscipennis:* Rufo-testacea, elytris cinereo-nigris, apice flavis, antennis apicem versus infuscatis; thorace laevi; elytris punctato-striatis, interstitiis planis dense subtilissime granulatis, cinereo-et subsquamulato-pilosis, pectore abdomineque piceis. — Long. 5 mill. - Nyassa.

39. *Haltica forcigera:* Obscure viridi-cyanea, carina nasali acuta, tuberculis verticalibus bene discretis, fronte medio prope tubercula foveolatim impressa, thorace laevi, postice sulco transverso integro valido, elytris sat fortiter et fere aequaliter usque ad apicem punctatis. Mas: Tibiis anticis apicem versus sensim fortiter dilatatis. — Long. $4^3{}_{,4}$ mill. Nyassa. Species a congeneribus foveola verticali sicut et maris tibiis dilatatis optime distincta.

40. *Crepidodera picticornis:* Oblonga, flavo-testacea, genubus et antennarum articulis 5—7 et 10—11 nigris, elytris rufis, laevibus, juxta suturam serie irregulari punctorum majorum; thorace transverso, lateribus rotundatis, angulis anticis obtusis, postice sulco transverso profundo utrinque sulco longitudinali limitato. — Long. 5 $^{1}/_{2}$ mill. Madagascar. Cum sequentibus a genuinis hujus generis speciebus elytris non seriatim sed vix vel vage tantum punctulatis discedit.

41. *Crepidodera madagassa:* Elongato-oblonga, rufa, tibiis tarsisque fuscis, elytris rufo-testaceis, articulis 5—7 et 10—11 nigris;

thorace laevi, elytris vage et remote, juxta suturam antice nonnihil evidentius punctulatis. — Long. $6\frac{1}{2}$ mill. Madagascar. Praecedenti affinis, statura magis elongata sicut et colore diversa.

42. *Crepidodera varicornis:* Oblonga, omnino rufa, antennis testaceis, articulis 4—6 et 9—11 nigris, elytris omnino, punctulis nonnullis ad suturam basi exceptis, laevibus. — Long. $5\frac{1}{2}$ mill. Madagascar. Antennis omnino aliter coloratis a praecedentibus diversa. Variat tibiis tarsisque leviter infuscatis.

43. *Crepidodera analis:* Ovalis, capite, thorace, antennis, articulis tribus ultimis exceptis nigris, pedibus quatuor anticis, tibiis tarsisque posticis testaceis, elytris violaceis, subtilissime punctato-striatis, postice laevibus, pectore, femoribus posticis abdomineque piceis, segmento apicali testaceo. — Long. $3\frac{1}{3}$ mill. Madagascar.

44. *Crepidodera Goudoti:* Ovalis, capite, thorace, antennarum articulis 4 basalibus, pedibus 4 anticis, tibiis tarsisque posticis rufis, elytris violaceis, antice striato-punctatis, postice laevibus, femoribus posticis rufo-piceis, pectore abdomineque nigris. — Long. 4 mill. Madagascar.

45. *Asphaera deleta:* Nigra, thorace flavo, elytris hepaticis, basi interdum leviter cyanescentibus, medio utrinque macula subtransversa, rotundata, interdum marginibus suffusis, flava; corpore subtus cum antennis pedibusque nigro. — Long. 6 -7 mill. Brasilia: Bahia.

46. *Asphaera corusca:* Nigra, thorace undique anguste flavo-marginato, elytris splendide cupreo-vel viridiaeneis, limbo flavo, epipleuris margine interiore piceo. — Long. 7 mill. Montevideo.

47. *Oedionychis Goudoti:* Pallide flava, elytris cyaneis, laevibus, fascia abbreviata nonnihil ante medium apiceque flavis, epipleuris parte basali cyanea, postica flava, antennis robustis, apicem versus sensim crassioribus flavis, articulis 6—11 fuscis. — Long. 9 mill. Madagascar.

48. *Oedionychis facialis:* Flava, elytris laevibus, castaneis, antennis nigris, articulis 4 basalibus testaceis, corpore subtus cum epipleuris et pedibus luteo-testaceo, tibiis tarsisque fuscis; carina fron-

tali sulco longitudinali divisa; clypeo medio transversim carinato-elevato, vertice loco tuberculorum verticalium bifoveolato; palpis maxillaribus articulo penultimo incrassato, ultimo brevi, acute conico. — Long. 7 ½ mill. Madagascar.

49. *Myrcina acutangula:* Elongato-oblonga, nigra, nitida, abdomine rufo-piceo; thorace convexo, angulis anticis spinosis, punctulato, postice transversim parum profunde sulcato, sulco utrinque fovea terminato, elytris subtilissime punctulatis, basi leviter callosa humerisque valde nodosis; antennis apicem versus subattenuatis, in ♂ longioribus. — Long. 4 ½ —5 ½ mill. Nyassa.

50. *Myrcina Balyi:* Flavorufa, elytris vel omnino vel ex parte tantum prasinis, antennis nigris, articulis 4 basalibus rufo-testaceis; tuberculis frontalibus transversis, postice sulco profundo limitatis, carina nasali obtusa et antice dilatata; thorace laevi, antice angustato, absque sulco basali; elytris laevibus, basi leviter callosa humeroque nodoso. — Long. 6 ½ mill. Madagascar. Novum forsan genus exhibens propter sulcum thoracis dificientem, at tibiis posticis apice breviter bispinosis.

Obs. *Haltica olivacea* Klug ad genus *Myrcina* referenda; *Xenaltica picea* Baly eadem est species.

51. *Phyllotreta birmanica:* Leviter convexa, nitida, capite thoraceque ferrugineis, hoc subtiliter punctato, elytris sat dense, vix seriatim punctatis, testaceis, sutura, antice posticeque angustata, macula parva in callo humerali posita limboque, apice cum sutura confluento, rufo-piceis, antennis piceis, articulis 3 basalibus omnino et quarto ex parte rufotestaceis, quinto in ♂ longiore et leviter incrassato, pedibus omnino rufo-testaceis, corpore subtus piceo. — Long. 2 mill. Birma.

52. *Luperodes rufus:* Omnino rufo-ferrugineus, antennarum tantum articulo ultimo infuscato, 2 et 3 brevibus, aequilongis; tuberculis frontalibus postice sulco profundo limitatis; thorace denso et subtiliter parum profunde punctulato, antice angustato, lateribus subrectis; elytris elongato-ovalibus, dense punctulatis, callo humerali parum prominulo; tibiis posticis leviter subincurvis, metatarso longissimo, articulis 2 et 3 brevibus inter se aequilongis. — Long. 6 mill. Nyassa.

Asbecesta (n. g.; *Galerucinae*, Sect. *Ornithognathinae*): Corpus oblongum. Antennae robustae, medio subincrassatae, articulo 2 tertio breviore, 3 et 4 aequilongis. Palpi maxillares articulo penultimo crasso, ultimo brevi, tenui. Thorax pone medium transversim sulcatus, acetabulis apertis. Tibiae non canaliculatae, omnes apice calcaratae. Unguiculi basi appendiculati. Epipleurae anticae latae, at subito angustatae et jam ante medium evanescentes. Metatarsus articulis duobus sequentibus simul sumtis longior. Genus *Ornithognathus* approximat, thorace, sulcato metatarso elongato sicut et palporum articulo ultimo minuto discedens.

53. *Asbecesta cyanipennis:* Fusco-ferruginea, elytris dense punctulatis cyaneis vel viridi-cyaneis, tarsis antennisque nigrofuscis, his articulis 3 vel 4 basalibus rufis; fronte pone tubercula verticalia transversim sulcata; thorace laevi, transverso, angulis anticis rectis. — Long. 6 mill. Nyassa.

54. *Diabrotica gloriosa:* Capite nigro, laevi, thorace piceo, flavomarginato, subrugose punctato, utrinque oblique impresso, elytris rufotestaceis, basi usque ad medium fasciaque pone medium viridi-aeneis, rugose punctatis et subcostatis, in ♂ fovea ante apicem communi utrinque elevato-marginata; corpore subtus piceo, abdomine testaceo, pedibus flavis, tibiis tarsisque fuscis; antennis fuscis, articulis 8—9 et 10 ex parte flavis. — Long. 10 mill. Bogotá. Affinis *zonatae*, at elytris rugosis et subcostatis sicut et thorace rugose punctato diversa.

55. *Diabrotica cinctella:* Rufo-testacea, antennis, articulo primo subtus excepto, elytrisque nigro-piceis, his limbo laterali, postice ante apicem nonnihil dilatato flavo, obsolete punctatis, costula brevi subhumerali leviter arcuata alteraque marginali parum distinctis; thorace obsolete biimpresso; pedibus flavis, tibiis tarsisque sicut et genubus posticis plus minusve fuscis; abdominis segmento ultimo apice fuscomarginato. — Long. 4 mill. Columbia (Moritz!). Affinis *D. marginellae*, elytris vix punctatis piceis distincta.

56. *Diabrotica nummularis:* Capite nigro, thorace antennisque rufotestaceis, corpore subtus, metasterno nigro excepto, pedibus elytrisque flavo-testaceis, his basi annulo rotundato lunulaque anteapicali,

jata, cyaneo-nigris, lunula rarius in annulum clusa. — Long. 6 mill. Mexico. Valde affinis *D. biannulari*, at macula lunari postica multo latiore sicut et pedibus antennisque omnino testaceis diversa.

Obs. *D. adelpha* variat lunula postica utrinque in maculas duas divisa.

57. *Diabrotica boliviana:* Capite nigro, laevi, vertice longitudinaliter sulcato, thorace ferrugineo, laevi, obsolete bifoveolato, elytris testaceis, vitta suturali usque ad medium, vitta laterali maculaque oblonga discoidali post medium nigro-aeneis; corpore subtus cum pedibus, metasterno nigro excepto, flavo-testaceo, antennis fusco-rufis, articulis ultimis tribus rufo-testaceis. — Long. 7 mill. Bolivia. Affinis *D. abruptae*, capite piceo, elytris nitidis maculisque aeneonigris diversa.

58. *Diabrotica instabilis:* Vertice medio foveolato, thorace evidenter bifoveolato, elytris subnitidis, sat dense punctatis; corpore subtus cum pedibus, metasterno nigro excepto, testaceo, supra vel omnino testaceo vel vario modo nigro-signato. — Long. 5 mill. Columbia.

Var. a. Supra omnino testacea, antennarum articulis 6—8 subinfuscatis.

Var. b. Elytris macula humerali alterisque utrinque duabus ante medium et post medium, transversim positis, nigris.

Var. c. Elytris vitta humerali, puncto ante medium alteroque ante apicem, praeterea macula oblonga ad marginem ante apicem nigris.

Var. d. Elytris vitta marginali, sutura ad basin maculaque ante apicem nigris.

Var. e. Elytris ad suturam, macula humerali et signatura sublaterali, formam fere literae X exhibente, nigris.

Prope accedit ad *D. abruptam*, praecipue var. d., at thorace breviore et sat fortiter bifoveolato, foveolis transversim inter se subconfluentibus, diversa.

Beschreibung eines neuen Aphodius
von
E. von Harold.

Aphodius scoparius: Leviter convexus, piceus, nitidus, capite mutico, thorace inaequaliter punctato, basi immarginata et utrinque sinuata, elytris leviter crenato-striatis, interstitiis planis, subtiliter remote punctulatis, pedibus rufo-piceis, femoribus quatuor posticis parte postica longe et dense flavo-setosis. — Long. 6 mill.

Mas: *Tibiarum anticarum calcari apicali validissimo.*

Von nur leicht gewölbter, ziemlich breiter und geradseitiger Gestalt, glänzend, pechschwarz. Der Kopf ohne Höcker, zerstreut punktirt, das Kopfschild vorn im weiten Bogen sanft ausgebuchtet, allmählich in die Wangen übergehend, diese mit stumpfem Winkel die Augen überragend. Der Thorax mit groben Punkten unregelmässig, vorn und in der Mitte nur spärlich besetzt, ausserdem sehr fein punktirt, unmittelbar am Seitenrande eine Punktreihe, die Basis ungerandet, jederseits neben der Mitte bis gegen die Schultern hin ausgebuchtet, von da bis zu den Hinterecken hin schräg nach vorn verlaufend und nochmals leicht gebuchtet. Das Schildchen länglich-oval. Die Flügeldecken mit feinen Streifen, deren Punkte die Ränder der Zwischenräume nicht angreifen, diese vollkommen flach, zerstreut und sehr fein punktirt, der Spitzenrand glatt und röthlichbraun. Die Fühler rostroth mit schwärzlicher Keule. Die Mittelbrust grob punktirt, ohne Längskiel. Das Metasternum fein punktirt, mit eingedrückter Längslinie. Die Beine dunkel rothbraun; die mittleren und die hinteren Schenkel auf der hinteren Hälfte mit dichtem, goldgelben Borstenbesatz; der Metatarsus der Hinterfüsse so lang wie der obere Enddorn; die Borsten am hinteren Schienenende, mit Ausnahme von 2—3 längeren Borsten, von gleicher Länge. Die Vorderschienen oberhalb der Randzähne nicht gekerbt, ihr Enddorn (beim ♂) reichlich von ein Drittel der Schienenlänge, dick und nach abwärts gekrümmt.

Vaterland: Kiakhta (Mus. Solsky).

Ich verdanke Herrn S. Solsky die Mittheilung dieser höchst ausgezeichneten Art in einem einzelnen männlichen Exemplare: Es ist daher fraglich, ob die Bürsten an den hinteren Schenkeln dem anderen Geschlechte ebenfalls zukommen oder ob dieselben nur Sexualauszeichnung des Männchens sind. Die Borstenkränze der hinteren Schienen bestehen grösstentheils aus gleichlangen Borsten, unter die sich jedoch 2—3 etwas längere mischen. Die Art steht vorläufig isolirt in der Gattung da, doch möchte sie in Anbetracht der nur flachen Wölbung des Körpers und des unbewaffneten Kopfes am passendsten in die Gruppe des *luridus* einzureihen sein.

Nomenclatorische und synonymische Bemerkungen
zur zweiten Ausgabe
des Catalogus Coleopterorum Europae.
Von E. v. Harold in Berlin.

p. 1. *Cicindela scalaris* Dej. (= *paludosa*) — lege Serville, Faune Francaise. 1821. p. 6. Schon Herr Crotch hat in Col. Heft. VI. darauf aufmerksam gemacht, dass eine Anzahl Veränderungen in der Nomenclatur durch dieses seltene und in Vergessenheit gerathene Serville'sche Werk benöthigt sind. Erst kürzlich hat Herr L. Bedel in den französischen Annalen denselben Gegenstand wieder zur Sprache gebracht und die betreffenden Neuerungen, welche hiedurch entstehen, näher erörtert. Dieselben zerfallen in zwei Abtheilungen, in solche nämlich, wo die Serville'schen Namen überhaupt die Priorität vor anderen bekommen, und in solche wo der Artname unverändert bleibt jedoch Serville (1821) statt Dejean (1828 oder 1829) als Autor einzutreten hat. Zur ersten Abtheilung gehören *Ophonus ditomoides* Dej. = *cordicollis* Serv. (der *cordicollis* || Dej. ist Abart von *meridionalis*), *Amara striatopunctata* Dej. = *fulvipes* Serv., *Percus loricatus* Dej. = *grandicollis* Serv., *Bembidion rufescens* Duf. = *harpaloides* Serv. Die Arten, bei denen jetzt Serville statt Dejean zu citiren ist, sind *Cicindela scalaris*, *Brachynus psophia*, *Aristus capito*, *Harpalus neglectus*, *Zabrus obesus*, *curtus*, *Amara sabulosa*, *Percus corsicus*, *Licinus aequatus*, *Carabus pyrenaeus*, *Nebria rubripes*, *Lafrenayi*, *Bembidion quadripustulatum*, *obtusum* und *Bradycellus harpalinus*. Diese Namen datiren sohin jetzt von 1821.

p. 3. *Carabus arvensis* Fabr. (1787) — lege Herbst: 1783. (Durch einen Druckfehler steht bei Herbst im Archiv *arvensis*.)

Carabus nodulosus Creutz. (1799) — lege *variolosus* Fabr. (1792).

p. 3. *Carabus torosus* Friv. = *Calleyi* Fisch. (sec. Brulerie). — Neben *guadarramus* ist einzuschalten *C. Heydeni* Oliveira. Mel. ent. Port. 1876. p. 20 von Portugal.

p. 4. *Calosoma sericeum* F. (1792) — lege *auropunctatum* Payk. (1790). — *C. indagator* F. (1787) — lege *Maderae* F. (1775).

p. 5. Einzuschalten: *Nebria punctatostriata* Schauf. Nunq. otios. II. p. 368 von Portugal. Dieselbe Art beschreibt auch Hr. Oliveira in seinen Mélanges p. 22 als *N. Geraldesi*.

Scarites Polyphemus Bon. — lege Herbst.

p. 6. *Aptinus mutilatus* Fabr. (1801) — lege *bombarda* Illig. (1800).

p. 7. *Brachynus bombarda* Dej. = *psophia* Dej. var. (sec. Brul.); *efflans* Dej. = *crepitans* L. var. (sec. Brul.).

Zuphium olens Fabr. — lege Rossi. Als neue Art kommt hinzu *Z. Bocagei* Oliveira. Mél. ent. 1876. p. 27 von Portugal.

Blechrus glabratus Dft. (1812) — lege *femoralis* Marsh. (1802); dazu gehören ferner nach Brulerie *maurus* Sturm, *mauritanus* Luc., *hispanicus* Motsch. und *minimus* Motsch. als Varietäten.

Demetrias unipunctatus Germ. (1824) — lege *monostigma* Leach. (1819).

Neu beschrieben wurde *Dromius Putzeysi* Oliveira. Mél. ent. 1876. p. 28 von Portugal.

p. 8. *Cymindis humeralis* Fabr. — lege Payk. (1790).

p. 9. *Cymindis etrusca* Bassi = *axillaris* var. (sec. Brul.); ebenso *Marmorae* Géné, *palliata* und *dorsalis* Fisch. Da nach dem nämlichen Autor auch *pallida* Reiche (aus Griechenland beschrieben) = *adusta* Redt. ist, so gehört letztere in den Catalog.

Chlaenius festivus Fabr. (1801) — lege Panzer (1799).

p. 10. *Licinus silphoides* ‡ Fabr. (non Rossi!) — lege *granulatus* Dej.

p. 11. *Sphodrus atrocyaneus* Fairm. = *barbarus* Luc. von Algier und aus Sizilien (sec. Bedel).

p. 12. *Calathus punctipennis* Germ. = *cisteloides* var. (sec. Brul.). *Dolichus flavicornis* Fabr. (1787) — lege *halensis* Schaller (1783).

p. 13. *Feronia punctata* Fabr. — lege *punctulata* Schall.

p. 14. *Feronia picimana* Dft. (1812) — lege *macra* Marsh. (1802). *F. (Orthomus) longula* Reiche ist = *barbarus* var. (sec. Brulerie).

p. 15. *F. (Haptoderus) placida* Rosh. Die Vereinigung des *Schmidti* mit dieser Art als Varietät bestreitet Chaudoir (Berl. Ent. Zeitschr. 1876. p. 345). — *F. melas* Creutz. muss doch offenbar *melaena* heissen, ebenso unzweifelhaft wie *bucephala* aus *bucephalus* wird.

p. 16. *Amara acuminata* Payk. — lege *eurynota* Panz.

p. 17. *Cyrtonotus aulicus* Panz. — lege *spinipes* Linn. — *Lionemis arcuata* Putz. = *brevis* Dej., ebenso gehören dazu als Varietäten, nach Brulerie, *rotundata* und *corpulenta* Dej. — *L. diversa* Putz. = *eximia* Dej. var. — *L. testudinea* Putz. = *gravidula* Dej. var.

p. 18. *Carterus gilvipes* Brul. = *dama* Rossi, nach Herrn Brulerie selbst.

p. 19. Mit *Dichirotrichus obscurus* hat Hr. Brulerie in seiner Aufzählung syrischer Coleopteren (Ann. Soc. France. 1875), den *chloroticus*, *pallidus* und *lacustris* vereint, mit *Ophonus azureus* den *cribricollis* und den *Fauveli*, mit *diffinis* den *rotundicollis*, mit *meridionalis* den *cordicollis* und mit *planicollis* den *hispanus*. Diese Arbeit Brulerio's ist überhaupt im Cataloge nicht benutzt worden. Ist auch in vielen Fällen in Bezug auf die dort vorgenommenen Vereinigungen bisher als selbstständig betrachteter Arten das letzte Wort noch nicht gesprochen, so lag doch kein Grund vor, das Ganze mit Stillschweigen zu übergehen. Wollten sich die Verf. den Ansichten Brulerie's nicht geradezu anschliessen, so wäre doch der Nachweis darüber zu bringen gewesen, dass die betreffenden Arten als Varietäten von demselben angesprochen worden sind, in der Art etwa, dass z. B. unter *Ophonus cordicollis* Dej. nach *meridionalis* var. sec. Brul. citirt worden wäre. Solche Anführungen wären wichtiger und wesentlicher gewesen als die Aufnahme vieler überflüssiger Namen von Varietäten oder Synonymen, z. B. von *Carabus cyaneus* Fabr. bei *intricatus* L.

Harpalus ferrugineus ‡ Fabr. (non Linné, dessen *Carabus ferrugineus* ein *Leistus* ist!) — lege *rufus* Brüggemann. — *Harpalus polyglyptus* Schaum = *seriatus* Chaud.

p. 20. *Stenolophus vespertinus* Panz. — lege *mixtus* Herbst (1784). — *H. caspius* Stev. — lege *caspicus*.

p. 23. *Bembidion articulatum* Panz. — lege *subglobosum* Payk. 1790. — *B. crassicorne* Putz. Ann. Soc. Belg. 1872. Compt. rend. p. 71 aus Asturien fehlt im Cataloge.

p. 25. *Haliplus obliquus* F. — lege *amoenus* Oliv. Der *Dytiscus obliquus* Fabr. ist nach Beschreibung und Type (*teste* Schaum) = *Hydroporus versicolor* Schall.

Hydroporus picipes Fabr. — lege *impressopunctatus* Schall.

p. 26. *Hydroporus granularis* Linn. (1767) — lege *minimus* Scop. — Die Gruppe des *H. opatrinus* ist in einer äusserst sorgfältigen Weise von Herrn Leprieur studirt worden', wonach *moestus* Fairm. eine selbstständige Art bildet, ebenso *restitus* || Fairm. (Name vergeben wegen *restitus* Gebl.), für welchen der Name *Fairmairei* eingeführt wird. Als neue Arten stellt Herr Leprieur (Ann. Soc. France. 1876. Bull. p. CXXI) *inconspectus* aus dem südöstlichen Frankreich auf, (ausserdem *bombycinus* aus Algier). Zu *Hydroporus* sind inzwischen neu hinzugekommen *12-maculatus* von Sardinien und Corsica, und *discedens* aus Frankreich, beide von Régimbart beschrieben in Ann. Soc. France 1877. Bull. p. CXXXIII und CXXXIX.

p. 27. *Agabus didymus* Oliv. — lege *biocellatus* Müller. 1776.

p. 30. *Ochthebius Poweri* Rye. Ent. Monthl. Mag. 1869. Nr. 61. p. 4 aus England fehlt.

p. 35. *Oxypoda ruficornis* ‡ Gyll. (non Grav.!) — lege *spectabilis* Märkel. — *O. umbrata* ‡ Gyll. (non Grav.!) — lege *brevicornis* Steph.

p. 40. *Tachinus flavipes* ‡ Fabr. und *bipustulatus* ‡ Fabr. sind beide als hinfällige Namen noch zu ändern.

p. 41. *Tachinus rufipes* Deg. — lege Linn.

p. 52. *Geodromicus plagiatus* Er. — Nach einem bekannten und allgemein anerkannten Nomenclaturgesetze muss bei Vereinigung mehrerer bis dahin als selbstständig betrachteten Arten der älteste vorhandene Name der Art erhalten bleiben. Es kann also die fragliche, in ihrer Zusammensetzung übrigens höchst problematische Art, nicht den Erichson'schen Namen *plagiatus* führen, sondern der älteste Müller'sche Name *nigrita* muss ihr verbleiben.

p. 58. *Paussus* Linn. — Muss *Pausus* heissen und ist Dahl nicht Linné als Autor zu citiren.

Scydmaenus Schaumi Lac. — lege Luc.

p. 67. *Brachypterus quadratus* Creutz. (i. litt.) — lege Sturm. *Omosiphora* Reitter 1875 muss dem älteren (Trans. Amer. Ent. Soc. 1874. p. 76) Crotch'schen Namen *Epuraeanella* nachstehen.

p. 69. *Pityophagus ferrugineus* Fabr. — lege Linn.

p. 70. *Synchitodes crenatus* Herbst — lege Fabr. (1775).

p. 71. Beizufügen *Laemophloeus turcicus* Grouv. Ann. Soc. France. 1876. Bull. p. 33 und 1877. p. 212. t. 5. f. 11 aus der Türkei.

p. 74. Beizufügen *Anommatus Baudii* Reitter aus Toskana. (Siehe p. 27 dieser Zeitschrift).

p. 78. *Parnus striatellus* Fairm. 1859. = *algiricus* Luc. (1849); nach Mittheilung von Herrn Bedel.

p. 79. *Ateuchus* Weber. — lege *Scarabaeus* Linn. (1758).

Platycerus spinifer Schauf. wird vom Autor als bestimmt und gut verschieden von *caraboides* bezeichnet, ist daher als selbstständige Art aufzuführen.

Lucanus orientalis Kraatz — lege *ibericus* Motsch.

p. 80. *Caccobius mundus* Mén. ist bis jetzt nur aus Kleinasien nachgewiesen und gehört daher nicht in den Catalog.

Bubas bubalus Linn. — lege Olivier, bei Linné kommt die Art noch nicht vor.

Onitis Olivieri Illig. (1800) — lege *Belial* Fabr. Suppl. Ent. Syst. 1798. (Vide Col. Heft. XII. p. 1.)

Onthophagus rugosus Poda. 1761. — Dieser Name ist zwar älter als der Linné'sche *taurus* von 1767, Linné citirt aber *taurus* Schreber und da Schreber in seinen mir jetzt erst zugänglich gewordenen Nov. Spec. Ins. von 1759 schon der Linné'schen zweinamigen Nomenclatur sich bedient und dort auf p. 7 einen *Scarabaeus Taurus* beschreibt, so kann dieser Name für den gegenwärtigen *Onthophagus* beibehalten werden, der jetzt als *O. taurus* Schreber zu citiren ist. Meine Aenderung des australischen *O. rugosus* Kirby in *tenebrosus* wird hiedurch hinfällig.

p. 81. *Aphodius rufus* || Sturm — lege *Sturmi* Harold. Col. Heft. VI. 1870. p. 106. Dieser Sturm'sche *rufus* muss dem älteren Moll'schen *rufus* (*rufescens* Fabr.) von 1782 weichen, wie ich a. a. O. nachgewiesen habe. Die unter den Corrigendis des Catalogs auf p. 194 angebrachte Verbesserung, in welcher gar der ältere Moll'sche *rufus* in *arcuatus* Moll verwandelt werden soll, ist durch Missverständniss entstanden.

p. 82. *Aphodius montanus* Rosenh. — lege Erichs. In seinen Beiträgen erwähnt Rosenhauer nur, dass er den *A. montanus* Schmidt i. l. gefangen habe, eine Beschreibung der Art gibt erst Erichson.

p. 83. *Geotrypes* — lege *Geotrupes* (Vide Col. Heft. VIII. p. 100). *G. foveatus* Harold — lege Marsh. Ich habe den *foveatus* nicht neu beschrieben, sondern nur die Artrechte der Marsham'schen

Art zur Geltung gebracht. — *G. purpureus* Küst. hat einen dicht punktirten Hinterleib und gehört daher als Varietät zu *vernalis* und nicht zu *pyrenaeus*. Da die Verf. die caucasischen Arten zugelassen haben, so wäre hier auch *G. caucasicus* Sharp. Ent. Monthl. Mag. VIII. 1871. p. 10 aufzuführen gewesen.

Lethrus cephalotes Fabr. — lege Pallas.

Trox italicus Reiche. Die Angabe, dass dieser *Trox* aus Italien stammt, beruht auf einem Irrthum, da er ostindischer Herkunft ist. Er gehört daher nicht in ein Verzeichniss europäischer Coleopteren. — *Tr. hispanicus* Harold. Ich habe in meiner Monographie der Gattung *Trox* (Coleopt. Heft. X) durchaus keine Art dieses Namens beschrieben, sondern nur den *Tr. hispanicus* Waltl. i. l. als Varietät von *perlatus* besprochen. Ein gleiches gilt von *Tr. nodulosus*, bei dem Dahl i. litt. statt Harold zu lesen ist.

p. 84. *Glaphyrus serratulae* Fabr. Wer hat diesen *Glaphyrus*, der in Algier zu Hause ist, im südlichen Spanien nachgewiesen?

p. 86. *Anisoplia villosa* || Fald. ist jetzt wegen *villosa* Goeze ein vergebener Name, mit dessen Aenderung jedoch füglich bis zu einer Revision dieser confusen Gattung gewartet werden kann.

Hinzugekommen ist inzwischen *Elaphocera insularis* Fairm. Ann. Fr. 1877. Bull. p. LXVI aus Creta.

p. 89. *Anthaxia manca* Fabr. — lege Linn. Syst. Nat. XII. Addend p. 1067.

p. 91. *Agrilus rugicollis* Ratz. = *angustulus* Illig. (sec. Brisout).

p. 92. *Heteroderes* Latr. (1834) - lege *Aeolus* Eschsch. (1829).

p. 93. *Cardiophorus thoracicus* Fabr. — lege *gramineus* Scop.; *C. rufipes* Fourc. (1785) — lege Goeze (1777)

p. 96. *Trichophorus* || Muls. Dieser Name kann nicht bestehen, da er schon 1834 von Serville für eine Gattung der *Cerambycidae* gebraucht wurde. Ausserdem ist derselbe noch dreimal vergeben. Die Gattung kann übrigens füglich mit *Ludius* vereint bleiben.

p. 101. *Hapolochrus* — lege *Hapalochrus*.

p. 102. *Anthocomus fenestratus* Lind. ist gute Art und nicht Varietät des *regalis* (sec. Ab. de Perrin).

p. 103. *Ebaeus pedicularius* ‡ Schrank (non Linn.!) — lege *praeoccupatus* Gemming., denn auch *biguttatus* ‡ Fourc. bezieht sich irrthümlich auf Linné's *biguttatus (Malthinus)*.

Charopus flavipes ‡ Payk. (non Fabr.!) ist neu zu benennen und kann auch *pallipes* ‡ Er. wegen der gleichfalls irrthümlichen Bezugnahme auf *pallipes* Oliv. und weil ausserdem der Name ein vergebener wäre, nicht dafür eintreten.

p. 104. *Dasytes brevicornis* ‖ Kiesnw. — lege *tardus* Schauf. Nunq. otios. II. p. 384.

p. 106. *Trichodes* Herbst = *Clerus* Geoffr. Diese Aenderung ist unabweislich, da Geoffroy unzweifelhaft den *apiarius* als Type von *Clerus* betrachtet hat. (Von den beiden anderen Arten die er hieherrechnet, ist die eine ein *Corynetes*, die dritte ein kaum zur Familie gehöriges, mir übrigens nicht näher bekanntes Thier). Für *Clerus* bisherigen Gebrauchs ist demnach *Cleroides* Schäffer einzuführen, der den *formicarius* als Type festhält und *Clerus* Geoffroy noch ganz richtig für *apiarius* verwendet. *Thanasimus* Latr., ebenfalls auf *formicarius* gegründet, ist ein einfaches Synonym zu *Cleroides*.

p. 107. *Ptinus germanus* ‡ Fabr. (non Linné, dessen *germanus* ein *Rhyssemus* ist!) — lege *palliatus* Perris.

p. 109 *Apate* Fabr. Ich glaube, dass für die *francisca* ein neuer Gattungsname benöthigt sein wird, denn Fabricius hat *Apate* auf *muricata* gegründet und fällt daher *Sinoxylon* Dft. damit zusammen. Der Pallas'sche Name *Ligniperda* ist für die *francisca* ebenfalls unanwendbar, denn Pallas fasst darunter *capucina* Linn. (= *Bostrychus* Geoffr.) und *typographus* (= *Tomicus*) zusammen. *Ligniperda* steht am besten als Synonym unter *Bostrychus*.

p. 110. *Cis micans* Herbst (Col. V. 1793) — lege Fabr. Ent. Syst. 1792. — *C. reflexicollis* Ab. = *punctulatus* ‡ Luc. = *Lucasi* Abeille. *C. fagi* Waltl hat Ab. de Perrin jetzt als = *castaneus* nachgewiesen. Derselbe Autor (Ann. Fr. 1876) berichtet, dass *C. nitidulus* Mell. = *Ceracis castaneipennis* Mell. aus Cuba ist und dürfte die Vaterlandsangabe Italien auf Irrthum beruhen.

p. 113. *Scaurus punctatus* ‡ Herbst (non Fabr.) — lege *sticticus* Gemming.

Acis punctata Thunb. (1787) — lege *bacarozzo* Schrank. Der Schrank'sche Name ist der älteste und ebenso gut als *Pleocoma* staff, der auch unantastbar bleibt.

p. 120. Hinzugekommen ist *Sitophagus turcicus* Reitter, auf p. 8 dieser Zeitschrift beschrieben.

p. 121. *Nalassus quisquilius* ‡ Fabr. (non Linné!) — lege *Fabricii* Gemming. Die Aenderung geschah aus dem guten Grunde, weil Fabricius auf den *Tenebrio quisquilius* L. verweist, der ein *Crypticus* ist. — *N. caraboides* Ranz. (bei *striatus* Fourcr.) — lege Panz.

p. 122. *Cistela* Fabr. Der Ersatz dieses Namens durch *Pseudocistela* Crotch, jener von *Byrrhus* Fabr. durch *Cistela* Geoffr. und schliesslich der von *Anobium* Fabr. durch *Byrrhus* Geoffr. wird sich meines Erachtens nach nicht umgehen lassen. Was die Sachlage selbst betrifft, so ist diese eine völlig klare und keine abweichende Deutung möglich. Ich habe die Frage wiederholt und wie ich gern gestehe mit der Absicht geprüft, für die Zurückweisung der Geoffroy'schen Namen irgendwelchen Anhaltspunkt aufzufinden. Wir stehen somit vor der Alternative entweder eine eclatante Inconsequenz in der Durchführung unserer als richtig anerkannten Prinzipien zu begehen, oder durch eine radikale Prozedur einige seit mehr als hundert Jahren gebrauchte Namen nicht nur durch neue zu ersetzen, sondern theilweise sogar in einer ganz anderen Bedeutung fortan zu verwenden. Ich würde mich entschliessen die letztere Zumuthung, deren Missliches ich so gut empfinde wie die entschiedensten Gegner derselben, abzuweisen, wenn ich nicht der festen Ueberzeugung wäre, dass die Wiederherstellung dieser Namen von nun an immer und immer wieder versucht werden wird, so dass auch hier, wie in anderen Fällen, eine Ruhe und eine Stabilität für unsere Nomenclatur erst dann gewonnen sein wird, wenn auch der letzte verjährte Fehler ausgemerzt sein wird.

p. 125. *Notoxus excisus* Küst. (1848) = *mauritanicus* Laf. (1847) und fallen damit zusammen *hispanicus* Motsch., *bicoronatus* Bedel und als Männchen *appendicinus* Desbr.

p. 128. *Mylabris* Fabr. und *Bruchus* Linné (1767) werden gegen *Bruchus* und *Mylabris* Geoffr. (1762) umzutauschen sein. Da Geoffroy letzteren Namen als weiblichen gebraucht hat, so durfte Crotch die bisherigen *Bruchus*-Namen nicht als masculina damit verbinden.

p. 137. Einzuschalten: *Scythropus balearicus* Schauf. Nunq. otios. II. p. 409 von den Balearen.

p. 140. Nach Tournier (Ann. Soc. Belg. 1876) ist *Cneorrhinus siculus* Rottenb. = *meridionalis*. Auf *meridionalis*, *globatus* und *parapleurus* wird ein neues Subgenus *Dactylorhinus* errichtet, ebenso auf *piriformis*, *dispar*, *cordubensis*, *hypocyaneus*, *exaratus*, *albinus*, *tarsalis*.

Dicchi und *carinirostris* ein solches unter dem Namen *Attactagenus*. *Cn. argentatus* Perris behält jetzt diesen Namen, da der Gebler'sche *argentatus*, wegen dessen die Aenderung in *argentifer* geschah, nunmehr als *Catapionus* nachgewiesen ist.

p. 143. *Coniatus tamaricis* Fabr. — lege *tamarisci*, denn so hat Fabricius geschrieben und da beide Formen classisch sind, so liegt kein Grund vor die ursprüngliche Schreibart zu alteriren.

p. 148. *Erirrhinus (Erycus) Gerhardti* Letzn. und *Branesiki* Tourn. fallen beide mit *aterrimus (Phloeophagus)* Hampe zusammen, der somit von p. 158 des Catalogs hieher zu versetzen ist (sec. Tournier).

p. 150. *Balaninus venosus* Germ. — lege Gravenh. Vergl. Übers. zool. Syst. p. 204. Germar citirt selbst Gravenhorst! — *B. cerasorum* ‡ Herbst — lege *Herbsti* Gemming.

p. 157. *Raymondia* || Aubé (schon früher bei Dipteren von Frauenfeld verbraucht) — lege *Raymondionymus* Wollast. Die Verf. haben, und meiner Ansicht nach mit Recht, den Grundsatz adoptirt, gleichlautende Gattungsnamen innerhalb der Entomologie nicht zuzulassen und daher auch *Leptispa* Baly für *Leptomorpha* Chevrol. angenommen.

p. 161. *Rhynchites hungaricus* Fabr. (1792) — lege Herbst (1784). Es fehlt im Cataloge *Rh. caligatus* Haliday. Ann. Soc. Linn. Lyon. XVIII. 1871—72 p. 124 von Lucca.

p. 164. *Scolytus destructor* Oliv. — lege *Geoffroyi* Goeze (1777).

p. 165. *Cerambyx miles* Bon. Gegen die Vereinigung des *intricatus* Fairm. mit dieser Art hat sich Herr Reiche ausgesprochen (Ann. Soc. Fr. 1877. Bull. p. CXXII.)

p. 168. *Molorchus minimus* Scop. (1763) — lege *umbellatarum* Schreber. Nov. Ins. spec. 1759. p. 9.

p. 170. *Oberea erythrocephala* Fabr. (1787) — lege Schrank (1776).

p. 171. *Phytoecia flavicans* Muls. gehört nach Bedel nicht zu *nigricornis* Fabr. als Varietät, sondern zu *virescens* F. Neu ist unterdess beschrieben *Ph. vittipennis* Reiche. Ann. Fr. 1877. Bull. p. CXLI aus der Bulgarei, mit *praetextata* verwandt.

p. 172. *Strangalia thoracica* Fabr. (1801) — lege Creutz. 1799.

p. 173. *Donacia dentipes* Fabr. — lege *aquatica* Linn.

p. 174. *Crioceris merdigera* Linn. Hier ist die Synonymie gänzlich verfehlt, obwohl die Verfasser einfach den Münchener Catalog abzuschreiben brauchten. Als *merdigera* beschreibt Linné ausführlich die rothbeinige Art und fügt schliesslich bei: variat capite et pedibus nigris. Fabricius hat darauf irrthümlich den Namen *merdigera* auf die letztere übergetragen und die Linné'sche Type unter dem Namen *brunnea* neubeschrieben. Diese ist daher ein unzertrennliches Synonym von *merdigera* L. Die *merdigera* ‡ Fabr. hat zuerst durch Scopoli im Jahre 1763 den rechtmässigen Namen *lilii* bekommen.

p. 175. Nachzutragen sind *Gynandropthalma cincta* und *Oberthüri* Lefèvr. Ann. Fr. 1876. Bull. p. LXXIII, erstere aus dem Caucasus, letztere aus Andalusien.

p. 177. Neubeschrieben wurden inzwischen *Stylosomus depilis* und *rugithorax* Abeille de Perrin. Ann. Fr. 1877. Bull. p. XLIX, ersterer aus Corsica, letzterer aus Frankreich.

p. 178. *Simarcha Lomnicki* Miller = *rugulosa* H. Sch. (sec. Heyden).

p. 179. *Chrysomela melanostigma* H. Schäff. — lege *variolosa* Petagn. (1819). Diese Synonymie habe ich schon in Col. Heft. XIII. 1875. p. 107 nachgewiesen.

p. 180. *Melasoma*. Stephens hat die Gattung als Femininum gebraucht und es liegt durchaus kein Zwang vor, das Wort als Neutrum aufzufassen. So gut es eine männliche Gattung *Eusomus* gibt kann es auch eine weibliche *Melasoma* oder *Malacosoma* geben.

Phyllodecta tibialis Suffr. Diese Art wurde von mir früher irrthümlich für einerlei mit *vulgatissima* gehalten, besonders da um München letztere fehlt und die *tibialis* vorherrschend mit dunklen Beinen vorkommt. Die Artenunterschiede sind jedoch von Thomson und Seidlitz trefflich hervorgehoben und bildet namentlich das Längenverhältniss des zweiten zum dritten Fühlergliede ein ausgezeichnetes Trennungsmerkmal. Dagegen fallen sowohl *cavifrons* Thoms. als *atrovirens* Cornel. mit *latifrons* Suffr. zusammen. — *Ph. pumila* Reiche ist gar keine *Phyllodecta* sondern eine *Prasocuris* und höchst wahrscheinlich einerlei mit *vicina* Luc.

p. 181. *Galerucella crataegi* Forst. Auch hier ist die Synonymie ganz verunglückt. Es gehört nämlich, wie ich in Col. Heft. XIII. p. 181 nachgewiesen habe, die *sanguinea* Fabr. als Synonym zur

Forster'schen Art, wogegen *calmariensis* Fabr. als *xanthomelaena* Schrank aufzuführen ist. *Galerucella* gehört übrigens mit seinen geöffneten Gelenkgruben gar nicht in die Nähe von *Galeruca*, sondern hätte erst nach *Luperus* aufgeführt werden sollen. Warum haben denn hier die Verf. es besser machen wollen als Chapuis in seinen Genera und der damit übereinstimmende Münchener Catalog?

Agelastica halensis Linn. Die *halensis*, auf welche Motschulsky seine später unter dem Namen *Sermyla* von Chapuis näher charakterisirte Gattung *Agelasa* aufgestellt hat, ist generisch von der *alni* grundverschieden und hat damit nicht das mindeste gemein. Die Gattung gehört wegen ihrer offenen vorderen Hüftgruben in die unmittelbare Nähe von *Monolepta*.

Luperus xanthopoda Schrank. — Schrank hat diese Art so benannt so lange sie eine *Chrysomela* für ihn war, später nennt er sie, indem er sie zu *Luperus* stellt, selbst *xanthopus*, woraus klar genug hervorgeht, dass für ihn das *xanthopoda* nur eine vermeintliche weibliche Form für *xanthopus* war. Man sehe hierüber Col. Heft. XIII. p. 183.

p. 185. *Psylliodes glabrus* (sic!) Dft. Auch bei den mit *odes* gebildeten Gattungsnamen sehe ich keinen Zwang dieselben sammt und sonders über einen Kamm zu scheeren. Sie können ebenso gut als Feminina wie als Masculina gedacht werden und müssen jedenfalls in der Form gebraucht werden, wie sie der betreffende Autor zuerst aufstellte. In Zweifelsfällen wäre sich überdies an den Familiennamen zu halten und auch hier bedeutet *Psylliodes* eine flohartige *Haltica* oder *Chrysomela* und ist also allemal weiblich.

Beizufügen ist *Argopus punctatus* Schauf. Nunq. otios. II. p. 424 von Tiflis.

p. 187. *Symbiotes pygmaeus* Hampe = *gibberosus (Cryptophagus)* Luc. und *lutus* Redtenb. = *rubiginosus (Nitidula)* Heer. (sec. Bedel).

J. Sahlberg's Enum. Col. Fenn. I. 1876 *(Staphylinidae)* ist den Verf. des Catalogs unbekannt geblieben und ich gebe hier zum Schlusse die Liste der dort neu beschriebenen Arten sowie einige Synonymien.

Philonthus setosus p. 14, neben *carbonarius* Gyll.
Microsaurus nigripennis p. 26, neben *mesomelinus* Marsh.
Othius volans p. 32, neben *melanocephalus* Grav.
Paederus fennicus p. 38, neben *longipennis* Er.
Stenus coxalis p. 49, neben *ater* Mannerh.

Stenus hyperboreus p. 50, neben *proditor* Er.
Stenus scabriculus p. 53, neben *eumerus* Ksw.
Stenus lapponicus p. 56, vielleicht *labilis* ‡ Thoms.
Stenus confusus p. 58, vielleicht *aemulus* Thoms.
Baryodma signata p. 75, neben *laevigata* Gyll.
Baryodma diversa p. 77, neben *lanuginosa* Grav.
Baryodma fucicola p. 80, neben *binotata* Kraatz.
Baryodma subtilis p. 81, neben *nitida* Grav.
Phymatura (n. g.) p. 85, auf *Bolitochara brevicollis* errichtet.
Phymatura gyrophaenoides p. 86, vielleicht nur hellgefärbte Var. der *brevicollis*.
Bessopora subrugosa p. 111, neben *brachyptera* Steph.
Demosoma curta p. 116, neben *formiceticola* Märk.
Demosoma canaliculata p. 116, neben *incrassata* Rey.
Eurylophus (n. g.) p. 117, neben *Atheta*.
Eurylophus grandiceps p. 118.
Ocalea agilis p. 124, neben *badia* Er.
Homalota brevipennis p. 126, neben *plana* Gyll.
Alcuonota? hydrosmectoides p. 132, neben *tenella* Mannerh.
Liogluta drusilloides p. 135.
Atheta laevicauda p. 139, neben *cognita* Sharp.
Atheta piligera p. 140, neben *eremita* Rye
Atheta punctulata p. 144, neben *fusca* Sahlb.
Atheta ruficornis p. 145, neben *tibialis* Heer.
Atheta magniceps p. 146, neben *debilis* Er.
Atheta rotundicollis p. 148, neben *curtipennis* Sharp.
Atheta granulicauda p. 149, aberrante Art, von *Stenus*-artigem Habitus.
Atheta boleticola p. 152, neben *boletobia* Thoms.
Atheta rufipes p. 154, neben *valida* Kraatz.
Atheta fennica p. 156, neben *sodalis* Er.
Atheta lapponica p. 157, neben *sodalis* und *pilicornis* Thoms.
Atheta lativentris p. 158, vielleicht ein neues Genus bildend.
Atheta emarginata p. 160, neben *nigricornis* Thoms.
Atheta convexa p. 167, neben *incognita* Sharp.
Thinobius longicornis p. 181, neben *longipennis* Heer.
Tachyporus corpulentus p. 188, neben *scitulus*.

Tachinus atripes p. 192, dazu *aterrimus* ‡ Sahlb. 1870.
Tachinus rufulus p. 194, neben *collaris*.
Drymoporus punctipennis p. 195, neben *elongatus*.
Mycetoporus borcellus p. 199, neben *Reichei* Pand.
Olophrum laticolle p. 211, neben *piceum*.
Etheothassa crassicornis p. 217, neben *deplanata* Gyll.
Lathrobium rufipes Mäkl. wird als verschieden von *Zetterstedti* Rye nachgewiesen, ebenso *L. longipenne* Fairm. von *longulum* Grav.
Hydrosmecta simillima Rey = *tenella* Mannerh.
Atheta volans Scriba = *melanocera* Thoms.
Tachyporus centrimaculatus Sahlb. und *obscurellus* Zetterst. gehören beide zu *jocosus*.
Homalium lagopinum Sahlb. Not. Faun. Fenn. XI. 426 ist neben *laticolle* im Cataloge einzureihen.
Coprothassa tenera Sahlb. 1831 — lege *melanaria* Mannerh. 1830.
Acrotona parvula Mannerh. = *parva* Sahlb.

Nachtrag.

p. 4. *Carabus Ulrichi* — lege *Ullrichi*, denn so schreibt sich Ullrich selbst in seinen Briefen (von Dr. Kraatz mitgetheilt).

p. 22. *Trechus (Anophthalmus) pubescens* ‖ Joseph — lege *amplus* Jos. Hr. Bedel hat den Namen *pubens* vorgeschlagen, ich glaube jedoch dass in solchen Fällen den Namen vorhandenen Varietäten der Vorrang vor Neubenennungen zukommt. Wegen des älteren *pubescens* Horn ist der Joseph'sche Name allemal zu beseitigen.

p. 35. *Tachyusa flavitarsis* Sahlb. — lege *leucopus* Marsh.

p. 45. *Philonthus lucens* ‡ Er. (non Mannerh., welcher = *atratus* ist) — lege *Mannerheimi* Fauvel.

p. 70. *Cymba* Seydlitz — lege *Seidlitz*. — Ebenda *Coxelus* statt *Coxcelus*.

p. 71. *Uleiota* — lege *Uliota* und *planata* statt *planatus*.

p. 183. Durch offenbares Versehen sind *Phyllotreta* und *Aphthona* als Untergattungen von *Podagrica* aufgeführt.

Beiträge zur Kenntniss aussereuropäischer Coleopteren

von

Edm. Reitter in Paskau (Mähren).

Corylophidae.

1. *Sacium atrum* (n. sp.): *Subovatum, nitidulum, subtilissime punctulatum, breviter pubescens, nigrum, antennis pedibusque rufo-testaceis; prothorace nigro-piceo, subtransverse semiovato, basi vix sinuato, maculis duabus antice testaceo-pellucidis, elytris nigris.* — Long. 1.2 mill.

Patria: Mexico.

Aus der Verwandtschaft des *S. obscurum* Sahlb. aber tief schwarz, das Halsschild dunkel pechbraun, der Seitenrand schmal und jederseits am Vorderrande ein Fleckchen blassgelb gefärbt. Die Punktirung der Oberseite ist sehr fein, dicht und gleichmässig, die Behaarung grau. In der Sammlung des Dr. C. A. Dohrn.

Die von mir in den Verhandlungen der k. k. zoologisch-botanischen Gesellschaft in Wien, Jahrgang 1877 pag. 192 und 193 beschriebenen *Arthropus*-Arten: *politus, similaris, Oberthüri* und *fenestratus* gehören zur Gattung *Sacium*.

2. *Sericoderus castaneus* (n. sp.): *Oblongo-ovatus, subtilissime pubescens, castaneus, antennis pedibusque testaceis; prothorace semicirculari transverso, ferrugineo, macula antice nigricante, angulis posticis acuminatis, elytris subtilissime parceque punctulatis.* — Long. 0.9 mill.

Patria: Japonia.

Dem *S. lateralis* ähnlich, aber mehr in die Länge gezogen, dunkelkastanienbraun, das Halsschild rostfärbig. Die Flügeldecken sind weitläufiger und noch feiner als bei *lateralis* punktirt und zeigen bei sehr starker Vergrösserung Spuren von feinen rissigen Runzeln.

Von Hiller in Japan entdeckt.

3. *Sericoderus fulvicollis* (n. sp.): *Ovatus, lutus, dense subtiliter pubescens, nigro-piceus, antennis pedibusque testaceis; prothorace*

semicirculari transverso, rufo, macula parva antice nigricante, angulis posticis acuminatis; elytris subalutaceis, dense punctulatis. — Long. fere 1 mill.

Patria: Australia.

Dem *S. lateralis* in Grösse, Form und Färbung recht ähnlich; die Flügeldecken sind aber dichter punktirt und am Grunde, namentlich gegen die Spitze, hautartig sculptirt, dann sind dieselben gewöhnlich dunkler und dichter behaart; das Halsschild von lebhafterer rother Färbung. Das Pygidium ist sehr dicht und stark punktirt.

Von Herrn A. Grouvelle eingesendet.

4. *Sericoderus pallidulus* (n. sp.): *Ovatus, latus, subtilissime pubescens, testaceus; prothorace semicirculari transverso, macula antice nigricante, angulis posticis acuminatis, elytris subalutaceis, crebre punctulatis.* — Long. 7 mill.

Patria: Australia.

Dem *S. pallidus* aus Japan sehr ähnlich, aber noch merklich kleiner. Die Flügeldecken sind äusserst fein hautartig gerunzelt und dicht punktirt. Von *lateralis* durch die geringe Grösse, Färbung und die dichte und ziemlich markirte Punktirung der Flügeldecken abweichend.

In der Sammlung des Herrn A. Grouvelle in Mans.

Nitidulidae.

5. *Adocimus dimidiatus* (n. sp.): *Elongatus, oblongus, parallelus, depressus, nitidus, glaber, aurantiaco-flavus, elytris dimidiis apice nigris, antennarum clava fusca.* — Long. 8,5 mill.

Patria: Nov. Guinea.

Langgestreckt, ziemlich gleichbreit, niedergedrückt, glatt, sehr glänzend hell orangengelb, die Fühlerkeule braun, und die hintere Hälfte der Flügeldecken schwarz. Kopf zwischen den Fühlern jederseits mit einem punktförmigen Grübchen und wie das Halsschild kaum punktirt, glatt. Augen schwarz. Halsschild breiter als lang, an den Seiten gerundet, die Vorderecken sehr stumpf, verrundet, die hinteren noch stärker abgerundet. Schildchen glatt. Flügeldecken etwas länger als zusammen breit, die hintere Hälfte schwarz, die gelbe Färbung von der dunkeln nicht sehr scharf begrenzt, die letztere an der Naht etwas nach vorne erweitert, die Scheibe undeutlich schräg gestreift, der Hinterrand ist sehr subtil gerandet. Hinterleib oben obsolet, an den Seiten deutlicher punktirt.

Mit *A. bellus* nahe verwandt, aber schon durch die Färbung der Flügeldecken verschieden.

In der Sammlung des Herrn Dr. C. A. Dohrn, und in meiner Collection.

6. *Haptoncura imperialis* (n. sp.): *Orata, subdepressa, subtilissime punctulata, subtiliter puberula, minus nitida, rufo-testacea, prothorace transverso, antrorsum parum angustato, lateribus marginatis et parum reflexis, margine antice sat profunde emarginato, dorso utrinque vitta, antice abbreviata, nigra; coleoptera infuscata, macula basali magna communi triangulari indeterminata, sutura, lateribus tenuiter, macula subrotundata utrinque ante medium et subapicali testaceis; aut lutea, maculis nigris variabilibus; antennarum clava fusca.* — Long. 2.2 mill.

Patria: Australia.

Eine schöne neue Art aus der Verwandtschaft der *H. Thiemei, ocularis* und *decorata*, aber grösser und durch die Färbung recht abweichend. Länglich eiförmig, röthlichgelb, wenig glänzend, äusserst gedrängt und fein punktirt und ebenso fein behaart Fühler mit dunkler Keule. Kopf mit zwei seichten Eindrücken zwischen den Fühlern. Halsschild breiter als lang, nach vorne schwach gerundet verengt, die Seiten ziemlich schmal, gegen die Basis allmählich breiter abgesetzt und leicht aufgebogen, der Vorderrand tief ausgeschnitten, der Hinterrand schwach dreibuchtig, die Hinterecken rechtwinkelig, die vorderen vorspringend, die Scheibe mit zwei schwarzen Längsstreifen, welche nach vorne abgekürzt sind. Schildchen dreieckig, gelb. Flügeldecken schwärzlich, der schmale Seitenrand, eine grosse dreieckige, die ganze Basis einnehmende unbestimmte Makel, dann die Naht und auf jeder einzelnen ein rundlicher Flecken vor der Mitte und vor der Spitze röthlich gelb. Der grosse dreieckige Basalfleck erreicht gewöhnlich mit der Spitze die runde Makel vor dem Ende der Flügeldecken. Manchmal sind die Flügeldecken rothgelb und nur eine nahezu ringförmige dunkle Makel auf der Mitte der Scheibe jeder einzelnen Decke.

In meiner und der Sammlung meines Freundes Grouvelle in Mans.

7. *Cryptarcha maculosa* (n. sp.): *Oblonga, suborata, leviter deplanata, subtilissime confertim punctulata et dense breviter pubescens, nigro-picea, capite et prothoracis lateribus fusco ferrugineis, elytris setululis brevibus albidis subseriatim dispositis, supra subluteo maculosis.* — Long. 2—2.2 mill.

Patria: Chili.

Eine sehr kleine neue Art aus der Verwandtschaft der *strigata, concinna, bella, imperialis* etc. Langgestreckt, oval, wenig gewölbt, schwärzlich braun, überall äusserst fein punktirt und dicht fein behaart, wenig oder nicht glänzend. Kopf und Fühler rostbraun. Halsschild fast doppelt so breit als lang, mindestens von der Breite der Flügeldecken, die Seiten und manchmal auch einige Quermakeln auf der Scheibe roströthlich. Flügeldecken dreimal so lang als das Halsschild, mit Reihen feiner weisslicher Börstchen besetzt und vielen rostgelblichen Makeln auf der Oberseite. Die letzteren sind der Anlage nach wie bei *imperialis* gestellt, nur sind sie zahlreicher, kleiner, und weniger zusammenhängend. Unterseite dunkelbraun, die Spitze des Hinterleibes und der Schienen, dann die Füsse heller gefärbt.

In meiner Sammlung.

8. *Cryptarcha nitida* (n. sp.): *Oblonga, lata, subdepressa, nitida, glabra, crebre punctata, nigro-picea, fronte antice, lateribus prothoracis elytrorumque, his sutura et fasciis duabus lobato-interruptis, subtus cum antennis pedibusque ferrugineis; elytris substriatis, interstitiis latis crebre punctatis.* — Long. 4.2 mill.

Patria: Adelaide.

Der *C. nitidissima* Rttr. sehr ähnlich und nahe verwandt; sie unterscheidet sich von ihr durch grössere, mehr niedergedrückte und weniger glänzende Körperform und die viel stärkere auf Halsschild und Flügeldecken ganz gleichmässige Punktirung. Die Färbung ist ähnlich wie bei der verglichenen Art. Die vordere Binde ist gewöhnlich in drei im Dreieck stehende Makeln aufgelöst, die zweite unter der Mitte fast ganz, ziemlich gerade und schliesst mit dem hellen Spitzenrande einen rundlichen dunklen Fleck vor der Spitze ein. In der Sammlung des Herrn Grouvelle.

9. *Ips janthinus* (n. sp.): *Oblongus, sat convexus, nitidus, coeruleus, abdomine rufo, elytris subtiliter striato-punctatis.* — Long. 5.5 mill.
Patria: Tasmania.

Länglich, ziemlich stark gewölbt, sehr glänzend, glatt, stahlblau, die Fühler schwarz, der Bauch rothgelb und die Brust schwarzbraun mit blauem Scheine. Fühler den Hinterrand des Halsschildes nicht erreichend, die Glieder der Geissel fast knopfförmig, das 4.—8. breiter als lang; die beiden ersten Glieder der Keule quer. Kopf schmäler als das Halsschild, kräftig punktirt, zwischen den Fühlerwurzeln quer eingedrückt, der Vorderrand des Clypeus gerade, schmal. Halsschild breiter als lang, die Seiten wenig aber gleichmässig gerundet, schmal gerandet, der Vorderrand in der Mitte etwas gerundet erweitert, die Vorderecken fast stumpf, kaum vorspringend, der Hinterrand deutlich doppelbuchtig und vor demselben linienförmig quer vertieft, die Hinterwinkel fast rechteckig, die Scheibe fast gleichmässig gewölbt, kräftig punktirt, die Zwischenräume bei starker Vergrösserung sichtbar sehr fein hautartig reticulirt. Flügeldecken sehr wenig breiter als das Halsschild, in Streifen punktirt, die Punkte etwas kleiner als jene des Halsschildes. Vorderbrust gedrängt und tief, Hinterbrust einzeln, Bauch feiner und spärlich punktirt. Füsse gleichmässig leicht erweitert.

In meiner Sammlung. Soll sich unter obigem Namen im Berliner Museum befinden.

10. *Ipsimorpha ruficapilla* (n. sp.): *Elongata, subparallela, convexa, nitida, glabra, fusca, capite antennisque ferrugineis, pedibus abdomineque rufis; elytris fortiter striato-punctatis.* — Long. 5 mill.
Patria: Mexico.

Der *I. striato-punctata* in der Grösse gleichkommend, aber viel stärker gewölbt und durch die Färbung sehr abweichend. Ziemlich gleichbreit, stark gewölbt, glänzend, dunkel kastanienbraun, der Kopf sammt den Fühlern rostroth, der Bauch und die Beine heller gelbroth. Kopf mit einem gebogenen Eindrucke zwischen den Fühlern, der aber in der Mitte gewöhnlich unterbrochen ist, schmäler als das Halsschild. Das letztere etwas breiter als lang, ziemlich kräftig punktirt, der Vorderrand gerade abgestutzt, die Seiten leicht gerundet, vor den spitzen Hinterecken sinuirt. Schildchen fast glatt. Flügeldecken gleichbreit, dreimal so lang als das Halsschild, parallel, tief gestreift punktirt, die Zwischenräume ziemlich schmal, mit vereinzelten, hie und da gereihten Pünktchen besetzt. Nahtstreif an der Spitze vertieft.

Von Bilimeck in Mexico gesammelt; in meiner Sammlung.

Trogositidae.

11. *Latolaera quadrimaculata* (n. sp.): *Breviter ovalis, subdepressa, nitida, glabra, ferruginea, elytris subtiliter striato-punctatis, interstitiis dense subtilissime punctulatis; nigris, macula subbasali et altera subapicali rubra.* — Long. 6.5, lat. 3.5 mill.

Patria: Malacca.

Breit, oval, schwach gewölbt, sehr glänzend, glatt, rostroth, der Hinterrand des Kopfes und die Mitte des Halsschildes dunkler; Unterseite, Fühler und Beine gelbroth. Kopf und Halsschild ziemlich dicht und stark punktirt. Das letztere jederseits an der Basis mit einem kleinen schrägen Eindrucke, der Hinterrand fein gerundet und schwach dreimal gebuchtet. Schildchen glatt, braunroth. Flügeldecken schwarz, in Streifen fein punktirt, die Zwischenräume ziemlich breit, gleichmässig dicht und sehr fein punktirt; schwarz, eine runde Makel in der Mitte knapp unter der Wurzel und eine schräge elliptische vor der Spitze blutroth. Spitze des Pygidiums braunroth. Seiten der Flügeldecken, namentlich vorne, breit abgesetzt, zerstreut punktirt.

In der Sammlung meines Freundes Grouvelle in Mans.

Grynocharina nov. gen.

Clypeus apice truncatus; fronte inter antennas transversim subimpressa. Mandibulae parum prominulae, apice bidenticulatae. Antennae novemarticulatae, articulo primo valde, secundo parum incrassato, clava biarticulata. Prothorax coleopteris latitudine, transversus, antice emarginatus, angulis anticis productis, lateribus explanatus. Elytra punctato-striata. Prosternum inter coxas tenuissimum, apice triangulariter subdilatatum. Pedes approximati, tibiae anticae unco curvato armatae; tarsi simplices vix elongati, unguiculi minus dentati. Corpus fere ut in genere *Ostoma*, parce breviterque pubescens.

Ganz von der Körperform der *Ostoma Yvanii* Allib., nur gedrungener; unterscheidet sich von *Ostoma* durch die neungliederigen Fühler mit zweigliederiger Keule. Dadurch kommt diese Gattung in die unmittelbare Nähe von *Peltonyxa* Rttr. zu stehen, sie entfernt sich aber von der letzteren durch zweigliederige Fühlerkeule, vorstehende Mandibeln und Vorderecken des Halsschildes, hinter den Vorderhüften dreieckig verbreiterte Prosternumspitze, einfache Füsse und undeutlich gezähnte Klauen.

12. *Grynocharina peltiformis* (n. sp.): *Late ovalis, ferruginea, nitidula, parce breviter pubescens, margine laterali subtus cum antennis pedibusque dilutioribus; prothorace alutaceo, parce punctato, elytris costulatis, interstitiis fortiter crenato-punctatis.* — Long. 2.7 mill.

Patria: India orientalis.

Breit oval, an den Seiten ziemlich parallel, etwas glänzend, spärlich und kurz behaart, rostfarbig; die Unterseite, Fühler, Beine und der breit abgesetzte Seitenrand des Körpers heller. Kopf und Halsschild hautartig genetzt und ziemlich fein und spärlich, seicht punktirt. Das letztere von der Breite der Flügeldecken, mehr als doppelt so breit als lang, nach vorne leicht gerundet verengt, die Seiten breit abgesetzt, der Vorderrand tief ausgeschnitten, die Vorderwinkel vorragend, die hinteren verrundet. Schildchen glänzend, gerundet dreieckig, höchst subtil und spärlich punktirt. Flügeldecken 1 $^1/_2$ Mal so lang als zusammen breit, an den Seiten gleichmässig und breit abgesetzt, die Scheibe von schwach erhabenen Kielen durchzogen, die Zwischenräume gleichmässig, tief und quer gekerbt punktirt. Unterseite etwas matt, schwer sichtbar punktirt.

In der Sammlung des Herrn C. A. Dohrn.

Colydiidae.

13. *Colobicus uniformis* (n. sp.): *Elongato-ovalis, paululum convexus, breviter setulosus, subnitidus, ferrugineus, subtus cum antennis*

pedibusque dilute brunneus; capite thoraceque granulatis, elytris striato-punctatis, seriatim breviter setulosis, interstitiis sat latis, aequalibus, nitidulis. — Long. 4.3, lat. fere 2 mill.

Patria: India orientalis.

Dem *C. emarginatus* ähnlich, aber oben einfärbig rostbraun, unten braungelb; der Kopf ist kleiner, stärker quer und sowie das Halsschild kräftig granulirt; Flügeldecken mit ganz ähnlicher Sculptur; die Börstchen sind auf der Oberseite länger, einfärbig braun. Durch die helle einfärbige Oberseite ist diese Art vor allen bekannten sehr ausgezeichnet.

In der Sammlung des Herrn C. A. Dohrn.

14. *Phlocodalis Erichsoni* (n. sp.): *Ovalis, nitidulus, subpubescens, subtus cum antennis pedibusque ferrugineis, supra fuscus, capite antice et prothoracis lateribus dilutioribus; hoc antrorsum angustato; elytris thorace parum latioribus, dense crenato-striatis, subtilissime rugulosis, interstitiis angustis, alternis paululum elevatioribus.* — Long. 3 mill.

Patria: Vera-Cruz.

Oval, wenig glänzend, sehr kurz und undeutlich behaart, unten sammt Fühlern und Beinen rostroth, oben braunschwarz, der Vorderrand des Kopfes, die Seiten des Halsschildes und der schmale Seitenrand der Flügeldecken braunroth. Kopf dicht und seicht punktirt, fast eben. Halsschild etwas schmäler als die Flügeldecken, doppelt so breit als lang, nach vorne verengt, die Seiten ziemlich breit aber unbestimmt abgesetzt, die Vorderecken stark gegen die Augen vorragend, die hinteren abgerundet, die Scheibe dicht und seicht punktirt, jederseits mit 3—4 nicht sehr deutlichen Längslinien. Flügeldecken reichlich 1 $\frac{1}{2}$ mal so lang als zusammen breit, an der Spitze gemeinschaftlich abgerundet, die Seiten ziemlich schmal abgesetzt, die Scheibe dicht in Streifen gekerbt-punktirt, die Zwischenräume schmal, überall sehr fein, mit unbewaffnetem Auge kaum sichtbar runzelig, die abwechselnden etwas erhabener als die anderen; die Kielchen correspondiren an der Basis mit den Streifen des Halsschildes.

In der Sammlung des königlichen Museums in Berlin.

15. *Illestus Grouvellei* (n. sp.): *Nigro-fuscus, subopacus, clypeo antice, prothorace lateribus et margine antice, humeris, corpore subtus cum an-*

tennis pedibusque ferrugineis; prothorace subtransverso, foveolato, basin versus valde angustato, lateribus irregulariter serrulatis, angulis anticis valde productis, posticis acutis; elytris striato-punctatis, interstitiis alternis subelevatis, costa intermedia parce interrupta. — Long. 3.2 mill.

Patria: Australia.

Dem *I. repandus* Rttr. in Form, Grösse und Färbung ganz ähnlich, das Halsschild ist aber an den Seiten deutlich gezähnelt, nach der Basis stark verengt und die Vorderwinkel nach aussen flügelförmig erweitert, und von den abwechselnd erhabenen Zwischenräumen der Flügeldecken ist nur der mittlere (zweite) deutlich mehrmals unterbrochen.

Von meinem Freunde A. Grouvelle freundlichst eingesendet.

16. *Illestus productus* (n. sp.): *Nigro-fuscus, subopacus, antennis tarsisque ferrugineis; prothorace subtransverso, foveolato, basin versus valde angustato, lateribus irregulariter serrulatis, angulis anticis fortiter productis, dilutioribus, posticis obtusis; elytris striato-punctatis, interstitiis alternis leviter elevatis, integris.* — Long. 3 mill.

Patria: Australia.

Dem *I. Grouvellei* sehr nahe verwandt, von derselben Grösse und Körperform, ähnlich sculptirt, aber dunkler gefärbt, nur die Fühler, zum Theile die Schienen und Füsse rostroth; die Hinterecken des Halsschildes sind stumpfwinkelig, die Gruben auf der Scheibe desselben undeutlicher und die sie umgebenden Linien treten schärfer hervor, die Flügeldecken sind etwas länger, einfärbig, und die abwechselnd erhöhten Zwischenräume nicht unterbrochen.

Von Herrn Dr. Haag erhalten.

Cucujidae.

17. *Ancistria Fabricii* (n. sp.): *Tenuissima, cylindrica, nitida, nigro-picea, elytris castaneis, antennis pedibusque ferrugineis; capite canaliculato, parce subtilissime, thorace dense sat fortiter punctato, hoc basin versus parum angustato; elytris subtiliter punctato-striatis, apice sulcatis et declivibus, interstitio suturali apice costato.* — Long. 4.5 mill.

Patria: India orientalis.

Diese Art muss sich von der mir unbekannten *Ancistria retusa* Fabr. durch die Färbung, hauptsächlich aber durch die dichte kräftige Punktirung des Halsschildes unterscheiden, indem Fabricius das Halsschild seiner *retusa* als kaum punktirt bezeichnet. Die von mir in Nr. XV der Coleopterologischen Hefte pag. 39 und 40 als *Ancistria semicastanea*, *filum* und *tenuissima* beschriebenen Arten gehören zu *Scalidia* und stammen wohl sämmtlich aus Südamerica. Die Gattung *Ancistria* ist besonders durch die äusserst stark verlängerten Füsse und durch die Bewaffnung der Vorderschienen ausgezeichnet. Sehr schmal und langgestreckt, cylindrisch, schwarzbraun, die Flügeldecken kastanienbraun, Fühler und Beine rostroth. Der Kopf cylindrisch, länger als breit und fast etwas breiter als das Halsschild, sehr fein und zerstreut punktirt, mit einer Längsfurche über der Mitte und am Vorderrande mit 2 abgekürzten Furchen, welche sich vorne mit der Mittelfurche vereinigen. Die Seiten des Kopfes fein linienförmig gerandet; der Hinterkopf ist leicht eingeschnürt, hier genau so breit als das Halsschild am Vorderrande, der Hals stärker aber seicht punktirt. Am Vordertheile ist der Kopf zwischen den Fühlerwurzeln eingeengt. Mandibeln vorragend, die Spitzen niedergebogen, an der Wurzel jederseits schwach eckig erweitert. Augen rund, seitenständig, in der Mitte des Kopfes gelegen, mässig gross, nicht sehr aus der Kopfwölbung hervorragend. Fühler 11-gliederig, vor den Augen eingefügt, allmählich gegen die Spitze verbreitert, ziemlich plattgedrückt, Glied 1—6 sehr wenig länger als breit, vom sechsten allmählich an Länge ab und nach innen an Breite zunehmend, fast schwach stumpf gesägt erscheinend. Halsschild doppelt so lang als vorne breit, von der Mitte gegen die Basis leicht verschmälert, die Seiten sehr fein linienförmig gerandet, die Hinterwinkel rechteckig, aber ziemlich dicht und kräftig punktirt. Schildchen klein, rund, knopfförmig erhöht, indem die Umgebung desselben niedergedrückt ist. Flügeldecken von der Breite des Halsschildes, $2\frac{1}{4}$ mal so lang als das letztere, cylindrisch, fein und dicht gestreift, in den Streifen undeutlich punktirt, die Spitze plötzlich niedergebogen, die Streifen derselben tiefer markirt, der Seitenrand an der Spitze etwas verlängert und abgeflacht; der erste Zwischenraum an der Naht und der dritte vor den Seiten an der Spitze kielförmig erhaben und bis zur äussersten Spitze verlaufend; der dritte von der Naht gegen die Spitze ebenfalls kielförmig erhaben, vor der letzteren aber abgekürzt. Alle Zwischenräume mit vereinzelten gereihten Pünktchen versehen und überdies spärlich mit unregelmässigen sehr feinen Querrissen versehen. Schenkel und Schienen kurz, die ersteren leicht verdickt, die Füsse sehr lang, alle 5-gliederig; das erste Glied von der Länge der Schiene, die folgenden allmählich an Länge abnehmend, das Klauenglied so lang als die beiden vorhergehenden zusammen, die Klauen klein, einfach. An den Vorderschienen befindet sich am Ende ein sehr langer Enddorn, der so lang ist als die Schiene selbst; derselbe ist an der Wurzel gerade, gegen die Spitze hackenförmig gebogen. Die hinteren Schienen mit einem kleinen, kurzen und ziemlich geraden Enddorn.

In meiner Sammlung.

Telmatophilidae.

18. *Thallestus Dohrni* (n. sp.): *Breviter ovalis, rufo-brunneus, dense fulvo-pubescens, vix alutaceus, subtus cum antennis pedibusque dilutioribus, prothorace parce punctato, linea elevata submarginali postice angulum versus gradatim currente; elytris thorace latioribus, fortiter seriatim punctatis, punctis apicem versus sensim subtilioribus, interstitiis minutissime inaequaliter punctulatis, macula magna indeterminata communi in medio fusca.* — Long. 2 mill.

Patria: India orientalis.

Kurz oval, rostbraun, die Unterseite heller, Fühler und Beine gelbroth, oben sehr dicht und ziemlich lang graugelb behaart. Kopf fast eben, punktirt. Halsschild etwas schmäler als die Flügeldecken, drei Mal so breit als lang, nach vorne gerundet verengt, Vorder- und Hinterrand fast gerade, die Vorderwinkel nur sehr wenig vorspringend, die Seiten und der Hinterrand fein erhaben gerandet, die an dem Seitenrande befindliche, überall deutliche erhabene Längslinie verläuft nach abwärts allmählich ganz in der Nähe der rechtwinkeligen Hinterecken. Oben nicht hautartig genetzt, spärlich aber ziemlich stark punktirt. Schildchen querviereckig. Flügeldecken $1^{1}/_{2}$ mal so lang als zusammen an der Basis breit, dicht behaart, mit etwas emporgehobeneren Haarreihen, sehr stark aber nicht allzu gedrängt punktirt, die Punkte gegen die Spitze allmählich feiner werdend, die Zwischenräume gleichmässig eben, höchst subtil punktirt. Auf der

Mitte der Scheibe befindet sich ein gemeinschaftlicher unbestimmter dunklerer Flecken.

In der Sammlung des Herrn C. A. Dohrn in Stettin.

19. *Thallestus liliputanus* (n. sp.): *Parvulus, ovatus, rufotestaceus, dense fulvo-pubescens; prothorace parce punctato, ante scutellum late rotundatim producto, linea elevata submarginali antice et postice subaequaliter remota, elytris thorace paululum latioribus; subtiliter seriatim, apicem versus obsolete punctatis, striis dorsalibus subobsoletis, interstitiis dense minutissime inaequaliter punctulatis.* — Long. 1,5 mill.

Patria: India orientalis.

Nur halb so gross wie *T. throscoides* und *Wollastoni*, ähnlich aber heller gefärbt, einfärbig, nur die Augen schwarz. Das Halsschild ist sehr stark nach vorne verengt. Die Dorsalreihen der Flügeldecken sind viel undeutlicher als jene der Seiten.

In der Sammlung des Herrn C. A. Dohrn.

20. *Thallestus obscurus* (n. sp.): *Oblongo-ovalis, sat convexus, nigro-fuscus, subtus ferrugineus, antennis pedibusque rufo-testaceis, nitidulus, pube dense cinerea tectus, prothorace parce punctato et punctulis minutissimis intermixtis, linea elevata submarginali antice et postice subaequaliter remota; elytris thorace $3\frac{1}{2}$ longioribus, subtiliter seriatim punctatis, striis dorsalibus adhuc subtilioribus, striis prope humeros sat fortiter punctatis, interstitiis dense minutissime inaequaliter punctulatis.* — Long. 2 mill.

Patria: India orientalis.

Gestreckt oval, oben sehr dicht grau behaart, schwarzbraun, unten rostbraun, Fühler und Beine rothgelb. Halsschild mindestens doppelt so breit als lang, nach vorne verengt, am Grunde vor der Basis der Flügeldecken zerstreut und sehr seicht punktirt, die Zwischenräume wie auf den Flügeldecken mit sehr subtilen Pünktchen untermischt. Die Dorsallinie jederseits nahe am Seitenrande verläuft mit dem letzteren ziemlich parallel; sie ist in der Nähe der Hinterwinkel etwas mehr denselben genähert, als wie am Vorderrande den Vorderecken. Schildchen quer viereckig. Flügeldecken mit Punktreihen, welche gegen die Spitze feiner werden; ebenso sind dieselben in der Nähe der Naht subtiler, in der Nähe der Schultern aber mit kräftigeren und grösseren Punkten markirt.

Durch die gestreckte und gewölbte Gestalt, dann durch die dunkelbraune einfache Färbung der Oberseite zu erkennen.

In der Sammlung des Herrn C. A. Dohrn.

21. *Thallestus brunnescens* (n. sp.): *Oblongo-ovalis, levissime convexus, nitidulus, fusco-ferrugineus, antennis pedibusque rufo-testaceis; prothorace parce, latera versus sat dense et profunde punctato, punctulis minutissimis intermixtis, linea elevata submarginali antice et postice subaequaliter remota, margine basali distincte bisinuato; elytris thorace* $3\,^{1}/_{2}$ *longioribus, sat fortiter, apicem versus sensim subtiliter seriatim punctatis, punctis basalibus profunde impressis, interstitiis minutissime inaequaliter punctulatis.* — Long. 2 mill.

Patria: India orientalis.

Dem vorigen sehr nahe verwandt, aber weniger gewölbt, rostbraun, die Punktirung des Halsschildes, namentlich in der Nähe der Seiten ist dichter und tiefer, und auf den Flügeldecken sind die Punktreihen in der Nähe der Basis viel stärker markirt.

In der Sammlung des Herrn C. A. Dohrn.

Lathridiidae.

22. *Coninomus bifasciatus* (n. sp.): *Elongatus, antrorsum attenuatus, nitidulus, fusco-testaceus, prothorace costis dorsalibus obsoletis, elytris in medio ampliatis, convexis, punctato-striatis, interstitiis subaequalibus, alternis minime costatis, fasciis duabus interruptis nigris; antennarum clava triarticulata.* — Long. fere 2 mill.

Patria: Australia.

Braungelb, wenig glänzend, Fühler und Beine heller, Kopf und Halsschild mehr röthlichbraun. Kopf grob runzelig punktirt, mit zwei deutlicheren Längsrunzeln auf der Stirne. Halsschild sehr wenig breiter als der Kopf, so lang als breit, grob runzelig punktirt, unter der Mitte tief eingeschnürt, die beiden Längskiele auf der Scheibe undeutlich, Vorderrand von der Breite des Hinterrandes. Flügeldecken viel breiter als das Halsschild, von der Mitte an erweitert, oben gewölbt, dicht punktirt gestreift, die Zwischenräume ziemlich schmal, fast gleichmässig gewölbt, die abwechselnden sind nur wenig erhabener als die andern. Scheibe mit 2 Querbändern, wovon eines ober und eines sich unter der Mitte befindet und welche häufig in mehrere Makeln aufgelöst erscheinen. Gewöhnlich ist auch ein dunkler Fleck in der Mitte auf den Seitenräudern vorhanden.

Wegen der dreigliederigen Fühlerkeule in die Nähe von *nodifer* gehörend aber zunächst mit *subfasciatus* verwandt, von dem sich diese Art durch feinere Fühler und zwei gerade Querbinden auf den Flügeldecken, dann durch die gleichmässigen Zwischenräume der Streifen auf den Flügeldecken unterscheidet.

Von A. Grouvelle eingesendet.

23. *Corticaria subtilissima* (n. sp.): *Nigro-picea, antennarum basi pedibusque paulo dilutioribus, lineari-elongata, subdepressa, fere glabra, alutacea, minutissima; capite thoraceque parce punctulatis, hoc basin versus paulo magis angustato, angulis rotundatis, ante basin forea magna profunde impressa; elytris subtilissime seriatim punctatis, interstitiis sat latis aequalibus.* — Long. 0.9—1 mill.

Patria: Australia.

In die Gruppe der *C. elongata* und *foveola* gehörend, sehr klein, leicht niedergedrückt, dunkel schwarzbraun, die Füsse und die Fühlerwurzel braunroth oder braun. Körper langgestreckt, ziemlich gleich breit, am Grunde hautartig gewirkt. Fühlerkeule mit länglichen Gliedern. Kopf etwas schmäler wie das Halsschild, und wie dieses weitläufig und fein punktirt. Halsschild wenig schmäler als die Flügeldecken, kaum breiter als lang, überall gerundet, gegen die Basis verengt, alle Winkel abgestumpft, die Scheibe vor der Basis mit einer sehr grossen und tiefen Grube. Flügeldecken dreimal so lang als das Halsschild, ziemlich gleich breit, an der Spitze einzeln stumpf abgerundet, das Pygidium nicht ganz bedeckend, oben nur sehr fein reihenweise punktirt, die Zwischenräume ziemlich breit und gleichmässig.

In der Sammlung des Herrn A. Grouvelle in Mans.

24. *Migneauxia orientalis* (n. sp.): *Parvula, leviter convexa, nitidula, testacea, sat dense griseo-pubescens; prothorace transverso, alutaceo, subtiliter parce punctato, lateribus basin versus fortiter denticulato, ante basin vix foveolato, elytris thorace latioribus, subtilissime striato-

punctatis, seriatim subtiliter pubescentibus, interstitiis rugulosis. — Long. 1.2—1.3 mill.

Patria: India orientalis.

Mit *M. inflata* Rosenh. und *Lederi* Rttr. sehr nahe verwandt, unterscheidet sich von der ersten Art schon durch das Halsschild, welches viel schmäler ist als die Flügeldecken, von der andern durch weniger gedrungene Gestalt, hellere Färbung, an den Seiten weniger stark gezähntes Halsschild und breitere und gleichzeitig längere Flügeldecken. Die Punktirung des Halsschildes ist sehr weitläufig und seicht.

In der Sammlung des Herrn C. A. Dohrn.

Tenebrionidae.

25. *Palorus delicatulus* (n. sp.): *Oblongus, subparallelus, subdepressus, alutaceus, nitidus, ferrugineus, thorace parum obscuriore, transversim quadrato, subtiliter punctulato, lateribus rectis, basin versus haud angustato, angulis posticis rectis, anticis sat productis, ante basin foveolis punctiformibus minutis quatuor leviter impressis; elytris thorace latitudine et vix triplo longioribus, subtilissime seriatim punctatis, interstitiis parce minutissime punctulatis.* — Long. 2.3 mill.

Patria: India orientalis.

Kleiner als *P. melinus* Herbst, breiter, parallel, Kopf und Halsschild feiner punktirt, das letztere kürzer und durchaus gleichbreit, die Hinterwinkel schärfer rechteckig, die vorderen treten mehr gegen die Augen spitzig vor; die Flügeldecken sind kürzer, genau so breit als das Halsschild, fast gleichbreit, etwas heller als das Halsschild, feiner gereiht punktirt, die Zwischenräume sehr spärlich zerstreut punktirt; hie und da bilden die Pünktchen Spuren von Reihen.

In meiner Sammlung.

Beschreibung eines neuen Carabus.

Von E. v. Harold in Berlin.

Herr Baron von Türkheim, welcher vor Kurzem eine kleine Sendung Insekten aus Peking erhalten hat, worunter sich manches recht Eigenthümliche befand, war so freundlich mir die gegenwärtige höchst interessante Art zur Beschreibung mitzutheilen.

Carabus Türkheimi (n. sp.): *Sat convexus, subnitidus, ater, fronte antice bifoveolata margineque antico medio impresso, thorace dense punctulato, angulis posticis obtusis, elytris seriebus circiter 16 regularibus granulorum, interspatiis praeterea subtilissime granulosis.* — Long. 28 mill.

Habitat: Peking.

Von ziemlich gestreckter und schmaler Gestalt, gewölbt, nur die Flügeldecken auf der Mitte des Rückens leicht flachgedrückt, mattglänzend, einfarbig tiefschwarz. Der Kopf fein punktirt, die Punkte theilweise unter sich durch feine Nadelritze verbunden, der vordere Stirnrand durch zwei seitliche Eindrücke und eine tiefere Ausbuchtung in der Mitte des Vorderrandes etwas wulstig erhaben. Die Oberlippe schmal, viel tiefer als das Kopfschild gelegen, tief ausgebuchtet, so dass die beiden Ecken fast zahnartig aufgerichtet sind. Vor den Augen, zur Aufnahme der Mandibelnbasis, eine eckige Erweiterung, die Mandibeln selbst lang vorgestreckt, ganz gerade, nur die äusserste Spitze schwach gebogen, an der Basis der rechtsseitigen ein derber Zahn, die äussere und obere Fläche flachgedrückt, so dass im Basaltheile eine innere und eine äussere Kante entsteht, die flachgedrückte Stelle leicht quergefurcht. Das Kinn einfach im weiten Bogen ausgebuchtet, ohne Zahn in der Mitte. An den Fühlern die ersten vier Glieder unbehaart. Das Halsschild etwas breiter als lang, nach hinten etwas mehr als nach vorn verengt, die grösste Breite kurz vor der Mitte, die Seiten regelmässig bogig gerundet, die Hinterecken stumpfwinkelig, keine Läppchen bildend, neben ihnen, durch die Aufbiegung des Seitenrandes bedingt, ein grübchenartiger Eindruck; die Oberfläche dicht und fein, dabei etwas ineinanderfliessend punktirt. Die Flügeldecken schmal eiförmig, mit etwa 16 regelmässigen, eng neben einander liegenden Reihen kleiner, rundlicher und glatter, dabei mehr glänzender und etwas verflachter Körnchen, die Zwischenräume ausserdem mit äusserst feinen Körnchen besetzt; die äusseren Reihen sind undeutlich, ebenso schwächt sich die Sculptur gegen die Spitze hin allmählich ab, so dass diese lederartig matt erscheint. An den Vorderfüssen ($\male$) sind die ersten drei Glieder erweitert und unten mit filzigen Sohlen versehen. Vorletztes Glied der Lippentaster am Innenrande unten mit zwei Borsten.

Diese höchst ausgezeichnete Art macht auf den ersten Anblick den Eindruck eines kleinen *Procrustes*, wozu besonders die mattschwarze Färbung und die Gestalt des Thorax beiträgt, welche fast ganz die des *impressus* ist. Der Mangel eines Kinnzahnes jedoch und die ganz verschiedene Form der Oberlippe weisen diese Verwandtschaft zurück. In der That ergibt ein weiterer Vergleich, dass *C. Türkheimi* seinen Platz zwischen *Eupachys* und *Cratocephalus* einnehmen muss. Mit *E. glyptopterus* hat er die eigenthümliche Sculptur der Flügeldecken und das nur zweiborstige vorletzte Glied der Lippentaster gemein, mit *C. cicatricosus* die kräftigen, fast ganz geraden Mandibeln. Von beiden unterscheidet ihn aber das ganz verschieden geformte Halsschild, dessen Hinterecken nicht zipfelartig ausgezogen sind, der Mangel eines Kinnzahns und die tief unter der Kopffläche liegende, schmale Oberlippe, von *Eupachys* noch insbesondere die drei erweiterten Tarsenglieder des männlichen Vorderfusses, von *Cratocephalus* die Anwesenheit von nur zwei Borsten am Innenrande des vorletzten Gliedes der Lippentaster.

Ich sehe mich weder veranlasst eine besondere Gattung noch eine eigens benannte Unterabtheilung auf diese merkwürdige Art zu gründen, weil sie immerhin ein unverkennbarer *Carabus* ist und ich das Bedürfniss nicht empfinde für alle Modificationen des Gattungstypus neue Namen aufzubieten.

Mittheilungen

des

Münchener
Entomologischen Vereins.

-

Zweiter Jahrgang.
1878.

Redacteur: E. Steinheil und v. Harold.

München.
Theodor Ackermann.
1878.

Inhalt.

	Seite
Mitgliederverzeichniss	v
Beitrag zur Kenntniss der Sinnesempfindungen der Insekten, von Dr. August Forel	1
Diagnoses Attoidarum aliquot novarum Novae Hollandiae collectionis Musei zoologici Berolinensis, auctore F. Karsch	22
Neue *Cioidae*, beschrieben von E. Reitter	32
Ueber Coleopteren aus dem tropischen Afrika, von E. v. Harold	38
Descriptions de Carabides nouveaux de la Nouvelle Grenade, rapportés par Mr. E. Steinheil. Par M. J. Putzeys	54
Beschreibung neuer Arten von Heteromeren als Nachtrag zu Monographien, von Dr. Haag-Rutenberg	77
Eine Bemerkung zu T. Thorell's „On European Spiders" 1869—70, von Dr. F. Karsch	95
Nouveau Genre d'Hétéromères, par M. A. Chevrolat	98
Diagnosen neuer Coleopteren aus dem innern Afrika, von E. v. Harold	99
Voyage de M. E. Steinheil à la Nouvelle Grenade. Eumolpides, par M. Ed. Lefèvre	112
Verzeichniss der von Herrn Ed. Steinheil in Neu-Granada gesammelten *Cryptocephalini* und *Criocerini*, von Martin Jacoby	134
Tarpa spissicornis Klug, von A. Hieudlmayr	163
Sitzungsberichte	164

Mitglieder-Verzeichniss
des Münchener entomologischen Vereins
1878.

A. Ehrenmitglied:

Siebold Dr. Karl. Theod. v., k. Universitäts-Professor und Conservator der zoologisch-zootomischen Sammlungen des Staates. München, Karlsstrasse 20.

B. Mitglieder:

Bastelberger Max, Lieutenant a. D., Strassburg, Knoblochgasse 17/II. *Lepidopt.*
Bergenstam Jul Edler v., Wien, II. Bezirk, Tempelg. 8. *Dipt.*
Beyer Dr. Theod., Oberstabs- und Regimentsarzt, Dresden, Hauptstrasse 8.
Bourgeois Jules, Rouen (Seine inférieure), 2 rue St. Maur. *Coleopt.*
5. **Candèze** Dr., Glain chez Liège (Belgien). *Coleopt.*
Chapuis Dr. F., Verviers, 4 rue du Gymnase. *Coleopt.*
Dewitz Dr. H., Custos am zool. Museum, Berlin, Brandenburgstr. 29. *Lepidopt. u. Physiologie der Insecten.*
Dohrn Dr. C. A., Director, Präsident des entom. Vereines in Stettin, Lindenstrasse 22. *Coleopt.*
Ebenböck Alois, qu. k. Professor, München, Schwanthalerstr. 17/II. *Lepidopt.*
10. **Eppelsheim** Dr. E., prakt. Arzt, Grünstadt (bayer. Rheinpfalz). *Coleopt.*
Fischer Dr. Ed., Oberlehrer am Friedrichs-Gymnasium, Berlin, Louisenstrasse 51. *Coleopt.*
Forel Dr. Aug., Privatdocent und Assistenzarzt an der k. Kreis-Irren-Anstalt, München, Auer Feldstrasse 6. *Formicid.*
Frey-Gessner Emil, Custos am zool. Museum, Genf.
Fuchs A., Pfarrer in Bornich bei St. Goarshausen (Nassau). *Coleopt.*

15. **Gemminger** Dr. Max, Adjunct am zool. Museum, München, Klenzestrasse 20 f/III. *Allgem. Entom. Biolog. Coleopt.*
Gerstl Max, Steuerassessor, München, Frauenhoferstrasse 12/I. *Lepidopt. Coleopt.*
Graff Dr. Ludw., Professor, Aschaffenburg. *Biolog.*
Gumppenberg-Pöttmes Karl Frhr. v., k. General-Direktions-Sekretär, München, Landwehrstrasse 15/II. *Lepidopt.*
Haag-Rutenberg Dr. Georg, auf Hof Grüneburg bei Frankfurt a/M. *Coleopt.*
20. **Hagen** Dr. B., München, Schillerstrasse 35/I. *Hemipt.*
Harold Edgar Frhr. v., Custos am zoolog. Museum, Berlin, Wilhelmstrasse 134. *Coleopt.*
Hartmann Aug., pens. Kassier, München, Augustenstrasse 7/III. *Lepidopt.*
Hauser Friedr., Portepéefähnrich, München.
Hermann Friedr., cand. med., München, Karlstrasse 13/II. *Dipt.*
25. **Heyden** Dr. Lucas v., Hauptmann z. D., Bockenheim bei Frankfurt a/M., Schlossstrasse 54. *Coleopt.*
Illendlmayr Ant., Kaufmann, München, Weinstrasse 11. *Dipt. Hymenopt.*
Hofmann Dr. Ottmar, k. Bezirksarzt, Würzburg. *Lepidopt.*
Hopfgarten Max Baron v., Gutsbesitzer, Mülverstedt bei Langensalza. *Coleopt.*
Jacoby Martin, London, Regents Park, Delancey Street 30.
30. **Janson** E. W., London, Little Russell Street 35.
Katter Dr. F., Gymnasiallehrer, Puttbus. *Coleopt.*
Kirsch Theod., Custos am k. Museum, Dresden, gr. Plauensche Strasse 13. *Coleopt.*
Kolb Oscar v., Apotheker in Kempten. *Lepidopt.*
Kowarz Ferd., k. k. Telegraphenbeamter in Asch bei Eger. *Dipt.*
35. **Kranz** Dr. C. A., k. Central-Impfarzt, München, Karlstrasse 21/II.
Kriechbaumer Dr. Jos., Adjunct am zool. Museum, München, Schwanthalerhöhe 20/III. *Allg. Entomol. Hymenopt. Dipt.*
Landoldt H., Sparenberg bei Engstringen, Canton Zürich.
Martin Dr. Robert, prakt. Arzt, München, Prannerstrasse 15/II. *Lepidopt.*
Mess Dr. Eduard, Director der Strafanstalt, München, Ohlmüllerstrasse 23/I. *Coleopt. Lepidopt.*
40. **Oberthur** René, Rennes, Tbg. de Paris 20.
Oettel Aug., Lithograph, München, Karmeliterstrasse 2/III.
d'Oliveira Manuel Paulino, Coimbra (Portugal). *Coleopt.*
Pauly Dr. A., stud. rer. natur., München, Veterinärstrasse 5/0.
Petry Arthur, cand. med., München, Schwanthalerstrasse 67/I.

45. **Pirazzoli** Odoardo, Major in Imola (Italien). *Coleopt.*
Preudhomme A. de Borre, Bruxelles, Boulevard de Régent 21.
Quedenfeldt v., Generalmajor, Berlin, Schönebergerstrasse 13. *Coleopt.*
Reichlin-Meldegg Gustav Frhr. v., Major a. D., München, Türkenstrasse 13/II. *Coleopt. Lepidopt.*
Reitter Edm., Verwalter in Paskau (Mähren). *Coleopt.*
50. **Rüder** Victor v., in Hoym (Anhalt-Bernburg). *Dipt.*
Sallé Aug., Paris, rue Guy de la brosse. *Coleopt. americ.*
Saussure Henry de, Genf, rue de la cité. *Hymenopt.*
Schapler, Kiel, Friedrichstrasse 7.
Schlösser C., cand. med., München, Glückstrasse 1a/I. *Lepidopt.*
55. **Schmidt**, Pfarrer in Zülzefitz bei Labes in Pommern. *Coleopt.*
Schmidt-Göbel, Professor in Wien, III. Bezirk. Hauptstrasse 93/III. *Coleopt.*
Schneider Dr. Oscar v., Dresden, Rocknitzstrasse 15/II.
Schultheiss Benjamin, München, Königinstrasse 43/0. *Coleopt.*
Schwab Adolph, Apotheker in Misteck (Mähren). *Coleopt.*
60. **Sendtner** Theodor, Director an der bayer. Hypotheken- und Wechselbank, München, Ludwigstrasse 2/I. *Lepidopt.*
Staudinger Dr. Otto, in Blasewitz bei Dresden. *Lepidopt.*
Stein Dr. J. P. E. Fr., Custos am k. zool. Museum in Berlin, Brandenburgstrasse 34. *Insecten aller Ordnungen.*
Steinheil Dr. Adolph, Inhaber der opt. astronom. Werkstätte C. A. Steinheil Söhne, München, Landwehrstrasse 31/II. *Lepidopt.*
Steinheil Eduard, Inhaber der opt. astronom. Werkstätte C. A. Steinheil Söhne, München, Landwehrstrasse 31/I. *Columb. Coleopt.*
65. **Stockmayer** Herrm., Domänenpächter in Lichtenberg bei Oberstenfeldt (Württemberg). *Lepidopt.*
Strasser Felix, Privatier, München, Fürstenstrasse 9/I. *Coleopt. (Carabidae).*
Tiesenhausen Baron v., Graz, Schmidgasse 12, *Coleopt.*
Tournier Henry, Peney bei Genf. *Coleopt.*
Türkheim Baron v., grossherzoglich badischer Gesandter, Berlin, W. Behrensstrasse 70. *Lepidopt.*
70. **Wagener** Bernhard, k. Marine-Intendantur-Sekretär, Kiel, Friedrichstrasse 11. *Coleopt. (Cassidinae).*
Wehnke Ernst, Kaufmann, Harburg in Hannover. *Coleopt. (Dytiscidae).*
Will Friedr., Lieutenant a. D., München, Gabelsbergerstrasse 28/II. *Coleopt. Biolog.*
73. **Witte** E., k. Appellationsgerichtsrath, Breslau.

Beitrag zur Kenntniss der Sinnesempfindungen der Insekten.
Von
Dr. August Forel.

Die Literatur über Sinnesorgane und Sinnesvermögen der Insekten ist bereits eine grosse zu nennen und kann daher in diesen kurzen Mittheilungen nur soweit als unumgänglich nothwendig besprochen werden. Im Uebrigen seien noch folgende, meistens zu sehr vernachlässigte, obwohl höchst wichtige Punkte, vorausgeschickt.

1) Bei Beurtheilung des Empfindungsvermögens niederer Thiere fehlt jede sichere morphologische Homologie zwischen ihren Sinnesapparaten und den unsrigen. Wir können nur von Analogien, oder von annähernder Homologie der Funktion reden. Diese kann aber nur direkt experimentell oder durch Beobachtung des lebenden Thieres nachgewiesen werden. Es ist folglich ein Unding, aus zufälligen Aehnlichkeiten der Lage und Form gewisser Organe bei Wirbelthieren und Insekten auf ihre physiologische Gleichwerthigkeit schliessen zu wollen. So z. B. wenn Wolff[*] und Paasch[**]) das Riechorgan der Insekten in der Medianlinie des Gesichtes finden wollen, weil beim Menschen die Nase so gelegen ist, oder wenn ersterer (l. c. p. 63) den chitinösen Kopfschild (Clypeus) Nasenbein nennt, und dabei auf das Fehlen des Zwischenkiefers bei den Insekten aufmerksam macht (!).

2) Kaum viel mehr Werth haben physiologische Voraussetzungen rein hypothetischer Natur, die auf ähnlichen Analogien fussen. Wenn z. B. gesagt wird (Wolff, Paasch u. A.), dass zum Riechen nothwendig eine feuchte Schleimhaut gehört, so ist dies durchaus nicht erwiesen, und in der That wissen wir nur, dass das Riechorgan der Wirbelthiere auf einer solchen sitzt, sonst gar nichts. Worauf die

---

[*]) Das Riechorgan der Biene. Nova Acta der K. L. Car. deutschen Akad. der Naturforscherw. Bd. XXXVIII. Nr. 1. 1875.
[**]) Troschel's Archiv für Naturgeschichte. 1873. Bd. 1. p. 248.

Riechempfindung selbst beruht, wissen wir nicht. Ebensowenig sind wir berechtigt zu behaupten, dass eine gespannte Membran zum Hören nothwendig sei.

3) Bei Beurtheilung der Sinnesempfindungen der Thiere überhaupt, besonders aber der wirbellosen, deren Sinnesorgane mit den unsrigen keinerlei morphologische Homologie zeigen, können wir nie über die eigentliche Qualität dieser Empfindungen etwas sagen. Wir können zwar für das Auge in Folge des Mangels oder des Vorhandenseins gewisser optischer Apparate auf das Zustandekommen oder Nichtzustandekommen eines deutlichen Bildes, sowie auf die Grösse und Stellung desselben, nicht aber auf die Art wie dasselbe empfunden wird, schliessen. Wir können aber über die Art der Reaktion des Thieres auf bestimmte Reize urtheilen und in Folge unserer Experimente sagen: dieses oder jenes Organ hat die Fähigkeit über diese oder jene physikalischen oder chemischen Vorgänge, über das Vorhandensein dieser oder jener Substanzen oder Gegenstände, auf diese oder jene Weise dem Thiere Aufschluss zu geben. Und hier sind wir wieder ganz abhängig von unseren eigenen Sinnen und können darüber nur im Einzelnen genauer urtheilen, wo wir selbst genau die Einzelheiten empfinden; so ganz besonders im Gebiet des Sehvermögens. Was dieses letztere bei den Thieren betrifft, so können wir experimentell nachweisen, ob ein thierisches Organ Licht, oder mit Hilfe desselben Farben, Bewegung, geformte Gegenstände empfindet oder nicht, ob es sie von der Ferne oder nur in der Nähe, deutlich oder undeutlich unterscheidet etc. Beim Gehörssinn ist es schon kaum möglich zu sagen, inwiefern ein Thier qualitative Unterschiede der Schallwellen empfindet. Beim sogenannten Geruchsvermögen können wir nur sagen: diese und jene Substanzen, Wesen oder Gegenstände, werden, ohne Schall oder Gesichtsempfindung, oder mechanische Erschütterung der zwischenliegenden Körper zu erzeugen, von diesem Organ, bei dieser oder jener Entfernung, durch diese und jene Media hindurch, unter diesen oder jenen Umständen empfunden, und dann gesucht oder vermieden. Eine andere nachweisbare Definition von Geruchsorganen und Geruchsvermögen bei niederen Thieren gibt es nicht; alles Uebrige beruht auf Hypothesen. Was das Tastvermögen betrifft, so können wir nur aus der Reaktion des Thieres auf unmittelbare Berührungen, Erschütterungen, Luftbewegungen, Einwirkung scharfer Substanzen u. dgl.

urtheilen. Temperatursinn ist leicht nachzuweisen. Auf Schmerzempfindung kann, jedoch nur höchst wahrscheinlich, geschlossen werden, und zwar indirekt aus einer Reaktion des Thieres, welche der unsrigen bei ähnlichen Reizen ähnlich ist; ein bestimmtes objektives Kriterium fehlt uns hier. Geschmackssinn können wir nur als die Fähigkeit definiren, gewisse Eigenschaften der bereits den Mund berührenden Speisen zu unterscheiden. Sowie aber die direkte Berührung fehlt, können wir nur mehr von Geruch sprechen.

Die Mangelhaftigkeit dieser Kriterien springt in die Augen. Es ist also möglich, wie es besonders Leydig oft mit Recht betont hat, dass niedere Thiere einen 6ten, einen 7ten Sinn haben, ohne dass wir es nachweisen können, also dass sie eine qualitativ bestimmte Empfindung für eine bestimmte Gruppe adäquater Reize haben, die wir entweder gar nicht, oder nicht verschieden von anderen Reizen empfinden. Es ist z. B. möglich, dass bei den Insekten, abgesehen vom Sehen und Hören, die Wahrnehmungen aus der Ferne, die wir alle aus Noth als Geruchswahrnehmungen bezeichnen müssen, auf zwei oder drei bestimmte Weisen, durch verschiedene Sinnesendigungen und qualitativ verschiedene Empfindungen stattfinden, entsprechend verschiedenen bekannten oder unbekannten physikalischen oder chemischen Vorgängen. Wir können uns dieses freilich nicht direkt vorstellen.

4) Auf zwei Grundfehler im Experimentiren, die leider fortwährend noch mit erstaunlicher Einsichtslosigkeit gemacht werden, haben bereits sorgfältigere Beobachter wie Dugès[*]), Perris[**]), Graber[***]) aufmerksam gemacht. Erstens kann man durch Anwendung scharfer Mittel, wie Ammoniak, Chloroform, Terpentin u. s. w., keinen Aufschluss über Geruchsempfindung niederer Thiere erhalten, indem durch den scharfen Dampf, den sie entwickeln, auch die ungemein empfindlichen Tastnerven, und zwar meist in schmerzhafter Weise, direkt erregt werden. Man muss vielmehr solche Substanzen anwenden, die dem betreffenden Thiere oder seinen Jungen als Nahrung dienen, die es überhaupt im

---

[*]) Ant. Dugès: Traité de physiologie comparée de l'homme et des animaux. Montpellier et Paris. 1838.

[**]) Ed. Perris: Mém. sur le siège de l'odorat dans les Articulés. Entr. des Actes de la soc. Linnéenne de Bordeaux. t. XVI, livr. 3 et 4. 1850.

[***]) Graber: Die Tympanalen Sinnesapparate der Orthopteren. Denkschriften der K. K. Akad. der Wissenschaften in Wien. Bd. 36.

natürlichen Zustand aufsucht, oder die es zum Zweck der Selbsterhaltung fürchten muss, wenn auch alle diese Dinge für uns meist geruchlos sind. Unser Massstab ist hier durchaus unmassgeblich. Denkt denn Jemand daran, die Schärfe des Geruchsvermögens eines Hundes mit Terpentin, Kampher u. dgl. zu prüfen? Und doch um wieviel näher steht uns der Hund als die Insekten!

Zweitens darf man nicht, wie dies Léon Dufour*), Paasch (l. c.), Landois**) und Andere beständig thun, und wie es selbst einmal Lubbock***) passirt ist, die Wirkung mechanischer Erschütterungen auf die Tastnerven mit Gehörsempfindungen verwechseln. Dazu gehören allerdings sehr sorgfältige Experimente, und ich kann nur Jedem die Lektüre der gerade in dieser Hinsicht äusserst klaren und genauen Experimente Graber's (l. c. am Schluss) empfohlen.

5) Endlich ist der Nachweis eines peripheren Nervenendorganes an der experimentell als Sitz einer Sinnesempfindung nachgewiesenen Körperstelle eine recht nothwendige Bestätigung. Jedoch muss man die positive Wichtigkeit dieses Nachweises nicht überschätzen, und aus demselben gleich Schlüsse auf die Funktion ziehen, denn solche Nervenendorgane kommen so häufig und in so merkwürdigen Variationen an allen möglichen Stellen des Insektenleibes vor, dass man

---

*) Léon Dufour: Quelques mots sur l'organe de l'odorat et sur celui de l'ouïe dans les insectes. Actes de la Soc. Lin. de Bordeaux. t. XVI. livr. 3 et 4. 1850.

**) H. Landois: Thierstimmen; Freiburg i. B. 1874, p. 129—134. Auch den ersten Fehler hat Landois (Archiv f. microsc. Anatomie v. Schulze. Bd IV, p. 88) begangen.

***) Lubbock: On some points in the Anatomy of Ants. The monthly microscopical journal, Sept. 1877. p. 132--133. Lubbock citirt hier einige von meinen Beobachtungen, aus welchen er gegen mich (Fourmis de la Suisse, p. 121) schliessen zu können glaubt, dass die Ameisen hören. Nun erklären sich, nach meiner, wie ich hier wohl behaupten zu dürfen glaube, massgebenderen Erfahrung, alle diese meine Beobachtungen sehr gut theils durch Gesichtswahrnehmungen (der Bewegungen), theils durch mechanische Erschütterung der Unterlage, theils durch rasch einander mitgetheilte Berührungen. Und ich kann Lubbock erwidern, dass es vielmehr seine eigenen Beobachtungen sind, (Linnean Society's Journal. V. XII: observ. on Bees and Wasps), wonach er fand, dass der grösste Lärm, den er machte, von Bienen und Wespen nicht bemerkt wurde, welche gegen seine jetzige Ansicht sprechen.

stets in Verlegenheit ist, eine Bestimmung für sie zu finden. Dass aber, wenn ein Sinnesapparat wirklich Sitz einer bestimmten Empfindung ist, derselbe bei denjenigen Insektenarten stärker entwickelt sein muss, bei welchen das betreffende Sinnesempfindungsvermögen stärker vorhanden ist, dies ist eine Forderung, deren Berechtigung kaum angezweifelt werden dürfte. Wie oft jedoch dieselbe nicht geachtet wird, werden wir zur Genüge sehen.

Die constantesten und wichtigsten sensiblen Nervenendorgane finden wir 1) in den Netzaugen, 2) in den Antennen. Einem jeden dieser Apparate kommt ein dicker Nerv und eine eigene Anschwellung des Gehirnes zu, was sie von allen anderen unterscheidet. Ferner finden wir solche 3) in den Ocellen, 4) in den Palpen, 5) in verschiedenen Nervenpapillen der Mundorgane, besonders der Zunge, des Unterkiefers, des Pharynx. Ausserdem kommen Nervenendorgane oft in den Tarsen, an der Basis der Flügel, an der Seite des Leibes, in den Vordertibien etc. vor.

6) Je nach den Familien, Gattungen und Arten der Insekten sind verschiedene Sinnesvermögen ganz verschieden entwickelt. Es kommen in dieser Beziehung die grössten Gegensätze vor, was durchaus nicht genug hervorgehoben worden ist. Gewisse Insekten (Libellen z. B.) leben fast nur durch ihren Gesichtssinn. Andere sind blind oder nahezu blind und sind fast ausschliesslich Geruchs- und Gefühlsthiere (Höhleninsekten, die meisten Ameisenarbeiter etc.). Der Gehörssinn ist bei gewissen Formen gut entwickelt, bei den meisten jedoch gar nicht oder mindestens sehr schwach. Bei fast allen aber, auch durch den dicksten Chitinpanzer hindurch, ist ein ungemein feines Tastvermögen vorhanden, bei den meisten auch sicher Geschmacksempfindung. Die Raupen scheinen hauptsächlich durch Geschmacks- und Tastempfindung sich zurecht zu finden.

So gross nun die Literatur unseres Gegenstandes ist, so besteht sie leider grösstentheils nur aus theoretischen Auseinandersetzungen, kühnen Hypothesen und, wie Lubbock (l. c. Obs. on Bees etc.) richtig bemerkt, aus neuen Abschriften einzelner alter Beobachtungen, die seit fast einem Jahrhundert in allen Schriften herumkursiren. Folgende Mittheilungen, die sich auf das sachlich und gut Beobachtete beschränken sollen, dürften daher nicht ohne Nutzen sein.

1. Gesichtssinn.

Hier haben wir einen bestimmten adäquaten Reiz, das Licht, mit zwei Modifikationen desselben: die Farben und die Bewegung. Die entsprechenden Sinnesorgane sind bekanntlich zweierlei: das Facettenauge und das einfache Auge (Stemma, Ocelle). In neuester Zeit sind hier wesentliche Fortschritte unserer Erkenntniss gemacht worden.

Grenacher*) hat zunächst in Folge grosser umsichtiger Untersuchungen endgiltig nachgewiesen, dass Facettenaugen und Ocellen morphologisch aus einem und demselben Gebilde entstehen, erstere durch vielfache Wiederholung desselben, letztere durch einfache Vermehrung seiner histologischen Elemente.**) Er hat gezeigt, dass die Facettenaugen verschiedener Insekten sehr verschieden gebaut sind und durch alle Uebergänge zur Ocelle zurückzuführen sind. Man glaubte früher, alle Facettenaugen hätten Krystallkegel und einen centralen Sehstab (Rhabdom) in der Retinula einer jeden Facette. Grenacher weist nach, dass dem nicht so ist, dass bei den Wanzen, den Nemoceren, den niederen Käfern, kein Krystallkegel vorhanden ist, und jede Zelle der Retinula, wie bei den Ocellen, ihr eigenes Stäbchen hat, dass die dabei immer vorhandenen vier Matrixzellen des fehlenden Krystallkegels einer jeden Facette, den sogenannten Glaskörperzellen einer Ocelle entsprechen, dass die Retinula einer jeden Facette dieses von ihm „acones Auge" genannten Netzauges

---

*) Grenacher: Zur Morphol. und Physiol. des facett. Arthrop. Auges. Vorl. Mittheilung, in Nachr. v. d. K. Gesellsch. der Wissensch. a. d. G. A. Universität zu Göttingen. Nro. 26, 23. Dezember 1874. Ferner: Grenacher: Untersuchungen über das Arthropodenauge im Auszuge mitgetheilt. — Beilageheft zu den Klin. Monatsblättern für Augenheilkunde, Mai-Heft XV. Jahrgang Rostock 1877.

**) Grenacher führt nebenbei an, dass die Ocellen nicht immer einen morphologisch anderen Sitz haben, als die Netzaugen, dass der Floh z. B. Ocellen an der Stelle der Netzaugen hat. Dasselbe kann ich von der amerikanischen Ameisengattung *Eciton* anführen, deren allein bekannte Arbeiter, bei den meisten Arten, an Ort und Stelle eines jeden Netzauges je eine grosse schöne Ocelle mit ganz grosser fast kugeliger Cornea besitzen, während die nächst verwandten Gattungen gewöhnliche Netzaugen haben oder ganz blind sind. Stirnocellen haben aber die *Eciton* nicht.

der Retina einer Ocelle ebenfalls vollkommen entspricht, und endlich, dass die Glaskörper, resp. Krystallzellen, sowie die Retinazellen (wenigstens deren periphere Stäbchenhälfte) alle nur modificirte, eingestülpte und abgeschnürte Matrixzellen der äusseren Chitinhaut sind, gerade so wie die Cornea nichts anderes ist, als die modificirte Chitinhaut selbst. Bei den Augen mit gewöhnlichem Krystallkegel (eucone Augen) lässt das die einzelnen Facetten isolirende Pigment an der hinteren Spitze eines jeden Krystallkegels nur ein winziges Löchlein zum Durchtritt des Lichtes, und die Retinula einer Facette besteht nur aus ganz wenig (4 bis 8) Zellen, die centralwärts sich in Nervenfasern fortsetzen und deren periphere Stäbchen zu einem grossen Stabe (Rhabdom) verschmelzen.

In Folge aller dieser Verhältnisse sind sowohl Projektion des allenfalls durch die Cornea*) hervorgebrachten umgekehrten Bildchens eines Gegenstandes, als Empfindung eines solchen durch die mit zu wenigen Elementen versehene Retinula Dinge der Unmöglichkeit.

Letztere Verhältnisse sind, unabhängig von Grenacher, in einer Arbeit des Physiologen Exner**) auf das schönste aufgeklärt worden, und die völlige Uebereinstimmung der Resultate dieser beiden, von ganz verschiedenen Gesichtspunkten aus unternommenen, Arbeiten ist der beste Beweis ihrer Richtigkeit. Exner weist nach, dass das Bildchen, das in der That von der Cornea der Facetten hervorgerufen wird, durch den Krystallkegel zerstört wird, und dass der ganze Apparat nur dazu dient, möglichst viel Licht auf einen Punkt, nämlich auf das hintere Ende des Krystallkegels durch vielfache Reflexion der Lichtstrahlen zu concentriren. Exner bestimmt das Brechungsvermögen, die Brennpunkte etc. der Facettencornea des *Hydrophilus piceus*, und zeigt, dass selbst wenn durch den Krystallkegel hindurch ein deutliches Bildchen noch entstehen könnte, dasselbe weit hinter der Retina zu liegen kommen würde. Er weist ferner durch Versuche nach, dass die Bewegungsempfindung auch beim Menschenauge eine Em-

---

*) Grenacher macht darauf aufmerksam, dass die Hyperiden, die doch recht gut sehen, flache Corneae besitzen, die daher kein Bildchen hervorrufen.

**) Dr. Sigmund Exner: Ueber das Sehen von Bewegungen und die Theorie des zusammengesetzten Auges. Aus dem LXXII. Bde. der Sitzb. der K. Akad. der Wissensch. III. Abth. Juli-Heft. 1875.

pfindung für sich ist, dass dieselbe aber vornehmlich in den seitlichen Feldern der menschlichen Retina stattfindet und durchaus unabhängig ist vom scharfen Sehen. Beim Facettenauge, das also nicht ein Bild auf eine Stelle einer Retina projicirt, sondern in seinen vielfachen Retinulae Licht aus vielen verschiedenen Punkten erhält, wird somit jede Bewegung eines Objektes in vielen Facetten durch vermehrte, verminderte, oder qualitativ veränderte Lichtzufuhr empfunden, und demnach muss dieses Auge, durch die Vielheit der zugleich in ihrem Erregungszustand veränderten Elemente, für Empfindung der Bewegung äusserst günstig sein. Endlich hat kürzlich Oscar Schmidt*), ohne die Arbeiten Grenacher's und Exner's zu kennen, eine Mittheilung über gewisse Arthropodenaugen gemacht, in welcher er ebenfalls zu dem Schluss kommt, dass kein Bild durch die Krystallkegel hindurch zur Retinula gelangen kann.

Exner und Grenacher müssen somit beide auf die alte Theorie vom musivischen Sehen, von Johannes Müller**), zurückkommen. Es sieht eben nicht jede Facette ein Bild, sondern das Thier erhält nur dadurch ein mehr oder weniger deutliches mosaikartiges Bild, dass jede Facette einen anderen Theil der vom Objekt entsendeten Lichtstrahlen empfindet.

Es folgt nun daraus nothwendig, wie es auch J. Müller (l. c. p. 373) schon sagt, Folgendes: Da das deutliche Sehen, das Lokalisiren, nur durch die Gesammtheit der gesonderten Wirkungen einzelner Facetten ermöglicht wird, muss vor Allem dafür die Zahl der Facetten massgebend sein. Ferner aber, je kleiner die Facette, und je länger der Krystallkegel, desto weniger, aber auch desto bestimmtere Lichtstrahlen, desto begrenztere Theile der Aussenwelt wird sie empfinden; je grösser sie ist und je kürzer ihr Krystallkegel, desto mehr Lichtstrahlen, also desto in- und extensiver, aber auch desto diffuser wird sie empfinden. Also viele kleine Facetten vermindern zwar die Intensität des Lichtes, vergrössern aber dafür die Deutlichkeit des Sehens, die Lokalisation. Wenn nun dazu das ganze Auge nicht flach, sondern stark gewölbt ist, kann es Licht aus um

---

*) Oscar Schmidt: Vortrag der Sektion für Zoologie in der 50. Versammlung deutscher Naturforscher und Aerzte zu München. 1877.
**) J. Müller: Zur vergleichenden Physiologie des Gesichtssinnes; Leipzig 1826.

so verschiedeneren Einfallswinkeln erhalten. Dadurch wird das gemeinsame Gesichtsfeld grösser, und werden auch, wie ich meine, weniger Facetten von den Lichtstrahlen eines und desselben Punktes eines Objektes betroffen; das Gesichtsfeld jeder Facette scheidet sich mehr von dem der anderen, was noch deutlicheres Sehen zur Folge haben muss. Max Schulze*) führt an (Exner), dass die Nachtschmetterlinge grössere Facetten haben als die Tagschmetterlinge, was mit obiger Ansicht völlig übereinstimmt. Dieselben brauchen eben nachts mehr Lichtstrahlen, um überhaupt das Licht in einer Facette zu empfinden. Dasselbe bewirken wir durch Erweiterung unserer Pupillen.

Wenn dieses alles nun richtig ist, müssen wir durch die Beobachtung nachweisen können, dass diejenigen Insekten, welche viele kleine Facetten und stark gewölbte Netzaugen haben, am deutlichsten sehen, da bei letzteren zugleich auch meistens die längsten Krystallkegel vorkommen. Und dass dieses der Fall ist, kann ich aus meinen eigenen Beobachtungen bestätigen, sowie auch, dass von den Insekten im Allgemeinen ganz besonders die Bewegungen empfunden werden. Ein sehr deutliches Sehen ist bei den allerwenigsten Insekten vorhanden.

Ich beobachtete z. B. eines Tages eine *Vespa germanica*, die, wie so oft im Spätsommer und Herbst an der Wand einer Veranda, nach Fliegen jagte. Sie stürzte sich mit ungestümem Flug auf die an der Wand sitzenden Fliegen (*Musca domestica* und *Stomoxys calcitrans*), die jedoch meist entkamen. Trotzdem setzte sie mit merkwürdiger Ausdauer ihre Jagd immer fort und fing auch einige Male eine Fliege, die sie tödtete, verstümmelte, und in ihr Nest trug. Sie kam aber stets bald darauf wieder, und jagte weiter. Es sass nun an einer Stelle der Wand eingestochen ein schwarzer Nagel, der gerade die Grösse einer Fliege hatte, und ich beobachtete wie die Wespe, dadurch getäuscht, sich sehr oft auf diesen Nagel stürzte, denselben aber sofort nach der Berührung wieder verliess. Sie wurde indessen doch nach kurzer Zeit durch denselben wieder irre geführt. Aehnliche Beobachtungen habe ich oft genug gemacht. Man kann in diesem Fall mit aller Sicherheit sagen, dass die Wespe einen Gegenstand von der Grösse einer Fliege sehen konnte, die Details

---

*) Die zusammengesetzten Augen der Krebse und Insekten. Bonn 1868.

desselben aber nicht unterschied, folglich, dass sie denselben ungenau sah. Eine Wespe sieht also nicht nur Bewegungen, sondern auch begrenzte Gegenstände. Als ich einer anderen Wespe auf einem Tisch getödtete Fliegen vorlegte, holte sie dieselben nach einander ab, sowie Spinnen und andere Insekten von nicht zu verschiedener Grösse. Viel grössere und kleinere Insekten beachtete sie dagegen nicht. Dieses letztere Experiment ist auch sehr günstig, um nebenbei Wespen mit leblosen Gegenständen von Grösse und Farbe einer Fliege zu täuschen.

Wie fein und sicher die Libellen, die gewiss von allen unseren Insekten am besten sehen, und auch die meisten Facetten an ihren colossalen Augen haben, die kleinsten Thierchen im Flug unterscheiden, dieselben verfolgen und fangen, ist eine von den meisten Entomologen beobachtete Thatsache.*) Man kann sie hiebei am besten mit den Schwalben vergleichen. Wie sehr derjenige, der sie fangen will, (ich spreche besonders von *Aeschna, Gomphus, Libellula* u. dgl.) von ihnen gefoppt wird, und wie genau diese Thierchen dabei die Entfernungen bemessen,**) davon kann sich Jeder leicht überzeugen.

Dass Männchen und Weibchen von Bienen und Ameisen im Flug einander sehen, beweisen ihre Schwärme, wo sich selten ein Individuum vom Haufen verliert; und dass dies nicht etwa auf Geruchsvermögen beruhen kann, werden wir später zur Genüge nachweisen.

---

*) Vergl. Meyer-Dür in: Mittheilungen der schweizerischen entomologischen Gesellschaft. Vol. IV. Nro. 6. 1874. S. 320 und 337. Mit ausgezeichneter Sachkenntniss und Wahrheit beschreibt M. D. das Treiben der Libelluliden und ihr scharfes Sehvermögen; ich kann seinen Angaben aus eigener Erfahrung nur beistimmen.

**) Dieses ist eine sichere Thatsache. Die Libellen richten sich immer so ein, knapp an den Bereich, wo man sie fangen kann, heranzufliegen, und machen dabei recht wohl den Unterschied, ob man mit einem Netz bewaffnet ist oder nur mit seiner Hand. Am besten lässt sich dies beobachten, wenn man um einen Teich herum jagt. Eine optische Erklärung hiefür kann ich nicht wagen, und nur bemerken, dass das aus einem Punkte ausgehende Licht desto mehr Facettenretinulae treffen wird, je entfernter dieser Punkt sein wird, was, wie schon Johannes Müller (l. c. p. 378) sagt, ein allmähliches Diffuserwerden des Sehens bei wachsender Entfernung bewirken muss. Möglicherweise wird die Entfernung daraus berechnet, und zwar bei grösserer Nähe am besten.

Bei allen ähnlichen Beobachtungen ist es ferner leicht zu sehen, dass die Insekten weder überhaupt Myop, noch Hypermetrop sind, sondern dass sie aus sehr verschiedenen Entfernungen Objekte sehen können, trotzdem dass sie keine Accommodation besitzen. Dieses weist wieder auf die Richtigkeit der Müller'schen Theorie und der Resultate Grenacher's und Exner's hin.

Dass Insekten, deren Netzaugen wenig Facetten haben, undeutlich sehen, ist für mich schon lange eine ausgemachte Thatsache, die ich auch früher in Bezug auf Ameisen aussprach.*) Ich setzte damals einen grossen Haufen an Schatten gewohnter Ameisen *(Lasius fuliginosus)* plötzlich mitten auf eine sonnige Allee und hockte dann selbst in der Nähe nieder. Ohne sich miteinander zu verständigen, liefen sofort alle Ameisen mit gehobenen Fühlhörnern, wie von mir magnetisirt, auf mich zu, obwohl, da es Mittag war, kein Schatten vorhanden war. Ich rückte nun etwas weiter, und sofort folgten mir wieder alle Thierchen. Ich setzte mich nun auf die entgegengesetzte Seite ihres Haufens. Sie kehrten dann sofort alle um und liefen wieder zurück, gerade auf mich zu. Und so wurde ich weiter trotz meiner Ortsveränderungen verfolgt, bis die Ameisen 5 Meter entfernt von ihrem ursprünglichen Sitz kamen. Erst als ich mich dann an einem danebenliegenden Lustwäldchen anlehnte, verliessen mich die Thierchen und gingen in dasselbe. Es wurde mir nun klar, dass ich von den Ameisen zwar bemerkt, aber verkannt, und für einen Baum oder so etwas gehalten worden war, das sie als Schutz gegen die Sonnenstrahlen erreichen wollten. Von solchen Ameisen werden kleinere Gegenstände sonst, wenn nicht gerade vor ihren Augen bewegt, gar nicht bemerkt.

Bei den Ameisen haben, wie ich früher (l. c.) gezeigt habe, die Männchen die grösste Anzahl Facetten und zugleich die am stärksten gewölbten Augen. Sie müssen aber auch im Flug ihre Weibchen verfolgen. Letztere, die nur sehr kurze Zeit in der Luft leben, und dort nur eine passive Rolle spielen, haben schon viel weniger Facetten und flachere Augen. Die flachsten und facettenärmsten Augen haben die Arbeiter, die stets am Boden, oft grösstentheils unterirdisch leben.

---

*) A. Forel. Les fourmis de la Suisse. Neue Denkschriften der schweizerischen naturforschenden Gesellschaft. Vol. XXVI. 1874. p. 118, 120, 121.

Dies stimmt wieder mit den anatomischen und physiologischen Ergebnissen überein. Allerdings muss hier nicht vergessen werden, dass, alle Verhältnisse sonst gleich vorausgesetzt, die absolute Grösse des Körpers immer eine Vermehrung der histologischen Elemente überhaupt und somit auch der Augenfacetten*) zur Folge hat. Es mag dieses Verhältniss durch folgende Tabelle, wobei die Facetten von mir so gut wie möglich gezählt wurden, versinnlicht werden:

	Formica pratensis			Solenopsis fugax			Aphaenogaster barbara	
	grosser Arbeiter	Weibchen	Männchen	Arbeiter	Weibchen	Männchen	Kleiner Arbeiter	Grosser Arbeiter
Körperlänge...	9 Mill.	10 Mill.	10 Mill.	2 Mill.	6,5 Mill.	4,2 Mill.	4 Mill.	12 Mill.
Zahl der Facetten	600	830	1200	6—9	200	400	90	230

Es sei noch hiezu bemerkt, dass kleine und grosse Arbeiter von *A. barbara* alle beide in gleicher Weise ausgehen und am Licht arbeiten, während der Arbeiter von *S. fugax* nahezu immer unter der Erde lebt. Das Männchen von *S. fugax*, das sein Weibchen in der Luft und zwar oft sehr hoch verfolgt, hat also nur 400 Facetten, somit weniger als der flügellose aber grössere Arbeiter der *F. pratensis*. Das Auge des *S. fugax*-Männchens ist aber halbkugelig, das des *F. pratensis*-Arbeiters dagegen ziemlich flach. Uebrigens ist der letztere einer der am besten sehenden Ameisenarbeiter.

Man kann an Ameisenarbeitern, welche in Glaskästen eingesperrt sind, besonders an *Formica*-Arten (*rufa* etc.), leicht beobachten, wie dieselben durch das Glas jede Bewegung merken, und wie sie darauf sofort mit ihrer bekannten Kampfstellung (auf den Hinterbeinen) antworten. Bewegungslose Gegenstände bemerken sie viel weniger, obwohl die vorige Beobachtung zeigt, dass sie solche auch sehen. Wie oft Ameisen *(F. rufa)* z. B. ihre ganz nahe zerstreuten und in

---

*) Indem ja die Zahl der Elemente einer Facette nicht erheblich vermehrt werden kann, ohne ihre optischen Verhältnisse zu ändern. Die Krystallzellen sind immer 4 an Zahl.

ihrem Gesichtsfeld liegenden Puppen oder Larven, die sie doch mit grosser Geduld suchen, übersehen, habe ich tausendmal beobachtet. Bewegt man dieselben etwas, so werden die Ameisen eher darauf aufmerksam. Ganz kleine Gegenstände, sehr kleine andere Ameisen, oder parasitische Fliegen, von welchen sie oft verfolgt werden, sehen sie sehr schlecht oder nicht.

Wie schlecht eigentlich die kleinen, nur mit einfachen Augen (Ocellen) bewaffneten Springspinnen sehen, kann man recht gut beobachten, wenn eine solche auf einer Fensterscheibe nach einer Fliege jagt. Weiter als 2—3 Zoll sieht sie ihre ersehnte Beute nicht mehr, die doch in der Richtung ihrer Augen ruhig spaziert; sie sucht dieselbe in ganz falschen Richtungen etc. Und wenn die Fliege ruhig sitzt, kann sie noch viel näher unbemerkt sitzen bleiben. Wären die Fliegen nicht so dumm und so unvorsichtig, so würden sie sich nie fangen lassen. Einer anderen Springspinne, die ihren weissen Eiersack auf dem Rücken trägt, nehme man denselben ab und werfe ihn ganz in die Nähe (2—3 Zoll entfernt). Sofort wird die Spinne anfangen, denselben überall zu suchen, und man wird sehen, wie lange sie gewöhnlich dazu braucht, um ihn wieder zu finden. Johannes Müller (l. c.) meint, dass die Ocellen für das deutliche Sehen in nächster Nähe eingerichtet seien, was recht plausibel erscheint. Ich kann indessen nichts Sicheres darüber sagen, da bei grosser Nähe andere Sinnesorgane dem Experiment sehr störend in den Weg treten. Dugès (l. c.) findet wie Réaumur und Marcel de Serres*), dass bei Insekten, welche Ocellen und Netzaugen besitzen, der Verlust der ersteren fast ohne Folgen bleibt, der der letzteren dagegen von schweren Folgen begleitet wird. Ich kann dies nur bestätigen. Nach Extirpation oder Bedeckung der Ocellen finden sich Wespen, Hummeln, Ameisen etc. im Flug wie am Boden gerade so gut zurecht wie vorher, soweit ich darüber urtheilen konnte.

Ganz anders war es nach Bedeckung oder Extirpation der Netzaugen bei fliegenden Insekten.

Am 2. Oktober 1877, einem sonnigen Tage, flogen viele Dipteren herum, u. A. *Calliphora vomitoria*, *Lucilia caesar* und noch ein

---

*) Marcel de Serres: Mémoire sur les yeux composés et les yeux lisses des Insectes. Montpellier 1813.

Muscid. Da diese Thiere das Wegrasiren der Augen schwer ertragen, bedeckte ich ihnen dieselben total mit einem undurchsichtigen Lack, wonach die Vorderbeine abgeschnitten wurden, um das Wegputzen desselben zu verhindern. Das Resultat dieses sehr oft wiederholten Experimentes war fast stets dasselbe. Die Thiere, am Boden gelassen, flogen nicht fort. In die Luft geworfen, fingen sie an, rasch hin und her, seitlich oder nach unten zu fliegen, um entweder an den Boden oder an die Mauer des Hauses zu stossen. Im letzteren Falle stürmten sie so heftig dagegen, dass sie sich nie setzen konnten, sondern stets an den Boden geworfen wurden und dort still blieben, oder mit den Flügeln flatterten, oder auch etwas zu gehen anfingen. Beim Gehen am Boden verhielten sie sich ähnlich wie normale Fliegen, aber etwas langsamer und vorsichtiger. Als ich jedoch eine solche Fliege wiederholt wieder aufhob, und nach Besichtigung der Augen, nöthigenfalls auch nach frischer Bedeckung mit Lack, dieselbe immer wieder in die Luft warf, erfolgte meist entweder schon beim zweiten oft aber erst beim 4., 5., auch wohl erst nach dem 10. Male, wo sie immer wieder am Boden oder an der Mauer angestossen war, etwas anderes. Das Thier flog wieder hastig, zuerst unsicher und zickzackartig, sehr bald aber direkt in die Höhe, und behielt dann dabei, entweder schnurgerade fliegend oder schraubenförmig rotirend, ziemlich dieselbe Richtung, bald mehr schief, bald mehr senkrecht gegen den Himmel, und zwar bis zu einer solchen Höhe, dass es der Entfernung halber, trotzdem, dass ich recht scharfe emetropische Augen habe, als immer kleiner werdender Punkt für mich unsichtbar wurde. Ich konnte dennoch grosse *Calliphora romitoria*, die sich besonders gut zu diesem Experiment eignen, schon beträchtlich hoch in dieser Weise verfolgen. Denselben Erfolg hatte ich mit einem Schmetterling *(Noctua gamma)* und mit einer Hummel, die beide auf dieselbe Weise in den blauen Himmel verschwanden, nachdem sie oft auf den Boden gestürzt waren. Nun fliegen alle diese Thiere, wenn sie ihre Augen haben, nie gegen den freien Himmel zu, wo sie zu leicht Beute der Vögel

---

*) Daraus ersicht man auch sofort, dass eine im raschen Flug begriffene Fliege, die an eine Mauer fliegt und sich doch dort ganz geschickt setzt, nicht nur sehen, sondern auch die Entfernung der Mauer gut berechnen können muss.

werden, sondern zwischen Laub und Mauern in horizontaler Richtung; ihre Blindheit allein kann dieses Gebahren erklären.

In diesem Frühjahr (1878) wiederholte ich dieselben Experimente an Maikäfern und erhielt dabei dieselben Resultate. Nur waren diese grossen Thiere bei ihrem langsamen Flug viel leichter in der Luft zu verfolgen. Den einen nahm ich beide Fühlhörner fort. Sie flogen wie gewöhnlich von meinem Finger weg und erreichten sehr bald das Laub eines Baumes, wo sie sich niedersetzten; es war gar nichts abnormes an denselben zu bemerken. Den anderen wurden die Netzaugen gefirnisst. Diese flogen ebenso schnell fort wie die ersten. Als sie aber in der Luft waren, konnten sie sich nicht mehr dirigiren und flogen entweder bald abwärts um zu Boden zu fallen, oder mehr in die Höhe, schraubenförmig, genau so, wie die gefirnissten Fliegen, aber so langsam, dass man alle Spiralturen sehen konnte. Dazwischen flogen sie wieder unregelmässig, doch meist so, dass sie wieder mehr oder weniger an den alten Punkt zurückkamen. Sie stiessen auch oft an der Anstaltsmauer an, und fielen schliesslich zu Boden, jedoch oft erst nach mehreren Minuten. Einmal gelangte ein solcher Maikäfer zufällig in's Laub eines Baumes, stiess mehrmals an den Aesten und Blättern an, war jedoch nicht fähig sich darauf zu setzen und kam schliesslich auf der anderen Seite wieder hinaus. Sobald der Firniss von den Augen entfernt wurde, flogen die Thiere wieder richtig zum Laub hin, worauf sie sich setzten.

Die an der Oberfläche einer Pfütze befindlichen Wasserwanzen *(Hydrometra lacustris)*, die bekanntlich sehr schnell rudern und sehr scheu sind, wurden ganz unfähig, einen Feind zu bemerken, als sie auf obige Weise geblendet worden waren. Sie konnten zwar ebenso schnell rudern wie vorher, blieben jedoch ruhig bis man sie berührte und liessen sich fangen wie Schnecken.

Die geblendeten Wespen und Hummeln sind seltener als die Dipteren zum Fliegen gegen den Himmel zu bringen; sie stossen fast stets gleich in der Nähe an, oder fallen. Beobachtet man nun das Gebahren aller so erblindeten Insekten am Boden, so ist dasselbe ganz anders als im Flug. Sie sind zwar gemessener, langsamer in ihren Bewegungen, aber finden sich meist mit Hilfe ihrer Fühlhörner, Palpen und Tarsen, je nach der besseren oder schlechteren Entwickelung der entsprechenden Sinnesorgane, mehr oder weniger gut zurecht.

Gerne suchen sie sich dann Schlupfwinkel auf, um sich darin zu verstecken. Auf die erwähnten Weisen geblendete Fliegen, Wespen etc. die ich im Zimmer fliegen liess, flogen nie mehr wie früher gegen das Fenster, sondern irgend wo gegen die Wand oder gegen den Boden, ein Beweis, dass sie wirklich keinen Lichtschein mehr hatten; anders ging es natürlich bei unvollständiger Operation.

Eine interessante Illustration zu unserem Thema bietet die amerikanische Ameisengattung *Eciton (Army Ant, driver Ant, Tauoca)*. Die Eciton-Arten führen ein Nomadenleben, sind carnivor, und jagen in grossen Heeren nach Käfern, Orthopteren, anderen Ameisen etc. Die meisten dieser Arten haben, wie oben gesagt, zwei Ocellen statt Netzaugen; einige aber sind augenlos. Während nun erstere *(E. hamatum* etc.) im offenen Feld jagen, jagt die blinde Art *E. coecum* Latr. (= *rastator* Smith) nach Bates*) stets in überwölbten Gängen, die sie mit reissender Schnelligkeit über Wege und Lichtungen baut, bis sie verwitterte Stämme u. dgl. erreicht, in deren Höhlungen und Spalten sie ihre Beute findet.

Insekten, die sehr grosse Augen haben und exquisite Luftthiere sind, *(Libellula, Tabanus, Bombylius* etc.), haben meist sehr schwach entwickelte Fühlhörner und sind in der Dunkelheit total unbeholfen. Sie trauen sich dann kaum zu gehen. Aehnlich geht es den Tagschmetterlingen. Bei anderen Insekten dagegen, wie bei den Ameisenarbeitern, spielen die Augen eine untergeordnete Rolle; es sind dies Antennenthiere (vgl. später Exper. mit Abnahme der Fühlhörner). Daher arbeiten dieselben bei tiefster Nacht und unterirdisch so gut wie am Tag, was ich wiederholt beobachtet habe (l. c.).

Es ist bekannt, dass viele Insekten nachts blindlings gegen ein Licht zu fliegen und stets wieder sich darauf stürzen, bis sie verbrennen. Dies wird oft mit Unrecht als Blendung bezeichnet. Solche Lichter, wie unsere, sind in der Natur kaum vorhanden. Das Tageslicht ist aber nicht so auf einem Punkt concentrirt, und die Thierch n sind daran gewöhnt, wenn sie im Dunkeln (in der Erde, unter Rinde etc.) sind und nach dem Licht streben, in's Freie zu gerathen, wo das Licht überall zerstreut ist. Nachts nun meinen sie

---

*) Bates: Der Naturforscher am Amazonenstrom. Deutsche Uebersetzung. Leipzig 1866. p. 388.

offenbar, wenn sie auf eine Lampe zu fliegen, aus einem dunkeln Ort an das Tageslicht zu gelangen, und begreifen diese auf einem Punkt concentrirte Lichtquelle durchaus nicht. Daher die wiederholten misslungenen Versuche, welche die armen Verirrten allseits wieder in das Dunkle, dann aber immer wieder auf die Flamme führen, und schliesslich meist Verbrennung zur Folge haben. Insekten, die infolge allmählich vererbter Anpassung an das künstliche Licht gewöhnt sind (Hausfliege, *Musca domestica*), werden durch dasselbe nicht mehr getäuscht.

Höhleninsekten sind blind. Blinde Arthropoden, z. B. eine blinde Varietät oder Subspecies des *Gammarus puteanus* Koch, finden sich in grossen Tiefen der Seen, wo das Licht nicht mehr eindringt, sowie in unterirdischen Gewässern. Die ausschliesslich unterirdisch lebenden Thiere, z. B. gewisse Ameisenarbeiter, werden auch blind oder nahezu, und wir sehen bei den europäischen Arten der letzteren die Facettenzahl von 600 bis zu 30, 6, 4, 1 und schliesslich bis 0 (bei *Leptanilla* Emery u. A.) hinabsteigen.

Lubbock hat durch sehr fleissige und sinnreiche Experimente (l. c. obs. on Bees etc. Pt. 1 und 2) das Farbenunterscheidungsvermögen der Bienen und Wespen nachgewiesen. Er nahm gleichmässige rothe, gelbe, grüne, blaue etc. Scheiben, legte z. B. auf eine rothe etwas Honig, und dazu eine Biene, die er mit Oelfarbe markirte. Die Biene flog fort zu ihrem Nest, kam aber bald nach Entleerung ihres Vormagens zurück und ging stets gerade auf die rothe Scheibe. Nun nahm L. während ihrer Abwesenheit die rothe Scheibe fort, setzte an deren Stelle eine blaue Scheibe mit Honig und eine andere rothe, der ersten gleich, aber ohne Honig, daneben. Die Biene kam zurück, ging aber stets zur rothen Scheibe, wo sie nichts fand, und war absolut nicht im Stande, den Honig auf der nebenstehenden blauen zu finden. Dies ist zugleich ein Beweis ihres schlechten Geruchsvermögens. Es zeigen die in dieser Weise weiter variirten Experimente von Lubbock, dass die Bienen alle Farben unterscheiden und nur blau und grün mit einander verwechseln, während die Wespen auf Farbenunterschiede fast gar nicht reagiren, umsomehr aber die Form des Gegenstandes, den Platz, wo der Honig liegt, bemerken, so wenigstens, dass der Wechsel der Farben sie nicht stört. Auch riechen sie feiner als die Bienen.

Diesen schönen Resultaten scheinbar widersprechend sind Experimente von Plateau*), der durch sehr gut nachgemachte künstliche Blumen Insekten (Bienen, Schmetterlinge u. A.) zu täuschen versuchte, was ihm jedoch fast nie gelang. Die Thiere flogen nahezu immer, ohne diese Kunstprodukte zu beachten, darüber hinweg. Abgesehen von dem geringeren Werth eines negativen Resultates ist hier noch manches, was das Experiment unrein macht, besonders aber der Umstand, dass, so genau auch die Nachahmung unseren Augen erscheinen mag, es immer noch möglich ist, dass die Nuancen und Formen von dem Insektenauge zum Theil auf qualitativ andere Weise unterschieden werden, und dass dasselbe da Unterschiede wahrnimmt, wo wir es nicht thun. Ausserdem fehlt der Geruch, was übrigens, wie wir sahen und gleich noch sehen werden, nicht massgebend ist. Ferner zeigen die Experimente Lubbocks, wie sehr die Bienen und Wespen an den gewohnten, von ihnen gekannten Wegen und Orten sich gerne halten, so dass desshalb plötzlich neu erscheinende Blumen, ihre Aufmerksamkeit weniger fesseln dürften, als die alten, bekannten.

Ein Hummelnest, das ich vor Jahren auf einem Fenster der Façade eines Hauses aufgestellt hatte, gab mir Gelegenheit zu sehen, welche Mühe die von ihren Ausflügen zurückkommenden Hummeln hatten, um das richtige Fenster von den anderen zu unterscheiden. Besonders die ersten Male flogen sie lange Zeit an falschen Fenstern herum, bis sie das richtige fanden. Lubbock (l. c.) erwähnt manche ähnliche Beobachtungen.

Am 1. September 1877, einem halb schönen Tag nach längerer Regenzeit, befanden sich auf zwei rechts und links von dem Irrenanstaltsthor gelegenen, hauptsächlich aus rothen, weissen und blauen Windenblüthen bestehenden Blumengruppe viele Hummeln (*Bombus terrestris, pratorum* etc.), Arbeiter, Weibchen und Männchen, welche sehr hungrig zu sein schienen und besonders die Windenblüthen besuchten. Sechs derselben wurden gefangen; ich schnitt ihnen die beiden Fühlhörner an der Basis ab und liess sie wieder fliegen. Nach

---

*) Plateau: L'instinct etc. mis en défaut p. l. fleurs artificielles? Association française pour l'avancement des sciences. Congrès de Clermont. Ferrand. 1876.

5 Minuten kam eine derselben (ein ♂) zurück und saugte an 8 bis 10 Windenblüthen nach einander. Jedesmal flog sie ganz direkt, ohne eine Sekunde zu schwanken, in die nächste Blüthe. Ich fing sie wieder, constatirte nochmals, dass nichts mehr von den Fühlern vorhanden war, und liess sie wieder los. Sie flog diesmal nur in kurzem Schwung nach oben und kam sofort wieder zu den Blüthen, wo sie weiter saugte, wie zuvor.

Ich fing nun andere Hummeln und schnitt denselben mit der Scheere den ganzen Vorderkopf bis zu den Netzaugen ab. Nach dieser Operation zog ich den Rest der zurückgezogenen Unterlippe mit dem Nagel heraus und excidirte denselben mitsammt dem ganzen Pharynx*) mit spitzen Scheeren. Die so verstümmelten Thiere wurden wieder frei gelassen und flogen fort. Zwei derselben, zwei Männchen, kamen jedoch nach einiger Zeit wieder und fingen wieder an, genau so wie normale, von Blüthe zu Blüthe zu fliegen, blieben aber nur ganz kurz in jeder Blüthe. Die armen Geschöpfe konnten natürlich trotz allen Hungers nichts essen, erkannten aber den Grund davon nicht, und verliessen immer wieder die einzelnen Blüthen, um zu andern zu fliegen.

Zu gleicher Zeit kamen noch mehrere von den Hummeln mit abgeschnittenen Fühlhörnern zu den Windenblüthen zurück und gingen wo möglich noch sicherer und direkter von Blüthe zu Blüthe als die normalen.

Am Nachmittag desselben Tages operirte ich wieder viele Hummeln auf die beiden genannten Weisen. Jedoch kam keine zurück.

Der 2. September war ein Regentag. Am 3. September war das Wetter wieder schön, und ich ging zu den Winden zurück wo

---

*) Somit waren alle Nervenendigungen des Mundes, der Zunge, des Pharynx etc. fortgenommen; ebenso die Taster. Nun soll nach Wolff (loc cit.) das Riechorgan in den Nervenendigungen des sog. Gaumensegels sich befinden, was, wie wir sehen werden, irrig ist. Das Wolff'sche Riechorgan war natürlich ebenfalls völlig ausgeschnitten und konnte an dem abgetrennten Stück präparirt werden. Ferner aber war durch das Ausschneiden des Pharynx jede Möglichkeit einer Kopfrespiration, wie sie Wolff (loc. cit.) beschreibt, völlig ausgeschlossen. Und dennoch flogen die Thierchen ganz munter herum. Ihre Augen hatten gewiss auch nicht gelitten, sonst hätten sie die Blumen nicht so sicher gefunden.

ich bald mehrere von den Hummeln wieder fand, welchen ich zwei Tage vorher beide Fühlhörner abgeschnitten hatte. Es waren sowohl Arbeiter als Männchen, und sie flogen mit auffallender Raschheit und Sicherheit von Blüthe zu Blüthe.

Nun fing ich einige *Bombi pratorum* ♂, welche sehr selten zu den Winden, fast stets zu den sparsam vorhandenen Blüthen einer exotischen blauen *Veronica* flogen, und schnitt denselben sowohl beide Fühlhörner als den Vorderkopf mit dem Pharynx, wie oben angegeben, ab. Einer derselben, als er losgelassen wurde, flog in die Luft, aber nicht weit, kehrte dann bogenförmig zu den Blumen zurück, und flog direkt zu den blauen Veronicablüthen. Er versuchte nun in denselben zu essen, was ihm nicht gelang, so dass er hastig von einem Blümchen zum andern wanderte und dann zur nächsten Veronicadolde flog. Schliesslich besuchte er noch einige Windenblüthen, ohne indessen in dieselben einzutreten, und flog dann fort. Sein Benehmen war genau dasselbe wie das der früher operirten. Bald darauf kam ein anderer der so operirten *B. pratorum* wieder direkt zu den *Veronicae* geflogen und benahm sich genau so wie der erste; nur ging er nicht zu den Winden. Ich fing ihn und constatirte die Abwesenheit beider Fühlhörner und des Vorderkopfes. Arbeitshummeln, die ich in derselben Weise operirte, kamen nie zurück. Es scheint, dass dieselben mehr Bewusstsein ihrer Verstümmelung hatten, da ja die Arbeiter bei den geselligen Hymenopteren stets viel intelligenter sind als die Männchen. Ich habe auch nachgewiesen, dass das eigentliche Gehirn *(corpora pedunculata)* der Ameisenarbeiter viel grösser ist, als das der Männchen (l. c.).

Ich operirte nun auf dieselbe Weise mehrere *Pollistes gallicus* (eine Wespe), welche Resedablüthen besuchten. Dieselben benahmen sich genau so wie die Hummeln. Einige kamen zurück und flogen direkt zu den Resedablüthen, die sie nacheinander aufsuchten und wo sie vergebens zu essen versuchten.

Bei diesen Versuchen und noch mehr bei Antennendurchschneidungen, die ich früher an Bienen und Wespen vornahm, bemerkte ich gewöhnlich, dass infolge des Verlustes der Fühlhörner diese Thiere nicht etwa unsicherer, sondern im Gegentheil scheinbar sicherer in ihrem Flug werden. Sie schwanken nicht mehr hin und her, bevor sie sich irgendwo niedersetzen, wie man dies ja besonders bei Wespen meistens beobachtet, sondern fliegen schnurgerade auf einen Punkt und setzen sich sofort nieder, wie die Fliegen und Wasserjungfern. Der Unterschied im Benehmen ist hier besonders bei *Vespa*-Arten *(germanica* u. dgl.) auffallend. Es scheint mir darauf hinzudeuten, dass das Hin- und Herschwanken beim Fliegen den Thieren dazu dient, mittelst ihrer Fühlhörner gewisse Substanzen zu wittern. Daher käme es dann auch, dass dieses Schwanken bei den besser riechenden und schlechter sehenden Wespen viel auffallender als bei den schlechter riechenden und besser sehenden Bienen ist. Es sind dennoch weitere Versuche über diesen Punkt sehr nothwendig.

Aus den beschriebenen Beobachtungen und Versuchen geht nun klar hervor, dass es die Netzaugen allein sind, welche sowohl Fliegen als Schmetterlinge, Maikäfer, Libellen, Hummeln und Wespen in ihrem Flug leiten. Damit allein erkennen sie die Blumen, sowie überhaupt die Gegenstände und ihren Weg in der Luft. Der Geruch kann zwar, wie wir sehen werden, gewisse fliegende Insekten in eine gewisse Richtung locken (so z. B. die oben erwähnte *Calliphora vomitoria),* aber ohne Augen können sie doch nicht fliegend ihren Weg finden, während sie sich, nach Verlust ihrer sonstigen wichtigsten Sinnesorgane, mit den Augen allein vollständig gut im Flug zurecht finden (natürlich aber nicht mehr versteckte Substanzen wittern)..

Endlich geben uns die erwähnten Thatsachen wenigstens annähernd Aufschluss über den verschiedenen Grad der Deutlichkeit des Sehens bei einigen Insekten, sowie über deren Fähigkeit, Farben zu unterscheiden, in der Nähe und in der Ferne zu sehen, und die Entfernung zu berechnen.

Fortsetzung folgt.

Diagnoses Attoidarum aliquot novarum Novae Hollandiae collectionis Musei zoologici Berolinensis

auctore **F. Karsch.**

Subfam. **Saltatoriae** Walck.

I. Abbreviatae Walck.

Rhene Thor.

On Eur. Epid. 1869, p. 37; p. 205. Syn. *Rhanis* C. Koch, Uebers. d. Arachn. Syst. V. Heft, 1850, pp. 69—70. Die Arachn. XIV, 1848, pp. 86—88, Tab. CCCCLXXX, Fig. 1340—1342.

1. *Rhene tricolor* (n. sp.). Cephalothorace 1.9 mill. longo latoque, abdomine 1.8 mill. longo; pedibus I robustioribus. Cephalothorace nigro, pedibus corticeo brunneis, abdomine olivaceo-griseo.

1 ♂ specimen siccatum, acu affixum, sub Nr. 1835, „Feejee Ins. — Daemel" signatum.

Eris C. Koch.

Uebers. d. Arachn. Syst., 1850, pp. 59—60, XXI; Die Arachn., 1846, XIII, pp. 189—192. Tab. CCCCLXIII, Fig. 1237—1239.

2. *Eris·bella* (n. sp.). Magnitudine et habitu *Er. aurigerae* C. Koch*). Cephalothorace rubro-brunneo, aurigero, nitido, clypeo lateribusque albido-pubescentibus, parte cephalica pone oculos III late albido-fasciolato, inter oculos II et III macula albo-pilosa angulata ornato. Mandibulis robustioribus, nigro-brunneis, splendidis, antice supra intus dente instructis. Pedibus longioribus, nigro-brunneis vel pallidioribus, maculis nigris, adpresso nigro-pubescentibus. Pedibus I robustioribus, metatarsis binis spinis infra instructis; palpis pallidioribus, albido-pubescentibus. Abdomine rubro-brunneo, nitido, lateribus albido-pubescentibus, per dorsi medium maculis, triangula formantibus pallidioribus, albido-pubescentibus, contingentibus vel ex parte interruptis.

2 ♂ spec. acu affixa sub Nr. 1789, „N. S. Wales. — Daemel" signata.

Nota: signum *) Specimina typica indicat.

Heliophanus C. Koch. (1833.)
(Thorell, 1869.)

3. *Heliophanus maculatus* (n. sp.). Cephalothorace nigro, tribus brevibus fasciolis longitudinalibus albis ornato, duabus infra oculos laterales III sitis ut in *Er. jubata* C. Koch*); tertia in medio cephalothoracis. Pedibus albidis, egregie armatis; femoribus, patellis, metatarsis et tarsis antice, tibiis medio brunneis, albido-pubescentibus. Palpis nigris, albido-pubescentibus. Abdomine nigro, lateribus linea albo-pubescente, basi dorsi arcum formantibus. Medio dorsi duabus albidis maculis triangularibus transversalibus, supra mamillas macula albido-pubescente et supra fasciola latiore arcum formante fulva.

Long. cephal. 2.5, abdom. ca. 2.5 mill.; Lat. cephal. 1.7 mill.

1 ♂ spec. sub Nr. 1790 acu affixum, „N. S. Wales. — Daemel" signatum.

Epiblemum Hentz. (1832.)
(Thorell, 1869.)

4. *Epiblemum pilosum* (n. sp.). Cephalothorace 2.4, abd. 2.9 mill. long. Cephalothorace nigro, inter oculos lateribusque omnino dense incano-pubescente. Clypeo mandibulisque omnino pilis albido-flavis obtectis; fasciola inter oculos flavido-pilosa. Pedibus et palpis gracilioribus flavidis, dense albido-pilosis. Abdomine nigricante, attamen omnino densissime incano-piloso.

1 ♀, acu affixa, sub Nr. 1555, „N. S. Wales. — Daemel" signata.

Attus Walck. (1805.)
(Thorell, 1869.)

5. *Attus niger* (n. sp.). Cephaloth. 3, abd. 2,8 mill. long. Oculis mediis I spatio minnimo disjunctis, oculis lateralibus I mediis multo minoribus et diametro suo a mediis sejunctis; oculis II propius oculis I quam III, inter binos callos parvos partis cephalicae laterales sitis. Oculis I recurvis. Cephalothorace postice descendente, nigro, nitido, inter oculos parce albido-pubescente, pone oculos III macula albo-pilosa. Pedibus gracilioribus, nitidis, metatarsis aculeatis, nigris, femoribus antice adpresso-albido-pilosis. Abdomine rotundato, nigro, nitido, lateribus supra circulo, dense albido-pubescente, ornato. Medio dorsi macula albo-pilosa. Toto corpore pilis longioribus nigris parce obtecto.

1 ♀ specim., acu affixum, sub Nr. 1556, „N. S. Wales. — Daemel" signatum.

6. *Attus asper* (n. sp.). Cephalothorace 4.2, abdomine 4 mill. long. Corpore nigricante, densissime longe albo-piloso, pedibus I multo longioribus. Clypeo mandibulisque longis pilis albidis omnino obtectis, palpis longe denseque albo pilosis, cephalothorace nigro, pedibus nigro-brunneis, pilis sparsis albidis obtectis. Abdomine nigricante, pilis albis sparsis, dorsi medio macula densius albo-pilosa et antice fasciola transversa arcuata latiore rubro-brunnea parce tantum relucente, quasi in vita animalculum ornante.

1 specimen sub Nr. 1684 acu affixum „N. S. Wales. — Daemel" signatum.

7. *Attus limbatus* (n. sp.). Cephaloth. 2.9, abdom. 2 mill. long. Cephalothorace altiore, capite descendente, nigro-piloso. Parte cephalica, mandibulis, palpis, pedibus rubro-brunneis, pedibus nigro-maculatis, palpis albido-pilosis. Oculorum serie I recurva, clypeo minus dense piloso. Abdomine dorso nigro-brunneo, lateribus fasciola tenui flavo-pilosa, ventre flavo, dense flavo-piloso. Supra mamillas macula flavo-pilosa.

1 ♀ acu affixa sub Nr. 1761 „N. S. Wales. — Daemel" signata.

8. *Attus Gazellae* (n. sp.). Cephalothorace 3.2, abdomine 3.5 mill. long. Corpore nigro. Cephalothorace altiore, parte cephalica descendente. Clypeo squamulis et albo- et viridi- et coeruleo-metallico-nitentibus obtecto. Pedibus flavis, femoribus antice, tibiis omnino nigro-brunneis. Abdomine graciliore, nigro, nigro adpresso pubescente, dorso et antice et ante medium fasciola transversa arcuata latiore nitida et albo- et viridi- et coeruleo-squamata, metallica; ventro pallidiore, duabus fasciolis longitudinalibus parallelis, albo-flavidis; mamillis longioribus, pallidis, parte anteriore nigricantibus.

1 ♀ spec. in spiritu vini asservatum „Segaar Bay — Gazelle" [Entweder Neu-Hannover, 2. Ankerplatz oder Ufer der Bai von Segaar Neu-Guinea] signatum sub Nr. 2615.

Plexippus C. Koch.

Uebers. Ar.-Syst. V. Heft, 1850, pp. 51—53, XIV; — Die Arachn., XIII, 1846, pp. 93—125, Figg. 1155—1185.

Diagnoses Attoidarum aliquot novarum Novae Hollandiae etc. 25

9. *Plexippus punctatus* (n. sp.). Cephalothorace nitido, altiore; oculis II propius III quam I. Cephalothorace brunneo, post oculos linea media longitudinali pilis flavidioribus; parte cephalica pilis longioribus. Pedibus longioribus, anterioribus I et II robustioribus brunneis, nigro-pilosis, aculeatis; mandibulis brunneis, supra flavido-brunneo-pilosis. Clypeo fere nullo. Mamillis longioribus, brunneo-flavidis. Abdomine flavido-brunneo, piloso, dorso duabus lineis nigris parallelis longitudinalibus, maculis parvis binis seu pluribus flavo-pubescentibus interruptis.

Long. cephalothoracis 5, abdom. 6.2 mill.

1 ♀ specim. acu affixum „Feejee Ins. — Daemel" signatum sub Nr. 1734.

10. *Plexippus incanus* (n. sp.). Habitu et oculis ut in *Plex. punctato*. Cephalothorace nigro-brunneo, incano, piloso; mandibulis nigricantibus, supra dense cano-pilosis, pedibus flavido-pallidis, longioribus, brunneo-angulato-maculatis, dense pubescentibus, longe sparse pilosis, metatarsis I et II evidenter aculeatis. Abdomine pilis canis nigrisque maculato, dorso supra mamillas fascia latiore nigra transversa arcuata, antice et postice albido-pubescente marginata.

Cephaloth. 5, abd. 5.2 mill. long.

1 ♀ specimen acu affixum sub Nr. 1735, „N. S. Wales. — Daemel" signatum.

11. *Plexippus phyllus* (n. sp.). Habitu et situ oculorum *Plex. punctato* et *Plex. incano* species simillima; attamen abdomine dorso pictura magna lata, quercus folio simillima, nigra; lateribus incano-pubescentibus.

1 ♀ specimen acu affixum, sub Nr. 1736, „N. S. Wales. — Daemel" signatum.*)

Lycidas (n. g.).

Cephalothorace altiore, gradatim tripartito-descendente, parte cephalica deplanata. Quadrangulo oculorum latiore quam longiore;

---

*) In eadem collectione unicum specimen ♂ vidi ad *Plexippum Ligonem* Walck. (Hist. Nat. Apt. I, 1837, p. 426, n. 35 pertinens sub Nr. 1731, „Feejee Ins. — Daemel" signatum.

Plexippus praesignis C Koch* et *Euophrys delibuta* L. Koch (Verh. zool.-bot. Ges. Wien, 1865, p. 874—876) referendae ad hanc speciem mihi videntur.

oculis I contingentibus, lateralibus mediis ca. quater minoribus, sed paullo majoribus oculis III; oculis II omnium minimis. Oculis mediis I a margine clypei spatio remotis, quod diametrum fere oculi aequat. Pedibus anticis brevioribus, robustioribus; posticis gracilioribus, pedibus III longioribus. Cephalothoracis parte postica oblique descendente, lateribus rotundatis. Abdomine, insuper viso fere triangulum exhibente, postice acuto.

12. *Lycidas anomalus* (n. sp.). Long. ceph. 2.5, latit. ceph. 1.9 mill.; long. abdom. ca. 2 mill.

Cephalothorace nigro, parte cephalica opaca, pilis nigris adpressis quasi cancellata, postice nitido, ad latera oculorum albido-piloso et postice macula albido-pilosa ornato. Clypeo brunneo, mandibulis brevibus nigris. Pedibus pallidis, patellis tibiisque III brunneo-nigris, femoribus extus linea brunneo-nigra. Metatarsis basi nigro-brunneis. Palpis pallidis, antice nigris, albido pilosis. Abdomine lateribus compressis, postice acuto, supra nigro-nitido, rotundato, glabro, basi pilis nonnullis longis nigris recurvis, infra pallidiore.

Specimen ♂ unicum sub Nr. 1771 „N. S. Wales. — Daemel" signatum, acu affixum.

Ligonipes (n. g.).

Cephalothorace plus duplo longiore quam latiore, minus altiore, deplanato; abdomine angusto, pedibus longioribus. Oculis III non longe ante medium cephalothoracis sitis. Pedibus I insignibus: femoribus, patellis, tibiis valde dilatatis, compressis, tibiis extus pilis brevioribus rigidis, intus aculeis instructis, **ligonis formam illustrantibus**. Pedibus II, III, IV gracilioribus.

13. *Ligonipes illustris* (n. sp.). Long. cephal. 2, latit. 0.9 mill.; long. abdom. ca. 2.3 mill. Cephalothorace humili, nigro-brunneo, pilis aureo-rubris splendidiore; oculis I contingentibus recurvis, mediis permagnis, lateralibus perparvis. Quadrangulo oculorum saltem aeque longo quam lato. Abdomine nigro brunneo, subtus pilis parvis adpressis aureo-rubris paullo nitente. Pedibus flavo-brunneis, brunneo-maculatis, palpis pallidioribus; tibiis I nigricantibus intus aculeatis (numerus aculeorum pede dextro quattuor, pede sinistro incertus est); longitud. tibiarum I: 1 mill. Mandibulis verticalibus, minoribus, nigro-brunneis.

Specimen ♀ unicum sub Nr. 1619, acu affixum, „N. S. Wales. — Daemel" signatum.

Ligurinus (n. g.).

Genus *Ligurinus* generi *Hyllo* C. Koch simillimum esse videtur, attamen facile distinguendum: fronte paullo oculos I superante et pilis latis densis obliquis ornata ita ut, si cephalothorax desuper inspicitur, oculi omnino obtecti sint.

14. *Ligurinus scopifer* (n. sp.). Cephalothorace 4.2, abdomine ca. 5 mill. long. Oculis II propius I quam III. Cephalothorace altiore, nigro, splendido, parte cephalica plana, lateribus macula infra oculos III albido-pubescente; infra oculos I fascia transversa albido-pubescente. Mandibulis longioribus, perpendicularibus, parallelis, nigris, aureo-splendidis, antice paullo divergentibus. Palpis nigris, tibiis albo-pubescentibus. Pedibus longioribus, I robustioribus, nigro-pilosis, non aculeatis, scopula infra tibiam, metatarsum et tarsum instructis. Pedibus maculis albido-pubescentibus ornatis. Abdomine nigrobrunneo, dorso maculis 4 albo-pubescentibus.

Specimen unicum ♂ adult. sub Nr. 1617, „Sydney. — Daemel" signatum. Pulcherrimum hoc specimen ab omnibus adhuc descriptis facillime distinguendum est fronte oculos I imminente scopa nigra densa ornata.

Specimen alterum, verisimiliter ejusdem generis, sub Nr. 1829 „N. S. Wales. — Daemel" signatum, tibiis metatarsisque I et II aculeatis alius speciei exemplum esse videtur, sed ita mutilatum, ut describi non possit.

Maratus (n. g.)

Cephalothorace minus longo, altiore, oculis III paullo ante medium sitis; oculis II minimis, ab oculis I et III spatio aeque saltem longo disjunctis. Quadrangulo oculorum paullo latiore antice quam postice. Abdomine deplanato, lateribus parallelis, quadrangulo, longiore quam latiore. Pedibus gracilioribus; corpore piloso.

15. *Maratus amabilis* (n. sp.). Species *Atto splendido* Walck. (Hist. Nat. des Ins. Apt. I, 1837, p. 458, n. 103) habitu simillima, attamen pictura omnino diversa. Cephalothorace nigro, lateribus albido-pilosis, parte cephalica flavo-brunnea, adpresso-pilosa. Pedibus et palpis flavidis, brunneo-maculatis, albido-pilosis; tibiis, metatarsis

cum tarsis III nigricantibus. Abdomine livido, metallico-nitido. Dorso antice duabus fasciis longitudinalibus obliquis rubris, basi lateribus aduncatis; postice fascia transversa sanguinolenta, medio interrupta. Lateribus infra paullo ante medium macula magna rotundata nigra. Mamillis nigricantibus. Cephalothorace 2.1, abdomine 2 mill. long.

Specimen unicum (♂) sub Nr. 1553, acu affixum, „Austral. sept. — Daemel" signatum.*)

II. *Elongatae* Walck.

Marpissa C. Koch.

Uebers. Ar.-Syst. V. Heft, 1850, pp. 47—48; — Die Arachn., XIII, 1846, pp. 57—76.**)

16. *Marpissa fusca* (n. sp.). Cephal. 2, abd. 2.1 mill. long. Corpore angusto, valde deplanato, toto fusco, sparse pubescente. Cephalothorace nitido, lateribus griseo-pubescentibus. Oculis III longe ante medium cephalothoracis sitis. Pedibus gracilioribus, I robustioribus, fuscis, nitidis, nigro-brunneo-pubescentibus. Abdomine nigro,

---

*) In collectione Musei zoologici Berolinensis sub Nr. 1554 unicum specimen siccatum, acu affixum, „Austr. sept. — Daemel" signatum vidi ab *Atto splendido* Walck. (l. c.) vix differens, longitudine *Atti amabilis* (n. sp.). Cephalothorace postice nitido, nigro-brunneo; parte cephalica viridibrunneo-pubescente; inter oculos I et III supra oculos medios I fasciis duabus opacis longitudinalibus rubro-brunneis, pone oculos III macula albopilosa et inter has maculas fasciola albo-pilosa longitudinali media. Abdomine aureo-viridi-metallico, lateribus, antice et postice margine aureo-albido-metallico, dorso postice fasciola transversa albido-metallica, lateribus supra macula parva rubra; antice tribus fasciis longitudinalibus rubris, media porrecta postice nigra, exterioribus paullo obliquis, lateribus aureo-albido-metallicomarginatis. Pedibus pallidis, metatarsis III omnino nigris, f moribus, tibiis, metatarsis omnibus nigro-brunneo maculatis. Toto corpore omnino sparse fusco-piloso. Pulcherrimam hanc speciem, alia si fuerit quam *Attus splendidus* Walck., *Maratum amoenum* denominamus (22).

**) Prof. T. Thorell anno 1869 in „On European Spiders" p. 213 *Marpissam* C. Koch (1846—7) in *Marpessam* (nom. propr.) mutans erravit; nam *Marpessa* Gray (1821) in Med. Repos. XV. (sec. Marschall, Nomenclator zoologicus, Vindobonae, 1873, p. 126) Gasteropodarum genus prius designat. Ceterum *Marpissam* potius in *Marfisam* (nom. propr. apud Ariostum: „Orlando furioso") commutandam esse censeo.

minus nitido, nigro-brunneo pubescente. Palpis nigris, albido-pubescentibus, mandibulis nigris, fronte supra obtectis, parvis. Clypeo infra oculos I fasciola transversa pilis albido-pallidis ornato.

Duo specimina (amb. sex.?) siccata, acu affixa, sub Nr. 1620 -- 1621, „N. S. Wales. — Daemel" signata.

Alemena C. Koch.

Uebers. Arachn.-Syst., V. Heft, 1850, pp. 56—57; Die Arachn. XIII, 1846, pp. 176—180, Figg. 1227—9.

17. *Alemena superba* (n. sp.). Cephalothorace 5.2 mill. long., 4 mill. lat.; abdomine 6.9 mill. long.

Cephalothorace minus alto, aureo-brunneo, splendido. Pedibus I robustioribus, quorum patella tibiam sicut et metatarsum cum tarso longitudine fere aequat. Pedibus 6 posterioribus gracilioribus; palpis gracillimis, mandibulis quasi cancellatis; pedibus, palpis et mandibulis aureo-brunneis, dense albido-flavo pubescentibus. Metatarso I infra aculeis 2,2 nigris, tibia latere interiore 4, latere exteriore 2—3 aculeis, pedibus II minoribus aculeis instructis. Abdomine ovali, elongato, nigro-brunneo, lateribus dense candido-pubescentibus, per dorsi medium usque ad mamillas fascia longitudinali lata albida, lateribus angulatis, supra mamillas maculis tenuibus fuscis angulatis interrupta, punctis nigris omnino sparsa.

Specimen unicum ♀ siccatum, acu affixum, sub Nr. 1601, „Austral. sept. — Daemel" signatum.

Subfam. Voltitariae Walck.

Ascyltus (n. g.).

Cephalothorace minus alto, rotundato, antice latiore, postice angustato, parte cephalica non descendente, clypeo lateribus in planum verticale transversale, angulum acutum formans, valde prolongato, dilatato, extrema dilatationis parte pilis nonnullis longis ornata. Mandibulis subrectis. Quadrangulo oculorum latiore quam longiore. Oculis I ante frontem sitis. Pedibus I et II robustioribus, longioribus, III et IV tenuioribus, brevioribus, aculeatis; mandibulis in ♀ rotundatis, minoribus, in ♂ longioribus, supra paullo deplanatis, lateribus acutis, divergentibus. Abdomine cephalothorace angustiore, elongato, antice rotundato, postice tenuiore. Mamillis longioribus.

Ad hoc genus et *Attum opulentum* Walck. (Hist. Nat. Ins. Apt., I, 1837, pp. 477—478, n. 141) et *Hyllum pterygoidem* L. Koch (Verh. zool.-bot. Ges. Wien, 1865, XV, pp. 876 - 8) referendos esse censeo.

18. *Ascyltus divinus* (n. sp.). Cephalothorace 6.5 long., 4—6.2 lat.; abdomine 7 mill. long.

Cephalothorace argenteo-squamoso-nitido, lateribus fasciola tenui coerulea; clypeo aureo coeruleo; oculis fuscis, mandibulis argenteo-brunneis. Pedibus et palpis argenteo-coeruleis, metallicis, coxis coeruleo-nitentibus. Abdomine aureo-nitente, argenteo, unicolore, fasciis carente. Corpore piloso, pedibus aculeatis, I et II scopula instructis; metatarsis I infra 2,2, tibiis I infra 2, 2, 2, 2 aculeis armatis. Mandibulis infra antice bidentatis.

Sex specimina foem. sub Nr. 1674, siccata, acu affixa „Feejee Ins. — Daemel" signata.

19. *Ascyltus penicillatus* (n. sp.). Cephaloth. ♀ 5, ♂ 6 mill. long., ♀ 4.5, ♂ 5 mill. lat. (post dilatationem); abdomine ♂ 7, ♀ 8 mill. long.

Cephalothorace lateritio, nigro-marginato, parte cephalica nigricante, splendido, dilatatione faciali viridi-squamata, metallica; dilatatione supra postice nigro-marginata, cacumine nigro-penicillato. Mandibulis lateritiis (♂), nigro-marginatis, nigro-brunneis (♀); antice infra (♂) dente lateritio armatis. Abdomine pallidiore, dorso flavo, nitido, duabus vittis longitudinalibus, nigro-brunneis parallelis, interdum pallido-interruptis. Pedibus scopula instructis et ut in *Ascyllo divino* armatis. Mamillis superioribus longioribus. Maris mandibulis supra et infra parte anteriore dente armatis.

Nonnulla specimina, ♂ et ♀, sub Nr. 1673—1681 siccata, acu affixa, „Fejee Ins. — Daemel" et „Austral. Sept — Daemel" signata.

Duo specimina, amb. sex., spiritu vini asservata, sub Nr. 2617 „Viti Levu. — Rewa? — Gazelle" signata.

20. *Ascyltus simplex* (n. sp.). Cephalothorace 6, abdomine 8.5 mill. long.

Cephalothorace minus lato antice, minus splendente, lateritio aut (♂) brunneo; abdomine unicolore pallidiore, flavo, minus aureo-nitente, maculis et fasciolis omnino carente. Pedibus (♀) unicoloribus, lateritiis, ♂ lateritiis, tibiis metatarsisque fuscioribus brunneis.

Specimina nonnulla amb. sex. sub Nr. 1676—1683, „Feejee Ins. — Daemel" et „N. S. Wales. — Daemel" signata.

Mopsus (n. g.).

Mopsus generi *Ascylto* habitu valde similis, sed clypeo lateribus non dilatato, minus latiore, magis altiore, supra paullo attenuato et margine cephalico antice supra et lateribus scopa pilis tenuibus longis instructo. Oculis II minimis prope laterales I et paullo intra quadrangulum oculorum sitis. Mandibulis cum facie sub-perpendicularibus. Oculis I recurvis, cohaerentibus, infra frontem sitis; parte cephalica altiore, breviore quam in genere *Ascylto*. Thorace post oculos oblique descendente.

21. *Mopsus Mormon* (n. sp.). Cephalothorace 6, abdomine 8.8 mill. long. Frontis altitud. cum mandibulis 5.8 mill. Abdomine 2.5, cephalothorace ca. 6 mill. lat.

Cephalothorace lateritio, parte cephalica, facie, mandibulis brunneo-nigris, palpis pedibusque lateritiis, patellis I et tibiis I maxima parte brunneo-nigris. Scopa frontis media pilis longis nigris, scopis frontis lateralibus pilis longis albis formatis. Abdomine pallido, lateribus dorsi fasciola longitudinali tenuiore nigro-brunnea. Lateribus pallidioribus. Ventre figura triangulari longitudinali brunnea.

Specimen unicum masc., in spiritu vini asservatum, sub Nr. 2613, „Segaar Bay. — Gazelle" signatum examinavi.

Species viginti-duae, supra descriptae, cum Saltigradarum speciebus australiensibus, ab auctoribus jam antea descriptis, mihi notis, accuratissime comparatae sunt, quarum litteraturam hoc loco adjungimus:

Walckenaer: Tableau des Aranéides, Paris, 1805 et Histoire natur. des Insectes Aptères, I, 1837, pp. 458—460; pp. 476—480; — IV, 1847, pp. 423—427.

Guérin, Magasin de Zoologie, Cl. VIII, II, 1834, 2 pg. Pl. 7 („Salticus lepidus").

Dieffenbach: Travels in New-Zealand, London, II, 1843, pp. 270—272.

White: Proceedings Zoological Society London, 1849, pp. 4—5.

L. Koch: Verhandl. zool.-bot. Ges. Wien, 1865, XV, pp. 874—880.

L. Koch: Verhandl. zool.-bot. Ges. Wien, 1867, XVII, pp. 222—231.

Neue Cioidae
beschrieben von
E. Reitter in Paskau (Mähren).

1. *Cis Bubalus* (n. sp.). *Oblongus, piceo-castaneus, nitidus, dense aequaliter punctatus, fulvo-setulosus, prothorace coleopterorum latitudine, sub-transverso, antrorsum in ♀ parum, in ♂ haud angustato, angulis anticis subacutis, antice parum productis, basi leviter bisinuata; elytris subparallelis, latitudine sesqui longioribus, antennis pedibusque testaceis.* Long. 2,5—3 mill.

Mas. *clypeus apice sublaminatus, lamina trisinuata, obtuse quadridentata; thoracis margine antico bidentato.*

Patria: Mexico. (Col. Dr. Haag.)

Mit *bidentatus* Ol. nahe verwandt, aber corpulenter, und mit viel längeren röthlich-gelben Börstchen ziemlich dicht besetzt. Das Kopfschild des ♂ ist breit, etwas emporgehoben, oben mit 3 Ausbuchtungen, wodurch 4 Zähne gebildet werden; ebenso ist das Halsschild des ♀ am Vorderrande mit 2 Zähnen bewaffnet, welche bei dieser Art auch conischer zulaufen. Auf der Unterseite habe ich beim ♂ keine Auszeichnung bemerkt. Bei dem ♀ sind das Halsschild und die Flügeldecken an den Seiten etwas deutlicher gerundet, das erstere nach vorne mehr verengt, die Basis ist sehr deutlich in beiden Geschlechtern doppelbuchtig und enge an die Flügeldecken angefügt. Die Vorderwinkel ragen als stumpfe Vorragung gegen die Augen vor.

Ist bei *dentatus* unterzubringen.

2. *Cis Bilimeki* (n. sp.): *Oblongus, niger, opacus, aequaliter confertissime punctulatus, setulis brevissimis subaureis dense tectus, thorace coleopterorum latitudine, subtransverso, lateribus leviter rotundato, angulis anticis obtuse-rectis, posticis fere rotundatis, elytris latitudine haud duplo longioribus, antennis pedibusque testaceis.* — Long. 2.2 mill.

Mas: *Clypeus apice, prothoracis margine antico erecte laminatis, lamina capitis lata parum, prothoracis sat angusta fortiter in medio emarginata.*

Patria: Mexico.

Aus der Verwandtschaft des *C. dentatus, bidentatus* etc. Ganz matt, schwarz, überall sehr gedrängt und fein, gleichmässig punktirt und mit gold-gelben, schüppchenartigen, sehr kurzen Börstchen ziemlich dicht besetzt. Halsschild an den Seiten leicht gerundet mit verrundeten Hinter- und fast rechtwinkeligen sehr kleinen Vorderwinkeln. Das Halsschild ist beim ♂ in der Mitte lappiger vorgezogen und der Vorderrand zu einer conischen nicht sehr breiten Platte aufgebogen. Ebenso ist der Vorderrand der Stirn, hier breiter, plattenförmig gehoben; beide Platten sind in der Mitte ausgerandet, bei der letzteren die Seitenwinkel schwach, bei der ersteren stärker zahnförmig vortretend. Fühler und Beine roth-gelb.

Von Bilimek in Mexico gesammelt. Scheint selten zu sein.

3. *Cis Steinheili* (n. sp.): *Oblongus, fuscus, nitidulus, aequaliter confertim punctatus, setulis brevibus aureis dense tectus, thorace coleopterorum latitudine, leviter transverso, lateribus paululum rotundato, angulis anticis fere rectis, antrorsum leviter productis, posticis subrotundatis, elytris latitudine haud duplo longioribus, antennis pedibusque testaceis.* — Long. 2-2.4 mill.

Mas: *Clypeus apice, prothoracis margine antico erecte laminatis, laminis in medio emarginatis.*

Patria: Columbia (La Luzera, Col. Steinheil et Reitter.)

Dem *C. Bilimeki* sehr ähnlich, etwas grösser, dunkelbraun, weniger matt, schwach glänzend, die Punktirung deutlicher und die Behaarung ein wenig länger und reiner gold-gelb. Die Fühlerkeule ist manchmal, wie bei der anderen Art, gebräunt. Die erhabene Platte des Halsschildes am Vorderrande ist kaum schmäler als jene der Stirn; beide endigen an den Seiten in einen stumpfen Zahn. Ist zwischen *Bilimeki* und *bidentatus* einzureihen.

Von Herrn Ed. Steinheil gesammelt und ihm zu Ehren benannt.

4. *Cis nasicornis* (n. sp.): *Breviusculus, ovalis, convexus, nitidus, glaber, fere laevis, piceus, antennarum basi pedibusque testaceis, prothorace transverso, lateribus tenuiter reflexo-marginato, parum rotundato, angulis omnibus rectis, anticis antrorsum parum productis; elytris thorace latioribus, latitudine haud duplo longioribus, callo humerali dilutiore, elevato.* – Lg. 1.7 mill.

Mas: *Clypeus apice in medio corniculo singulo, capitis longitudine fortissime armatus.*

Patria: Columbia (La Luzera).

Dem *Ennearthron corniferum* etc. ähnlich, aber wegen den zehngliederigen Fühlern bei *Cis* einzureihen. Klein, gedrungen, schwer sichtbar punktirt, unbehaart, schwärzlichbraun, die Fühler bis auf die dunklere Keule und die Beine roth-gelb. Der Kopf beim ♂ am Vorderrande in der Mitte mit einem langen zugespitzten Horne, welches an der Basis aber nicht den ganzen Vorderrand wie bei *En. corniferum* occupirt. Halsschild quer, schmäler als die Flügeldecken, die Seiten leicht gerundet und schmal abgesetzt, alle Winkel rechteckig, die vorderen gegen die Augen leicht vorgezogen, die Oberseite schwer sichtbar fein und erloschen punktirt. Flügeldecken 1³/₄ mal so lang als zusammen breit, im oberen Drittel am breitesten, gegen die Spitze heller braun gefärbt, oben weitläufig und höchst erloschen punktirt, dazwischen mit einigen weitläufigen, fast zu Reihen geordneten Punkten besetzt. Fühler 10-gliederig. Von Herrn Ed. Steinheil entdeckt. Kommt in die Nähe des *C. nitidus* zu placiren.

Macrocis nov. gen.

Diese für eine mexicanische und zwei südamerikanische *Cis*-Arten gegründete neue Gattung weicht von *Cis* durch die plumpe, gedrungene, nach vorne leicht verschmälerte Körperform, tiefe Fühlerfurchen, sehr kurze Tarsen und die Bewaffnung der Stirn beim ♂ auffällig ab. Die Seiten des Kopfes sind beim ♂ ober den Fühlerwurzeln, knapp vor den Augen, zu einem langen fast geraden Horne ausgezogen, der Rand selbst aufgebogen und die Fühlerfurche auf der Unterseite von den Augen ab nach abwärts ebenfalls von einem erhabenen Wulste begrenzt, wodurch tiefe Fühlerfurchen gebildet sind. Fühler 10-gliederig.

5. *Macrocis taurus* (n. sp.): *Breviusculus, antrorsum attenuatus, nitidus, glaber, nigro-piceus aut castaneus, antennis 10-articulatis pedibusque simplicibus testaceis; prothorace leviter transverso, parce sub-*

liliter punctato, lateribus antice subarcuatim angustato tenuiter reflexo-marginato, angulis posticis obtusis, anticis fere rectis, margine antico bisinuato; scutello minutissimo, triangulare; elytris latitudine sesqui longioribus, gibbosis, minus dense sat fortiter punctatis, punctis minoribus intermixtis; tarsis brevissimis. — Long. 2—2.2 mill.

Mas: *Clypeus apice cornubus duobus, fere rectis, capitis prothoracisque longitudine fortissime armatus.*

Fem.: *Clypeus leviter, prope antennarum basin parum magis reflexus.*

Patria: Mexico.

Ganz von der Gestalt und Färbung des *Ennearthron Wagae*, ein wenig grösser, kurz, nach vorne leicht verengt, stark gewölbt, glatt und glänzend. Kopf fein punktirt beim ♂ mit zwei dünnen fast geraden, sehr langen, spitzartigen Hörnern, welche so lang sind als Kopf und Halsschild zusammen und ober den Fühlerwurzeln entspringen; beim ♀ ist der Rand des Clypeus schwach, ober den Fühlerwurzeln stärker aufgebogen. Halsschild leicht quer, nach vorne verengt, ziemlich fein und weitläufig punktirt, am Grunde hautartig chagrinirt, die Seiten schmal abgesetzt und aufgebogen, der Vorderrand stark doppelbuchtig, in der Mitte ziemlich gerundet vorgezogen, die Vorderwinkel fast rechteckig, die hinteren stumpf. Schildchen sehr klein, dreieckig. Flügeldecken am Grunde mindestens von der Breite des Halsschildes, 1½mal so lang als zusammen breit, stark gewölbt, viel stärker als das Halsschild punktirt, zwischen der Punktirung kleinere Punkte eingestreut. Unterseite schmutzig braun, heller; Fühler 10-gliederig, sowie die Beine hellbraun-gelb. Die letzteren mit einfachen Schienen.

Diese Art wurde von Bilimek in Mexico sehr zahlreich gesammelt und es befremdet mich, dass der Käfer Mellié unbekannt geblieben ist.

6. *Macrocis diabolicus* (n. sp.): *Breviusculus, antrorsum minus attenuatus, nigerrimus, nitidus, dense longe fusco-pilosus, antennarum basi tarsisque ferrugineis, prothorace leviter transverso, confertim fortiter punctato, margine antico utrinque sinuato, angulis anticis subacutis leviter productis, posticis fere rotundatis, elytris dense fortiter punctatis, gibbosis, latitudine vix duplo longioribus.* — Long. 2.8 —3 mill.

Mas: *Clypeus apice cornubus duobus rectis, capite duplo longioribus, fortissime armatus.*

Fem.: *Clypeus prope antennarum basin fortiter reflexus.*

Patria: Columbia. (La Luzera; Col. Steinheil und Reitter.)

Dem *M. Taurus* ähnlich, aber ganz schwarz, mit dichter, langer Behaarung, die Punktirung stark, auf dem Halsschilde gedrängt, auf den Flügeldecken weniger dicht gestellt, die Körperform ist weniger kurz und nach vorne minder verschmälert, endlich sind die Hörner des ♂ fast ganz gerade.

Von Herrn Ed. Steinheil entdeckt.

7. *Macrocis bison* (n. sp.): *Breviusculus, antrorsum parum attenuatus, fusco-ferrugineus, nitidulus, longe fulvo-pilosus, antennarum basi pedibusque rufis; prothorace transverso, confertim punctato, margine antico utrinque leviter sinuato, angulis anticis subrectis, antrorsum minime productis, posticis fere rotundatis, elytris fortiter punctatis, gibbosis, latitudine fere duplo longioribus.* – Long. 2.5 mill.

Mas: *Clypeus apice cornubus duobus rectis capitis longitudine fortiter armatus.*

Patria: Columbia. (La Luzera.)

Dem *M. diabolicus* sehr nahe verwandt und würde ich diese Form nur für eine Varietät derselben halten, wenn sie in mehreren Punkten nicht so wesentlich abweichen würde. Die Färbung ist rothbraun, die Basis der Fühler und der Beine roth. Die Punktirung des Halsschildes ist feiner, die der Flügeldecken gröber und weitläufiger. Das Halsschild ist etwas breiter mit kaum nach vorne verzogenen Vorderecken und die Stirnhörner beim ♂ sind nur so lang als der Kopf, also um die Hälfte kürzer.

Ebenfalls von Herrn Steinheil entdeckt.

8. *Ennearthron japonum* (n. sp.): *Oblongum, piceo-castaneum, nitidum, glabrum, vix perspicue punctulatum, antennis pedibusque testaceis; prothorace angulis subrotundatis, in ♀ transverse-quadrato, antrorsum angustato, in ♂ fere quadrato, antrorsum haud angustato; elytris parallelis latitudine $1^3/_4$ longioribus.* — Long. 1.5 mill.

Mas: *Capite apice lamina erecte elevata ornato; prothorace coleopteris fere latiore, margine antico subproducta, in medio laminatim reflexa, lamina profunde emarginata, extus utrinque in dentem producta.*

Patria: Japonia.

Ganz von der Gestalt und Färbung des *E. militaris* und *bicornis*; ebenso ist die obsolete Punktirung beiden ähnlich; etwas kleiner als die erste und ein wenig grösser als die letzte Art; unterscheidet sich von der ersteren durch das am Grunde sehr deutlich hautartig genetzte Halsschild, (bei *militaris* ist es vollkommen glatt und dadurch sehr ausgezeichnet;) von der zweiten durch etwas kürzeres Halsschild, (bei dem ♀ des *bicornis* ist es mindestens so lang als breit,) und die Form der Kopfplatte des ♂. Die letztere ist bei *japonum* an der Basis so breit als an der Spitze, also gleichbreit, bei *bicornis* ist sie leicht conisch, an der Spitze deutlich schmäler als an der Basis. Die Fühler sind 9-gliederig.

Ceracis militaris wird von Crotch in seiner Check List p. 43 ganz unrichtig mit *Sallei* vereiniget. Die letzte Art hat 8-gliederige Fühler und ist ein echter *Ceracis*, *militaris* hat aber 9-gliederige Fühler, was Mellié übersehen hat, und gehört zu *Ennearthron*.

Wurde von Hiller in Japan entdeckt.

9. **Ceracis bison** (n. sp.): *Parvulus, oblongus, ferrugineus, nitidus, subglaber; prothorace subtransverso, antrorsum parum angustato, angulis omnibus subrotundatis, obsoletissime alutaceo, elytris vix perspicue punctulatis, latitudine fere duplo longioribus.* — Long. vix 1 mill.

Mas: *Capite fortiter bicornuto, prothorace inermi.*

Patria: Cuba.

Die mir bekannte kleinste Art, kaum 1 mill. lang, einfarbig gelblich rostroth mit etwas helleren Fühlern und Beinen. An den ersteren glaube ich nur 8 Glieder wahrzunehmen, wodurch sie in diese Gattung zu bringen ist. Kopf und Halsschild kaum sichtbar punktirt und hautartig genetzt, das letztere etwas breiter als lang, nach vorne leicht verengt, die Winkel stumpf abgerundet. Flügeldecken fast doppelt so lang als an der Basis zusammen breit, an der letzteren mindestens von der Breite des Halsschildes, die Seiten schwach gebogen, die Oberseite ähnlich unregelmässig wie bei *Cis nitidus*, *Jacquemarti* und *glabratus*, aber schwer sichtbar punktirt. Bei starker Vergrösserung sogar eine staubartige dünne Behaarung in den Punkten wahrzunehmen. Sonst erscheint der Käfer ganz glatt.

Bei dem Männchen trägt die Stirn 2 gerade, die Länge des Kopfes erreichende Hörner, welche an der Basis nicht dicht aneinander, sondern mehr an den Seiten der Stirne stehen.

Durch die extrem kleine Körperform, die Bewaffnung des Kopfes, beim ♂ und das einfache Halsschild von allen *Ceracis*- und *Ennearthron*-Arten sehr verschieden.

Ein Pärchen in meiner Sammlung.

Ueber Coleopteren aus dem tropischen Afrika.

Von E. von Harold.

Die schon früher an Afrikanern reichen Bestände des Berliner Museums haben in letzterer Zeit sehr werthvollen Zuwachs durch Erwerbung einer Partie Coleopteren vom N'Yassa, sowie insbesondere durch jene der Hildebrandt'schen Ausbeute im Innern von Sansibar erhalten.

Diese Sammlungen enthalten, wie dies die faunistischen Verhältnisse des tropischen Afrikas nicht anders erwarten lassen, vieles schon Bekannte und bisher nur von Natal, vom Cap oder von der Westküste Nachgewiesene, dagegen aber auch eine grössere Anzahl neuer und augenblicklich wenigstens als lokale zu bezeichnender Arten, welche umsomehr Anspruch auf Interesse erheben, als gerade durch diese die Eigenthümlichkeit der betreffenden Oertlichkeit zum Ausdrucke gelangt.

Indem ich im Nachstehenden über einige dieser Novitäten berichte, habe ich mich zwar im Wesentlichen auf die Arten aus Sansibar und vom N'Yassa beschränkt, hie und da jedoch, wo dies der Vollständigkeit halber geboten erschien, auch auf einige Angehörige aus den benachbarten Gebieten Bedacht genommen.

A. *Scarabaeidae.*

Die Gattung *Heliocopris* ist unter den vom N'Yassa stammenden Coprophagen durch vier Arten vertreten, darunter zwei neue. Die beiden anderen sind *H. Japetus* Klug und *Atropos* Boh. Letzterer, durch seine zwei, mittelst einer stark bogigen Leiste unter sich verbundenen Stirnhörnchen ausgezeichnet, ist durchaus nicht als Männchen mit *Faunus* Boh. zu verbinden, wie der Münchener Catalog angibt. Boheman beschreibt leider seinen *Faunus* nach einem einzelnen Weibchen, wodurch die Bestimmung der Art nahezu unmöglich gemacht ist. Soviel geht aber aus der Beschreibung hervor, dass es sich um eine Art mit vorn gerade abgestutztem oder ausgebuchtetem Clypeus (capite antice leviter quinque-sinuato) handelt, während beim ♀ des *Atropos* solche Ausbuchtungen kaum oder doch nur in so schwachem

Grade vorhanden sind, dass ihre spezielle Erwähnung ganz ungerechtfertigt wäre. Auch deutet die angegebene Grösse zu 30 mill. (die kleinsten *Atropos*-Weiber messen immer noch 38 mill.), dass wir es mit einer Art aus der Gruppe des *Eryx* zu thun haben und es ist daher nicht unmöglich, dass sich dieser *Faunus* auf eine der beiden hier als neu beschriebenen Arten beziehen dürfte. Darüber wird aber nur die Untersuchung der Type und selbst diese kaum mit voller Gewissheit Aufschluss geben können.

Heliocopris humifer (n. sp.): *Piceus, elytris minus nitidis; capite obtuse 8-angulato, thorace rugulato, lateribus pone angulos anticos acutos sinuatis, elytris subcoriaceis, interstitiis vage subtiliter punctulatis.* Long. 36 mill.

Mas: *Capite ante verticem lamina brevi erecta transversa et apice emarginata; thorace in cornu depressum supra caput producto et subtus dente valido armato, utrinque profundissime excavato; elytrorum interstitiis 2—5 basi tuberculatis.*

Fem.: *Fronte transversim inter oculos carinata; thorace antice carina transversa medio leviter arcuato-producta.*

Von der in der Gattung gewöhnlichen pechschwarzen Farbe, glänzend, die Flügeldecken etwas trüber. Der Kopfrand mit Hinzurechnung der fast rechtwinkeligen Wangenecke deutlich achteckig, der hintere Wangenrand von den Augen aus schräg im stumpfen Winkel nach vorn auslaufend; vorn, beim ♂, vor der Kopfmitte, eine quere, aufgerichtete Hornplatte, die an der Spitze zweizahnig ist; die Stirn hinter derselben bis zum Hinterrande der Länge nach stumpf gewölbt. Das Halsschild grob gerunzelt, die Runzeln besonders auf dem Rücken Querwellen bildend; die Seiten hinter den spitzen und zahnartigen Vorderecken ausgebuchtet; beim ♂ verlängert sich der Rücken bis über den Kopfrand hinaus in ein wagrechtes, schmales Horn, welches auf der Unterseite mit einem derben hackenartigen Zahn bewaffnet ist; jederseits von den Vorderecken bis unter die Basis des erhabenen Rückentheils, dessen oberer Rand hier eine kleine Ecke bildet, eine tiefe Aushöhlung, wodurch das Seitenrandgrübchen bis hart an die Hinterecken gedrängt wird. Die Flügeldecken fein gestreift, die Zwischenräume flach, äusserst fein lederartig gerunzelt und mit zerstreuter feiner Punktirung; beim ♂ Zwischenraum 2—5 an der Basis gehöckert. Das Metasternum hinten grubig eingedrückt.

Beim Weibchen ist die Stirn zwischen den Augen mit einer Querleiste versehen, das Halsschild ist vorn in seinem erhabenen Theile durch eine Querleiste begrenzt, deren Mitte im Bogen etwas vorgezogen ist.

Mit *Eryx* Fabr. am nächsten verwandt, ausser der ganz eigenthümlichen Bewaffnung des Thorax durch die mehr rechtwinkeligen Wangen und die lederartig matten, deutlicher punktirten und tiefer gestreiften Flügeldecken verschieden.

Heliocopris Jupiter (n. sp.): *Similis praecedenti, capite medio carina transversa minus elevata multo longiore, thorace in cornu latum, brevius, apice emarginatum producto, distinctus.* (♂). — Long. 36 mill.

Ganz von der Gestalt des vorhergehenden und nur durch die Bewaffnung des Kopfes und des Thorax verschieden. An jenem ist die Querleiste, welche bei *hamifer* eigentlich mehr ein flachgedrücktes Hörnchen darstellt, viel niedriger und weit mehr in die Breite gezogen. Der mittlere Theil des Thoraxrückens tritt in eine viel kürzere, daher breitere und vorn ziemlich tief ausgebuchtete Verlängerung vor, neben welcher sich hinten jederseits ein stumpfer Zahn befindet; vorn befindet sich bei den Vorderecken ebenfalls eine sehr tiefe Aushöhlung, dieselbe bleibt aber auf die Umgebung der Ecken beschränkt.

Es ist nur ein einzelnes Exemplar dieser Art vorhanden, welches sich natürlich durch die angegebenen Merkmale sehr weit von *hamifer* entfernt, aber möglicherweise doch nur ein minder entwickeltes Individuum darstellt. Es ist jedoch dasselbe völlig so gross wie *hamifer* und ich kann die viel mehr in die Breite gezogene Kopfleiste des *Jupiter*, welche zugleich etwas mehr in der Mitte sich befindet, nicht gut als mit geringerer Entwicklung zusammenhängend auffassen. Es ist ferner nicht recht wahrscheinlich, dass der merkwürdige Hacken auf der Unterseite des Thoraxhornes so ganz spurlos verloren gehen sollte.

Catharsius Peleus Oliv. Ent. I. 3. p. 186. t. 28. f. 249.

Die vom N'Yassa stammenden Stücke sind von denen vom Senegal (*forcicollis* Dej.) spezifisch nicht verschieden. Sie stellen eine kräftig entwickelte Form dar, sind von tiefschwarzer Farbe und tragen die grösseren Männchen auf der Stirn ein ziemlich starkes und derbes Horn. Bei dem Weibchen befindet sich auf dem Kopfe ebenfalls eine spitze Beule, der Thorax ermangelt jedoch des beim Männchen immer deutlich vorhandenen Eindruckes. Die Art kommt auch noch in Ober-Aegypten vor, wo sie Ehrenberg von Ambukohl mitbrachte (*umbonatus* Klug i. l.).

Catharsius troglodytes Bohem. befindet sich hier in einem typischen Exemplar auf dem Museum und gestattet daher einen Vergleich mit meinem äusserst nahe verwandten *latifrons*. Boheman's Art ist bedeutend kleiner, die Punktirung ist allenthalben eine viel feinere und etwas dichtere, die Zwischenräume der Flügeldecken sind vollkommen flach, die Längsstreifen viel schwächer und kaum wahrnehmbar gekerbt. Am Thorax sind die Hinterecken bei *troglodytes* minder verrundet, so dass sie durch einen sehr stumpfen Winkel angedeutet bleiben, der Hinterrand ist in der Mitte dagegen mehr gerade, vor der Schildchenstelle ein Winkel fast gar nicht zu erkennen.

Höchst ähnlich mit *laticornis* ist auch *inermis* Casteln. Derselbe hat kürzere Flügeldecken mit nur zerstreuter Punktirung, die Stirn trägt in der Mitte immer ein deutliches Höckerchen, während bei *latifrons* höchstens Spuren eines Querleistchens sich finden. Die Verbreitung des *inermis*, welcher ursprünglich vom Senegal beschrieben wurde, ist eine weite. Die hiesige Sammlung weist ihn von Angola (Schönlein!), Hereró (Hahn!), Inhambane (Peters!) und auch noch von Arabien (Ehrenberg!) nach. Dagegen kann ich sehr kleine, aus Kordofan stammende und unter dem Namen *luteicornis* (Kollar i. l.) cursirende Stücke nicht damit identifiziren, sondern beschreibe sie hier als eine neue Art.

Catharsius nubiensis (n. sp.): *Piceus, nitidus, clypeo bidentato, fronte tuberculo transverso parvulo obsoleto, thorace antice medio subtiliter et parce, postice sensim fortius, ad latera asperulato-punctato, elytris crenato-striatis, interstitiis leviter convexis, vage punctulatis.* — Long. 9 mill.

Hab.: Kordofan (Kollar!).

In der Körperform ganz wie ein kleiner *inermis* oder *ferrugineus* gebaut, glänzend, pechbraun, Taster und Fühler bräunlichroth, letztere mit hell rothgelber Keule. Der Kopf gekörnelt, das Kopfschild vorn in der Mitte ziemlich scharf zweizahnig, die Stirn mit einem schwachen Beulchen. Thorax kurz, Hinterrand fast ohne Spur von Winkel in der Mitte, Punktirung vorn in der Mitte sehr fein und zerstreut, auf dem Rücken und gegen die Basis zu allmählich kräftiger, auf den Seiten körnelig und dichter. Die Flügeldecken nur wenig länger als breit, ziemlich stark gestreift, in den Streifen deutlich gekerbtpunktirt, die Zwischenräume leicht gewölbt, zerstreut und fein punktirt. Vorderschienen mit drei ziemlich schmalen Randzähnen, oberhalb und zwischen denselben sehr deutlich gekerbt.

In der Grösse bleibt diese Art noch weit hinter den kleinsten Stücken der *inermis* zurück und unterscheidet sich von demselben sofort durch den vorn sehr fein und weitläufig punktirten Thorax, welcher bei jenem hier immer deutlich quergerunzelt ist. Bei *inermis* sind die Zähne der Vorderschienen an der Basis breiter, von ihren Zwischenräumen zeigt der unterste nur ein, höchstens zwei Kerbungen. *C. ferrugineus* Oliv., den ich bisher nur in rostfarbenen Stücken kenne, ist fast ebenso klein, hat aber ein auf der Scheibe ganz glattes Halsschild und ebenfalls nur undeutlich punktirte Flügeldecken. Bei ihm finden sich an den Vorderschienen zwischen dem mittleren und dem obersten Randzahn 6 sehr feine Zähnchen, bei *luteicornis* nur 4.

Zur Gruppe des *inermis* und *latifrons* gehört noch folgende nahverwandte neue Art aus Sansibar:

Catharsius pollicatus (n. sp.): *Nitidus, piceus, fronte inter oculos carina transversa subtili instructa, thorace antice obtuse truncato, disco parcius, ad latera densius punctato, elytris non punctatis, tibiis anticis angulo apicali interno hamato.* — Long. 11—14 mill.

Hab.: Sansibar (Hildebrandt!).

Glänzend, pechschwarz, gewölbt. Das Kopfschild im Halbkreis gerundet, die Stirn zwischen den Augen mit einer schwach erhabenen Querlinie, hinter derselben fast glatt. Thorax nach vorn ziemlich steil abfallend, die Ränder des erhabenen Rückentheils jedoch nirgends scharf, sondern verrundet, vorn auf der abschüssigen, fein, aber doch etwas schuppig punktirten Fläche, jederseits die Spur eines flachen Eindruckes, die Punktirung in der Mitte fein, hinten etwas stärker, an den Seiten leicht runzlig. Die Flügeldecken kaum länger als breit, fein gestreift, in den Streifen mit deutlichen Querpunkten, die Zwischenräume sehr schwach gewölbt, glatt, die Seitenrandleiste kaum bis zur Mitte reichend. Innere Endecke der Vorderschienen hackenartig nach unten gekrümmt, auch der Enddorn mit etwas erweiterter und nach innen gezahnter Spitze.

Es liegen nur Männchen von dieser Art vor. Bei den schwächer entwickelten ist das Halsschild vorn minder abgeschrägt und gleichmässiger punktirt. Die kurze Seitenrandleiste, die unpunktirten Flügeldecken und die krummgezahnte innere Endspitze der Vorderschienen unterscheiden sie sattsam von den nächsten Verwandten. *C. troglodytes* zeigt eine ähnliche Bildung der Vorderschienen, aber seine fein gestreiften und dicht punktirten Flügeldecken, deren Randleiste weit über die Mitte hinausreicht, lassen eine Verwechslung nicht zu.

Herr Hildebrandt hat diese Art im Inneren, bei Kitui, angetroffen.

Ein sehr eigenthümlicher kleiner Copride, den das Museum durch Krebs vom Cap der guten Hoffnung erhalten hat, lässt sich durchaus in keine der vorhandenen Gattungen unterbringen und erfordert daher die Errichtung einer neuen

Parapinotus

(n. g. neben Pinotus).

Antennae 9-articulatae. Palpi labiales non dilatati, subcylindrici, articulo ultimo praecedente angustiore et breviore. Mentum emarginatum. Maxillae mala interna minuta, externa ampla, coriacea. Elytra 9-striata, stria nona antice abbreviata. Tibiae posticae simplices, absque carinis transversis, extus denticulatae.

Die Lippentaster sind nicht flach gedrückt, sondern breit walzenförmig, das letzte Glied schmäler und kürzer als das vorhergehende, länglich oval. Das Kinn ist vorn bogig ziemlich tief ausgerandet. An den Maxillen ist der äussere Lappen gross, gerundet, die innere Lade schmal und klein. Die Flügeldecken zeigen neun Längsstreifen, der neunte beginnt aber erst unterhalb der Schulter und geht dann bald darauf in den Randstreifen über. Die Vorderschienen sind vierzahnig, die hinteren schmal, gegen das Ende aber stark erweitert, ohne Querleisten, die äussere Kante gezähnelt.

Die Gestalt der Lippentaster könnte es zweifelhaft machen, ob die gegenwärtige Gattung nicht besser vielleicht bei den *Choeridien* stünde, die entschieden zapfenartig vortretenden Hüften der Vorderbeine weisen sie jedoch mit Bestimmtheit unter die echten Copriden bei denen *Canthidium* eine ähnliche Tasterform zeigt. Einer weiteren Gemeinschaft mit *Canthidium* steht indess die längliche Körperform, die nicht metallische Färbung und der viel kürzere Metatarsus der Hinterfüsse entgegen, so zwar dass *Parapinotus* in nächste Beziehung zu *Copris, Pinotus* u. s. w. tritt, von denen allen es durch die nicht verbreiteten Lippentaster, von *Pinotus* insbesondere, dessen Schienenbau ein ähnlicher ist, durch die Anwesenheit eines neunten Längsstreifen auf den Flügeldecken abweicht.

Parapinotus Dewitzi (n. sp.): *Piceus, oblongus, thorace fortiter punctato, elytris crenato-striatis, interstitiis sat convexis, punctulatis.* — Long. 11—13 mill.

Mas: *Capite laevi, cornu antico marginali subrecurvo furcato; thorace antice declivi, dorso in cornu apice bidentatum supra caput prolongato.*

Fem.: *Capite medio carina transversa elevata subtridentata, clypeo apice reflexo et subbidentato; thorace antice leviter retuso et utrinque subexcavato.*

Vom Cap der guten Hoffnung (Krebs!).

Von gewölbter, länglicher Gestalt, pechschwarz, glänzend, Fühler rothbraun. Der Kopf glatt. Das Halsschild grob punktirt, hinten gerandet. Die Flügeldecken mässig tief gestreift, die Streifen mit Kerbpunkten besetzt, welche die Ränder der Zwischenräume stark angreifen, diese leicht gewölbt, ziemlich dicht punktirt, der achte Längsstreif bis gegen die Mitte hin leistenartig gekantet. Das Pygidium grob punktirt. Metasternum in der Mitte mit einem schwachen Längskiel, Naht gegen das Mesosternum bogig.

Bei dem Männchen bildet der Vorderrand des Kopfes in der Mitte ein ziemlich langes, leicht aufgerichtetes, am Ende durch eine tiefe Ausbuchtung gegabeltes Horn. Zwischen den Augen befindet sich die Spur einer Querleiste. Der Thorax ist vorn stark abschüssig, der Rücken in ein horizontales, bei kleineren Stücken kurzes und abgestutztes, bei vollkommener entwickelten über den Kopf hinausreichendes, an der Spitze ausgerandetes Horn verlängert. Die Vorderschienen sind nicht verlängert aber schwach gekrümmt, ihre vordere innere Endecke zahnartig.

Beim Weibchen ist der Aussenrand des Kopfschildes in der Mitte aufgebogen und stumpf zweizahnig, zwischen den Augen befindet sich eine starke, schwach dreizahnige Querleiste. Das Halsschild ist vorn leicht abschüssig, der Rand des erhabenen Theiles bildet in der Mitte ein stumpf gerundetes Eck.

Die Bewaffnung von Kopf und Halsschild zeigt eine grosse Aehnlichkeit mit der des *Oniticellus Vertagus*, zu dem die gegenwärtige hübsche Art natürlich sonst in keinerlei Beziehung steht. Ich habe sie Herrn Dr. H. Dewitz, meinem Collegen am hiesigen Museum zu Ehren benannt.

Der capensische *Copris Fidius* Oliv. wird am N'Yassa durch nachstehende verwandte, aber wie es scheint durch die Verschiedenheit in der Zahnung des Scheitelhorns gut getrennte Art vertreten:

Copris mesacanthus (n. sp.): *Ater, subnitidus, clypeo antice leviter emarginato, elytris leviter crenato-striatis, interstitiis, praecipue ad latera, distincte subconvexis, dense et fortiter punctatis.* — Long. 16—18 mill.

Mas: *Cornu frontali erecto attenuato, postice medio denticulato; thorace medio usque ad basin excavato, margine utrinque compresso et obtuse bidentato.*

Fem.: *Clypeo distinctius bidentato, fronte carina transversa obtuse tridentata; thorace dense et rude punctato, longitudinaliter obsolete sulcato.*

Vom N'Yassa.

Von etwas länglicher Eiform, schwarz, nur mässig glänzend. Das Kopfschild vorn leicht ausgebuchtet, die Ecken daneben stumpfe, beim Weibchen etwas markirtere Zähne darstellend. Die Flügeldecken fein gekerbt gestreift, die Zwischenräume schwach, an den Seiten etwas deutlicher gewölbt, dicht und grob punktirt, jeder Punkt im Grunde ein äusserst kurzes Börstchen tragend. Die Vorderschienen vierzahnig, der Aussenrand nicht gekerbt. Beine schlank, an den Hinterfüssen die äussere Endecke der Tarsenglieder zahnartig ausgezogen.

Bei dem Männchen trägt die Stirn ein langes, leicht gekrümmtes, dünnes Horn, welches hinten knapp unter der Mitte mit einem Zähnchen versehen ist; dieses Zähnchen bildet einen kleinen, mit der Spitze gegen das Horn gekrümmten Hacken. Der Thorax ist vorn glatt oder nur fein punktirt, in der Mitte und zwar bis zur Basis hin ausgehöhlt, der Grund der Höhlung sehr grob, hinten dicht punktirt, die Seiten erheben sich als scharfe, flügelartige Ränder, welche zwei Zähne, einen vorderen und einen hinteren, zeigen.

Bei dem Weibchen zeigt die Stirn zwischen den Augen eine stumpf dreizahnige Quererhöhung; der Thorax ist sehr grob und dicht punktirt, gleichmässig flach gewölbt, über den Rücken zieht eine seichte Längsfurche.

Diese Art steht dem *C. Fidius* nahe und hat namentlich fast dieselbe Sculptur der Oberseite, sie unterscheidet sich aber hauptsächlich dadurch, dass bei ihr der Zahn an der Rückseite des männlichen Scheitelhorns in der Mitte desselben, bei *Fidius* dagegen immer an der Basis sich befindet. Dass dieser Unterschied von der jeweiligen grösseren oder geringeren Entwicklung der Männchen unabhängig ist, ergibt die Untersuchung zahlreicher Exemplare beider Arten. Hiezu kommen aber noch weitere Differenzen, so insbesondere die bei *mesacanthus* viel gröbere Punktirung des Thorax und die zweizahnigen, bei *Fidius* immer nur einfach gezahnten, Seitenwände der Grube.

Ob eine Anzahl vom Cap stammender und auf dem hiesigen Museum als *propullulans* Illig. i. l. befindliche Stücke, welche in allem wesentlichen mit *Fidius* übereinstimmen, jedoch durchaus keine Thoraxgrube, sondern höchstens einen flachen Längseindruck auf dessen vorderen Rückentheil zeigen, eine selbstständige Art oder nur verkümmerte Exemplare des *Fidius* darstellen, muss ich augenblicklich noch unentschieden lassen. Bohemau's Var. a. des *Fidius* lässt sich nicht darauf beziehen, dieselbe bezeichnet deutlich schwächer entwickelte Männchen, an denen aber immer noch die Thoraxgrube vorhanden ist.

Onitis acrarius (n. sp.): *Aeneus, interdum leviter cupreo-aeneus, vertice carinula media brevissima, fronte transversim carinata, occipite breviter tuberculato, thorace dense granulato, elytris in interstitiis sat regulariter biseriatim punctatis.* — Long. 14—18 mill.

Mas: *Tibiis anticis longioribus 4-dentatis, apice incurvis; elytris apice extus bituberculatis; femoribus mediis subtus margine inferiore medio dentato, posticis margine postico denticulato et ante apicem dentibus duobus incurvis armatis.*

Fem.: *Metasterno postice utrinque leviter impresso; elytris non tuberculatis; tibiis femoribusque simplicibus, femoribus mediis tantum margine postico subcrenulato.*

Vom N'Yassa.

Von dunkler Bronzefarbe, zuweilen leicht kupfrig erzfarben, mässig glänzend, mit äusserst kurzen, wenig bemerkbaren Börstchen besetzt. Der Kopf stumpfdreieckig nach vorn leicht verschmälert, dicht körnelig punktirt, vorn in der Mitte eine sehr kleine, namentlich beim ♂ fast undeutliche Querleiste, die Stirn zwischen den Augen der Quere nach geleistet, die Mitte der Leiste leicht abgeschwächt, hinten ein kleines Querhöckerchen. Thorax dicht mit etwas länglich geformten Körnchen bedeckt, vorn in der Mitte des Rückens eine sehr leicht angedeutete glatte Längslinie und jederseits daneben ein nicht immer deutliches ebenfalls glattes schräges Strichelchen; die Eindrücke vor dem Schildchen tief, parallel. Die Flügeldecken fein gestreift, die Streifen bilden flache, schwach punktirte Rinnen, die Zwischenräume leicht gewölbt, fast regelmässig zweireihig, fein punktirt, die erhabene Seitenrandleiste endigt hinten mit dem siebenten Längsstreifen. Beine und Unterseite glänzend, kupfrig und metallisch grün gefärbt.

Bei dem Männchen sind die Flügeldecken hinten, neben dem Ende der Randleiste, mit zwei Höckern versehen, welche im 6. und 7. Zwischenraume stehen. Die Vorderschienen sind verlängert, vorn stark nach einwärts gekrümmt, aussen mit vier Randzähnen bewaffnet, die Längsleiste auf der Unterseite ist leicht gekerbt. Die Vorderschenkel unbewaffnet; die mittleren in der Mitte mit einem vom unteren Rande gebildeten Zahn versehen, zwischen welchem und den Knieen noch ein weiterer etwas stumpfer hinzutritt, den der Oberrand bildet; die hinteren sind stark erweitert, der Rand gezähnelt, an der Ecke der Erweiterung befinden sich zwei gegeneinander gekrümmte Hacken, deren Spitzen sich fast berühren.

Bei dem Weibchen sind die Schienen und Schenkel einfach, von letzteren zeigen nur die mittleren an der Basis, neben der Trochanterenspitze ein paar kleine Kerbungen. Die Hinterbrust ist hinten jederseits leicht flachgedrückt.

Diese Art hat wegen der gehöckerten Flügeldecken die grösste Aehnlichkeit mit *fulgidus* Klug, steht auch ausserdem in Sculptur und Färbung demselben äusserst nahe, unterscheidet sich aber bei näherer Betrachtung sehr leicht durch folgende Merkmale. Die Körnelung des Thorax ist eine minder dichte, der Winkel der Basis gegen das Schildchen ein markirterer, die beiden Eindrücke sind tiefer und nicht divergirend, neben der glatten vorderen Mittellinie befindet sich jederseits noch eine schräg gestellte, wenn auch manchmal abgeschwächte so doch immer unverkennbare glatte Linie. Die Flügeldecken haben deutlicher gewölbte Zwischenräume und ist ihre Punktirung eine ganz andere, nämlich regelmässig zweizeilig, während bei *fulgidus* durch minder in Reihen gestellte Punkte und durch eingemischte andere eine unregelmässige, mitunter dreizeilige Punktirung erscheint.

Beim Männchen des *fulgidus* bildet die Erweiterung des Seitenrandes der Vorderschienen oberhalb des ersten Randzahnes einen sehr deutlichen Winkel, so dass die Schienen entschieden fünfzahnig erscheinen, während bei *aerarius* hier nur eine stumpfe Anschwellung zu bemerken ist. Völlig verschieden sind die hinteren Schenkel bewaffnet; an den mittleren befindet sich bei *fulgidus* erst gegen das Ende hin ein Doppelzahn, die untere Kante ist völlig glatt, bei den Hinterschenkeln ist der Rand oberhalb des Zahnpaares glatt oder höchstens sehr stumpf gekerbt.

Leider kenne ich den bisher nur vom Senegal bekannten *cupreus*, mit dem die gegenwärtige Art offenbar ebenfalls nahe verwandt sein muss, nicht in natura. Herr v. Lansberge hat jedoch in seiner ausgezeichneten Monographie eine so vortreffliche Beschreibung desselben geliefert, dass der Vergleich beider Arten und ihre Differenzirung dadurch ermöglicht ist. *O. cupreus* weicht darnach, abgesehen von dem Mangel an Höckern am Ende der Flügeldecken, besonders durch die beim Männchen gekrümmten und nach innen eckig erweiterten mittleren Schienen ab, während dieselben bei *aerarius* gerade und innen nicht erweitert sind.

O. aeruginosus Klug ist eine ganz verschiedene, übrigens sehr eigenthümliche Art. Bei ihr steht das quere Stirnhöckerchen hart an der Stirnleiste, die vordere Scheitelleiste ist sehr ausgebildet, die Hinterschenkel sind alle am hinteren Rande gezähnelt, die Brust ist vorn und an den Seiten dicht und lang rothbraun behaart. Das einzige auf dem Museum vorhandene Stück ist ein Männchen, die Weibchen sind noch unbekannt.

B. Cerambycidae.

Unter den Longicornien, die Herr Hildebrandt aus dem Inneren von Sansibar mitgebracht hat, befinden sich ausser dem prachtvollen *Bolbotritus Bainesi* Bates, der bis jetzt nur vom Flusse Mungwe bekannt war, mehrere interessante neue Arten, von denen ich hier, nachdem ich die hübsche *Promeces suturalis* schon in den Monatsber. d. Berliner Akad. (1878. p. 221) publicirt habe, nachstehende beschreibe.

Ceroplesis irregularis (n. sp.): *Aeneo-nigra, brevissime parce setulosa, elytris antice fortiter punctatis, postice fere laevibus, ante medium usque ad apicem irregulariter subtransverse rufo-variegatis.* — Long. 30 mill.

Sansibar: Ukamba (Hildebrandt!).

Von walzenförmiger Gestalt, schwarz, mit mehr oder weniger lebhaftem Erztone, die Oberseite mit wenig dichten, äusserst kurzen gelblichen Härchen besetzt, Beine und Fühler schwarz, letztere von der Spitze des vierten Gliedes an beginnend mit Längsrinnen auf der Aussenseite. Der Kopf fein und dicht runzlig punktirt, zwischen den Fühlern und den Augen mit scharfer Längsrinne. Thorax an den Seiten hinter der Mitte mit einem spitzen Höcker, hinter diesem Höcker eingeschnürt, auch vorn hinter dem Vorderrande eine Querfurche, ausserdem einige Unebenheiten auf der Scheibe. Die Flügeldecken an der Basis, im ungefleckten Theil, grob punktirt, an der Basis selbst, zwischen Schildchen und Schultern, eine kleine Beule, die Punktirung ziemlich plötzlich abgeschwächt und bis gegen die Spitze nur mehr fein; vom zweiten Drittel der Länge an bis an's Ende mit sehr unregelmässigen, öfters der Quere nach zusammenfliessenden, zuweilen aber auch ringförmige Zeichnungen bildenden gelblichrothen Makeln, von denen die äusseren unmittelbar den Aussenrand erreichen.

Bei fast allen *Ceroplesis*-Arten mit rothen Zeichnungen auf den Flügeldecken, bilden diese mehr oder weniger deutliche Querbänder, die in der Zahl von 1—4 abändern. Bei der gegenwärtigen durch die Unregelmässigkeit der Flecken sehr auffälligen Art, bilden dieselben nirgends eigentliche Querbinden, sondern die Flügeldecken erscheinen regellos gesprenkelt. Es ist mir nur eine zweite, wie ich vermuthe, unbeschriebene Art aus Abyssinien bekannt, welche in dieser Beziehung mit der *irregularis* Verwandtschaft zeigt. Sie ist aber viel kleiner und schmäler, die rothen Zeichnungen reichen bei mehr gleichmässiger Punktirung bis hart an die Basis heran.

Diastocera reticulata Thoms: Ann. Soc. France. 1877. Bull. p. CXLI. *Piceo-rufa vel rufo-fusca, elytris cylindricis, postice subampliatis, dense breviter pubescentibus, punctis areolatis nudis, nigro-fuscis, irregulariter testaceo-reticulatis; corpore subtus dense, ad metasternum postice marginibusque segmentorum abdominalium longius griseo-pubescente.* — Long. 25—35 mill.

Sansibar (Hildebrandt!).

Von walzenförmiger Gestalt, die Flügeldecken, beim ♀ etwas deutlicher, im letzten Drittel der Länge leicht verbreitert. Kopf und Halsschild mattglänzend, heller oder dunkler röthlichbraun, zuweilen fast schwarzbraun, ersterer äusserst fein netzartig gerunzelt, der Hinterkopf mit groben, aber wenig tiefen Punkten ziemlich dicht besetzt, über demselben bis zwischen die Fühler eine scharfe aber feine Längsrinne, der vordere senkrecht abfallende Stirntheil flach. Halsschild quer, hinten kurz vor der Basis eingeschnürt und an den Seiten vor dieser Einschnürung mit einem stumpfen Höcker; die Oberseite unregelmässig, an den Seiten etwas dichter punktirt, ausserdem hier und hinter dem Vorderrande mit leichten Querrunzeln. Das Schildchen schwarz, hinten bogig abgerundet. Die Flügeldecken von schwarzbrauner, durch eine dichte Behaarung jedoch bis auf die nackten Stellen verdeckten Grundfarbe, diese Behaarung graubraun, auf dem unregelmässigen, weitläufige Maschen bildenden Geäder jedoch von lehmgelber Farbe; die Punktirung besteht aus mehreren, an Grösse verschiedenen Grübchen, deren vorderer Rand mehr oder weniger deutlich aufgeworfen ist, so dass zugleich kleine Höckerchen sich bilden; diese Punkte sind unbehaart, glänzend, und werden durch das gelbe Geäder in sehr unregelmässige, grössere oder kleinere, rundliche Felder vertheilt. Fühler und Oberseite der Beine schwarz, letztere unten, sowie der ganze Körper dicht, fein und kurz grau behaart, die Behaarung am Hinterrande des Metasternum und an den Rändern der Abdominalsegmente etwas länger und gelblich.

Das Weibchen unterscheidet sich ausser den kürzeren Fühlern durch etwas minder eckige Schultern und die leicht bauchige Form der Flügeldecken im letzten Drittel ihrer Länge.

Im Wesentlichen steht die *reticulata* der bekannten *trifasciata* nahe, sie stellt aber durch die höchst eigenthümliche Sculptur ihrer Flügeldecken eine ausgezeichnete Art der Gattung dar.*)

---

*) Anm. Thomson's Beschreibung dieser Art ist mir erst während des Druckes bekannt geworden, da dieselbe jedoch in den Bulletins leicht übersehen wird, habe ich die meinige hier stehen gelassen.

Phrissoma sansibaricum (n. sp.): *Fusco-nigrum, thorace lateribus unidentato, medio quadrinodoso, antice cristis 2 parallelis, elytris ovatis, tuberculato-tricostatis, inter costas et juxta suturam serie reguluri tuberculorum parvorum rotundorum.* — Long. 25 mill.

Sansibar: Ukamba (Hildebrandt!).

Ungeflügelt. Schwarz, in den tieferen Stellen mit gelblicher, äusserst kurzer aber dichter Behaarung bedeckt. Der Kopf hinten glatt, die Fühlergruben mit erhabenen Rändern, welche jederseits auf der Innenseite einen Höcker bilden, ausserdem ein kleines Höckerchen jederseits vor denselben. Thorax mit starkem mittleren Seitendorn, auf der Scheibe vier stumpfe Knoten, vor denselben zwei parallel verlaufende Längsschwielen, welche den Vorderrand erreichen und etwas enger beisammen stehen, als die beiden Knotenpaare auf dem Rücken. Die Flügeldecken stark gewölbt und bauchig eiförmig, mit drei, aus der Verschmelzung grösserer, zum Theil etwas divergirend gestellter Höcker gebildeten erhabenen Rippen, zwischen der ersten und zweiten eine sehr regelmässige, durch Einmengung weiterer Höcker nicht gestörte Reihe runder Körnchen, oben eine solche aber durch Beimischung weiterer Körner minder regelmässige Reihe zwischen der zweiten und dritten, ausserdem neben der Naht wieder eine geordnete Reihe von Körnern, zwischen welcher und der ersten Rippe sich noch eine abgekürzte Nebenreihe bemerklich macht; Ende der Flügeldecken, durch Ausrandung jeder einzelnen Spitze, dreizahnig. Die Beine schwarzbraun, die Schenkel hie und da dunkelröthlich, ihre Stützen heller rothbraun. Keine Längsrinnen an den Fühlergliedern, das erste am Ende sehr schwach knotig verdickt.

Eine *Phantasis* nach Lacordaire und Thomson, ich kann mich jedoch nicht dazu entschliessen, diese Formen generisch von *Phrissoma* zu trennen oder gar wie Lacordaire will in zwei verschiedene Gruppen zu bringen. Die angeführten Unterschiede, z. B. die bei *Phantasis* mehr genäherten Augen sind bei Vergleich von *Gmelini* mit *giganteum* doch rein illusorisch und es bleibt schliesslich nur die Differenz im Bau der Flügeldecken übrig, die bei *Phantasis* mehr bauchig erweitert sind. Dieses Merkmal ist aber doch offenbar kein generisches, es sinkt schon in der nächstverwandten Gattung *Dorcadion* bis zum Grade eines sexuellen herab.

Von den beiden nächststehenden Arten, *giganteum* Gerst. und *avernicum* Thoms. unterscheidet sich *sansibaricum* durch die regelmässigen, aus gröberen Körnern bestehenden Zwischenreihen der Flügeldecken, insbesondere aber durch die nicht divergirenden, sondern unter sich parallel bis zum Vorderrande verlaufenden Längsleisten des Thorax.

Phryneta obliquata (n. sp.): *Fusco-picea, densissime breviter pubescens, thorace medio tuberculis tribus parvis alteroque oblongo postico, elytris griseis, macula subhumerali et altera longiore pone medium, obliquis, magnis, sicut et parva anteapicali fuscis.* — Long. 16—30 mill.

Sansibar: Ukamba (Hildebrandt!).

Von länglicher, cylindrischer Gestalt, schwarzbraun, die Grundfarbe durch kurze dichte Behaarung von gelblichgrauer oder brauner Farbe verdeckt, die Behaarung der Beine und Unterseite gleichfarbig gelblich. Der Kopf glatt, zwischen den beuligen Fühlerwurzeln dreieckig vertieft, das Kopfschild durch eine stumpfwinkelige Naht abgesetzt. Das Halsschild mit starkem, etwas nach rückwärts gerichtetem Seitenranddorn, auf dem Rücken in der Mitte drei in eine Querreihe gestellte Höckerchen, hinter dem mittleren ein grösserer, länglicher, der Länge nach mehr oder weniger deutlich halbirter Höcker, zwischen welchem und dem Seitendorn noch ein stumpfes Beulchen zu bemerken ist. Die Flügeldecken walzig, vor der Mitte unmerklich verschmälert, im Basaltheile ziemlich grob punktirt, heller oder dunkler gelblichgrau, ein Seitenrandfleck unterhalb der Schulter von dreieckiger Form, eine schief gegen die Naht nach vorwärts ansteigende Quermakel hinter der Mitte, ein kleiner Fleck vor der Spitze und meist auch noch ein solcher unmittelbar an der Basis zwischen Schildchen und Schulter von dunkelbrauner Farbe; diese Zeichnungen sind besonders nach innen mehr oder weniger verwaschen, der Randfleck unterhalb den Schultern in der Regel am dunkelsten und am schärfsten markirt. Die Nebenseitenstücke der Mittelbrust nach aussen und das vordere Eck der Episternen der Hinterbrust in scharfer Begränzung hell gelblichweiss behaart.

Diese hübsche, in der Grösse übrigens höchst variable Art ist am nächsten mit *cinerola* White verwandt, bei dieser sind aber die beiden seitlichen der drei in einer Querreihe gestellten Höckerchen auf dem Thorax viel grösser als der mittlere und von diesem wie von dem hinteren länglichen nur durch geringe Zwischenräume getrennt, die Behaarung ist mehr weissgrau, die hintere schiefe Makel ist ausgezackt und die Behaarung der Seitenstücke der Brust kaum heller als die der übrigen Unterseite.

Nitocris angustifrons (n. sp.): *Fulva, elytris parte basali excepta, antennis, articulis apicalibus exceptis, tarsis, tibiis posticis nigris; abdominis segmento 1 flavo, 2 flavo et nigro-trivittato, 3—5 nigris, quarto utrinque flavo-fasciato.* — Long. 25—30 mill.

Von den Congo-Mündungen. (Falkenstein!).

Kopf, Halsschild und Basis der Flügeldecken gelbroth, die Flügeldecken schwarz, unterhalb des Schildchens ein gemeinschaftlicher heller goldgelb behaarter Fleck. Die Fühler schwarz, die letzten beiden Glieder hell röthlichgrau. Die Unterseite sammt den Schenkeln und den Schienen der Vorderbeine gelbroth. Erster Hinterleibsring ganz wachsgelb, zweiter schwarz mit 4 gelben Längsflecken, die äusseren schmal und mehr röthlich; 3—5 schwarz, der vierte jedoch mit 2 gelben Quermakeln. Die Tarsen und die Hinterschienen schwarz. Stirn zwischen den Augen schmäler als der Breitendurchmesser eines Auges bei Ansicht von vorn.

Der bekannten *nigricornis* Oliv. am nächsten stehend, von ihr aber sowie von den übrigen ähnlich gekleideten Arten leicht durch die schmale Stirn zu unterscheiden.

Descriptions de Carabides nouveaux de la Nouvelle Grenade

rapportés par Mr. E. Steinheil.

Par **M. J. Putzeys**

Secrétaire Général au Ministère de la Justice à Bruxelles.

Schizogenius riparius (n. sp.): Long. $4\,{}^1\!/_2$ mill. Entièrement d'un brun ferrugineux, un peu plus petit que le *capitalis*: ses élytres sont plus courtes, leurs stries moins ponctuées, le corselet est plus long, plus convexe, ses sillons latéraux sont plus obliques et plus prolongés; la tête est plus étroite; les deux carènes qui forment le sillon central sont beaucoup plus épaissies en arrière et dans le fond du sillon même, on remarque une strie qui se prolonge presqu'au milieu de sa longueur; les yeux sont moins saillants.

Ibagué 1 ind.

Schizogenius interstriatus (n sp.): Diffère du *capitalis* par sa couleur qui est brune, rougeâtre sur le corselet; sa taille est un peu plus petite, plus étroite; les stries des élytres sont plus faiblement ponctuées; le corselet est moins convexe, plus carré; nullement arqué sur les côtés; les sillons se prolongent davantage; la tête est plus étroite, les yeux sont plus petits et moins saillants; le sillon central porte, dans son milieu, une strie enfoncée très distincte.

Medellin. 1 ind.

Zuphium exiguum (n. sp.): Long. 3¹/₂. — El. 2. — Lat. 1 mill. *Rufo-testaceum, palpis, antennis pedibusque pallide testaceis; elytris vitta nigra antcapicali in medio versus apicem angulata. Caput globosum, postice rotundatum, laxe et grosse punctatum; oculi hemisphaerici. Prothorax subcordatus, planiusculus, grosse punctatus, angulis anticis rotundatis, pilis longis hirtis, posticis vero acute prominentibus. Elytra elongata, postice angustata, humeris deflexis, margine serrato atque longe hirto, grosse punctato-striata, apice sublaevia.*
Cartago 1 ind.

Ferus procerus (n. sp.) : Long. 13. — El. 8. — Lat. 5 mill. *Ater, nitidus; palpis, antennis tarsisque piceis. Caput antice obscuro quinquefoveolatum. Oculi parum prominuli. Prothorax latus, quadratus, postice paulo angustatus; lateribus in medio subangulatis, angulis anticis prominulis rotundatis, posticis rectis apice obtusiusculo, margine lato elevato; elytra thorace fere duplo latiora, breviter oblonga, humeris late rotundatis, apice oblique sinuato-truncatis, lateribus subparallelis; striis profundis, obsolete punctulatis, interstitiis convexis, 3-tri-punctatis; serie foveolarum submarginali haud interrupta, sed in medio longiore.*

Mr. Steinheil a trouvé 2 ind. dans les environs de Medellin, à 6000′ d'altitude: l'un: le ♂, est plus étroit dans toutes ses proportions et les angles postérieurs du corselet sont un peu plus marqués.

Lebia atriceps (n. sp.): Long. 4. — El. 2¹/₂. — Lat. 2 mill. Elle a l'aspect de la *L. brachinoides;* la coloration est la même; elle est plus petite; les élytres sont proportionellement plus courtes et plus larges, d'un noir brillant, tandis qu'elles sont d'un noir opaque dans la *brachinoides;* les stries sont plus profondes et les intervalles beaucoup plus relevés; la tête est finement rugeuse; elle n'est sillonnée que près des yeux.
Ocaña (Landolt) 1 ind.

Lachnophorus angusticollis (n. sp.): Long. 6. — El. 3³/₄. - Lat. 2 mill. *Undique breviter pubescens, pilis longioribus intermixtis, aeneus, elytris obscurioribus, palpis, (articulo ultimo nigro) antennis (articulis 4 basalibus dilutioribus), brunneis, pedibus testaceis, femoribus in medio tibiisque apice brunneis. Caput convexum, rugosum, rugis postice longitudinaliter dispositis, inter oculos utrinque profunde sulcatum, vertice foveolato. Oculi maxime prominentes. Prothorax angustus, rotundato-subquadratus, antice a puncto pilifero angustatus, basin versus magis constrictus, angulis anticis rotundatis, posticis obtusis, crebre punctatus, basi praesertim transversim rugosus. — Elytra oblonga, in dorso deplanata, guttulis 2 testaceis notata, una ante medium in interstitiis 6-7-que, altera infra medium in interstitiis 5 atque 6; lateribus ante medium sinuatis, apice oblique subtruncata, striato-punctata, stria 9 trifoveolata, interstitiis parce dispersimque punctulatis, transversim rugosis.*

Voisin du *L. maculatus* Chd. mais les taches des élytres sont autrement disposées; le corselet est encore moins élargi au milieu; les stries des élytres sont un peu plus profondes, plus fortement ponctuées; la pubescence est plus prononcée. Il semble se rapprocher davantage du *L. foveatus* Bates, mais ce dernier a les élytres plus larges, presque carrées; la ponctuation des intervalles est indistincte; les taches sont beaucoup plus larges etc.

Medellin 5 ind.

Lachnophorus cyanescens (n. sp.): Long. 5 $1/2$. — El. 3 $1/2$. — Lat. 3 mill. *Obscure cyaneus, undique laxe pubescens, palpis, (antennarum articulis 2—4 piceis, caeteris testaceis) pedibusque dilute brunneis. Caput convexum, disperse punctatum, postice constrictum, sulcis duobus in vertice convergentibus impressum: oculi magni, minus quam in hoc genere prominentes. Prothorax cordatus, lateribus anticis rotundato-ampliatus, angulis anticis rectis, deflexis, posticis acutiusculis elevatis, margine laterali postice latiore; sulco longitudinali utrinque abbreviato, impressionibus transversis, antice maxime, profundis, foveolis basalibus latis neque profundis ad angulos approximatis; superficie punctulata, punctis in basi lateribusque densioribus. — Elytra oblongo-ovata, basi late rotundata, ante apicem sinuata, apice oblique truncata, supra haud deplanata, striato-punctata, punctis grossis distantibus, interstitiis crebre punctulatis absque foveolis tribus solitis: striola praescutellari scutello vix triplo longiore. Corpus subtus atrum, punctatum, metathoracis episternis laevibus; abdomen rugosissimum.*

Par ses palpes peu élargis et ses yeux moins développés que chez les *Lachnophorus* et par l'absence de trois fovéoles sur chaque élytre, cette espèce se rapproche des *Anchonoderus*; mais ses élytres tronquées m'obligent à la placer parmi les *Lachnophorus*.

Muzo. S. Carlos. 26 ind.

Anchonoderus Reichei (n. sp.) : D'après les descriptions, il n'y aurait guère de différences appréciables entre les *A. myops* et *binotatus*, et ceux-ci ne se distingueraient du *subaeneus* que par les taches rougeâtres de l'extrémité des élytres.

Voici les caractères que j'ai pu relever sur de nombreux individus. Le *subaeneus* est un peu plus petit; la tête, glabre, porte en arrière un certain nombre de gros points; le corselet n'est pas plus large que la tête avec les yeux, allongé, subcordiforme, se rétrécissant graduellement presqu'au dessus des angles de la base qui sont saillants et relevés; les stries sont profondes et leurs intervalles convexes. (Muzo. Ocaña. Medellin. 9 ind.)

Le *binotatus* est plus grand, plus bronzé; il a le corselet tout aussi long, mais plus large au tiers supérieur; les élytres sont plus larges; les stries sont moins profondes et les intervalles sont plus plans; la tache postérieure n'est point arrondie, mais plutôt arquée : elle se compose de quatre taches oblongues, placées sur les intervalles 4, 6 et 7, celle du 6° étant la plus longue. (Medellin. Choachi. 6 ind.)

Je crois devoir séparer du *binotatus* une espèce que je nomme *Reichei*, et qui, outre la tache postérieure, en porte une subhumérale à la base du 6° intervalle. — Cette tache devient parfois peu distincte; mais la différence essentielle git dans la forme du corselet qui, chez le *Reichei*, est plus court, plus élargi au tiers antérieur et plus brusquement rétréci avant les angles de la base.

Choachi. Medellin. S. Carlos. 12 ind.

Anchonoderus crosus (n. sp.): Très voisin du *concinnus* Reiche dont il ne diffère que par l'absence de la pubescence longue et peu serrée qui caractérise cette espèce; la tache humérale ne commence qu'au 6° intervalle et la tache apicale est moins développée.

Mr. Steinheil m'a communiqué un individu pris en Colombie orientale par Mr. Lindig. J'en possède un autre parfaitement identique rapporté jadis par Mr. Funck.

Anchonoderus femoratus (n. sp.): Parfaitement semblable au *subaeneus*, si ce n'est que le corselet est plus large et surtout plus arrondi au tiers antérieur et que les cuisses sont couleur de poix; les tibias sont d'un brun très clair.

Muzo. 4 ind.

Colpodes protensus (n. sp.): Long. 7 $\frac{3}{4}$. — El. 5. — Lat. 3 mill. *Piceo-brunneus, capite femoribusque dilutioribus, palpis, antennarum articulis 3 primis ultimisque 5 ferrugineis. Caput prothoraci latitudine aequale, ovatum, convexum, laeve, sulcis lateralibus profundis irregularibus, subrugosis. Oculi parum prominuli. Antennae graciles, articulis elongatis cylindricis. Prothorax latitudine longior, antice latior rotundatus, dein angustatus, ante angulos posticos sinuatus, hisce elevatis, obtuse rotundatis, basi in medio submarginata, impressionibus transversis sulcoque longitudinali abbreviato profundis, foveis basalibus ad angulos sitis, linearibus obliquis. Elytra elongata, basi rotundata, humeris deflexis, apice angustata, haud sinuata, margine ante medium constricto, post medium ampliato; striis tenuibus subtilissime punctatis, interstitiis planis, 3° tripunctato, foveolarum serie submarginali in medio bis interrupta.*

Cette espèce appartient au 1ᵉʳ des groupes établis par Mr. de Chaudoir, mais elle ne rentre dans aucun des deux groupes a ou b: sa forme est beaucoup plus étroite, plus allongée, les antennes sont beaucoup plus minces, leurs articles sont plus longs et cylindriques.

Bogotá. 1 ind.

La 2ᵉ des sections établies par Mr. de Chaudoir (Monogr. du g. *Colpodes*. Ann. soc. ent. Fr. 1859 p. 303) se compose d'insectes présentant les caractères suivants: Episternes du métathorax carrés. Tibias antérieurs sillonnés (assez faiblement) à leur côté interne; tarses antérieurs non sillonnés, leur 4ᵉ article fortement échancré; tarses postérieurs sillonnés extérieurement; leur 4ᵉ article échancré, non prolongé extérieurement. Insectes noirs.

Trois des espèces appartenant à cette division ont les stries simples et pas de points dorsaux dans les intervalles; une quatrième a les stries ponctuées et le 3ᵉ intervalle porte de 6 à 8 points dorsaux.

Plusieurs espèces nouvelles appartenant à cette section ont été recueillies par Mr. Steinheil; une d'entre elles fait partie du premier groupe; deux autres appartiennent au second.

Colpodes melas (n. sp.): Long. 10. — El. 6. — Lat. 4 mill. *Niger, elytris subsericeis, palpis, antennis pedibusque dilute piceis; prothorace subquadrato, basi apiceque angustato, margine antico emarginato, ante basin sinuato, angulis posticis rectis apice obtusis. Elytra oblongo-ovata, apice sinuata, planiuscula, leviter striata, punctis in striis minutis, interstitiis planis.*

Plus petit que le *corvinus*, corselet plus étroit, plus rétréci à ses deux extrémités, bord antérieur plus échancré, ses angles plus avancés; côtés sinués avant les angles postérieurs qui sont coupés droit avec la pointe ordinairement obtuse. Le rebord marginal est plus relevé; les élytres sont moins larges à la base, beaucoup plus distinctement sinuées avant l'éxtrémité; les stries sont très fines, marquées de points très petits mais bien distincts; les intervalles sont très plans; la série de points ombiliqués dans le 9ᵉ intervalle n'est nullement interrompue au milieu, seulement elle y est moins serrée qu'en avant et en arrière. Les élytres ont un aspect soyeux, même chez le ♂.

Saboyá. La Luzera. 12 ind.

Colpodes anthracinus (n. sp.): Long. 6 $\frac{1}{2}$. — El. 4. — Lat. 2 $\frac{1}{2}$ mill. *Niger, nitidus, palpis rufis, ano pedibusque rufo-piceis. Caput ovatum, post oculos angustatum, sulcis inter antennas latis atque profundis; antennis brevibus incrassatis hirtis; prothorax breviter subquadratus, basi angustatus, margine antico emarginato, angulis acutis, lateribus in medio rotundatis, dein sinuatis, angulis basalibus acute rectis, basi ipsa subtruncata, sulco laterali utrinque abbreviato, impressionibus transversis, basali praecipue, profundis; foveolis basalibus ovalibus, profundis neque antice prolongatis, margine laterali parum elevato, angulos versus paulo latiore. Elytra oblongo-ovata, basi subtruncata, apice rotundata, haud prolongata, striis leviter punctatis, interstitiis convexiusculis, 3° punctis tribus majoribus impresso, serie foveolarum interstitii 9¹ in medio interrupta. Episterna metathoracica quadrata, menti dente acuto, pedum anticorum tibiis intus leviter sulcatis, tarsis haud sulcatis, articulo 4° bilobo; tarsis posticis extus sulcatis.*

C'est près du *C. moestus* que cette petite espèce semble le mieux se placer.

Paramo del Cruz Verde, sous des pierres.

Colpodes carbonarius (n. sp.): Long. 11. — El. 6 $\frac{1}{2}$. — Lat. 4 $\frac{1}{2}$ mill. *Ater, nitidus, palpis antennisque picescentibus; capite laevi, convexo, post oculos haud constricto; prothorax transversus, antice parum emarginatus, lateribus rotundatus, basi truncata, angulis posticis omnino rotundatis. Elytra oblongo-ovata, basi rotundata, apice vix sinuata, striato-punctata, interstitio 3°, 5-punctato.*

Comparée au *C. corvinus*, cette espèce a la tête plus large, l'orbite post-oculaire est encore plus saillant; le corselet est notablement plus court et plus large, ses côtés sont plus arrondis, surtout en arrière, où les angles sont absolument nuls; le rebord latéral est plus relevé; les élytres sont plus courtes, un peu plus distinctement sinuées à l'éxtrémité; les stries portent des points très petits mais bien visibles; ou remarque sur le 3° intervalles cinq gros points pilifères, les deux premiers contre la 3° strie, les trois suivants contre la 2°.

Ubáque et Bogotá. 4 ind.

Colpodes cyaneo-cuprcus (n. sp.): Long. 16—17. — El. 10. — Lat. 7 mill. *Nigro-cyaneus, elytris cupreis, apice et in sutura cyanescentibus. Mentum dente simplice. Palpi articulo ultimo praecedentis longitudine aequali, subcylindrico, apice truncato. Antennae tenues, articulis 5—11 testaceis, caeteris piceis, primo ante apicem pilis binis longis notato. Caput ovatum glabrum, utrinque inter antennas profunde irregulariter sulcatum; oculi modice prominuli. Prothorax latus, subquadratus, antice posticeque angustatus, angulis anticis prominulis rotundatis, posticis rectis, marginibus latis, elevatis, in antica parte utrinque sex-pilosis; impressionibus transversis profundis, laevibus; sulco longitudinali profundo, utrinque abbreviato; foveolis basalibus ad angulos profundis, laevibus. Elytra convexa, oblonga, apice vix sinuato, ibi paulo minus ac ad humeros deflexos angustata; profunde sulcata, interstitiis convexis, 8° fere usque ad apicem foveolis latis notato, serie altera foveolarum in interstitio 9° minus distincta, foveolaque unica apice interstitii tertii. Stria praescutellaris brevis, scutello vix duplo longior. Corpus subtus cum pedibus nigro-cyaneum, nitidum, glaberrimum, segmentis abdominis 3—5 medium versus lineatim grosse punctatis, ano utrinque 5-punctato.*

Cet insecte, qui présente très exactement les caractères attribués par Mr. de Chaudoir à sa 3° section, est certainement très voisin du *Pleurosoma sulcatum* Guér., mais ce dernier a les élytres plus brièvement ovales; les articles 5—11 des antennes sont d'un brun de poix, les angles postérieurs du corselet sont arrondis.

Mr. Steinheil en a trouvé 6 ind. à Medellin, dans un tronc d'arbre.

Colpodes beryllinus (n. sp.) : Long. 14. — El. 9. — Lat. 7 mill. *Omnino cyaneus, glaber, antennarum articulis 5—11 testaceis, utrinque litura nigra notatis; pedibus nigris. Prothorax transversim quadratus, lateribus in medio latitudinem maximam attingente, dein ante angulos posticos rectos subsinuatis, marginibus latis. Elytra convexa, fere gibbosa, ovata, antice paulo, magis quam postice dilatata, apice vix perspicue sinuata, profunde simpliciter sulcata, interstitiis convexis, 8° serie foveolarum in medio bis-interrupta notato, 9° minus distincte pluri-foveolato. Episterna metathoracica parum elongata, longiora tamen quam latiora; abdomen quasi bullatum; segmentis ultimis punctis paucis notatis, ano utrinque 5-punctato.*

Bien qu'appartenant au groupe des *Pleurosoma*, cette espèce s'en écarte à première vue par les épisternes du métathorax qui sont plus longs que larges. La tête, le corselet et les élytres sont d'un bleu violet brillant. La tête ne diffère pas de celle du *C. cyaneocupreus*; elle est seulement un peu plus étroite et, en arrière des yeux, on n'aperçoit qu'un seul point pilifère. Le corselet est plus court, plus large, surtout au milieu; le rebord marginal est tout aussi élargi, mais il est légèrement sinué avant les angles de la base qui sont droits; la base, le bord antérieur et la surface sont semblables. Les élytres sont beaucoup plus courtes, plus larges à la base qu'à l'extrémité, très convexes, même gibbeuses au milieu, sillonnées de même; la série de gros points dans le 8° intervalle est largement interrompu au milieu où elle ne présente que deux points espacés; celle du 9° intervalle est plus lâche et moins distincte. L'abdomen est beaucoup moins ponctué, mais l'extrémité du segment anal l'est de même. Les pattes ne diffèrent pas. Les palpes manquent.

St. Barbara. 1 ind. trouvé mort sur le chemin. Nouvellement j'ai reçu quelques exemplaires de Manizales, envoyés par Mr. Patino.

Colpodes rutilans. Motsch. Bull. Mosc. 1865, p. 80. (*G. omiastus*). Cette espèce appartient à la même division que le *C. latidens*. Cependant elle présente un caractère particulier dont je ne connais pas d'autre exemple parmi les *Colpodes*: le rebord marginal des élytres s'arrête un peu au delà des épaules où il forme un angle très court, et ne se prolonge pas le long de la base: toutes les stries sont donc libres à leur naissance. L'insecte est d'un noir très brillant avec les élytres d'un bronzé cuivreux rougeâtre (parfois d'un bronzé très foncé avec quelques reflets cuivreux. Les palpes, les antennes et les tarses sont d'un testacé rougeâtre. Il est plus grand que le *latidens;* la tête est plus allongée, les yeux sont moins saillants; les sillons intra-antennaires plus prolongés en arrière. Le corselet est plus long, parfaitement cordiforme, très arrondi antérieurement, se rétrécissant dès avant le milieu: très légèrement sinué avant les angles de la base qui sont à peine marqués; le bord antérieur est tronqué; ses angles sont arrondis; la base se redresse de chaque côté vers les angles. Les impressions de la surface du corselet sont semblables à celle du *latidens*, mais les fossettes basales sont plus rapprochées des angles et plus allongées; le rebord marginal est plus épais: le point marginal inférieur est situé beaucoup au dessus des angles. — Les élytres sont très différentes; elles forment un ovale allongé presque parfait; très atténuées à la base sans aucune saillie des épaules, à peine sinuées avant l'extrémité où chacune d'elles est prolongée en une pointe assez courte, divergeant à l'extrémité de la suture. (Motschulsky ne fait pas mention de ce prolongement). Elles sont assez bombées, mais le milieu est aplani. Les stries sont finement marquées et munies de très petits points; les intervalles sont plans et dépourvus de points dorsaux; les gros points du bord externe sont disposés comme chez le *latidens*. Les tarses sont un peu plus courts et plus épais que chez ce dernier.

Saboyá. 4 ind.

Mr. Funck en avait rapporté quelques individus en 1844.

Colpodes ovatus (n. sp.): Long. 14 ½. — El. 9. — Lat. 6 mill. *Ater, nitidus, palpis, antennis tarsisque piceo-rufis. Caput glabrum, ovatum, postice constrictum, inter antennas longe foveolatum. Prothorax cordatus, infra medium oblique angustatus nec sinuatus, angulis posticis rotundatis, basi ipsa truncata, margine antico submarginato; foveis basalibus ad angulos sitis, longis, sinuatis. — Elytra prothorace duplo latiora, oblonga, basi angustata, humeris depressis, ultra medium latiora, ante apicem levissime sinuata, sutura haud prolongata; striata, striis leviter punctatis, interstitiis planis, punctis dorsalibus nullis.*

Cette espèce est très voisine de la précédente, bien que beaucoup plus grande et autrement colorée. La dent du menton est large et divisée par un sillon longitudinal; le labre est très distinctement et largement échancré; les tibias antérieurs portent intérieurement un sillon assez superficiel; le dernier article des tarses antérieurs est échancré; les articles de tous les tarses sont sillonnés extérieurement, ceux des dernières paires le sont également intérieurement, mais moins distinctement. Les épisternes métathoraciques ne sont pas plus longs que larges à la base.

Le corselet a sa plus grande largeur avant de milieu; son rebord marginal est assez relevé et la gouttière qui le longe va en s'élargissant faiblement presqu'à la base; le point marginal intérieur est situé fort au dessus des angles.

Saboyá. 2 ind.

Colpodes interruptus (n. sp.): Long. 12. — El. 7. — Lat. 5 mill. *Nigro-picens, nitidus, palpis antennisque testaceis, harum articulis 1° atque 3° plus minusve infuscatis; corpus-infra pedesque dilute brunnea. Caput ovatum, postice attenuatum, sulcis lateralibus profundis neque ultra oculos porrectis; oculi globosi, parum prominentes. Prothorax subrotundatus, basi quam antice paulo angustior; margine antico basique truncatis, angulis rotundatis; margine laterali elevato, sulco marginali lato postice ampliato; impressionibus transversis sulcoque medio utrinque abbreviato profunde impressis; foveis basalibus profundis, ramulum emittentibus usque ad dimidiam prothoracis partem oblique extensum. Elytra convexa, ovata, basi humerisque rotundata, ante apicem distincte sinuata, profunde striata, striis frequentissime interruptis ita ut puncta in lineas disposita eas constituere videantur: haec puncta apicem lateraque versus magnitudine crescunt.*

Les caractères de cette espèce doivent la faire placer dans la même division que le *C. ovatus*. Les tarses antérieurs du ♂ sont larges et aplanis. Les épisternes métathoraciques sont plus courts que larges à la base; la dent du menton est profondément sillonnée au milieu; les tibias antérieurs ne sont pas sillonnés extérieurement, mais ils le sont intérieurement; les tarses de toutes les pattes, dont le 4 article est bilobé, sont sillonnés de chaque côté.

Medellin. 6 ind. dans les troncs d'arbres.

Colpodes atro-aeneus (n. sp.): Long. 9 $^1/_2$. - El. 5 $^1/_2$. - Lat. 3 $^1/_4$ mill. *Niger, elytris sub-aenescentibus, tarsis, palpis antennisque testaceis, harum articulis tribus primis nigro-maculatis. Caput ovatum, post oculos an-*

gustatum. Antennae graciles, elongatae. Prothorax subovatus, antice rotundatus, ante medium angustatus, angulis posticis obtusis, basi in medio leviter emarginata, ad angulos obliqua, sulco marginali lato, ad angulos ampliato, foveolis basalibus linearibus profundis. — Elytra oblonga, basi apiceque angustata, humeris rotundatis deflexis, ante apicem subsinuata, striis leviter punctulatis, interstitiis planis, punctis dorsalibus nullis, foveolarum serie submarginali in medio subinterrupta. Episterna metathoracis quadrata; menti dens angustus, acutus; tibiae anticae intus vage sulcatae, tarsorum articulus primus caeteris duplo longior; secundus atque tertius luti, cordati; quartus bilobus; tarsi postici utrinque sulcati, eorum articulo 4° emarginato.

Les principaux caractères de cette espèce la rapprochent du *C. latidens*. Indépendamment de la forme de la dent du menton et du degré d'échancrure des tibias antérieurs, ce dernier diffère par ses antennes un peu plus fortes, la tête plus larges, les yeux plus saillants, le corselet moins rétréci en arrière, les élytres plus convexes, moins rétrécies à la base, plus sinuées à l'extrémité, les stries beaucoup plus fines, les points dorsaux sur le 3e intervalle etc.

Saboya. 1 ind.

Colpodes trapezicollis (n. sp.): Long. 8. — El. 5. — Lat. 2 $\frac{1}{2}$ mill. Nigro-aeneus, elytris viridi-cupreis, antennis pedibusque plus minusve piceo-rufis. Caput angustum, post oculos constrictum. Oculi prominuli. Antennae gracillimae. Prothorax quadratus, antice capiti aequalis, basi latior, lateribus obliquis haud rotundatis; margine antico truncato, angulis obtusis; basi in medio truncata, utrinque ad foveolas depressa, ad angulos rectos elevata; margine laterali tenui; impressionibus transversis profundis. — Elytra prothorace dimidio latiora, oblonga, humeris elevatis, rotundatis, apice singulatim rotundata, sat profunde sinuata, margine laterali angusto; striae tenues, vix distincte punctulatae, interstitia planissima, 3° triforeolato. Episterna metathoracis elongata; mentum dente acuto; tibiae anticae intus tantum sulcatae; tarsi antici utrinque leviter sulcati, articulo 4° bilobo; tarsi postici articulis utrinque sulcatis, 4° extus non prolongato, 5° subtus nudo.

Cette espèce peut être placée près du *C. gracilis* Chaud.

Ocaña, ind. ♀ conforme à un autre que Mr. Funck a rapporté jadis de Colombie.

Un autre individu, pris à la Vega est plus grand. (10 mill.)

Colpodes micans (n. sp.): Long. 12. — El. 7 ½. — Lat. 5 mill. Nigro-aeneus, nitidus, elytris aeneo-cupreis. Caput ovatum, post oculos angustatum. Prothorax rotundato-quadratus, antice leviter emarginatus, angulis rotundatis, lateribus usque ad angulos posticos obtusos arcuatis, basi media submarginata, ad foveolas profunde depressa, sulco submarginali lato, margine maxime ad angulos, elevato Elytra oblongo-ovata, ad humeros rotundata (hisce haud angulatis), apice sinuata, dein singulatim rotundata; striis tenuibus apice profundioribus; striola praescutellari longa; interstitiis planis, punctis dorsalibus nullis. Episterna metathoracica elongata; mentum dente medio acuto; tibiae anticae extus haud sulcatae; tarsi antici haud sulcati, articulo 4° profunde emarginato; tarsi postici utrinque sulcati, articulo 4° extus non prolongato, 5° subtus nudo.

Ocaña. 1 ind. (Landolt.)

Colpodes alienomotus (n. sp.): Long. 10. — El. 6 ½. — Lat. 4 mill. Ater, nitidus, prothorace brunneo, testaceo-marginato; elytris aeneo-viridibus, palpis antennisque testaceis nigro-maculatis, tarsis ferrugineis. Caput ovatum, tumidulum, postice abrupte constrictum, sulcis anticis profundis; oculi prominuli. Prothorax subquadratus, antice angustior, lateribus omnino rotundatis, angulis anticis rotundatis, posticis obtusis, basi truncata, marginibus internis deplanatis, impressionibus transversis sulcoque longitudinali profundis, hoc utrinque abbreviato; foveolis oblongis, profundis. — Elytra elongata-oblonga, ante apicem sinuata, convexa, tenue simpliciter striata, interstitiis planiusculis, 3° tripunctato; striola praescutellari scutello duplo longiore.

Cet insecte, dont je n'ai vu qu'un seul individu, m'a présenté les caractères suivants: les épisternes du métathorax sont allongés, larges à la base; la dent du menton est longue est aiguë; les tibias antérieurs ne sont pas sillonnés extérieurement; le 4° article des tarses antérieurs, pubescent en dessous, est bilobé; les tarses postérieurs sont sillonnés de chaque côté; leur 4° article est à peine émarginé, non prolongé extérieurement.

Ubáque. 1 ind.

Colpodes acutus (n. sp.): Long. 7 ½. — El. 4 ¼. — Lat. 3 mill. Nigro-piceus, elytris cupreis, palpis antennisque rufo-piceis. Caput laevigatum, inter antennas oblique sulcatum; oculi modice prominuli; antennae graciles longissimae. Prothorax subquadratus, latitudine fere

longior, antice angulatus, margine antico truncato, lateribus parum arcuatus, summa latitudine infra medium, ante angulos posticos rectos haud sinuatus, basi subarcuatus, foveolis oblongis profundis, margine laterali elevato. Elytra oblongo-sub-orata, apice angustata, sinuata, infra humeros angulatos rotundata, profunde striata, in striis punctata, interstitiis convexis, 3^0 in mucronem prolongato; ante apicem puncto majore impresso. Episterna latitudine paulo longiora; tarsi antici utrinque sulcati, articolo 4^0 bilobo, postici utrinque sulcati, 4^0 extus prolongato, 5^0 subtus nudo.
Ocaña. (Landolt.)
A placer près du *C. acuminatus.*

Colpodes politus (n. sp.) : Très voisin du *coerulco-marginatus* dont il présente tous les caractères essentiels, mais il est plus large dans toutes ses proportions; les élytres sont d'un bronzé doré très brillant avec une étroite bordure bleue; la tête et le corselet, les 4 premiers articles des antennes, le dessous du corps sont d'un beau bleu métallique. Le corselet, quoique plus large, est moins dilaté au milieu, le rebord marginal se redresse avant les angles postérieurs. Les élytres, plus larges, sont un peu plus convexes, sinuées de même à l'extrémité où elles offrent un pli plus marqué; les lignes de points qui remplacent les stries sont encore moins distinctes, et les 3 points du 3e intervalle, placés de même, sont plus petits.

Un ind. prov. de la province Cundinamarca. Cette espèce varie beaucoup dans sa coloration. Un autre ind., de S. Carlos, a le corselet cuivreux; un autre rapporté par Lindig est entièrement bleu.

Colpodes punctato-striatus (n. sp.): Long. 9. — El. 6. — Lat. 3 mill. *Niger, nitidus, elytris nigro-cyaneis, palpis, antennarum basi, tibiis tarsisque piceo-rufis. — Caput breviter ovatum, post oculos prominentes subito constrictum, vertice turgido. Prothorax subcordatus, ante medium rotundatus, dein usque ad basin angustatus, ante angulos subrectos haud sinuatus, margine antico vix emarginatus, basi truncatus, sulco longitudinali utrinque abbreviato, foveis basalibus ad angulos latis, oblique porrectis, parum punctatis. — Elytra prothorace dimidio latiora, ovata, humeris rotundatis, apice sinuatis, striatis, striis sat grosse punctatis, punctis ante apicem evanescentibus, interstitiis planis, 3^0 tri-punctato, foveolis submarginalibus in medio interruptis.*

Il semble devoir se placer près du *C. cyanellus*, quoique ses élytres soient beaucoup plus courtes; les épisternes métathoraciques sont allongés; les tibias antérieurs ne portent pas de sillons externe; les tarses antérieurs ne sont sillonnés qu'extérieurement; leur 4° article est bilobé. Les tarses postérieurs sont sillonnés de chaque côté et leur 4° article est prolongé extérieurement.

Muzo. Ibagué. 6 ind.

Colpodes brevis (n. sp.): Long. $10\,^{1}/_{4}$. — El. 7. — Lat. $4\,^{3}/_{4}$ mill. Niger, nitidus, mandibulis, labro, palpis, antennis tarsisque piceis. Caput parvum, utrinque sulcatum, laeve. Prothorax transversus, antice angustatus, lateribus praecipue posticis rotundatis, margine antico leviter emarginato, basi subtruncato, angulis rotundatis sulco marginali lato sulcis transversis latis atque profundis, sulco longitudinali utrinque abbreviato; foveolis basalibus latis, extus tuberculatis. Elytra inflata, postice angustata, ante apicem sinuata, apice dentiformi, humeris latis rotundatis; striis sulciformibus, punctulatis, interstitiis convexis, punctis dorsalibus nullis; serie marginali haud interrupta, striola praescutellari breviuscula. Menti dens validus, acutus. Tibiae anticae intus leviter sulcatae; tarsi antici intus, postici utrinque sulcati; metathoracis episterna subquadrata. — Les élytres ont un reflet un peu cuivreux.

Columb or. (Lindig). J'en possède un exemplaire de la même localité. A placer près du *C. grandicollis*.

Colpodes Landolti (n. sp.): Long. $12\,^{1}/_{2}$. — El. 8. — Lat. 5 mill. Niger, nitidus, palpis antennisque brunneis; prothorace subquadrato, antice posticeque angustato, in medio subangulato, margine elevato, sulco marginali lato, angulis anticis rotundatis, posticis rotundato-obtusis. Elytra ovata, apice spinosa, striis laevibus, interstitiis planis, punctis dorsalibus nullis. Episterna metathoracica brevia; menti dens truncatus; tibiae anticae vix sulcatae; tarsi postici utrinque sulcati.

Ocaña (Landolt).

Anchomenus fallax (n. sp.): Très voisin de l'*aeneus*; coloré de même si ce n'est que les pattes et les antennes sont plus noires; le corselet est beaucoup moins arrondi dans sa moitié antérieure en dessous de laquelle il se rétrécit moins; sa base est notablement plus large; ses élytres sont moins larges aux épaules qui sont plus relevées et moins arrondies. La taille est celle des grands individus de l'*aeneus*.

La Vega. 1 ind.

Anchomenus pedestris (n sp.): Un peu plus grand que l'*aeneus*; élytres plus longues avec les épaules plus relevées; le corselet est plus cordiforme, plus court, moins élargi antérieurement, beaucoup plus étroit à la base où les angles sont plus petits, plus obtus; les fossettes basales sont moins larges; on en distingue même une seconde, petite, arrondie, dans l'angle même; les pattes et le 1er article des antennes sont ferrugineux.

Bogotá. 2 ind.

Loxandrus ornatus (n. sp.): Long. 9 $1/4$. — El. 6. — Lat. 4 mill. *Niger, iridescens, labro, palpis, antennis, prothoracis margine, elytrorum margine postico, macula subhumerali alteraque subapicali, tibiis tarsisque rufo-testaceis.*

La tête est large, non rétrécie en arrière, lisse, portant entre les antennes deux fossettes latérales qui n'atteignent pas le niveau des yeux, et un gros point au milieu du vertex. Les yeux sont gros et saillants, les antennes grêles, mais assez courtes.

Le corselet est en carré transversal, beaucoup plus large que long, arrondi en avant en dessous des angles, puis très faiblement arqué jusqu'à la base, dont les angles sont droits avec la pointe un peu saillante. La base est tronquée, mais elle paraît bisinuée parce qu'elle s'abaisse fortement en face des fossettes latérales qui sont obliques, linéaires, profondes; la marge est finement rebordée et ce rebord se prolonge le long de la base; les sillons transversaux sont peu profonds, surtout l'antérieur; le sillon longitudinal n'atteint pas le bord antérieur; la base est parsemée d'un très petit nombre de points, surtout près des angles. — Les élytres sont de moitié plus larges que le corselet, en ovale un peu allongé, arrondies aux épaules, faiblement sinuées avant l'extrémité; les stries sont profondes et simples, les intervalles presque plans; à la base du 6e intervalle on remarque ordinairement une tache ferrugineuse allongée qui s'étend un peu sur le 5e; une tache de même couleur et de même forme existe au quart inférieur de l'élytre sur les quatre premières intervalles, de manière à former une bande transversale raccourcie au bas des élytres. Le point dorsal est situé contre la 2e strie, au dessous du milieu de l'élytre; la série submarginale est interrompue au milieu. Le dessous du corps est à peu près lisse, sauf les épisternes qui sont faiblement ponctués.

Ubáque. 4 ind. trouvés sous des feuilles dans une plantation de cannes à sucre.

Cette espèce est certainement très voisine du *L. rufostigma* Bates; elle est plus grande, les cuisses sont couleur de poix, et elle porte une tache subhumérale.

Feronomorpha sculptilis (n. sp.): Long. 12, — El. 8, - Lat. 5 mill. *Atra, nitida, palpis, antennarum articulis 7 ultimis tarsisque rufis, Caput laeve, triangulare, inter oculos latius. postice attenuatum, collo angusto; inter antennas profunde foveolatum; oculi prominuli; palpi graciles. — Prothorax cordatus, ante basim abrupte angustatus, ad angulos sinuatus, hisce prominulis rectis, basi utrinque profunde foveolata. Elytra oblonga, postice minus lata, humeris latis maxime rotundatis, ante apicem profunde sinuata, striae profundae, grosse punctatae, striola praescutellari nulla; interstitia convexa, punctis dorsalibus nullis.*

L'espèce avec laquelle celle-ci peut le mieux être comparée est la *F. cordicollis* Dej.

La *F. sculptilis* est un peu plus petite, plus étroite, plus convexe; les palpes sont plus grêles et plus allongés; les antennes moins épaisses; les yeux sont plus saillants et leur orbite postérieur est plus allongé; les fossettes entre les antennes sont plus profondes, surtout en arrière; le col est plus étroit et plus long. Le corselet est plus convexe, moins large en avant; les angles de la base sont plus grands, moins relevés; les élytres sont plus larges à la base où elles sont beaucoup plus largement arrondies aux épaules; les côtés sont plus droits; la sinuosité de l'extrémité est beaucoup plus marquée; leur surface n'est nullement aplanie; les stries sont plus profondes, celles des côtés ne sont pas plus faibles; toutes portent des points plus gros et plus réguliers; le rebord marginal est plus étroit.

San Carlos. 1 ind. dans un tronc d'arbre pourri.

Perigona columbiana (n. sp.): Long. 3 ½ mill. Ce genre dont j'ai donné une monographie[*]), a été établi successivement sous des noms différents.

Perigona Cast. 1835.

Nestra Motsch. 1859.

---

[*]) Ann. Mus. Gen. IV. 218 et VII. 727.

Spathinus Nietner. 1858.
Trechicus Le conte. 1853.

Les espèces américaines semblent ne pas être moins nombreuses que celles de l'autre hémisphère. Outre les 2 espèces de la Caroline décrites par Le Conte, on en connait une du Mexique et j'en ai plusieurs du Brésil, toutes inédites. Celle que Mr. Steinheil a rapportée n'est probablement la seule de Colombie. Elle a la tête noire, lisse, les yeux saillants; les antennes sont courtes, moniliformes à partir du 4° article et grossissant vers l'extrémité. Le corselet est en carré transversal, faiblement rétréci en arrière, peu arqué sur les côtés; les angles postérieurs, bien marqués, sont très ouverts et relevés; les élytres, testacées comme le corselet et noires à l'extrémité, sont ovales oblongues, tronquées à la base avec les épaules obtuses, les côtés presque droits; l'extrémité est tronquée très obliquement; les stries, non ponctuées, sont à peine enfoncées et peu distinctes; on ne distingue d'ailleurs que les 2 ou 3 premières; les trois points dorsaux sont bien marqués.

Muzo. 1 ind.

Selenophorus cyaneus (n. sp.) : Long. 9. — El. 6. — Lat. 4 $^1/_4$ mill.

Nigro-cyaneus, elytris cyaneis, nitidissimis; palpis, antennis, tibiis tarsisque testaceis, labro ferrugineo. Prothorax transversim quadratus, lateribus arcuatus, antice emarginatus, basi in medio submarginata, angulis posticis obtusis, foveolis linearibus, arcuatis, haud punctulatis. Elytra brevia, ovata, apice angustiora ibique sinuata, convexa, striis subtilibus, punctulatis, apice et versus latera profundioribus, interstitiis planis; seriebus tribus foveolarum vix distinctis; humeris obtuse angulatis, striola praescutellari scutello duplo longiore. Prosternum apice marginatum; Scrobes mandibularum labrum haud attingentes. Tarsi postici elongati.

Copér.

Gynandropus brevis (n. sp.) : Long. 5. — El. 3 $^1/_2$. - - Lat. 2 $^1/_2$ mill.

C'est l'une des plus petites espèces; elle se rapproche assez du *G. mexicanus*; elle est d'un noir bronzé très brillant; les antennes sont plus courtes et entièrement testacées ; le corselet est plus court, plus large, beaucoup plus échancré au bord antérieur; les côtés sont un peu plus arrondis, moins rétrécis vers la base dont les angles, qui sont droits, sont précédés d'une légère sinuosité; le milieu de la base est un peu échancré; les fossettes basales sont encore moins marquées, non ponctuées, mais un peu rugueuses; les élytres sont plus courtes, plus convexes, plus tronquées à la base, moins sinuées à l'extrémité; la strie préscutellaire est encore plus courte.

Ibagué. 1 ind.

Amblygnathus ruficollis (n. sp.): Long. 4 1/2. — El. 3. — Lat. 2 mill. *Rufus, elytris atro-irinis. Caput latum, collo brevissimo; oculi parum prominentes. Prothorax breviter transversus, postice angustatus, margine antico late emarginatus, angulis rotundatis, lateribus paulo ante medium oblique angustatis; angulis posticis obtusis; basi in medio emarginata ibique punctulata; foveolae basales lineares, breves, profundae. Elytra ovata, basi subtruncata, humeris rotundatis, apice sinuata, striae tenuissime punctulatae; striola praescutellari tenui, e basi striae secundae mergente; interstitiis 3°, 5° et 7° tri-rel quadripunctatis; serie foveolarum submarginali in medio late interrupta.*

Colombie orient. (Lindig) 2 ind.

Notiobia praeclara (n. sp.): Long. 14 1/2. — El. 8. — Lat. 5 1/2 mill. *Nitidissima. Capite prothoraceque aeneo-cyanescentibus, elytris aureocupreis, labro, mandibulis, antennarum basi pedibusque nigris; corpore subtus atro-cyanescente. Caput ovatum, postice haud angustatum, glabrum, inter antennas breviter ac profunde foveolatum; oculi parum prominuli. Prothorax breviter subrotundatus, basim versus angustatus, angulis rotundatis sed distinctis; margine laterali angusto, basi utrinque foveola lineari notata; sulco medio longitudinali utrinque abbreviato, impressionibus transversis vix perspicuis. Elytra oblonga, basi truncata, humeris obtuse angulatis, ante apicem sinuata, lateribus anguste marginatis, striis profundis, simplicibus, interstitiis convexiusculis, punctis dorsalibus nullis, serie foveolarum marginali punctis minoribus intermixta, striola praescutellari longa, recta.*

Prov. Cundinamarca. 2 ind.

J'ai reçu jadis ce bel insecte du Musée de Leyde, comme étant originaire de l'Amérique du nord. Cette indication est évidemment erronée.

Notiobia jucunda (n. sp.): Long. 14. — El. 8. — Lat. 6 mill. *Capite prothoraceque piceo-viridibus, elytris obscure cupreis, palpis testaceis, antennis testaceo piceoque intermixtis, pedibus piceis. Caput latum, breve, glabrum, inter oculos utrinque foveola triangulari instructum; antennae breves; oculi mediocriter prominuli. Prothorax capite latior, brevissime transversus, basim versus leviter angustatus, lateribus rotundatis, tenuiter marginatis, margine antico perparum emarginatus, angulis rotundatis; basi in medio subemarginata, angulis obtusis; foveolis basalibus parum profundis tenuissime punctulatis, sulco longitudinali abbreviato; impressionibus transversis, inferiore praesertim, profundis. Elytra lata, oblongo-ovata, anguste marginata, basi truncata, apice sinuata, striis tenuibus minute punctulatis, interstitiis planis, puncto dorsali postico ad striam secundam; serie marginali punctis minoribus interpositis.*

Ubáque. 8 ind. Plantationes de cannes à sucre.

Notiobia concolor (n. sp.): Long. 10. — El. 6. — Lat. 4 mill. *Supra viridis, subtus nigra, palpis, antennis pedibusque testaceis, femoribus saepius infuscatis. Caput breve, transversum, inter antennas utrinque oblique foveolatum, laeve. Labrum emarginatum; oculi prominentes. Prothorax capite latior, breviter transversus, basim versus angustatus, lateribus anticis minime rotundatus, antice emarginatus, angulis rotundatis; basi in medio emarginata, angulis obtusis, lateribus anguste marginatis. Elytra oblonga, ad humeros rotundata, in medio apiceque sinuata; striae tenues, interstitia plana, tertio puncto dorsali postico impresso.*

La couleur est ordinairement verte: elle est parfois cuivreuse ou même presque noire.

Fusagasugá. Manizales. La Mesa. Copér. Ocaña. 14 ind.

Notiobia similis (n. sp.): Même taille et même coloration que la *N. concolor*; les cuisses sont ordinairement testacées avec une tache obscure au genou. La différence essentielle consiste en ce que le corselet est moins rétréci en arrière; la région des angles est plus aplanie; ceux-ci sont presque droits et coupés nettement; ils sont précédés d'une légère sinuosité des côtés.

Ubáque. Manizales. 7 ind. dans les plantations de cannes à sucre.

Les *Notiobia jucunda, concolor* et *similis* sont depuis longtemps répandues dans les collections, mais elles n'ont point encore été décrites. Je leur ai maintenu les noms sous lesquels elles sont connues.

Notiobia transversicollis (n sp.) : Même taille et même coloration que la *N. columbiana*, mais corselet plus court, plus carré à peine un peu rétréci vers la base; les côtés moins arrondis; les élytres ont leurs angles huméraux plus relevés.

Paramo del Cruz verde. 6 ind. Sous des pierres.

Notiobia aeneola (n. sp.): Long. 6. — El. 3 1/4. — Lat. 2 1/3 mill. Beaucoup plus petite et surtout plus courte que la *N. colombiana*. D'un bronzé clair; la base des antennes, l'extrémité des cuisses et des tibias ainsi que les tarses sont testacés; le corselet est plus court, plus large, plus arrondi dans sa moitié antérieure, moins rétréci en arrière; les élytres sont striées de même, les points sont plus distincts, la strie préscutellaire est encore plus courte et réduite à un simple trait qui a à peine la moitié de la longueur de l'écusson.

Barranquilla. 1 ind.

Notiobia dubia (n. sp.): Long. 5 1/2. — El. 3. — Lat. 2 mill. Voisine de l'*aeneola*: d'un noir bronzé légèrement irisé; pattes entièrement testacées; corselet plus allongé, plus étroit, faiblement rétréci vers la base dont les angles sont saillants et précédés d'une légère sinuosité. Le bord antérieur et la base sont tronqués, cette dernière n'est un peu échancrée que tout-à-fait au milieu; les fossettes basales sont beaucoup plus profondes, linéaires; toute la base est parsemée de quelques gros points; les élytres sont plus étroites, profondément striées; les stries sont finement ponctuées; les intervalles sont un peu convexes; on remarque un gros point sur le 3°, contre la 2° strie, vers le milieu de l'élytre.

Barranquilla. 1 ind. ♀.

Les *N. columbiana, transversicollis, aeneola* et *dubia* n'appartiennent qu'imparfaitement au genre *Notiobia*: le labre est tronqué, nullement émarginé; le dernier article des palpes est beaucoup plus acuminé; les tarses sont glabres en dessus, non parsemés de poils; la strie préscutellaire est très courte, oblique; sauf chez la dernière, les élytres ne portent pas de points dorsaux.

Notiobia longipennis (n. sp.): Long. 11. — El. 7. — Lat. 4 mill. *Opaca, picea, lateribus et apicem versus dilutior; prothoracis elytrorumque margine, palpis, antennis, tibiis tarsisque testaceis. Caput latum, convexum, laeve, inter antennas foveola parva obliqua. Labrum truncatum. Oculi parum prominuli. Prothorax transversus, antice rotundatus, postice*

paulo angustatus, margine antico late emarginato, angulis haud prominulis
obtusis; basi ad foveolas minutas rotundatas sinuata; anguli obtusissimi,
sulco marginali usque ad medium angusto, dein ad foveolas basales porrecto,
spatio angulari haud convexo elevato; impressiones transversae profundae.
Elytra prothorace parum latiora, elongata, humeris angulatis leviter
rotundata, ultra medium ampliora, ante apicem sat profunde emarginata,
subtiliter punctato-striata, interstitiis planis, 3° ante apicem foveola una
impresso; foveolarum serie submarginali continua. Corpus subtus laeve,
nitidum.

Entre Tapias et Las Cruces. 1 ind. ♀.
Il est probable que le ♂ est moins terne que la ♀.

Bradycellus celeripes (n. sp.): Long. 4 ½. — El. 2 ½. — Lat. 1 ½
mill. *Niger, subaenescens, antennarum basi, palporum apice pedibusque rufescentibus. Caput postice haud angustatum, glabrum, inter antennas angulatim oblique foveolatum. Oculi parum prominuli. — Prothorax transversim subglobosus, postice leviter angustatus, convexus, margine antico
emarginato, angulis obtusis, lateribus deflexis, antice rotundatis, postice
arcuatis, ante angulos haud sinuatis, his subrotundatis, foveolis basalibus
vix impressis, parce punctulatis; impressionibus transversis laevibus;
margine laterali tenui. Elytra prothorace dimidio latiora, oblongo-ovata,
apice haud sinuata, sulco basali humeros versus ascendente; striae tenues,
externae minus impressae, interstitia plana, interstitio 3° ad striam secundam
ultra medium unipunctulato; striola praescutellari brevissima; foveolarum serie
externa in medio late interrupta.

Bogotá. Abondant sous les pierres.

Bradycellus suturiger (n. sp.): Long. 3. — El. 2. — Lat. 1 ⅓ mill.
*Elongatus, piceus, capite, prothoracis basi apiceque, elytrorum basi sutura-
que rufis, palpis, antennarum articulo primo pedibusque testaceis. Caput
glabrum, inter antennas oblique foveolatum. Oculi prominuli. Prothorax
capite paulo latior, quadratus, basim versus paulo angustatus; lateribus
anticis parum arcuatis, postice fere rectis, ante angulos subsinuatis; margine antico truncato, basi bisinuata ante angulos acute rectos elevata; foveolis
basalibus latis, sat profundis, obliquis, grosse punctulatis; impressionibus
transversis, postica maxime, perspicuis; sulco longitudinali antice tantum
abbreviato; prothoracis margine laterali angusto. - Elytra oblongo-ovata,
humeris elevatis rotundatis, apice haud sinuata; striae profundae, impunc-

tatae; striola praescutellari nulla: interstitio 3⁰, infra medium ad striam secundum, unipunctato: serie foveolarum submarginali in medio late interrupta.

L'aspect de cette espèce est bien différent de celui du *B. celeripes*: il rappelle un peu certains *Acupalpus*, p. ex. le *meridianus*.

Barranquilla, au bord du Magdalena. 1 ind. — Il se trouve aussi à Paramaribo.

Bradycellus apicalis (n. sp.): Long. 2 1/2. — El. 1 1/2. — Lat. 1 mill.
Piceus, nitidus, prothorace castaneo, palpis, antennarum basi pedibusque pallide testaceis, sutura apice rufa.

Il diffère du précédent par ses dimensions moindres, son corselet plus court, proportionnellement plus large, plus nettement sinué sur les côtés au dessus des angles de la base; les trois premières stries dorsales sont complètes, les autres pour la plupart ne sont distinctes qu'à l'extrémité. Le devant et la base du corselet, la base des élytres et le derrière de la tête, sont parfois d'un brun clair chez les individus mûrs.

Ubáque. 4 ind. Sous des feuilles en décomposition.

Notaphus basiplagiatus (n. sp.): Long. 5. — El. 3. — Lat. 2 mill.
Obscure aeneus, antennarum basi, elytrorum basi maculisque apicalibus, pluribus indeterminatis rufo-testaceis.

La description des espèces de ce groupe n'est possible que par la comparaison avec une espèce bien connue. Je vais donc indiquer les différences entre celle-ci et le *N. varius* Ol.

Le reflet est moins vert et plus cuivreux; le premièr article des antennes est seul testacé; les sillons frontaux divergent un peu plus en arrière; les yeux sont moins grands et moins enchâssés postérieurement; le corselet est plus étroit, plus rétréci en avant, moins élargi au milieu des côtés; les angles antérieurs sont beaucoup plus rapprochés du col; les côtés sont moins brusquement rétrécis au dessus des angles postérieurs qui varient assez notablement pour la grandeur et la forme: leur extrémité est cependant toujours très tranchante. La surface est plus convexe; les deux fossettes de la base sont plus nettes, plus profondes et dépourvues de rugosités. Les élytres sont moins planes, plus courtes, un peu plus arrondies aux épaules, encore moins sinuées en arrière; les stries sont beaucoup plus fines, ce qui rend leur ponctuation plus distincte; la première seule atteint l'extrémité; la base interne des élytres porte deux taches d'un testacé rougeâtre; plus ou moins distinctes, plus ou moins étendues; à l'extrémité, on remarque deux taches semblables et parfois quelques autres plus petites au delà du milieu des élytres.

Bogotá. 9 ind.

Peryphus angulicollis (n. sp.): Long. 5 1/2. — El. 3 1/2. — Lat. 2 mill. *Niger, nitidus, antennarum articulo primo, femorum tibiarumque apice testaceis. Caput laevigatum, utrinque foveola irregulari impressum, usque ad mediam oculorum partem extensa. Prothorax antice rotundatus, post medium angustatus, angulis posticis maxime prominulis acutis, interne carinatis; utrinque basaeos foveola lata, profunda; basi laevi; impressionibus transversis, postica maxime, distinctis; sulco longitudinali basi abbreviato. Elytra ovata, in dorso planiuscula, humeris subrotundatis, apice angustata, vix subsinuata; striis profundis, apice obsoletissimis, profunde punctatis, interstitio 3º (ante et post medium) foveolis duabus notato, una ad striam tertiam altera ad striam secundam.*

Choachi. 5 ind.

Bembidium ovatum (n. sp.): Long. 2 1/2 mill. *Aeneo-piceum, parum nitidum, antennarum basi pedibusque testaceis. Antennae breviusculae, crassae; oculi lati at parum prominuli. Prothorax convexus, conicus, lateribus rotundatus, post medium fortiter nec abrupte angustatus, ante angulos posticos sinuatus, hisce parvis, rectis, prominentibus, intus breviter carinatis; basi truncata, utrinque ad angulos elevata; foveolae laterales oblongae ad angulos sitae; impressionibus transversis parum distinctis, sulco longitudinali utrinque abbreviato. Elytra ovata, basi apiceque angustiora, ad humeros attenuata, apice leviter sinuata; stria prima atque submarginalis tantum integrae, caeterarum vix ulla perspicua; puncti dorsales 2 (quandoque 3).*

Bogotá. (Paramo del Cruz Verde.) 4 ind.

La Vega. 1 ind.

Mr. Steinheil a rapporté 7 ou 8 espèces de Tachys (en tout 13). Ce genre, si riche dans l'Amérique centrale, exige un travail spécial. La description d'un petit nombre d'espèces, insuffisamment représentées, serait nécessairement très incomplète et préparerait, sans utilité, des embarras à celui qui entreprendra un jour un travail général.

Beschreibung neuer Arten von Heteromeren
als Nachtrag zu Monographien

von

Dr. Haag-Rutenberg.

1. *Himatismus.*
Deutsche Ent. Zeitschr. XXI. p. 273.

Himatismus quadraticollis (n. sp.): *Oblongo-ovalis, niger, opacus, pilis brunneis variegatus; antennis brevibus, oculis prominentibus; capite grosse punctato, linea media laevi; thorace longitudine duplo latiore, fere quadrato, angulis omnibus distinctis, ante basin impresso, rude confluenter punctato; elytris brevibus, latitudine non duplo longioribus, lineis nonnullis longitudinalibus brunneo-pilosis ornatis, interstitiis opacis, dense punctatis, maculatim brunneo-pilosis; subtus grisescens, disperse punctulatus.*
— Long. 10, lat. 4½ mill.

Letztes Glied der Maxillartaster normal; Fühler kurz, die Thoraxbasis nicht erreichend; drittes Glied fast doppelt so lang als das zweite; die folgenden Glieder nehmen immer an Breite zu, so dass Glied 9 und 10 doppelt so breit als lang sind, elftes Glied kleiner, vorn abgerundet. Kopf gross mit stark rundlich hervorgequollenen Augen, oben, so weit man es durch die dichte bräunliche Behaarung erkennen kann, kräftig punktirt mit einer schmalen glänzenden Mittellinie. Halsschild wohl doppelt so breit als lang, vorn und hinten fast gerade, annähernd ein Parallelogramm bildend, da die Verengung vom Vorder- nach dem Hinterrande nur ganz unbedeutend ist; Ecken sämmtlich scharf und fast rechtwinkelig; Oberseite vor dem Schildchen seicht eingedrückt, überall gleichmässig grob zusammenfliessend punktirt, die Seiten und 2 Längslinien einfarbig braun beschuppt. Flügeldecken in ihrer grössten Breite wiederum fast doppelt so breit als der Thorax, nicht ganz doppelt so lang als breit, von den vorstehenden Schultern aus nur wenig erweitert und dann langsam weit zugerundet, wenig gewölbt, mit 3 bis 4 sich theilweise verbindenden braun behaarten Längslinien, welche, wenn abgerieben, glänzend und weitaus weniger punktirt erscheinen wie die matten, stark und grob sculptirten

Zwischenräume, welche besonders auf der hinteren Hälfte einzelne kräftige braune Haarbüschelchen tragen, deren Grund ebenfalls, wenn abgerieben, glänzend erscheint. Unterseite greis behaart, mässig punktirt.

Die Art gehört zu der Gruppe mit breitem Halsschild und hervorgequollenen Augen *(ocularis, inconspectus m.)* unterscheidet sich aber von allen durch ihre Kleinheit und die kurzen Flügeldecken.

Chinchoxo (Guinea), Berliner Museumssammlung und die meinige.

Himatismus Haroldi (n. sp.): *Elongato-ovalis, niger, partim nitidus, pube ochracea variegatus; antennis brevibus, oculis convexis, capite dense grosse punctato, fronte medio laevi; thorace transverso, angulis omnibus fere rectis, rude confluenter punctato, ante basin semicirculariter impresso, flavo-variegato; elytris thorace duplo latioribus, pone humeros usque ad medium sensim ampliatis, obtuse carinatis, carinis praesertim internis sublaevibus, interstitiis externis opacis, grosse punctatis, maculatim flavovariegatis.* — Long. 16 —17, lat. 6 — 7 mill.

Drittes Glied der Maxillartaster schwach beilförmig, beim ♂ stärker, als bei dem ♀; Fühler kurz und dünn, beim ♂ die Basis des Thorax kaum, beim ♀ nicht erreichend; Augen stark rundlich nicht conisch vorstehend; Clypeus in der Mitte vorgezogen, Oberseite scheckig behaart, grob, theilweise zusammenfliessend punktirt, mit einem etwas länglichen glatten Flecken auf der Mitte. Thorax 1½ mal breiter als lang, an der Basis so weit, wie an der Spitze, vorn fast gerade mit fast rechtwinkeligen, aber kaum vorstehenden Ecken, hinten nach dem Schildchen leicht gerundet vorgezogen, grösste Breite etwas vor der Mitte; Oberseite grob zusammenfliessend punktirt, vor der Basis halbkreisförmig eingedrückt und in 4 unregelmässigen Streifen gelblich behaart. Flügeldecken an der Basis wohl doppelt so breit als der Thorax, von da an bis zur Mitte leicht erweitert und dann langsam nach der Spitze zu sich verengend, kaum gewölbt; neben dem kleinen, rundlichen, glatten Schildchen sind 2 und neben den Schultern gleichfalls 2 seichte Eindrücke sichtbar und über die Scheibe laufen einige sehr schwach erhabene Rippchen, welche sich theils verbinden, theils vor der Spitze verschwinden; sie sind gelblich behaart und da wo die Behaarung abgerieben ist, glänzend und wenig sculpirt; die äusseren Zwischenräume sind matt, dicht zusammenfliessend punktirt und zeigen kleine scharf abgegrenzte gelbe Fleckchen, gewöhnlich 2 hintereinander, welche aber auch öfter zusammenfliessen; da wo die Haare auf diesen Fleckchen abgerieben sind, zeigt sich ein nicht punktirter etwas erhöhter Raum. Der Prosternalfortsatz verengt sich nach hinten; Beine und Segmente sind gelblich behaart, auf letzteren am äusseren Theile die Härchen etwas zusammengedrängt. Männchen vor den Vorderhüften mit einem kleinen Wärzchen.

Die Art hat grosse Aehnlichkeit mit *buprestoides* Gerst., *ocularis* und *inconspectus* m.; von den beiden letzteren unterscheiden sie die rundlichen nicht conisch vorstehenden Augen, von ersterem das quadratischere Halsschild mit dem halbkreisförmigen Eindruck und die verschiedene Sculptur der Zwischenräume der Flügeldecken.

Chinchoxo (Guinea). Sammlung des Berliner Museums und die meinige.

Himatismus maxillosus (n. sp.): *Elongatus, brunneus, nitidus; capite magno, clypeo disperse, fronte densius oblongo-punctato; thorace transverso, convexo, lateribus fere aequaliter rotundatis, sat dense aequaliter punctato; elytris thorace paullo latioribus, latitudine duplo longioribus, punctato-striatis, interstitiis linea punctis obsoletissimis composita instructis; subtus dilutior, disperse punctatus.*

Mas differt: *Mandibulis porrectis, antice tri-vel quadridentatis, marginibusque posterioribus segmentorum abdominalium primo ad quartum medio fulvo-pilosis.* — Long. 10, lat. 4 mill.

Fühler schlank, die Basis des Thorax überragend; Glied 1 kräftig, 2 halb so gross wie 3, 4 bis 10 langsam an Länge abnehmend, 11 zugespitzt. Clypeus in eine kleine nach unten gebogene Spitze vorgezogen, durch einen undeutlichen halbkreisförmigen Eindruck von der Stirne getrennt, einzeln punktirt, der Eindruck an den Seiten stärker; Stirne ziemlich dicht mit länglichen etwas zusammenfliessenden Punkten bedeckt; Augenkiele stark, Augen etwas länglich Halsschild über ein einhalb mal so breit als lang, vorn gerade aber mit bemerkbaren Ecken, seitlich fast gleichmässig gerundet, hinten neben den rechtwinkeligen Ecken leicht ausgebuchtet, oben quergewölbt, ziemlich dicht gleichmässig stark punktirt, überall fein gerandet. Flügeldecken etwas breiter als der Thorax, doppelt so lang als breit, fast regelmässig punktirt gestreift, indem nur die Streifen neben der Naht und dem Aussenrand etwas in Unordnung stehen; Zwischenraum

mit einer Reihe von äusserst feinen kaum sichtbaren Punkten besetzt.
Beine und Unterseite sind heller braun und fein punktirt. Das
Exemplar, welches ich besitze, ist ein Männchen und zeigt stark
entwickelte nach vorn stehende Mandibeln. Die linke Mandibel ist
etwas kräftiger, ist innen ausgehöhlt und hat vorn 4 Zähne, von
denen die mittleren zangenförmig vorstehen, die rechte schwächere
Mandibel hat nur 3 Zähne. Ausserdem zeigt mein Exemplar in der
Mitte des Hinterrandes der 4 vorderen Hinterleibssegmente eine kurze
Reihe goldgelber Börstchen. Da ich kein ♀ besitze, kann ich nicht
entscheiden, ob diese eigenthümliche Bildung der Art oder dem Ge-
schlecht angehört; ich vermuthe das Letztere, obgleich eine derartige
männliche Auszeichnung in dem ganzen Genus vereinzelt dasteht.

Die Art hat grosse Aehnlichkeit in der Körperform mit *Kraatzi*
und *antilope m.*, unterscheidet sich aber durch die Form der Mandibeln.

Vom Orlog-River. Berliner Museumssammlung und die meinige.

2. *Eurychorides*.
Wiegm. Arch. f. Nat. 1875.

Peristeptus scutellaris (n. sp.): *Oblongo-ovalis, niger, nitidus;
thorace explanato, crenulato, antice profunde emarginato, supra transverse
impresso, ad basin pubescente; elytris ovatis thorace nonnihil latioribus,
disperse sat fortiter punctatis, parce pilosis, leviter convexis, ad basin
utrinque impressis; scutello depresso; parapleuris indistincte granulatis,
epipleuris punctatis.* — Long. 7 $1/2$, lat. 3 $1/2$ mill.

Kopf verwischt punktirt mit je einem starken Eindruck neben
dem Auge und einem kleineren auf der Stirne. Fühler kräftig,
Glied 3 so gross als 4 und 5 zusammengenommen. Thorax doppelt
so breit als lang, vorn tief viereckig ausgeschnitten, nach hinten
weniger als nach vorn verengt, seitlich verbreitert, leicht in die Höhe
gebogen, daselbst verwischt punktirt und crenulirt; Oberseite quer
eingedrückt, matt; Hinterrand fast gerade, mit gelber Pubescenz.
Flügeldecken in ihrer grössten Breite etwas breiter als das Halsschild,
länglich eiförmig, nicht parallel auf der vorderen Hälfte, wie bei den
übrigen Arten; Seitenrand scharf, schmal aufgebogen, glatt; Basis
beiderseits des tiefliegenden Scutellums eingedrückt, so dass rechts
und links neben demselben 2 deutliche Erhabenheiten erscheinen;
Oberseite leicht längsgewölbt, ziemlich dicht aber mässig stark punktirt

und einzeln mit länglichen gelben Haaren besetzt. Epipleuren einzeln punktirt, die Segmente etwas dichter; Beine schmächtig, gelblich behaart.

Die Art wurde mir von Herrn Chevrolat mit der wohl irrthümlichen Vaterlandsangabe Ostindien mitgetheilt; sie wird wohl auch aus dem südöstlichen Afrika stammen. Nächst dem *P. platessa* Gerst. ist sie die kleinste Art und unterscheidet sich von den übrigen durch die eiförmigen Flügeldecken und die Eindrücke an der Basis derselben.

Acestus similis (n. sp.): *Elongatus, niger, opacus, parce minutissime brunneo-setulosus; capite thoraceque inaequalibus, hoc lateribus parum explanatis, margine vix crenulato; elytris oblongo-ovalibus, sutura, margine, costisque duabus elevatis, subcrenulatis.* — Long. 5 1/2, lat. 3 mill.

Die Art hat ungemeine Aehnlichkeit mit *Geophanus confusus* Fahr. und dem *Acestus elongatus* m. Von ersterem unterscheidet sie die Fühlerbildung, denn Glied 3 ist so lang als 4 und 5 zusammengenommen, während bei *Geophanus* das dritte Glied klein ist; von *A. elongatus* eine Reihe kleinerer Merkmale, die hier folgen. Bei letzterem ist der Clypeus und der Thorax an der Spitze tief ausgeschnitten, letzterer ist seitlich stark verbreitert und etwas in die Höhe gebogen, der Eindruck auf der Scheibe verengt sich nach vorne und zeigt auf seiner Mitte noch eine kleine von Leistchen begrenzte Rinne, die Flügeldecken sind mehr parallel und verengen sich erst am letzten Viertel, die beiden Rippen endlich auf der Seite der Flügeldecken sind sehr scharf. Bei *similis* ist sowohl Clypeus wie Thoraxvorderrand geringer ausgeschnitten, die Vorderecken des Halsschildes sind deutlicher, der Seitenrand desselben kaum verbreitert und nicht aufgebogen, der Eindruck auf demselben undeutlicher, nach vorn sich nicht verengend und in der Mitte kaum eine Rinne zeigend, die Flügeldecken sind mehr länglich eiförmig und die Rippen weniger stark erhaben. Ausserdem ist der ganze Käfer etwas kleiner und die Sculptur ist rauher, indem die Zwischenräume der Punkte Neigung zeigen, sich zu erhöhen; auch zeigen die Partien zwischen Rücken- und Randrippe noch einige Andeutungen von kleinen Längsleistchen.

Mit *Ac. lanuginosus* ist diese Art wegen der langen Behaarung des ersteren nicht zu verwechseln.

Orlog-Rivier. Meine Sammlung.

Adelostoma curtum (n. sp.): *Oblongo-oratum, nigrum, opacum, granulatum, parce pilosum; capite ad oculos impresso; thorace longitudine latiore, angulis anticis productis, medio triangulariter impresso, grosse granulato; elytris thorace latioribus, brevibus, subdepressis, dense regulariter foveolatis, interstitiis alternis subelevatis; pedibus brevibus, nigro-piceis, segmentis dense strigilatis.* — Long. 3, lat. 1 mill.

Die kleinste mir bekannte Art, noch kleiner wie *pygmaeum* und ausgezeichnet durch die Bildung der Thoraxeindrücke und die kurze Beborstung. Fühler sehr kurz und kräftig; die einzelnen Glieder breit, halbmondförmig, ineinandersitzend, das letzte gross, viereckig, bräunlich. Kopf verhältnissmässig kleiner, wie bei den anderen Arten, ohne Kiel auf dem Clypeus, aber mit 2 tiefen Eindrücken, die längs der Augen nach dem Vorderrand zulaufen. Halsschild etwas breiter als lang, vorn ausgeschnitten, die Vorderecken vorgezogen, der Seitenrand leicht crenulirt, die Hinterecken kaum bemerkbar, der Hinterrand fast gerade. Die Oberseite ist dicht grubig punktirt und von der Mitte des Vorderrandes läuft eine vertiefte Linie nach der Basis zu und verbreitert sich auf der Scheibe zu einem dreieckigen Eindruck, dessen Basis nach dem Vorderrande zu gerichtet ist; ausserdem bemerkt man noch beiderseits dieser Vertiefung undeutliche Eindrücke und eine kleine Einschnürung am Vorderrande. Flügeldecken etwas breiter als der Thorax, kurz, nur ein- und einhalbmal so lang, als breit, bis zum letzten Dritttheil parallel und dann gleichmässig zugerundet; oben wenig gewölbt, die Gegend um das Schildchen leicht vertieft. Die Sculptur besteht aus dicht aneinander stehenden kräftigen in Reihen stehenden Grübchen mit leicht erhöhten abwechselnden Zwischenräumen. Unterleibssegmente dicht gestrichelt.

Der ganze Käfer ist mattschwarz und theilweise, besonders auf Kopf und Thorax, mit mikroskopisch kleinen schmutzigen kurzen Börstchen besetzt.

Vaterland mir unbekannt, wahrscheinlich aus dem mittleren oder südöstlichen Afrika. Bates'sche Sammlung.

3. *Cryptochile.*
Berliner Ent. Zeitschr. XVI. p. 273.

Cryptochile inflata (n. sp.): *Subrotundata, nigra, parce pilosa squamulisque cinereis dense tecta; capite granulato, thorace lato, dense oblongo-ruguloso, elytris rotundatis, longitudine latioribus, tricostatis, costa prima abbreviata, marginali duplici, intus tuberculis inordinatis; interstitiis cinereo-squamulatis, parce granulatis, maculis parvis fuscis ornatis; epipleuris apicem versus granulatis, segmentis grosse punctatis, non squamulatis; tibiis anticis triangulariter dilatatis.* — Long. 8½, lat. 7 mill.

Fühler schlank; drittes Glied fast länger als 4 und 5 zusammengenommen; Kopf ziemlich dicht, rundlich granulirt; Halsschild doppelt so breit als lang, nach vorn gleichmässig nicht sehr stark verengt, an der Spitze etwas eingeschnürt, Vorderecken abgerundet, dicht längsrunzelig, vor dem Schildchen und an den Seiten leicht weiss beschuppt. Flügeldecken kurz und breit, hinten steil abfallend, Schultern nicht vorstehend, breiteste Stelle hinter der Mitte und von da rasch nach der Spitze zugerundet; Naht schwach, zwei nicht ganz durchlaufende etwas gewellte Rippen scharf erhaben; zwischen 1. Rippe und Naht lauft eine schwächere sowohl unterbrochene als beiderseits abgekürzte Längserhabenheit, die als 3. Rippe angesehen werden kann; der Aussenrand ist scharf, doppelt, oben in unregelmässige Körnchen aufgelöst; die Zwischenräume sind dicht grau beschuppt, theilweise mit langen braunen Haaren besetzt und sehr einzeln granulirt, hin und wieder auch mit kleinen braunen Haarfleckchen, besonders längs der zweiten Rippe geziert. Die Epipleuren sind dicht grau beschuppt, vorn glatt, in der Mitte einzeln und gegen die Spitze zu dicht glänzend granulirt. Vorderbrust vorgezogen mit den Parapleuren und der Mittelbrust längsgerunzelt. Segmente nicht beschuppt, ziemlich dicht punktirt. Beine kräftig, einzeln grau beschuppt, an der Innenseite zerstreut längshaarig, grob runzelig sculptirt. Vorderschienen ausnahmsweise scharfkantig dreieckig, — was sonst die gewöhnliche Bildung nicht ist (vgl. Haag. Monogr. p. 275.) — Stacheln stark, bräunlich.

Diese interessante Art, welche zwischen *minuta* und *assimilis* zu stellen ist, zeichnet sich durch ihre kurze breite Gestalt, die dritte kleine Rippe und die Bildung der Vorderschienen aus.

Vom Cap. Meine Sammlung.

Die *Cryptochile decorata* Sol., welche mir bis jetzt unbekannt geblieben war, vgl. Haag. Mon. p. 303, erhielt ich in letzterer Zeit mit einer Anzahl Heteromeren vom Cap. Sie stimmt vollkommen mit der

Solier'schen Beschreibung. Sie ist 9 mill. lang und 6 1/2 breit, hat eine etwas birnförmige Gestalt, ein mässig breites, stark trapezförmiges Halsschild und ausser der Naht und der doppelten in Körnchen aufgelösten Randrippe nur eine scharfe in der hinteren Hälfte aus Tuberkeln bestehende Leiste. Der ganze Käfer ist dicht braungelb beschuppt, so dass eine Sculptur nicht zu erkennen ist, doch sieht man auf dem Thorax einzelne borstentragende Körnchen und einzelne dunkelbraune Haarbüschelchen. Die Zwischenräume der Flügeldecken zeigen neben Naht und Rippen unregelmässige Reihen von Börstchen, welche einen unsculptirten Zwischenraum übrig lassen, der hin und wieder mit kleinen dunkelbraunen Büschelchen geziert ist. Die Epipleuron sind, wie die ganze Unterseite, sehr dicht lehmgelb beschuppt und einzeln schwarz tuberkulirt, die Segmente grob punktirt. Die Beine sind einzeln kurz schwarz behaart. Es ist dies die einzige Art, welche nur eine Rückenleiste aufweist.

Horatoma irregularis (n. sp.): *Ovalis, nigra, squamulis griseo fuscis tecta; capite disperse oblongo-rugoso; thorace apice vix contracto, margine antico elevato, dilute brunneo, supra dense striatulo; elytris thorace multo latioribus, subdepressis, lineis plurimis leviter elevatis, interstitiis interdum oblongo-tuberculatis, sparsim obscure brunneo-pilosis.* — Long. 5 1/2, lat. 4 mill.

Fühler und Taster dunkelbraun; die ersteren zart und fein, die 2 letzten Glieder etwas kräftiger. Kopf klein, Clypeus leicht ausgeschnitten, Oberseite mit einzelnen Längsrunzeln. Halsschild ein und halbmal so breit als lang, seitlich fast parallel, vom letzten Viertel an nach vorne verengt, an der Basis gerade, an der Spitze stark eingeschnürt, so dass der bräunliche Vorderrand hoch in die Höhe steht; Oberseite sehr dicht gestrichelt mit weiss beschuppten Hinterecken und Andeutungen einer ebenso beschuppten Mittellinie. Flügeldecken kurz, etwas länger als breit, seitlich wenig gerundet, hinten steil abfallend, oben etwas niedergedrückt mit etwas vorgezogener Spitze. Jede einzelne zeigt 5 feine crenulirte Rippen — und eine doppelte hinten divergirende Randleiste; die Zwischenräume scheinen matt, unsculptirt, dicht graugelb beschuppt mit einzelnen kleinen erhabenen länglichen Leistchen, besonders in 2, 4 und 6; ausserdem sieht man noch hin und wieder, besonders am Rande, einzelne längere bräunliche Haare. Epipleuren grau beschuppt, unregelmässig gekörnt.

Diese kleine Art, die sich durch das nicht vorgezogene Prosternum und die wenig verdickten Endglieder der Fühler als *Horatoma* charakterisirt, hat im Halsschild grosse Aehnlichkeit mit einigen Cryptochilenarten, z. B. *minuta* oder *affinis*. Sie unterscheidet sich aber von diesen durch die 5 Rückenleisten, welche bei keiner ächten Cryptochileart vorkommen. Von *Horatoma parvula* Sol. unterscheidet sie hauptsächlich das viel schmälere Halsschild.

Vom Cap. Ich kaufte seiner Zeit diese Art mit der Fetting'schen Sammlung.

Pachynotelus lineatus (n sp.): *Elongato-ovalis, nigro-brunneus, subtus dilutiore, capite disperse, thorace dense oblongo-rugulosis, hoc longitudine vix longiore, lateribus albido-squamosis; elytris thorace latioribus, deplanatis, subparallelis, lateribus marginatis, humeris productis; supra lineis quinque elevatis, tuberculatis, tertia quintaque post medium quartam includentibus; interstitiis dense albido-squamulatis, interdum irregulariter tuberculatis, praesertim versus basin et marginem, ad apicem sparsim flavopilosis; epipleuris irregulariter lineatim tuberculatis; subtus totus squamulis albidis dense tectus, tibiis tarsisque flavo-pilosis*. — Long. 8, lat. 4 mill.

Mundtheile und Fühler bräunlich, an letzteren fehlen die beiden letzten Glieder. Kopf klein, dunkel, nicht sehr dicht mit länglichen Runzeln bedeckt, seitlich weiss beschuppt. Thorax etwas breiter als lang, seitlich fast gleichmässig gerundet, mit abgesetztem körnigem Seitenrande, vorn gerade, tief eingeschnürt mit aufgebogenem Vorderrande, hinten gerade; Oberseite etwas gewölbt, dicht längsrunzelig, die Einschnürung und ein kleiner Fleck hinter derselben glatt, der Seitenrand, sowie ein unregelmässiger Fleck vor dem Schildchen und dieses selbst dicht weiss beschuppt. Flügeldecken über dreimal so lang als der Thorax, seitlich nur ganz leicht gerundet, breiter als der Thorax, oben niedergedrückt, hinten ziemlich steil abfallend, seitlich gekörnt, gerandet mit schräg nach abwärts fallenden Epipleuren; Schultern den Thorax umfassend. Die Oberseite zeigt 5 feine gekörnte Rippchen, von welchen sich das dritte mit dem fünften hinter der Mitte verbindet und das vierte eingeschlossen erscheint. Die Zwischenräume sind, besonders am Rande, an der Naht und der Basis theilweise unregelmässig gekörnt und hauptsächlich nach hinten zu dicht weiss beschuppt, so dass 5 weisse Linien, von denen die dritte und vierte sich hinter der Mitte verbinden, deutlich hervortreten. Die Epipleuren sind an ihrem unteren Rande weisslich beschuppt und zeigen 3 Körnerreihen und einzelne unregelmässige Punkte. Die ganze Unterseite nebst den Beinen ist etwas heller braun und dicht grau beschuppt; die Parapleuren sind einzeln gekörnt. Beine schlank, Schienenstacheln sehr gross, hellbraun, Vorderschienen mit starkem Eck und 3 scharfen Randzähnen, Schienen und Tarsen ziemlich lang gelblich behaart, Hinterschienen an der Spitze leicht angeschwollen aber nicht gekrümmt.

Diese neue Art der äusserst seltenen Gattung *Pachynotelus* hat grosse Aehnlichkeit mit *albostriatus m.*, ist aber kleiner und anders sculptirt. Ich fand sie in der Bates'schen Sammlung ohne Angabe des Vaterlandes; vermuthlich ist sie aus dem Innern Süd-Afrika's.

Epipagus luridus (n. sp.): *Ovatus, niger, indumento griseo dense tectus; capite parvo, granulato; thorace transverso, versus apicem aequaliter fortiter contracto, granulato; elytris breviter ovalibus, subglobosis, singulo in dorso costis quinque vix elevatis, granulatis; interstitiis granulis oblongis perpaucis instructis, margine indistincto, granulato; pedibus robustis, flavopilosis, tibiis anticis 4 dentatis, tarsis omnibus perparvis.* — Long. 9, lat. 6 mill.

Fühler sehr fein und kurz, die Mitte des Halsschildes kaum erreichend; Kopf klein, Clypeus vorn ausgeschnitten, von der Stirne durch einen Eindruck getrennt; Halsschild über doppelt so breit als lang, von der Basis nach der Spitze stark gleichmässig verengt, mit bemerkbaren Hinter- aber kaum angedeuteten Vorderecken, hinten neben dem Schildchen leicht geschwungen, seitlich von den leicht gewölbten Parapleuren nur schwach geschieden. Flügeldecken an der Basis kaum breiter als der Thorax, von da stark gleichmässig verbreitert, so dass sie mit dem Halsschild ein kurzes Eirund bilden. Oberseite gewölbt mit leicht erhabener Naht, wenig angedeutetem gekörntem Rande und 5—6 äusserst fein granulirten Längsleistchen. In den Zwischenräumen stehen einzelne längliche schwarze Erhabenheiten und neben dem Schildchen und an der Basis des dritten Leistchens noch einzelne kleine rundliche Tuberkeln. Der ganze Käfer ist mit

Ausnahme der Erhabenheiten auf den Flügeldecken mit einem staubgrauen Ueberzug dicht bedeckt, so dass eine Sculptur nicht zu erkennen ist, doch sieht man, dass Kopf und Thorax leicht sind und die Epipleuren der Flügeldecken einzeln granulirt sind. Die ganze Unterseite ist gleichfalls dicht weissgrau beschuppt und einzeln grau behaart. Die Beine sind sehr stark und kräftig, die Tarsen aber unverhältnissmässig klein; Vorderschienen mit einem starken Eck und 3 kleineren Randzähnen.

Diese kleine zweite Art der Gattung unterscheidet sich von *benguelensis* durch ihre dichte Beschuppung, das kurze Halsschild, die etwas gewölbteren Flügeldecken und die schwachen Tarsen.

Benguela. Meine Sammlung.

4. *Adesmiides*.
Beiheft zur Deutsch. Ent. Zeitschr. 1875.

Adesmia physosternoides (n. sp.): *Ovata, nigra, nitida; antennis tibiisque obscure brunnescentibus; capite thoraceque vix punctulatis; hoc antice late emarginato, undique marginato, pone oculos subexciso ibique flavociliato; elytris tuberculatis.* — Long. 15, lat. 9 mill.

Zur Unterabtheilung *Physosterna* gehörig und der gemeinen Art *ovata* F. nahestehend, aber durch länglichere Form, längeres Halsschild und Flügeldeckensculptur unter anderem verschieden. Kopf wie bei *ovata* geformt, kaum punktirt. Halsschild ungefähr doppelt so breit als lang (bei *ovata* fast 3mal so breit), überall gerandet, an der Spitze breiter, wie an der Basis; grösste Breite etwas hinter der Mitte, nach der Basis stärker verengt, als nach der Spitze; vorn flach ausgeschnitten (weitaus flacher wie bei *ovata*), hinter den Augen mit einer kleinen Ausbuchtung und daselbst goldgelb behaart; an der Basis weit zugerundet; oben fein punktirt. Flügeldecken an der Basis kaum breiter als der Thorax, sonst bis zur Mitte erweitert, so dass Flügeldecken und Thorax zusammen ein längliches Eirund bilden. Oberseite sehr dicht mit kleinen nach hinten gerichteten spitzen Tuberkeln bedeckt und zwischen diesen mit kleinen spitzigen Körnchen. Am Schildchen wird diese Sculptur etwas schwächer und nach der Spitze zu stehen die Tuberkeln zwar kräftig aber vereinzelter. Epipleuren matt mit verschwommen eingedrückten Punkten und Spuren von 2 Tuberkelreihen. Segmente gestrichelt. Beine kräftig, wie die Fühler dunkel schwarzbraun, nur zerstreut mit eingedrückten Punkten bedeckt; Hinterschenkel die Flügeldeckenspitze überragend.

Vom Cap. Ich kaufte diese Art unter obigem Namen mit der Murray'schen Sammlung.

Adesmia (Macropoda) forcicollis (n. sp.): Subovalis, nigra; fronte rude rugulosa, ad oculos late impressa, medio triangulariter elevata, subnitida; thorace longitudine duplo latiore, angulis anticis productis, ad basin utrinque transverse inciso, supra rude punctato, plagulis duabus lateribus impressis. Elytris rotundatis, subdepressis, tuberculis conicis dense obsitis; epipleuris punctis magnis impressis, interstitiis subelevatis; pedibus mediocribus. — Long. 17, lat. 10 mill.

Fühler kurz, kräftig, die Basis des Halsschildes knapp erreichend. Kopf gross, vorn kaum ausgerandet, mit starken Augenkielen und breit vertiefter grob längsrunzeliger Stirne, auf deren Mitte eine kleine dreieckige etwas glänzende Erhöhung sich abzeichnet. Thorax über doppelt so breit, als lang, vorn weit ausgeschnitten, mit vorgezogenen Vorderecken, seitlich gerandet, aber nur schwach gleichmässig gerundet, die Mitte der Basis etwas ausgerandet; Oberseite mit groben grubenartigen Punkten dicht bedeckt, längs der Basis, besonders an den Seiten eingeschnürt, beiderseits der Mitte mit einem glatten eingedrückten Flecken und neben diesem nach dem Rande zu mit einer undeutlichen Falte versehen; Parapleuren matt, kaum sculptirt. Flügeldecken fast kreisrund, oben niedergedrückt, hinten steil abfallend, überall dicht und gleichmässig mit Höckern bedeckt, die auf der vorderen Hälfte etwas abgeplattet sind, nach hinten zu aber immer mehr conisch werden; am abschüssigen hinteren Theil der Decken stehen sie einzelner und zeigen in den Zwischenräumen noch kleine glänzende Erhabenheiten. Die Epipleuren sind breit, mit grossen flachen Punkten bedeckt, deren Zwischenräume die Neigung zeigen, kleine Höckerchen zu bilden. Beine kräftig, überall, besonders aber die Schienen mit kleinen spitzigen länglichen Tuberkeln besetzt, welche sich nach der Basis der Schenkel zu in kleine eingestochene Punkte auflösen. Vorderbrust vor den Hüften einzeln punktirt, zwischen denselben lang herzförmig mit einer Längsfurche; Segmente fast glatt, die ersteren an der Basis längsgefältelt.

Diese Art unterscheidet sich von allen anderen der Untergattung

Macropoda (siehe Haag, Deutsch. Ent. Zeit. XIX. 1875. Heft VII. p. 5 u. f.) in erster Linie durch die gleichmässige Tuberculirung der Flügeldecken, so dass keine hervorstehenden Rippen oder Tuberkelreihen, wie bei *variolaris*, *Boyeri* etc. zu Tage treten und dann durch die eigenthümlichen Eindrücke des Halsschildes.

Ich erhielt sie aus dem Berliner Museum durch Herrn v. Harold als von Zanzibar stammend.

Stenocara albicollis (n. sp.): *Breviter ovata, nigra, subnitida, obscure aenescens, parce albido-squamosa; capite inaequali, rude punctato, pilis argenteis dense tecto; thorace transverso, lateribus parum rotundatis, antice profunde exciso, medio transversim impresso, lateribus argenteosquamosis, rude confluenter punctato; elytris globosis, sutura vix, margine duabusque costis in singulo, post medium connexis, alte elevatis, spiculosis; interstitiis transversim undulatis, serieque una spiculorum minorum instructis; pedibus longissimis, dilutioribus, parce punctatis.* — Long. 7, lat. 5 1/2 mill.

Fühler dünn und fein, die Basis des Thorax erreichend. Kopf klein, tief in das Halsschild eingesenkt, so dass der Vorderrand der Augen nur schmal sichtbar ist; Clypeus kurz, vorn gerade, Oberlippe und die kräftigen Mandibeln freilassend; Stirne durch einige Längseindrücke uneben, grob zusammenfliessend punktirt, dicht seidenartig glänzend weiss behaart. Thorax doppelt so breit als lang, vorn etwas vorgezogen und erhaben, seitlich fast parallel, vorne tief winklig ausgeschnitten, hinten in der Mitte vorgezogen, das Schildchen fast verdeckend, oben quer eingedrückt, seitlich durch einige undeutliche Eindrücke leicht uneben, dicht grubenartig zusammenfliessend punktirt und auf den Seiten mit silberglänzenden Härchen dicht bedeckt, welche 2 unter einander verbundene Streifen bilden. Flügeldecken breiter als der Thorax, nicht viel länger als breit, etwas kugelig mit leicht vorgezogener Spitze. Naht leicht erhaben, Rand aber und 2 sich hinter der Mitte verbindende Rippchen hoch hervorstehend und mit kräftigen nach rückwärts gerichteten Spitzchen besetzt. Zwischenräume durch dicht liegende Querwellen verbunden mit einer Reihe kleiner Stacheln. Parapleuren und Unterseite nadelrissig sculptirt, mit einzelnen silberglänzenden Börstchen; Epipleuren dicht zusammenfliessend punktirt. Beine sehr lang, dunkel bräunlich, zerstreut punktirt.

Diese zierliche durch ihr silberbeschupptes Halsschild leicht kenntliche Art gehört in die Gruppe von *serrata* und *gibbipennis*, erstere hat aber 3 Rippen auf den Flügeldecken und letztere ein ganz anders gebildetes Halsschild. Die Art führt in den Sammlungen auch den Namen *impressicollis* Boh.

Vom N'Gami. Meine Sammlung.

Stenocara brevicollis (n. sp.): *Breviter ovata, globosa, nigra, subnitida; capite disperse punctato, inter oculos impresso, fronte laevi; thorace transverso, longitudine fere triplo latiore, disperse punctato, basi sub-biimpresso; elytris rotundatis, globosis, subseriatim dense tuberculatis, parapleuris punctatis, epipleuris tuberculatis, segmentis strigilatis.* — Long. 12, lat. 9 mill.

Fühler dünn, kaum die Basis des Halsschildes erreichend; 3. Glied fast länger, als 4. bis 6. zusammengenommen; Clypeus leicht ausgerandet, Kopf zwischen den Augen etwas eingedrückt, weitläufig ziemlich grob punktirt; Stirne glatt. Thorax fast 3mal so breit als lang, vorn tief ausgeschnitten, Vorderecken vorgezogen, etwas abgerundet, Seiten gleichmässig gerundet, scharf gerandet, Oberfläche zerstreut, unregelmässig aber kräftig punktirt, beiderseits des Schildchens mit einem Eindruck an der Basis. Flügeldecken kurz kuglig gewölbt, hinten stark abfallend, Spitze etwas vorgezogen, Oberfläche von den Epipleuren nur undeutlich getrennt, wie diese überall mit kleinen nach hinten zu spitzig werdenden unregelmässig in Reihen gestellten Granulationen dicht bedeckt, glänzend. Parapleuren matt, einzeln grob punktirt; Segmente bis auf das letzte kräftig längsgestrichelt; Beine lang und dünn, Schienen mit leichtem bräunlichen Anfluge.

Die Art hat Aehnlichkeit mit *longipes* F., ist aber in den Flügeldecken viel gewölbter, hat ein weitaus breiteres, punktirtes Halsschild, unregelmässigere, kleinere aber dichter gestellte Granulationen, vor allem aber ist sie ausgezeichnet — auch von allen anderen Arten — dadurch, dass die Epipleuren nur undeutlich von der Oberfläche getrennt sind und dieselbe Sculptur wie diese zeigen.

Süd-Afrika, Orlog Rivier. Meine Sammlung.

5. Pimeliides.
Beiheft zur Deutsch. Ent. Zeitschr. 1875.

Gedeon Borrei (n. sp.): *Elongatum, nigrum, nitidum; capite magno, disperse punctato; thorace transverso, versus basin contracto, ad latera granulato, in disco subtilissime punctato; elytris dense minutissime aequaliter tuberculatis, singulo tribus carinis vix elevatis, versus apicem evidentioribus, tuberculatis, instructis.* — Long. 22, lat. 13 mill.

Von der Körperform des bekannten *Gedeon arabicum* Ol., aber noch einmal so gross, mit flacheren Flügeldecken, weniger herzförmigem Thorax und durchaus tuberkulirten Flügeldecken.

3. Fühlerglied grösser als 4 und 5 zusammengenommen; Kopf sehr gross, überall fein punktirt; Thorax 2 1/2 mal so breit als lang, vorn weit ausgeschnitten mit wenig bemerkbaren Ecken, hinten fast gerade mit abgerundeten Ecken; seitlich mit der grössten Breite etwas vor der Mitte, nach hinten zu stärker verengt als nach vorn; Seiten bis ungefähr auf ein Drittheil der Oberfläche stark gekörnt, Scheibe einzeln punktirt. Flügeldecken nicht viel breiter als der Thorax, nicht walzenförmig wie bei *arabicum*, sondern etwas niedergedrückt, überall gleichmässig dicht granulirt mit 3 etwas deutlicheren Tuberkelreihen, die nach hinten zu einige kräftigere Höckerchen zeigen; der abschüssige Theil der Decken zeigt ausserdem noch einige bräunliche längere Haare. Epipleuren vorn vereinzelt, hinten dicht gekörnt. Unterseite gelblich behaart, zerstreut gekörnt, Beine glänzend, sehr dicht granulirt.

*) Mesopotamien. Aus der Bates'schen Sammlung.

Diese interessante Pimeliidengattung besteht somit nur aus vier Arten, nämlich ausser den beiden erwähnten noch aus *G. persicum* Baudi (Deutsch. Ent. Zeitsch. 1875) und *G. abyssinicum* Haag (Kraatz. Ent. Monatsbl. p. 75).

6. Molurides.
Coleopt. Hefte. VII. VIII. IX.

Psammodes Steinheili (n. sp.): *Elongatus, niger, subnitidus; thorace longitudine non latiore, antice late emarginato; angulis productis, lateribus aequaliter rotundatis, versus basin magis constrictis, ad basin*

---

*) Herrn Preudhomme de Borre, dem verdienstvollen Custoden der Entomologischen Abtheilung des Brüsseler Museums gewidmet.

fortiter transverse impresso, supra convexo, aequaliter punctulato, lateribus rugulosis; elytris thorace paullum latioribus, ovalibus, minutissime granulatis, pone humeros usque ad apicem densius; pedibus subrobustis, tibiis subtiliter flavopilosis. — Long. 19, lat. 10 $^1/_2$ mill.

Kopf einzeln punktirt, Clypeus klein, kaum sichtbar von der Stirne getrennt. Thorax wohl so lang als breit, seitlich mässig, aber ziemlich gleichmässig gerundet, mit der grössten Breite etwas vor der Mitte; Vorderrand weit ausgeschnitten mit deutlich vorgezogenen Vorderecken; Hinterrand fast gerade, Ecken abgerundet; Oberfläche gewölbt, längs der Basis tief quer eingedrückt und daselbst fein gerandet; Scheibe gleichmässig ziemlich dicht aber wenig stark punktirt, Seiten auf fast 2 mill. Breite grob körnig gerunzelt. Schildchen dicht fein granulirt. Flügeldecken gleichmässig lang eiförmig, ohne Schultern, hinten nicht steil abfallend, fein gerandet; Oberseite mit kleinen Körnchen besetzt, welche am Rande und hinter den Schultern viel dichter stehen, als gegen die Naht zu. Prosternalfortsatz umgebogen, längsvertieft, grob sculptirt; Segmente fein punktirt, 1. bis 3. beim ♂ mit einem ovalen rostfarbenen Toment bedeckt; Beine ziemlich kräftig, der eine Stachel der Vorderschienen auffallend stark und gebogen, mehr wie bei den verwandten Arten, erstes Glied der Hintertarsen länger als das letzte; Schienen mit rostfarbenen Börstchen bedeckt.

Die Art wäre zwischen *spinosus* und *Heydeni* zu stellen, ersterer hat aber 2 grosse Spitzen am Prosternalfortsatz, letzterer ein ganz anders gebildetes Halsschild. Die schmale Gestalt des Thorax mit seinem Quereindruck an der Basis unterscheidet sie überhaupt von allen verwandten Arten.

Herrn Eduard Steinheil gewidmet, der durch seine schönen zahlreichen entomologischen Entdeckungen in Columbien die Wissenschaft bereichert hat.

Capland. Bloemfontaine. Meine Sammlung.

Trachynotus intermedius (n. sp.): *Oblongo-ovatus, niger, opacus, subtiliter ochraceo-tomentosus; fronte impressa; capite thoraceque minutissime punctulatis, hoc subangulato-dilatato; elytris convexis, subtile aciculato-punctatis, sutura costisque duabus, prima abbreviata, in singulo elevatis.* — Long. 15, lat. 8 mill.

Diese Art gehört in die Gruppe von *terricola*, *griseus* und *setulosus* (Haag. Mon. Col. Hfte. XI. p. 82). In der Körperform gleicht sie ihnen ungemein und es genügt desshalb, die Unterschiede hervorzuheben. *Setulosus* und *griseus* zeigen nur eine Rippe über die Scheibe, *terricola* deren 2 und noch einige Rudimente zwischen der 2. Rippe und Rand. Bei den beiden ersten läuft die eine Rippe nicht ganz über die Mitte der Scheibe, sondern etwas mehr nach der Naht zu, bei *intermedius* steht die 2. Rippe genau in der Mitte und die erste Rippe, die zwischen dieser und der Naht steht, ist genau so stark als die 2. und läuft bis ungefähr $2/3$ der Länge der Flügeldecken. *Terricola* und *setulosus* sind auf dem Thorax dicht körnig punktirt, *griseus* nur einfach fein punktirt, *intermedius* mit feinen Härchen wohl dicht besetzt, aber fast ohne sichtbare Punktirung. Die Sculptur der Flügeldecken von *intermedius* hat am meisten Aehnlichkeit mit derjenigen von *setulosus*, d. h. man sieht feine eingestochene Punkte mit Härchen, bei letzteren ist aber der Seitenrand der Flügeldecken ebenso wie bei *griseus* durch kräftig eingestochene Punkte abgetrennt, wovon bei *intermedius* keine Spur zu bemerken ist.

Natal. Meine Sammlung.

Trachynotus Hoffmanni (n. sp.): *Elongatus, niger, obscure aeneomicans, parce pilosus; capite thoraceque minutissime diffuse granulatis, hoc subcordiformi, ad basin transverse impresso; elytris oblongo-ovalibus, sutura, duabusque costis in disco confluentibus alte elevatis, altera costa abbreviata minore.* — Long. 13, lat. 6 $1/2$ mill.

Kopf gross, undeutlich runzelig punktirt; Clypeus durch eine Furche von der Stirne getrennt; Augen mässig gross, fast rund. Thorax etwas breiter als lang, seitlich etwas winklig verbreitert, mit der grössten Breite vor der Mitte; Vorderrand kaum ausgeschnitten mit undeutlichen Ecken, Hinterrand fast gerade mit stumpfen aber deutlichen Ecken; Seitenrand von oben sichtbar, nach hinten etwas mehr verengt als nach vorn; Oberfläche quer gewölbt, an der Spitze leicht an der Basis stark quereingedrückt, dicht und fein körnig gerunzelt, an den Seiten etwas mehr. Schildchen glatt, glänzend. Flügeldecken eiförmig, mit der grössten Breite in der Mitte, wenig gewölbt. Scharf messerartig erhöht sind die Naht und 2 Rippen zwischen Schultern und Naht, die sich am letzten Drittheil vereinigen und noch ein kleines Stück als eine einzige Rippe fortlaufen; ausserdem ist noch zwischen der 2. Rippe und Rand eine nach vorn und hinten abgekürzte kleinere wenig erhabene Leiste zu bemerken. Die Zwischenräume zeigen keine Sculptur, sind aber hin und wieder, ebenso wie Kopf und Thorax, mit schmutzigen Börstchen bedeckt. Ob bei frischen Exemplaren dieser Ueberzug stärker ist, kann ich nicht entscheiden, glaube es aber. Unterseite und Beine dünn weissbehaart, letztere zart und schlank.

Die Art gehört in die Gruppe von *similis*, *Chevrolati* u. s. f. und ist neben letztere zu stellen. Sculptur des Thorax und der vollkommen glatten Zwischenräume der Flügeldecken unterscheiden sie von allen Verwandten.

Cap. Mir vom Hrn. Dr. Hoffmann, dem Vorstande des Stuttgarter Museums mitgetheilt, dem ich mir erlaube diese Art zu widmen.

Trachynotus variegatus (n. sp.): *Oblongus, niger, opacus, totus pube ochracea dense tectus partimque variegatus, epipleuris pedibusque ferrugineis; capite thoraceque vix punctatis, hoc transverso, regulariter dilatato; elytris thorace parum latioribus, oblongo-ovalis, parum convexis, sutura tribusque costis in singulo, media elevatiore, obsitis.* — Long. 14, lat. 6½ mill.

Kopf gross, bis auf den von der Stirne abgesetzten Clypeus, der einzeln punktirt ist, kaum sculptirt, hin und wieder, besonders auf dem Scheitel, mit kleinen ockergelben Börstchen besetzt. Thorax fast doppelt so breit als lang, seitlich dreieckig vorgezogen und nach hinten und vorne gleichmässig verengt, Vorderrand gerade, Hinterrand mit etwas vorgezogenen Ecken; Oberseite matt, scheinbar ohne Sculptur, mit schwarzen und gelben Härchen dicht scheckig bedeckt. Flügeldecken etwas breiter als der Thorax, lang eiförmig, wenig gewölbt, Seitenrand schmal abgesetzt, Naht und 3 Leisten, von denen die mittlere durchlaufende die stärkere ist, mässig erhaben. Die ganze Oberfläche ist dicht schmutziggelb und theilweise schwärzlich behaart, die 1. und 3. Rippe ist ockergelb mit schwarz abwechselnd beschuppt, eine Sculptur aber unter dem dichten Haarkleide nicht zu erkennen. Vorder- und Mittelbrust fein greis behaart, Segmente glänzend, fast glatt. Die Epipleuren der Decken, an deren unterem Rand ein gelblicher Haarstreifen hinzieht, und die Beine bräunlich; die Fühler fehlen bei meinem Exemplare.

Diese hübsche Art, die wegen ihrer Behaarung mit keiner andern zu verwechseln ist, ist in die Nähe von *acuminatus* Schh. zu stellen, welcher eine ähnliche Rippenbildung zeigt, aber in Form des Halsschildes und Behaarung gänzlich davon abweicht.

Ich kaufte diese Art mit einem Theil der Murray'schen Sammlung, als von Natal stammend.

Eine Bemerkung zu T. Thorell's „On European Spiders" 1869—70.

Von **F. Karsch**,

Dr. phil., Assistent am zoolog. Museum in Berlin.

Wer sich wissenschaftlich mit der araneologischen Formenlehre beschäftigte, wird nach 1869 die Bemerkung gemacht haben, dass Thorell's „On European Spiders" das unentbehrlichste Buch von allen ist. Die grössten Autoren haben diese Bemerkung gemacht, indem sie theils die Resultate jener Untersuchungen stillschweigend in ihren Schriften praktisch verwertheten, theils dieselben öffentlich anerkannten, und auf ihnen nach ihren Principien weiterbaueten, ohne die immensen Verdienste eines beneidenswerthen Fleisses, wie es namentlich in Deutschland Mode geworden zu sein scheint, geradezu todtzuschweigen.

Aber wie nichts in der Welt vollkommen ist, so scheint vorzugsweise das bedeutendste mit den störendsten kleinen Schwächen behaftet sein zu müssen, — Schwächen, welche von selbst mit der Zeit ihre Commentatoren finden und das Verdienst der grossen genialen That nicht in den Schatten zu stellen vermögen. Von diesem Gesichtspunkte aus möge es mir nach dem Vorgange N. Westring's*) erlaubt sein, auch meinerseits eine Bemerkung zu machen und dadurch zur Beseitigung eines durch Thorell's Arbeit veranlassten, gewissermassen sanctionirten, sehr störenden Fehlers der Consequenz aus der araneologischen Nomenclatur Veranlassung zu geben.

Thorell gründete auf das von Audouin 1825—27 aufgestellte Genus *Enyo* seine Familie *Enyoidae*, ohne zu berücksichtigen, dass der Name *Enyo* bereits 1816 von Hübner (Verz. Schmetterlinge 132, 133) an eine Lepidopterengattung vergeben war. Auch in der mir vorliegenden Ausgabe der Description de l'Egypte vom Jahre 1809. T. I datirt die Vorrede der 4. Partie, welche p, 99—186 die Arachniden enthält, vom 1. November 1825 und behandelt das Genus *Enyo* Aud. auf p. 135—136. Dass nun aber der früher von Hübner aufgenommene Gattungsname in neuerer Zeit nicht etwa fallen gelassen wurde, beweist sein wiederholtes Vorkommen z. B. in Hübner's Zuträge zur Sammlung exotischer Schmetterlinge. Augsburg, 1825, p. 40, 298; in Walker's List of the Spec. of Lepid. Ins. of Br. Mus. 1856, p. 112—113, 119; bei Brackenridge-Clemens: Journ. Acad. Nat. Sciences, July, 1859 (North American. Sphingidae), p. 139; in Herrich-Schäffer's: Schmetterlinge der Insel Cuba etc. Sep.-Abdr Corresp.-Blatt zool. mineral. Vereins Regensburg, 1864—65, p. 21, IV.

Somit muss *Enyo* für die araneologische Nomenclatur nach den Grundsätzen Thorell's unerbittlich fallen und durch einen andern ersetzt werden; da nun aber alle Synonyma, wie: *Lucia* C. Koch, *Clotho* Walck., *Argus* Walck., ebenfalls schon anderweitig vergeben sind, so bliebe nichts übrig, als einen neuen zu machen, wenn nicht ein kleiner Irrthum Thorell's uns hier zu Gute käme. Thorell hatte nämlich nur ein weibliches Exemplar der besprochenen Thiergattung vor Augen, das er für *Enyo graeca* C. Koch hielt, und von diesem stellt er das Genus *Zodarium* (Walck. 1847) her mit der Definition l. c. p. 107, 1: Series oculorum anticorum procurva, im

---

*) N. Westring, Bemerkungen über die arachnologischen Abhandlungen von Dr. T. Thorell, etc. aus den Abhandlungen der K. wissenschaftlichen und literarischen Gesellschaft in Gothenburg, Heft XIV, 1874, 68 pg.

Gegensatze zu *Enyo* Sav. im engeren Sinne, l. c. p. 107, 2: Series oculorum anticorum sub-recta.

Simon, welcher eine Menge hierhergehöriger Formen gesehen und viele neu beschrieben hat, sagt nun in den Mémoires de la Société Royale des Sciences de Liège, 2. sér. t. V, 1873, p. 55: „Le genre *Zodarium*, maintenu par M. Thorell, repose sur une erreur d'observation, que ce savant auteur eût corrigée s'il avait vu les espèces qu'il cite comme type d'après Walckenaer et C. Koch; en effet toutes les *Enyo* ont la ligne antérieure des yeux droite ou presque droite."

Simon, beging nun, indem ja *Zodarium* und *Enyo* ihrem richtigen Begriffe nach sich decken, seinerseits den Fehler, statt *Enyo* Aud.: *Zodarium* Walck. fallen zu lassen, während doch mit einer einfachen Umtaufung der Begriffe der ganze Irrthum berichtigt gewesen wäre. Es muss also das, was Thorell unter *Enyo* verstand, nämlich: Series oculorum sub-recta in Zukunft *Zodarium* heissen und es kann dann nach diesem Genus die ganze Familie füglich *Zodarioidae* benannt werden.

Da der Gebrauch des Namens *Enyo* oder *Enyoidae* bei allen neuen Autoren, welche den Gegenstand behandelten[*]), unbeanstandet Aufnahme gefunden hat, so glaubte Verfasser im Interesse der Consequenz diese Bemerkung nicht länger unterdrücken zu dürfen, zumal jene Autoren im Uebrigen die Principien Thorell's unbedingt anerkennen.

---

[*]) Z. B. Cambridge: Proc zool. Soc. Lond. 1872, p. 270; — Simon, Mém. Soc. Roy. Sc. Liège 1873, p. 55; Arachn. de France, I, 1874, p. 241. Otto Hermann, Ungarn's Spinnenfauna, Budapest, 1876, p. 99; — Kronenberg, in Fedtschenko's Reise in Turkestan, 1875, p. 12 (russisch). — L. Koch, Arachn. Austral. VII. 1872, p. 296 und Abhandl. naturhist. Ges. Nürnberg, 1877, VI, p. 143; — Butler, Cistula entomologica, Pars XII, London, 1875, May, p. 353. — Brongniart, Ann. Soc. ent. Fr., 1877, p. 223.

Nouveau Genre d'Hétéromères

par

M. A. Chevrolat.

Ischyomius. Character generis: Corpus elongatum, planum, apice emarginatum bidentatum. Caput latum, apice rotundatum, transversim posticeque sulcatum. Clypeus angustus transversalis. Labrum subquadratum emarginatum, mandibulae latae, planae, arcuatae, acutae. Ultimo articulo palporum maxillarum elongato acuminato. Oculi laterales rotundati. Antennae submoniliformes, undecim-articulatae, prothorace aequilongae, articulo tertio longiore, 4° paululum breviore, ultimo ovali. Prothorax subquadratus, planus, lateribus reflexis, postice paululum attenuatis, angulis quatuor rectis, acutis. Scutellum rotundatum. Elytra basi truncata, ad apicem sensim attenuata, subparallela, in angulo marginis spinosa, intus emarginata. Pedes breves, femoribus modice incrassatis, planiusculis, tibiis rectis, tarsis coarctatis latis, primo articulo posticorum longo, conico. Coxae oblongae. Abdomen quinque segmentis subaequalibus, ultimo dimidio longiore.

Prope G. *Acropteron.*

I. singularis: Flavus vel piceus, supra crebre fortiterque punctatus; oculis nigris, prothorace ad basin extus profunde foveato; corpore infra pedibusque flavo-pallidis.

Long. $7^1/_2$—$9^1/_2$, lat. $2^1/_2$—3 mill. Nova Granada: Honda, Bogotá.

Diagnosen
neuer Coleopteren aus dem innern Afrika.
Von E. v. Harold.

Meiner Bearbeitung der von den Herren Pogge und Hohmeyer im inneren Guinea, insbesondere bei Kabebe, gesammelten Coleopteren, welche für die Verhandlungen der Leopoldina Carolina in Aussicht genommen ist, schicke ich heute, da die Beigabe von Tafeln voraussichtlich noch einige Zeit in Anspruch nehmen wird, nachstehende Diagnosen voraus.

1. *Cicindela Poggei:* Opaca, nigra, capite thoracoque interdum subcupreis, scutello medio albo-piloso, elytris plaga utriusque ante medium transverso-obliqua maculaque minore marginali ante apicem albis; labio nigro, margine lineaque media flavis. — Long. 26 mill. Proxima accedit *C. rufomarginata*, quae autem signaturis elytrorum differt.

2. *Cicindela muata:* Parallela, opaca, supra nigra, elytris vitta angusta laterali, longe ante apicem ramo obliquo instructa, vitta suturali antice nonnihil latiore striolaque utrinque basali flavis. — Long. 16 mill. Proximae accedunt *C. lugubris, cincta* et *Deyrollei*.

3. *Anthia calida:* Nigra, subdepressa, thoracis margine laterali elytrorumque limbo albido-pubescentibus, capite thoraceque fortiter rugoso-punctatis, hoc in ♂ angulis posticis dentato-productis, elytris postice truncatis, interstitiis leviter convexis. — Long. 32—36 mill. Proxima accedit *A. maxillosa*, quae statura convexa elytrisque non truncatis omnino diversa.

4. *Anthia crudelis:* Nigra, thorace laevi, medio linea longitudinali impressa, elytris elongato-ovalibus, limbo marginali flavo-pubescente, punctato-striatis, interstitiis modice convexis, apice et ad latera tantum punctis raris adspersis. — Long. 40—50 mill. Proxima fere accedit *A. Fornasinii*, quae thorace rude punctato diversa.

5. *Graphipterus laticollis:* Niger, capite vitta utrinque flavo-pubescente, thorace brevi, transverso, lateribus medio angulato-rotundatis, ochraceo-pubescente, vitta media alteraque breviore laterali denudatis, elytris fusco-pubescentibus, sutura late nigro-tomentosa, margine vittisque tribus, interna nonnihil latiore, albido-pubescentibus. — Long. 17—21 mill. Proximus fere accedit *G. vittatus*, at thorace lateribus non angulatis omnino discrepans.

6. *Eudema muata:* Nigrum, thorace orbiculari, elytris ovalibus, utriusque maculis duabus aurantiacis, una transversa pone basin, altera ante apicem. — Long. 19 mill. Proximum accedit *E. pretiosum*, thorace latiore maculaque a basi elytrorum magis remota diversum.

7. *Tefflus muata:* Niger, thorace valde rugoso, lateribus medio angulato-rotundatis, postice valde angustatis, angulis posticis rectis. — Long. 36—37 mill. Species propter angulos posticos thoracis rectos omnino distincta.

8. *Cybister semirugosus:* Sat convexus, piceus, thoracis margine laterali, epipleuris cum pectoris lateribus pedibusque piceo-rufis, elytris antice laevibus, postice transversim dense subtiliter rugulatis. — Long. 37 mill.

9. *Tinotarsus Poggei:* Ater, subnitidus, thorace dense punctulato, ad latera striolato, elytris fortius et dense subrugose punctatis, stria humerali et dorsalibus septem extus carinatis, interioribus antice abbreviatis, stria suturali antice abbreviata; prosterno antice lobato-producto, lobo medio emarginato, mesosterno margine antico subrotundato, integro. — Long. 11.5 mill.

10. *Nigidius perforatus:* Piceus, nitidus, thorace ad latera fortiter punctato, medio laevi, longitudinaliter foveato, ad angulos anticos profunde foveolato-exciso, angulo posteriore spinose porrecto, elytrorum interstitiis subtilissime et vix perspicue punctulatis. — Long. 20 mill. Proximi accedunt *N. grandis* et *cribricollis*.

11. *Nigidius laevigatus:* Piceus, subcylindricus, genis extus non sinuatis, thorace medio longitudinaliter foveato, laevissimo, ad latera tantum parce punctulato, angulis anticis integris, elytris sulcatis, sulcis obsolete punctatis, interstitiis laevibus. — Long. 17 mill.

12. *Passalus duplicatus:* Deplanatus, antennarum capitulo triarticulato, clypei margine quinquedentato, thorace lateribus fortiter punctato, metasterno medio punctato, elytris in striis serie punctorum duplici, tibiis intermediis denticulis duobus approximatis. — Long. 26 mill.

13. *Scarabaeus paganus:* Sat convexus, viridis, thorace dense rugose punctato, medio linea laevigata, margine laterali postice non crenato, elytris subopacis, interstitiis punctis magnis parum profundis sat dense et subseriatim adspersis, carina marginali integra. — Long. 38 mill.

14. *Heliocopris Samson:* Statura *H. Pirmal*, capite lateribus postice ante oculos non angulatis, subparallelis, vertice medio carina transversa elevata, thorace rugoso, dorso elevato utrinque dentato, medio lobo brevi tridentato, angulis anticis valde spinosis, elytris intra marginem et carinam lateralem iterum carinatis. ♂. — Long. 55 mill.

15. *Catharsius dux:* Ater, parum nitidus, capite antice rotundato, fronte carina transversa breviter tridentata, thorace aequaliter dense granulato, ante medium carina transversa, elytris coriaceis, subtiliter striatis. ♀. — Long. 38—40 mill.

16. *Catharsius peregrinus:* Piceus, nitidus, dorso subdeplanatus, clypeo obtuse bidentato, vertice breviter cornuto, thorace lato, disco laevi, antice obtuse bituberculato, elytris laevibus, subtiliter striatis, tibiis anticis tridentatis, margine omnino integro. — Long. 25 mill.

17. *Onthophagus extensus:* Viridi-metallicus, elytris badiis, dense punctulatis, interstitiis 3 et 5 distincte altioribus, antennis rufotestaceis. Mas: Cornu frontali longissimo, leviter recurvo, thorace antice utrinque pone angulos laminato-dentato. — Long. 12—13 mill. Proximus accedit *O. lanista*.

18. *Rhopaea pruinosa:* Fusca, supra pruinosa, thorace punctato, margine laterali crenulato, elytris obsolete bicostatis, pilis squamiformibus parvis et raris irregulariter adspersis, pectore flavo-pubescente, abdomine nudo, punctato. — Long. 26 mill.

19. *Camenta Westermanni:* Nitida, rufo-picea vel castanea, capite transversim tricarinato, labio profunde emarginato, thorace dense punctulato, linea longitudinali impressa, elytris dense punctatis, sub-

rugulosis, non striatis, antennis in ♂ 7-, in ♀ 6-lamellatis. — Long. 20 mill.

20. *Cyclomera rugipennis:* Elongato-oblonga, castanea, thoracis basi fulvo-ciliata, corpore subtus longe flavo-setoso, abdomine nudiusculo, clypeo rotundato, concavo, a fronte rugose punctata carina diviso, elytris rugulosis, vix striatis, antennis 10-articulatis, clava trifoliata, tibiis posticis crassis, carina acuta transversa, tarsis, praecipue intermediis, elongatis. — Long. 30 mill.

21. *Anomala interna:* Rufo-testacea, capite antice, thorace postice elytrisque late ad suturam et ad marginem apicalem rufopiceis, pedibus testaceis, tibiis tarsisque piceis. — Long. 17 mill.

22. *Popillia princeps:* Omnino aurato-viridis, tarsis cyaneonigris, elytris stria suturali alteraque discoidali geminata exceptis sat irregulariter punctatis, pygidio basi utrinque macula alba. — Long. 16—19 mill.

23. *Popillia serena:* Viridis, elytris sat regulariter striatopunctatis, pygidio basi albo-bimaculato, tarsis aeneo-nigris. — Long. 13 mill.

24. *Phileurus Poggei:* Convexus, subcylindricus, fronte tuberculis duobus parvulis, thorace margine antice medio tuberculato, dorso antice impresso et usque ad basin fere sulcato, elytris striato-punctatis, tibiis anticis quadridentatis, posticis carinis tribus transversis. — Long. 28—30 mill.

25. *Fornasinius peregrinus:* Piceus, thorace elytrisque fuscorufescentibus, illo lateribus anguste albomarginato, his seriatim maculis parvis numerosis albis ornatis, scutello lateribus sulcatis albomarginatis, baseos latitudine longitudine aequali, tibiis anticis in utroque sexu tridentatis. Mas: Clypeo cornu e lateribus subcompresso, apice dilatato et tridentato, postice basi in verticem transeunte. — Long. 50 mill. Proximus accedit *F. (Goliathinus* Westw.*) insignis* Bert., at scutello angustiore et clypei cornu denticulo tertio medio deficiente imprimis diversus.

26. *Tmesorrhina Barthi:* Prasina, e latere visa griseo-coerulescens, clypeo emarginato. Mas: Tibiis anticis bidentatis, femoribus

posticis valde incrassatis, margine superiore arcuato. Fem.: Tibiis anticis tridentatis. — Long. 30—33 mill. Proxima accedit *T. concolor*, femoribus in ♂ multo gracilioribus sicut et colore omnino diversa.

27. *Heterorrhina mutica:* Laete viridis, elytris plus minusve testaceo-auratis, subtiliter punctato-striatis, pedibus omnino viridibus, clypei margine reflexo rotundato, medio non lobato. — Long. 20—22 mill. Proxima accedit *H. africana*, at clypei margine medio breviter lobato-producto diversa.

28. *Heterorrhina picturata:* Oblongo-quadrata, capite antice fusco-rufo, postice piceo, thorace rufo-testaceo, medio rufo et nigro-trivittato, elytris testaceis, plaga suturali, apice, macula humerali alteraque apicali rufo-piceis, pedibus, processu mesosterni marginibusque segmentorum abdominalium rufis. — Long. 18 mill.

29. *Heterorrhina subaenea:* Capite piceo vel rufo-piceo, thorace leviter virescente, ferrugineo, margine laterali vittisque duabus interdum confluentibus piceis, scutello laevi, aeneo-piceo, elytris flavis, vage punctatis, sutura, macula humerali apiceque piceis, pygidio rufo, corpore subtus rufo-castaneo, nigro-variegato, tibiis tarsisque piceis. Capite tibiisque anticis in utroque sexu muticis. — Long. 20—24 mill. Simulat *H. umbonatam*, at capite latiore et clypeo truncato inter alia valde diversa.

30. *Oxythyrea cognata:* Opaca, capite ferrugineo, viridi-aeneo suffuso, thorace testaceo, maculis duabus discoidalibus et anticis duabus, medio longitudinaliter divisis, viridibus, elytris viridibus, parce albo-guttatis, gutta alba callo apicali apposita. — Long. 10 mill. Simillima *O. lunatae*, thoracis maculis medio separatis guttaque ad collum apicalem discedens.

31. *Cetonia frontalis:* Corpore subtus cum pedibus testaceo, supra ut in *C. sinuata*, cui simillima, fuscoplagiata, clypei lateribus et fascia transversa verticali testaceis imprimis dignoscenda. — Long. 32—36 mill.

32. *Cetonia Poggei:* Opaca, fusco-nigra, thoracis margine laterali anguste elytrisque rufotestaceis, his plaga magna postmediana

discoidali fusca, antice oblique usque ad scutellum producta. — Long.
23 mill.

33. *Goniochilus:* n. g. corpore supra longitudinaliter sulcato, mandibulis parte externa cornea elongata, filiformi, interna membranacea, maxillis mala externa cornea, apice brevissime dentata, penicillata; mesosterno inter coxas angustissimo; juxta gen. *Hoplostomus.*

33. *G. ruficentris:* Niger, nitidus, thorace elytrisque interdum vitta piceo-rufa, subtus niger, abdomine et pygidio fusco-rufis; elytris juxta suturam late profunde sulcatis. — Long. 21—22 mill.

34. *Goniochilus bicolor:* Capite nigro, thorace rufo-testaceo, anguste nigro-limbato, scutello elytrisque rufo-testaceis, his sutura limboque laterali, apice latius, nigris, corpore subtus cum pedibus omnino nigro. — Long. 21 mill. Etsi omnino aliter coloratus, praecedentis forsan tantum varietas.

35. *Sternocera Iris:* Capite thoracequo nigro-aeneis, hoc minus dense inaequaliter punctato, elytris obscure viridi-vel aurato-aeneis, vittis tribus purpurascentibus, duabus anticis valde obliquis et ad suturam confluentibus, tertia laterali ante apicem. — Long. 30—40 mill. Species colore insignis.

36. *Sternocera morio:* Nigra, subaenescens, capite thoraceque parce albido-pilosis, elytris foveis utrinque duabus basalibus parum profundis vittulaque postica marginali albido-pubescentibus. — Long. 34 mill. Proximae accedunt *St. luctifera* et *funebris.*

37. *Chrysaspis cuneata:* Supra aenea, subtus aurato-cuprea, thorace dorso deplanato, denso punctato, lateribus ante angulos posticos vix sinuatis, mesosterno plano denso punctato. — Long. 50 mill.

38. *Steraspis calida:* Supra viridis, elytris purpureo-limbatis, thoracis vitta media margineque laterali cyaneis, subtus coeruleo-viridis, abdomine dense et fortiter punctato, longius parum dense villoso. — Long. 35—38 mill. Proxima accedit *St. ambigua* Boh.

39. *Psiloptera cylindrica:* Elongata, subcylindrica, fusco-aenea, thorace absque areis laevibus, elytris punctato-striatis, interstitiis

planiusculis, 3, 5, 7 et 9 punctis acervatis obsitis, reliquis parce subseriatim punctatis. — Long. 29 - 31 mill. Proxima accedit *P. rugulosa*.

40. *Psiloptera erosa:* Obscure aenea, thorace rude punctato, areis duabus dorsalibus et antico-lateralibus minus distinctis laevibus, elytris sat dense punctatis et leviter subelevato-tessellatis, margine laterali sub humeros scabroso. — Long. 29 mill. Proxima *Ps. suspecta*, at diversa colore metallico, thorace lateraliter foveato.

41. *Psiloptera inaula:* Aenea, elytris viridi-aeneis, subcyanescentibus et leviter inauratis, thorace rugoso, lateribus postice rectis, elytris fortiter punctato-striatis, interstitiis planis, punctatis, lateralibus rugulosis, corpore subtus cum pedibus purpureo. — Long. 27 mill. Proximae accedunt *Ps. limbalis* et *piperata*.

42. *Chrysodema fugax:* Elongata, subaurato-viridiaenea, subtus laetius viridiaenea, elytris valde punctato-striatis, interstitiis leviter convexis, quinto apicem versus altiore, ibidem cum opposito conjuncto, margine laterali postice denticulato. — Long. 26 mill. Proxima accedit *Ch. chrysochlora*.

43. *Belionota citticollis:* Elongata, depressa, capite thoracoque aeneis, hoc medio vitta cyanea, elytris aeneo-virescentibus, e latere visis subcupreis, corpore subtus aeneo, tarsis, segmentis abdominalibus margine ultimoque apice cyaneis. — Long. 30 mill. Proxima accedit *B. chrysotis* Illig.

44. *Chrysobothris fatalis:* Obscure aenea, subtus purpurea, thorace subtiliter punctato, lateribus strigulosis, elytris dense punctulatis, leviter quadricostatis foveolaque submarginali post medium parum profunda. — Long. 19 mill.

45. *Lycoreus figuratus:* Piceus, elytris rufo-piceis, capite thoraceque flavo-tomentosis, hoc medio carinato et macula utrinque oblonga fusca carinae approximata, elytris tomentose maculatis, fascia denudata media maculisque duabus ante apicem minus distinctis, antennis piceis, pedibus pectoreque rufescentibus. — Long. 23 mill.

46. *Pantolamprus rufipes:* Cyaneus, pedibus rufis, tarsis nigris,

thorace parce et subtilissime, antice tantum ad latera fortius punctato, basi ad receptionem scutelli profunde emarginato. — Long. 24 mill. Proximus accedit *P. perpulcher*, qui autem multo minor et thorace fortius punctato discedit.

47. *Dicronychus tibialis:* Elongatus, postice attenuatus, fuscorufescens, breviter flavo-pubescens, fronte inter oculos profunde foveolata, tibiis omnibus, imprimis anticis, dilatatis. — Long. 29—31 mill.

48. *Melyris apicalis:* Viridis vel cyaneo-viridis, pedibus et abdominis apice rufis. — Long. 7.5—9.5 mill. Proxima accedit *M. ruficentris*, quae autem abdomine omnino rufo praeter alia discedit.

49. *Psammodes infernalis:* Niger, opacus, thorace dense rugosopunctato, elytris amplis, dilatato-ovalibus, obsolete grosse rugatis, non costatis. — Long. 33—38 mill. Proximus accedit *Ps. coriaceus*, qui autem differt metatarso multo breviore et thorace non rugoso.

50. *Psammodes punctipennis:* Elongato-ovalis, niger, subnitidus, thorace densissime subrugoso punctato, clytris punctulatis, plus minusve, evidenter undulato-rugulatis. — Long. 30 mill.

51. *Psammodes rufipes:* Subelongato-ovalis, nigro-piceus, interdum obscure rufo-piceus, antennis pedibusque plus minusve dilute rufis, thorace parce subtiliter punctulato, clytris subnitidis, parce obsolete punctulatis, in ♂ abdominis segmentis 1—3, hoc obsoletius, medio rufosetosis. — Long. 31—35 mill. Proximus accedit *Ps. rotundicollis*.

52. *Psammodes glabratus:* Nitidus, aterrimus, antennis pedibusque rufo-piceis, thorace valde convexo, subtiliter punctulato, elytris obsolete longitudinaliter elevato-undulatis, apice explanato-productis et ibidem vage granulatis. — Long. 30 mill. Proximus fere accedit *Ps. Pierreti*.

53. *Psammodes muata:* Aterrimus, nitidus, thorace convexo sublaevi, clytris apice deplanato-productis, postice et ad latera fortiter tuberculatis, disco subsulcatis et leviter deplanatis. — Long. 28—32 mill. Proximus *Ps. Pierreti*.

54. *Psammodes subaeneus:* Angustato-ovalis, niger, elytris

obsolete undulato-rugatis leviter subaeneis, thorace denso, ad latera rugose punctato, margine elytrorum ad humeros reflexo. — Long. 20 mill. Proximus accedit *Ps. ricinus,* at antennarum articulis apicalibus multo longioribus discedens.

55. *Odontopus regalis:* Subopacus, atro-violaceus, elytris laetius purpureo-violaceis, subtiliter ad latera nonnihil densius punctatis, corpore subtus cum pedibus antennisque nigro. — Long. 33—34 mill. Species elytris subtiliter tantum punctulatis insignis.

56. *Pycnocerus exaratus:* Elongatus, subcylindricus, nigro-viridiaeneus, thorace minus nitido, subtilissime punctulato, elytris sulcatis, sulcis crenato-punctatis, lateralibus obsoletis, interstitiis costatis, femoribus omnibus apice bidentatis, dente uno in margine superiore, altero in inferiore posito. — Long. 28—30 mill.

57. *Aspidosternum antiquum:* Obscure aeneum, thorace transverso lateribus rotundatis, elytris fortiter et subrugose punctatis, leviter costatis, tibiis omnibus apice leviter incurvis, femoribus apice breviter bidentatis. — Long. 28 mill.

58. *Aspidosternum sumptuosum:* Parce villosum, cyaneum, elytris viridi-aeneis, fortiter, dorso biseriatim punctatis, interstitiis leviter elevatis, corpore subtus obscure aeneo, antennis pedibusque nigro-cyaneis. — Long. 23 mill.

59. *Erpezus brevicollis:* Piceus, opacus, thorace sat dense punctulato parum convexo, longitudine duplo latiore, elytris obsoletissime punctulato-striatis; interstitiis planis. Mas: Tibiis anticis et mediis densissime, anticis multo brevius, intus aurato-villosis, abdominis segmentis 3 et 4 in medio marginis posterioris bituberculatis, quinto apice rotundato. — Long. 24—27 mill.

60. *Anomalipus asperulatus:* Nigro-fuscus, opacus, dorso deplanatus, thorace dense ruguloso punctato, medio areis duabus parvis laevibus, elytris dense asperato-punctulatis, obsolete substriatis, interstitiis transversim obsolete undulato-impressis. — Long. 22 mill.

61. *Praogena procera:* Aurato-viridis, nitidissima, corpore subtus rufo-piceo, pedibus rufo-testaceis, femorum apice, tibiis ultra medium tarsisque nigris. — Long. 26 mill.

62. *Strongylium Poggei:* Obscure viridi-aeneum, pedibus nigro-cyaneis, thorace transverso sat dense punctato, linea marginali antica medio retrorsum angulata, elytris parallelis, crenato-punctato striatis, punctis apice minoribus at distinctis. — Long. 27—29 mill. Proximum *St. aeratum*, at multo minus.

63. *Strongylium muata:* Obscure viridi-aeneum, pedibus nigro-cyanescentibus, thorace longitudine vix latiore, subtiliter parum dense punctulato, elytris fortiter striatis, striis medio-fortiter, basi subtilius, apice omnino obsolete punctatis. — Long. 30 mill.

64. *Strongylium internum:* Obscure viridi-aeneum, subtus cyanescens, pedibus obscure cyaneis, thorace transverso, dense et fortiter punctato, elytris crenato-striatis, interstitiis convexis, evidenter punctulatis. — Long. 18 mill.

65. *Strongylium luridipenne:* Cyaneum, elytris sordide rufo-badiis, ad latera subaenescentibus, fortiter, etiam apice distincte, crenato-striatis, thorace dense rude punctato. — Long. 16.5 mill. Juxta *cyanipes* F. et *caffrum* Mäkl.

66. *Bruchus* (Geoffr.) *muata:* Niger, antennis rufo-testaceis, articulis 1 et 2 piceis et apice rufescentibus, elytris flavis, basi juxta scutellum, fasciis duabus plerumque in maculis solutis, apiceque nigris. — Long. 19—22 mill.

67. *Bruchus* (Geoffr.) *internus:* Niger, antennis nigris, elytris rufo-testaceis, fasciis tribus nigris, 1 a basi longe remota, 2 post medium, 3 ante apicem. — Long. 13—15 mill. Proximi accedunt *B. sanguinolentus* et *incertus*.

68. *Lytta atrocoerulea:* Supra opaca, omnino nigro-coerulea, capite thoraceque fortiter rugose punctatis, elytris dense granulato-punctatis, antennarum articulis apicem versus depressis, metasterno medio rufescente. — Long. 28 mill.

69. *Lytta episcopalis:* Obscure purpurea, subtus cum pedibus cyanea, thorace dense punctato, linea media longitudinali impressa, antennis apicem versus attenuatis. — Long. 24 mill.

70. *Eletica colorata:* Nigra, nitida, elytris testaceis, fascia

media apicoque nigris, leviter tricostatis, costa prima basali juxta scutellum brevissima. — Long. 26 mill.

71. *Mylabris* (Geoffr.) *muata:* Nigra, rotundato-quadrata, vertice longitudinaliter cristato, thorace brevi lateribus rotundatis, femoribus posticis valde incrassatis, tibiis posticis arcuatis, antennis late pectinatis, tarsis anticis cum tibiarum apice obscure rufescentibus. — Long. 3,5 mill.

72. *Colpoderus forcipatus:* Piceus vel obscure rufo-piceus, thorace valde transverso, lateribus late explanatis, dorso minus convexo, elytris minus nitidis, tarsis posticis subtus medio longitudinaliter concavis et laevigatis. Mas: Mandibulis porrectis maximis, angulato-arcuatis; palpis longissimis. — Long. 36—40 mill. (sine mandib.)

73. *Colpoderus substriatus:* Piceus, fronte antice utrinque foveolata, vertice linea impressa longitudinali, thorace laevi, ante angulos posticos valde emarginato, elytris vage rugulosis, disco substriatis, interstitiis leviter convexis. ♀. — Long. 35 mill. (sine mandib.).

74. *Aulacopus forciceps:* Piceus, nitidus, fronte longitudinaliter late et profunde sulcata, thorace dorso depresso, margine laterali sat deflexo, vage crenulato, elytris quadricostatis, interpositis costis alteris brevioribus. — Long. 32 mill. Proximus *A. (Navosomopsis) Feisthameli*.

75. *Pachydissus elongatus:* Obscure rufo-piceus, griseo-tomentosus, antennarum articulo tertio primo vix longiore, tibiis posticis leviter curvatis. — Long. 40 mill. Proximus *P. natalensis*, qui inter alia tibiis non curvatis differt.

76. *Plocederus formosus:* Niger, thorace transversim irregulariter valde rugato, elytris fusco-violaceis, dense subtilissime punctulatis, brevissime griseo-pubescentibus, apice emarginatis, pedibus antennarumque articulo primo rufo-badiis. — Long. 34 mill. *P. viridipennis* differt antennis gracilibus elytrisque multo fortius punctatis.

77. *Ptycholaemus latirittis:* Niger, nitidus, vertice, thoracis lateribus maculaque media sublaterali sicut et elytrorum vittis duabus

flavo-aurato-sericeis. Valde affinis *P. Troberti*, qui autem vittis angustioribus minus flavis discedit.

78. *Prosopocera Poggei:* Fuscoferrugineo-tomentosa, thorace macula parvula utrinque basali et elytrorum utriusque tribus magnis, albis, una basali, secunda elongata media, tertia apicali; subtus metasterni lateribus et episternis albis. — Long. 30—34 mill. Quoad elytrorum, non thoracis, signaturam simillima *Anoplostetha lactator*, quae autem differt mesosterno non tuberculato.

79. *Anoplostetha bimaculata:* Fuscoferrugineo-tomentosa, elytris singulo macula media, extus latiore, alba, subtus thoracis pectorisque lateribus albis. — Long. 30 mill. *Prosopocera bipunctata* similis at macula nigra elytrorum et mesosterno tuberculato omnino diversa.

80. *Sternotomis consularis:* Nigra, signaturis metallico-viridibus notata: capite vitta frontali, oculari et fascia postica, thorace margine antico fasciisque duabus, una media, altera ante basin, elytris fascia basali alteraque arcuata post basin, extus interrupta, praeterea utriusque octo, 3 marginalibus, prima transversa, majore, suturam nunquam attingente, tribus ad suturam, majore prima in medio, ultima anteapicali et extus hamata, macula in disco transversa longe post medium et punctulo apicali. — Long. 24—32 mill. Proxima accedit *Dubocagei*, quae differt fascia tertia elytrorum et puncto apicali in vittulam elongato.

81. *Tragocephala histrionica:* Capite nigro, macula frontali rotundata, linea verticali margineque postico utrinque ochraceis, thorace brevi, nigro, lateribus late ochraceis, extus ad basin albis, elytris testaceis ad marginem ochraceis, macula comuni media, striola humerali, fascia ante apicem valde irregulari, utrinque punctum album includente, margineque apicali nigris; subtus nigra, albo-variegata. — Long. 21 mill. Proxima accedit *T. formosa*, propter thoracem brevem, at inter alia corpore subtus nigro, abdomine tantum ochraceo-maculato, valde diversa.

82. *Tragocephala nigropunctata:* Fusco-ochracea, capite nigrofasciato, thorace nigro-bivittato, elytrisque punctis in singulo 6 nigris, duobus humeralibus alterisque discoidalibus, uno medio altero ante

apicem; subtus griseo-tomentosa et testaceo-variegata, absque maculis nigris. — Long. 20 mill. Proxima *T. variegata*, quae autem omnino aliter colorata.

83. *Zographus ferox:* Niger, thorace margine antico albo, transversim rugato nec inter rugas punctato, elytris fascia utrinque abbreviata laterali ante medium, antennis articulis 4 basalibus nudis, reliquis albidocinereo-tomentosis; corpore subtus omnino nigro. — Long. 30—38 mill. *Z. aulicus* similis at thorace punctato et signaturis numerosis tomentosis paginae superioris et inferioris discedens.

84. *Ceroplesis Poggei:* Subnitida, nigro-subaenea, capito vittis duabus frontalibus maculaque genali, thoracis margine antico et postico elytrorumque maculis transversis irregularibus plus minusve inter se confluentibus, metasterni lateribus abdominisque maculis tranversis pallide griseo-rufis; antennis basi valde approximatis. — Long. 27—30 mill.

85. *Nitocris leucostigma:* Capite thoraceque rufis, hoc subtus ad latera et ante scutellum albo, scutello albo, elytris nigris, macula communi post scutellum alba, corpore subtus nigro, albomaculato. — Long. 18 mill.

86. *Nitocris chrysostigma:* Capite nigro, labio rufotestaceo, thorace rufo-castaneo, spina laterali obtusa valida, elytris nigris, opacis, vitta brevi suturali aureo-tomentosa, corpore subtus cum pedibus testaceo-rufo, abdominis segmentis 2—4 basi nigrofasciatis. — Long. 24 mill.

87. *Megalodacne magnifica:* Elongata, picea, thorace macula annulari laterali, elytris striola basali fasciaque arcuata, altera semilunari ante apicem testaceis, apice rufobadio, corpore subtus nigro, pedibus abdominisque segmentis duobus ultimis rufo-badiis. — Long. 28—32 mill.

Voyage
de M. E. Steinheil
à la Nouvelle Grenade.

Eumolpides
par
M. Ed. Lefèvre,
Membre des Sociétés entomologiques de France et de Belgique.

15. Mai 1878.

Chrysodina.
Baly. Journ. of Entom. 1864. II. p. 221.

Chr. laevigata (n. sp.): Rotundato-ovata, maxime convexa, cyanea, nitida, antennis nigris, articulis 3 basalibus obscure ferrugineis; capite punctulato, supra antennarum insertionem spatio laevi subcalloso utrinque instructo; prothorace laevi, impunctato, lateribus concinne reflexo-marginato; scutello laevissimo; elytris subtiliter striato-punctatis, interstitiis laevibus sed versus apicem et ad latera subelevatis, stria juxta marginem lateralem utrinque magis profunde impressa; corpore subtus viridi-aeneo, pedibus cyaneis, tarsis fuscis. — Long. $3\frac{1}{2}$, lat. $2\frac{1}{2}$ mill.

Cañoas.

Lamprosphaerus.
Baly. Ann. nat. Hist. 1859. p. 124.

1. *L. amabilis* (n. sp.): Subrotundato-ovatus, convexus, subtus viridi-aeneus, supra viridi-metallicus vel cupreo-aureo-micans, nitidus, labro sicut et palpis obscure brunneis, pedibus antennisque rufo-testaceis, harum articulis 7° et 11° nigris; capite punctato, vertice magis minusve longitudinaliter sulcato; prothorace minutissime remote alutaceo, disperse punctulato; scutello laevi, apice subrotundato; elytris infra humeros late transversim impressis, substriato-punctatis, punctis intra impressionem majoribus et sensim versus apicem minoribus. — Long. $3\frac{1}{2}$—4, lat. 2—$2\frac{1}{4}$ mill.

Copér.

2. *L. luctuosus* (n. sp.): E minoribus, breviter ovatus, subrotundatus, subtus niger, supra obscure cyaneus, nitidus, labro, palpis antennisque brunneo-testaceis, harum articulis quinque ultimis nigris; capite antice fortiter, postice subtilius punctato, vertice longitudinaliter sulcato; prothorace sat dense punctulato; scutello laevi; elytris sat fortiter substriato-punctatis, punctis infra humeros et ad latera majoribus, versus apicem autem subtilioribus, juxta marginem lateralem utrinque stria magis impressa instructis, humeris rotundatis, laevibus; pedibus duobus anticis obscure brunneis, quatuor posticis piceis. — Long 2, lat. 1 $^1/_2$ mill.

Muzo.

Noda.
Chapuis. Gen. Col. X. 1874. p. 240.

1. *N. pustulata* Harold. Col. Heft. XII. p. 62.

Columb. orient. (Winkler).

2. *N. chalcea* (n. sp.): Ovalis, convexa, viridi-vel cupreo-aenea, nitida, antennis ferrugineis, articulis quinque ultimis cyaneo-nigris; capite dense fortiter punctato; prothorace subtilissime undique alutaceo, antice posticeque laevi, in medio disci remote disperse punctulato, punctis aciculatis; elytris infra humeros obsolete transversim impressis, regulariter seriatim subgeminato-punctatis, versus apicem sat fortiter punctato-striatis. — Long. 3—3 $^1/_2$, lat. 1 $^1/_2$—2 mill.

♀ Elytris infra humeros multo magis fortiter impressis, juxta impressionem tuberculis duobus parvis magis minusve elevatis, callo humerali ipso calloso.

San Carlos, Muzo, Medellin.

3. *N. ocañana* (n. sp.): Ovalis, convexa, cupreo-aenea vel aeneo-viridis, interdum saturate cyanea, nitida, antennis ferrugineis, apice magis minusve infuscatis; capite crebre sat fortiter punctato; prothorace dense subtiliter undique punctulato; elytris infra humeros vix perspicue transversim impressis, sat regulariter seriatim subgeminato-punctatis, versus apicem evidenter punctato-striatis, punctis ad latera majoribus; corpore subtus cum pedibus obscure viridi-aeneo, tibiis apice tarsisque ferrugineis. — Long. 3—3 $^1/_4$, lat. 2—2 $^1/_4$ mill.

♀ Elytris infra humeros magis evidenter transversim impressis, ad latera pone medium tuberculo rotundato costulisque tribus abbreviatis, quarum externa magis elevata, instructis.

Ocaña (Landolt!).

4. *N. Landolti* (n. sp.): Ovalis, convexa, viridi-cyanea vel viridiaenea, nitida, antennis ferrugineis, articulis quinque ultimis nigris; capite crebre fortiter punctato; prothorace denso undique subaequaliter punctulato, lateribus utrinque rotundatis; scutello laevi; elytris subtiliter seriatim subgeminato-punctulatis, ad latera et versus apicem fortius punctato-striatis, infra humeros transversim evidenter impressis, callo humerali ipso elongato, calloso; corpore subtus obscure viridiaeneo, pedibus saturate rufo-brunneis, genubus nigricantibus. — Long. $3^{3}/_{4}-4$, lat. $2^{1}/_{4}-2^{1}/_{2}$ mill.

♀ Elytris infra humeros profunde transversim impressis, callo humerali ipso in cretam elevatam producto et infra impressionem tuberculo rotundato vel oblongo costisque duabus elevatis quarum interna obliqua, longitudinaliter instructis.

Ocaña (Landolt!).

5. *N. bogotana* Harold. Col. Heft. XII. p. 62.

Ibagué-Tapias, Fusagasugá. — Columb. orient. (Winkler!).

6. *N. scutellaris* (n. sp.): ♂ Ovalis, convexa, subtus viridiaenea, supra cyanea, labro, antennis pedibusque rufo-testaceis; capite punctato, supra antennarum insertionem spatiis duobus subcallosis nitidissimis instructo; prothorace minutissimo undique punctulato; scutello lato, subpentagono, laevi; elytris infra humeros vix perspicue transversim impressis, minute punctulatis, disco solo subnitido, lateribus utrinque late opacis. — Long. 4, lat. $2^{1}/_{2}$ mill.

♀ Invisa.

Ocaña (Landolt!).

7. *N. Winkleri* (n. sp.): Ovalis, viridi-aenea, nitida, antennis nigro-cyaneis, articulis 4 vel 5 basalibus rufis; capite grosse subconfluenter punctato; prothorace crebre undique punctato, punctis aciculatis, majoribus et minoribus intermixtis, lateribus utrinque rotundato, angulis anticis acutis; scutello sublaevi; elytris intra callum humeralem et infra humeros fortiter impressis, dorso sat regulariter seriatim subgeminato-punctatis, ad latera versus apicem fortius punc-

tato-striatis, interstitiis minutissime alutaceis; pedibus viridi-aeneis, nitidis, tarsis fuscis. — Long. 3—3¼, lat. 2 mill.

♀ Elytris ad latera costulatis, callo humerali utrinque in cretam satis elevatam producto, impressione basali profunda.

Columb. orient. (Winkler!). — Ubáque.

8. *N. virgulata* (n. sp.): Ovalis, convexa, subtus viridi-aenea, subopaca, supra viridi-metallica, nitida, palpis antennisque fuscis; capite sat crebre punctato; prothorace disperse inaequaliter punctulato, ad latera sublaevi, lateribus utrinque medio ampliato ibique angulato; elytris fortius inordinatim punctatis, callo humerali elevato, impressione basali nulla; pedibus viridi-metallicis, tarsis nigro-fuscis. — Long. 3—3½, lat. 1¾—2 mill.

♀ Elytris crebrius punctatis, punctis versus apicem sensim minoribus, infra medium ad latera tuberculo oblongo instructis, callo humerali in cretam satis elevatam producto, impressione basali obsoleta.

Columb. orient. (Winkler!). — Fusagasugá.

9. *N. callosa* (n. sp.): Ovato-elongata, convexa, viridi-vel cupreo-aenea, nitida, antennis nigris articulis 3 basalibus obscure rufescentibus; capite antice punctato, vertice sublaevi; prothorace sat crebre magis minusve fortiter punctato, lateribus utrinque rotundato; elytris in medio disci et ad latera inordinatim, prope suturam subgeminatim punctatis, apice summo callosis ibique punctis rarioribus et seriebus simplicibus, callo humerali elevato, laevi, impressione basali fere nulla; corpore subtus viridi-aeneo, subopaco, pedibus aeneo-cupreis, nitidis. — Long. 3—3½, lat. 1¾—2 mill.

♀ Elytris ad latera infra medium tuberculis duobus oblongis parum elevatis instructis.

Ubáque.

10. *N. medellina* (n. sp.): Ovalis, subtus viridi-aenea, supra cupreo-aenea, nitida, antennis pedibusque fulvo-testaceis; capite crebre sat fortiter punctato; prothorace disperse undique punctulato, punctis aciculatis; scutello laevi; elytris basi subtilissime punctulatis, ad latera et versus apicem distincte et fortius punctato-striatis, interstitiis vix elevatis. — Long. 2½—2¾, lat. 1¼—1½ mill.

♀ Elytris intus pone callum humeralem tuberculis 2 vel 3 parvis parum elevatis.

Medellin, Ambalema, Muzo.

11. *N. aurulenta* Lef. Rev. et mag. de zool. 1876. p. 284.

Ubáque.

12. *N. modesta* (n. sp.): Ovalis, aenea, nitidula, antennis rufotestaceis, apice summo paululum infuscatis; capite punctato; prothorace magis minusve opaco, disperse minute punctulato; scutello laevi, apice subrotundato; elytris nitidis, dorso leviter, ad latera et versus apicem magis fortiter, substriato-punctatis, impressione basali obsoleta; pedibus viridi-aeneis, tibiis apice tarsisque obscure rufotestaceis. — Long. $2^3/_4$—$3^1/_4$, lat. $1^1/_2$ - 2 mill.

♀ Elytris infra humeros magis evidenter impressis et infra impressionem tuberculo parvo subelevato instructis.

Colón, La Vega, Muzo.

13. *N. luteipes* (n. sp.): Ovalis, convexa, aeneo-viridis, nitida, pedibus antennisque luteis, harum articulis quatuor ultimis nigris; capite punctulato; prothorace in medio disci laxe, ad latera sat crebre, subtiliter punctato; scutello laevi; elytris subtilissime alutaceis, punctulatis, versus apicem regulariter punctato-striatis, infra humeros obsolete transversim impressis, callo humerali ipso elevato. — Long. $2^1/_4$, lat. 1 mill.

Ubáque.

14. *N. columbina* (n. sp.): Breviter ovata, convexa, aenea, nitida, antennis, tibiis tarsisque pallide fulvis, illis apice infuscatis; capite subtilissime undique alutaceo, in media fronte vago fossulato; prothorace laevi; elytris substriato-punctatis, punctis sensim versus apicem minoribus. - Long. $2^1/_2$—3; lat. $1^1/_2$—$1^3/_4$ mill.

Ambalema.

15. *N. atra* Harold. Col. Heft. XIII. p. 31.

Fusagasugá, San Carlos.

16. *N. rufipes* (n. sp.): Ovalis, convexa, viridi-aenea, nitidula, palpis, pedibus antennisque rufo-testaceis, harum articulis quinque ultimis nigris; capite crebre sat fortiter punctato; prothorace in medio disci disperse, ad latera autem crebrius et magis aequaliter, punctato, antice et basi anguste laevi; elytris subtiliter inordinatim punctulatis,

prope suturam et versus apicem punctato-striatis, infra humeros evidenter transversim impressis, callo humerali ipso elevato. — Long. 3, lat. 2 mill.
♀ Invisa.
Medellin.

17. *N. peregrina* (n. sp.): Ovalis, convexa, subtus aenea, supra cyanea, interdum aenea, nitida, antennis ferrugineis, saepe apice nigro-infuscatis; capite dense fortiter punctato; prothorace subtiliter crebre punctulato; elytris infra humeros vage transversim impressis, sat fortiter punctatis, juxta suturam et versus apicem punctato-substriatis; femoribus cyaneis, tibiis tarsisque ferrugineis. — Long. 2 $^1/_2$—3, lat. 1 $^1/_2$—1 $^3/_4$ mill.

La Vega, Amalfi, Muzo. — Ocaña (Landolt!), Columb. orient. (Winkler!).

18. *N. laeta* (n. sp.): Breviter ovata, convexa, viridi-metallica, interdum viridi-coerulea, nitidissima, labro, antennis pedibusque laete fulvis; capite, prothorace sicut et elytris sat crebre punctatis, his versus apicem evidenter punctato-striatis. — Long. 2—2 $^1/_2$, lat. 1—1 $^1/_4$ mill.

Columb. orient. (Winkler!).

Agbalus.
Chapuis. Gen. Col. X. 1874. p. 242.

1. *A. plagiatus* (n. sp.): Suboblongo-ovalis, convexus, viridi-metallicus, nitidus, antennis nigris, articulis quatuor basalibus subtus obscure fulvis, labro piceo; capite punctato, inter oculos impresso; prothorace punctis aciculatis sat dense undique adsperso; elytris magis fortiter lineatim punctatis, singulo plaga magna basali testacea, prope suturam attingente, transversim ornatis. — Long. 4—4 $^3/_4$, lat. 2 $^1/_2$—2 $^3/_4$ mill.

♂ Primo tarsorum quatuor anticorum articulo valde dilatato; tibiis duobus posticis intus paulo ante apicem calcare valido armatis.

Var. β. Subtus cum pedibus cyaneus, supra viridi-metallicus, elytrorum plaga basali rufo-sanguinea. ♀.

Var. γ. Paulo major, omnino nitide cyaneo-violaceus, elytrorum plaga basali rufo-testacea. ♂.

Guayabál, Columb. orient. (Winkler!).

2. *A. chalybaeus* (n. sp.): Suboblongo-ovalis, convexus, subtus viridi-aeneus, supra cyaneus, nitidus, labro, palpis antennarumque basi piceis, his apice nigro-fuscis; capite antice fortiter punctato, vertice longitudinaliter sulcato; prothorace sat dense minute punctulato, lateribus utrinque reflexo-marginato ibique evidenter viridi-aeneo; scutello laevissimo; elytris regulariter lineatim punctatis, juxta suturam versus apicem unistriatis, infra humeros late transversim impressis, margine laterali utrinque viridi-aeneo; pedibus viridi-aeneis, tarsis piceis. — Long. 5, lat. 3 mill.

♂ Primo tarsorum quatuor anticorum articulo dilatato; tibiis duobus posticis intus calcare elongato, apice longe pubescente, armatis.

San Carlos.

3. *A. aeneus* (n. sp.): Obovatus, convexus, subtus nigro-piceus, supra aeneus, nitidus, antennis obscure testaceis, articulis 5—7 nigricantibus; capite sat fortiter punctato; prothorace disco modice, ad latera crebrius remote punctulato; elytris infra humeros late sed parum profunde transversim impressis, subseriatim punctatis, punctis intra impressionem majoribus et sensim versus apicem minoribus; pedibus testaceis, femoribus magis minusve aeneo-reflexo-micantibus. — Long. $3^1/_2$, lat. 2 mill.

La Vega.

4. *A. rufimanus* (n. sp.): Praecedenti affinis, sed major. Obovatus, convexus, subtus piceus, supra metallico-aeneus, nitidus, antennis testaceis, articulis quinque ultimis nigro-infuscatis; capite punctulato; prothorace disco sat dense, ad latera minus crebre, disperse punctato; elytris multo fortius substriatim punctatis, punctis infra humeros et ad latera majoribus, impressione basali obsoleta; pedibus saturate rufo-testaceis. — Long. $4—4^1/_2$, lat. 3 mill.

Ocaña (Landolt!).

5. *A. mutabilis* (n. sp.): Obovatus, convexus, subtus rufo-fulvus vel piceus, supra brunneo-aeneus, glaucescens, labro, palpis antennisque fulvo-testaceis, harum articulis 6—7, duobusque ultimis, nigris; prothorace sat dense remote punctulato; elytris infra humeros late transversim impressis, substriatim fortius punctatis, punctis sensim versus apicem minoribus; pedibus rufo-fulvis, interdum nigro-infuscatis. — Long. $3^1/_2—4$, lat. $1^3/_4—2$ mill.

Var. *β*. Rufo-fulvus, capite, prothorace, elytrorumque dimidia parte postica, magis minusve aenescentibus.
Var. *γ*. Totus rufo-fulvus.
Muzo, La Vega.

6. *A. rufo-testaceus* (n. sp.): Subrotundato-ovatus, valde convexus, rufo-testaceus, subtus dilutior, antennis nigris, articulis quatuor basalibus fulvis: capite fere laevi; prothorace vix visibiliter subtilissime punctulato; elytris subtiliter subseriatim punctatis, impressione basali fere nulla; pedibus fulvis, tibiis tarsisque nigro-infuscatis. — Long. 3 1/4, lat. 2 mill.
Naro.

Polysarcus.
Lef. Rev. et mag. de Zool. 1876. p. 286.

1. *P. dichrous* (n. sp.): Suboblongus, modice convexus, rufus, pedibus antennisque cyaneo-nigris, harum articulis 3 basalibus rufis: capite grosse undique confluenter punctato, scrobiculato, vertice postice laevi; prothorace transverso, in medio baseos obsolete lobato, superne laevi, punctis nonnullis in medio disci disperse instructo, lateribus subarcuato ibique vix perspicue sinuato; elytris infra humeros late obsolete transversim impressis, dense substriatim punctatis, punctis intra impressionem et ad latera majoribus, sensim versus apicem minoribus. — Long. 5 1/2—6, lat. 3 mill.

♂ Capite magno; 1°. tarsorum quatuor anticorum articulo valde dilatato; elytris saturate cyaneis.

♀ Capite minore; 1°. tarsorum anticorum articulo triangulari; elytris rufis.
Manizales.

Metaxyonycha.
Marshall. Ann. nat. Hist. 1864. p. 382.

1. *M. Lefevrei* Harold. Col. Heft. XIV. p. 139.
San Carlos.

2. *M. sanguinea* (n. sp.): Oblongo-elongata, corpore subtus cum pedibus nigro, supra rufo-sanguinea, oculis antennisque nigris, harum articulis 2 vel 3 basalibus fulvis; prothorace transverso, grosse inaequaliter disperse punctato, lateribus untrinque medio fortiter unidentato; elytris thorace multo latioribus, sat profunde longitudinaliter costatis, inter costas disci uniseriatim, ad latera subgeminatim rugoso

punctatis; tibiis intermediis extus modice emarginatis. — Long. 8, lat. 3 $1/2$ mill.

Copér.

Prionodera.
Chapuis. Gen. Col. X. 1874. p. 248.

1. *P. ocañana* (n. sp.): Oblongo-elongata, flavo-testacea, elytris laete aeneo-viridibus aut viridi-coeruleis, nitidissimis, margine laterali sicut et apicali late flavis, antennis nigris, articulis quinque basalibus fulvis; capite punctato, in media fronte sat profunde foveolato; prothorace grosse disperse punctato, utrinque medio valde transversim impresso, lateribus distincte tridentatis; scutello laevi, flavo; elytris infra basin transversim evidenter impressis, fortiter punctato-striatis, punctis grossis, plerumque praesertim ad latera geminatim dispositis, interstitiis subelevatis, lucidis; pedibus omnino flavo-testaceis. — Long. 8—10, lat. 3—4 mill.

Ocaña (Landolt!).

Colaspis.
Fabricius. Syst. Eleuth. I. 1801. p. 411.

1. *C. leucopus* Harold. Col. Heft. XIV. p. 139.

Copér.

2. *C. prasina* (n. sp.): Suboblongo-ovalis, convexa, subtus viridi-metallica vel viridi-cyanea, nitida, supra laete viridis, vel viridi-aenea, gemmea, palpis sicut et antennis laete fulvis, labro brunneo, oculis mandibulisque nigris; capite fortiter et confluenter punctato; prothorace transverso, utrinque subimpresso, grosse profunde punctato, punctis hic illic confluentibus, interstitiis praesertim in medio disci callosis, lucidis, lateribus obsolete uni- vel bi-denticulato; scutello parvo, laevissimo; elytris dense profunde grosseque seriatim punctatis, interstitiis tribus primis prope suturam et versus apicem elevatis, interstitio penultimo a callo humerali usque ad apicem subcostato, lucido, callo humerali ipso calloso, laevi. — Long. 7—8, lat. 3 $1/2$ — 4 mill.

Fusagasugá, Guayabál, Muzo, Copér.

Cette espèce se trouve également au Mexique; elle ressemble au *C. chlorites* Erichs. Consp. Faun. Peruanae, p. 160, mais la ponctuation du prothorax et des élytres est beaucoup plus grosse et plus profonde.

3. *C. callichloris* (n. sp.): Suboblongo-ovata, convexa, subtus viridi-metallica vel viridi-cyanea, supra laete viridis, gemmea, interdum cupreo-aurato-micans, labro, palpis, pedibus antennisque fulvis, harum articulis 5—7 nigricantibus; capite crebre fortiter punctato; prothorace transverso, lateribus subunidenticulato, grosse confertim et profunde punctato, punctis praesertim ad latera confluentibus, interstitiis subcallosis, lucidis; scutello parvo, laevissimo, apice rotundato; elytris costatis, costis parum elevatis, laevibus, interstitiis grosse profunde seriatim geminato-punctatis. — Long. 6—8, lat. 3—4 mill.

Canoas, Ocaña (Landolt!).

Cette espèce est voisine du *C. aeruginosa* Germar. Ins sp. nov. p. 570; elle m'en paraît bien distincte par sa couleur générale toujours plus brillante, par les côtes des élytres moins élevées et la ponctuation des intervalles beaucoup plus grosse et plus profonde; elle se trouve également au Mexique.

4. *C. Lebasi* (n. sp.): Obovata, leviter convexa, subtus viridiaenea, abdomine nigro-aeneo, nitido, supra laete viridis, gemmea, interdum cupreo-aurato-micans, labro, palpis antennisque fulvo-testaceis; capite punctato, inter oculos obsolete impresso; prothorace transverso, creberrime fortiter et confluenter undique punctato, lateribus medio unidenticulato; scutello parvo, sublaevi; elytris densissime profundeque substriato-punctatis, punctis grossis plerumque confluentibus et ad latera transversim plicato-rugulosis. — Long. 4—5, lat. 2—2 1/4 mill.

Muzo, Paime, Ubáque, El Regidor-Chucuri. — Columb. orient. (Winkler!).

5. *C. strigata* (n. sp.): Obovata, convexiuscula, viridi-metallica, leviter aurato-reflexo-micans, labro, palpis antennisque fulvo-testaceis; capite punctato, vertice sublaevi; prothorace valde convexo, grosse disperse parum dense punctato, interstitiis laevibus, lateribus utrinque 3-denticulato, angulis anticis acutis, extus productis; scutello parvo, laevi; elytris juxta suturam et apicem versus punctato-striatis, lateribus utrinque transversim fortiter plicato-strigatis, impressione basali obsoleta. — Long. 4, lat. 2 mill.

Muzo.

6. *C. hypoxantha* (n. sp.): Obovata, subtus cum pedibus rufo-testacea, supra viridi-metallica, nitida, antennis nigris, articulis 4 basalibus obscure brunneis; capite punctato, in media fronte sat fortiter impresso; prothorace transverso, grosse inaequaliter punctato, punctis ad latera confluentibus, spatio basilari laevi, lateribus medio unidentato; elytris fortiter punctatis, disco exteriore et ad latera transversim elevato-strigosis, versus apicem prope suturam longitudinaliter punctato-striatis, interstitiis elevatis. — Long. 4—4$\frac{1}{2}$, lat. 2—2$\frac{1}{4}$ mill.

San Carlos.

7. *C. compta* Lef. Ann. Soc. ent. Fr. 1877, p. 144.
Columb. orient. (Winkler!).

8. *C. femoralis* (n. sp.): Obovata, obscure coerulea, nitidula, labro palpisque brunneo-testaceis, antennis cyaneo-nigris, articulis 4 basalibus fulvis; capite dense confluenter punctato; prothorace convexo, crebre sat fortiter punctato, punctis aciculatis, lateribus utrinque subrotundato ibique medio angulato, angulis anticis subacutis, extus productis; scutello parvo, sublaevi; elytris grosse undique substriato-punctatis, apicem versus sat fortiter punctato-sulcatis, interstitiis elevatis; pedibus nigro-cyaneis, femoribus totis rufo-testaceis. — Long. 4, lat. 2 mill.

Muzo.

9. *C. inconstans* (n. sp.): Oblonga, subtus viridi-aenea, supra aeneo-viridis, vel viridi-cyanea, interdum cyaneo-nigra, nitida, labro, palpis antennisque brunneo-testaceis, his filiformibus, articulis 5 ultimis nigris; capite magis minusve punctato, inter oculos transversim sat fortiter impresso et supra antennarum insertionem spatiis duobus subcallosis laevibus nitide instructo; prothorace transverso, convexo, superne crebro minute punctulato, lateribus utrinque medio unidentato vel fortiter angulato, angulis anticis sicut et posticis subacutis, extus productis; scutello laevi; elytris infra humeros magis minusve evidenter transversim impressis, dense fortiter substriato-punctatis, punctis intra impressionem et ad latera paulo majoribus; pedibus fulvo-vel rufo-testaceis, interdum nigro-piceis, genubus duobus posticis plerumque nigro-infuscatis. — Long. 3—4, lat. 1$\frac{1}{4}$—1$\frac{3}{4}$ mill.

Muzo, Ocaña. — Columb. orient. (Winkler!).

10. *C. Gemmingeri* Harold. Col. Heft. XII. p. 81, sub *Chalcophana*.
San Carlos.

11. *C. formosa* (n. sp.): Oblonga, pallide fulva, oculis, mandibulis antennisque nigris; prothorace sat denso punctulato, lateribus medio unidentato; elytris disco interiore subtiliter, ad latera grosse, remote punctatis, apicem versus punctato-striatis, interstitiis subelevatis, laevibus; flavis, sutura tota, margine laterali, macula magna rotundata, inter scutellum et callum humeralem posita, vittisque tribus transversis communibus (quarum altera media, altera paulo ante apicem tertiaque apicalis) nigro-violaceis; pedibus pallide flavis, tibiis apice tarsisque piceis. — Long. 4, lat. 1 $^1/_3$ mill.
San Carlos.

12. *C. suturalis* (n. sp.): Ovalis, corpore subtus cum capite viridi-metallico, oculis, mandibulis antennisque nigris, harum articulis 2 basalibus obscure fulvis; prothorace fulvo, disperse punctulato, lateribus utrinque rotundato, in medio obsolete angulato, anguste marginato et viridi-metallico; scutello viridi-metallico; elytris grosse regulariter punctato-striatis, interstitiis elevatis, costaeformibus; fulvis, epipleuris, limbo laterali suturaque tota magis minusve late coeruleo-viridibus; pedibus pallide flavis, genubus, tibiis apice tarsisque piceis. — Long. 3$^1/_2$—4, lat. 1$^3/_4$—2 mill.
Nare — se retrouve au Mexique.

13. *C. hypochlora* (n. sp.): Ovalis, corpore subtus viridi-metallico, supra cum pedibus flava, vel fulva aut brunnea, mandibulis oculisque nigris, antennis fulvis, articulo septimo duobusque ultimis piceis; prothorace disco subremote, ad latera autem crebrius sat grosse punctato, lateribus utrinque anguste marginatis et viridi-metallicis, in medio obsolete angulatis; elytris grosse regulariter punctato-striatis, punctis geminatis, interstitiis costaeformibus, apice et ad latera magis elevatis, epipleuris margineque laterali utrinque anguste viridi-metallicis. — Long. 4$^1/_2$—5, lat. 2$^1/_4$—2$^1/_2$ mill.
Variat corpore subtus fulvo, metasterno tantum viridi-metallico.
Colón. Se trouve également au Mexique.

14. *C. fulvo-testacea* (n. sp.): Oblongo-elongata, omnino fulvo-testacea, capite inter oculos fortiter impresso ibique punctulato, ver-

tice laevi, antennis fulvis, articulis septimo ultimoque nigris; prothorace convexo, disperse punctulato, lateribus rotundatis, marginatis, in medio magis minusve evidenter sinuatis vel denticulatis; elytris oblongoelongatis, infra humeros transversim impressis, seriatim subgeminatopunctatis, punctis versus apicem attenuatis et seriebus simplicibus. — Long. 5—6, lat. 2—3 mill.

♀ Elytris praesertim ad latera magis fortiter punctatis, ibique longitudinaliter costulatis.

San Carlos, Cañoas.

15. *C. luridula* (n. sp.): Oblonga, omnino fulvo-testacea, superne magis minusve viridi-aeneo-reflexo-micans, antennis fulvis, articulo septimo infuscato vel nigro; capite antice grosse punctato, inter oculos impresso, vertice punctulato; prothorace convexo, in medio disci disperse, ad latera densius et fortius punctato, lateribus utrinque rotundato, marginato, anguste viridi-aeneo et in medio sat fortiter denticulato; scutello laevi; elytris infra humeros obsolete transversim impressis, dorso leviter, ad latera multo fortius punctatis, pone medium usque ad apicem punctato-striatis; pedibus fulvis. — Long. $4\,^{1}/_{2}$ — 5, lat. $2 — 2\,^{1}/_{2}$ mill.

♀ Elytris fortius et crebrius punctatis, callo humerali in cretam parum elevatam evidenter producto.

San Carlos.

Aletes.
Chapuis. Gen. Col. X. 1871. p. 250.

1. *A. annulicornis* (n. sp.): Oblongo-elongatus, parallelus, viridiaeneus, nitidus, labro brunneo, palpis fulvis, antennis nigris, articulis totis apice pallide testaceis; capite disperse punctato, inter oculos vage impresso; prothorace transverso, convexo, subtiliter parum dense punctulato, lateribus rotundato, immarginato, ibique medio late trisinuato, angulis anticis subacutis, extus productis; scutello parvo, laevi; elytris infra humeros transversim sat fortiter impressis, prope suturam leviter et subseriatim, ad latera autem paulo fortius et remote, disperse punctatis, punctis sensim apicem versus minoribus, callo humerali ipso calloso; pedibus obscure brunneis, femoribus magis minusve aeneo-reflexo-micantibus, tarsis piceis. — Long. $5 — 5\,^{1}/_{4}$, lat, $2 — 2\,^{1}/_{4}$ mill.

♀ Elytris basi juxta callum humeralem breviter subelevato-costulatis et ad latera utrinque tuberculis nonnullis parvis (quorum anticis majoribus) remote longitudinaliter instructis.

La Luzéra.

2. *A. ragabundus* (n. sp.): Suboblongo-ovatus, convexus, viridi-aeneus, subcupreus, nitidus, labro-piceo, antennis fuscis, articulis quatuor basalibus obscure testaceis; capite disperse punctato, inter oculos sat fortiter impresso; prothorace transverso, convexo, crebre undique subtiliter punctulato, lateribus rotundato ibique medio magis minusve fortiter trisinuato, angulis anticis subacutis, extus productis; scutello parvo, laevi; elytris infra humeros late transversim impressis, fortiter subseriatim punctatis, apicem versus profunde sulcatis, interstitiis convexis, subrugulosis, callo humerali ipso calloso, nitido, limbo laterali utrinque viridi-metallico; pedibus rufo-fulvis, tarsis piceis. — Long. 5—5 $\frac{1}{2}$, lat. 2 $\frac{1}{2}$—3 mill.

♀ Elytris basi breviter subelevato-costulatis et infra humeros tuberculo oblongo distincte instructis.

Fusagasugá, Guayabál, La Vega, Paine, Copér. — Columb. orient. (Winkler!).

3. *A. intricatus* (n. sp.): Suboblongus, parallelus, aeneo-viridis vel aeneus, nitidus, labro palpisque brunneis, antennis validis, fuscis, articulis 3 basalibus rufo-fulvis; capite antice sat fortiter et substrigatim, postice subtilius, punctato; prothorace transverso, disperse inaequaliter punctulato, lateribus utrinque rotundato, ibique medio ampliato et vage sinuato; scutello parvo, laevi; elytris subelongatis, infra humeros vage impressis, prope suturam subtiliter, ad latera fortius et crebrius, subseriatim punctatis, versus apicem satis profunde sulcatis, interstitiis convexiusculis, ad latera utrinque costula satis elevata, a callo humerali usque ad apicem extensa, notatis; pedibus rufis vel piceis, tibiis apice infuscatis, tarsis cyaneo-nigris. — Long. 5 $\frac{1}{2}$, lat. 3 $\frac{3}{4}$ mill.

Medellin, Manizalès.

4. *A. Landolti* (n. sp.): Oblongo-elongatus, parallelus, parum convexus, viridi-aeneus, nitidus, labro, palpis antennisque brunneis, his apice nigro-fuscis; capite sat dense punctato; prothorace transverso, vage undique punctulato, infra marginem anticum late trans-

versim impresso, lateribus utrinque rotundato ibique medio fortiter
bisinuato, angulis anticis subacutis, extus productis; scutello laevi;
elytris infra humeros vago transversim impressis, disco interiore subtiliter, ad latera autem magis fortiter et substrigatim punctatis, punctis undique majoribus et minoribus intermixtis, interstitio penultimo
costaeformi, callo humerali ipso calloso; pedibus fulvo brunneis. —
Long. 6, lat. 3 $^1/_2$ mill.

Ocaña (Landolt!).

5. *A. bogotanus* (n. sp.): Suboblongo-ovalis, convexus, subtus
suturate viridi-aeneus, supra aeneo-subcuprens, parum nitidus, labro,
palpis antennisque saturate fulvis, his apice brunneis; capite sat
crebre punctato, inter oculos vago impresso; prothorace valde convexo,
crebre undique punctulato, lateribus utrinque rotundato ibique obsolete
sinuato; scutello laevi; elytris minus nitidis, infra humeros late transversim impressis, subtiliter remote punctulatis, punctis antice majoribus
et subgeminatim dispositis, postice autem sensim minoribus et seriebus
simplicibus, callo humerali ipso calloso et juxta impressionem basalem
tuberculo oblongo, in ♀ magis elevato; pedibus brunneo-fulvis, femoribus magis minusve aeneo-reflexo-micantibus. — Long. 4 $^1/_2$ — 5, lat.
2 $^1/_4$ — 2 $^1/_2$ mill.

Bogotá.

Dolometis.
Harold, Coleopt. Heft. XIV. p. 139.

1. *D. discoidalis* Harold. loc. cit.
Guyabál.

Rhabdophorus.
Nov. gen.

Caput deflexum, usque ad oculos in thoracem insertum. Oculi
magni, convexi, intus leviter emarginati. Antennae distantes, juxta
oculorum marginem anteriorem insertae, subfiliformes, articulo 1º. incrassato, 2º. subgloboso, tertio duplo breviore, 3—6 multo gracilioribus inter se aequilongis, quinque ultimis nonnihil longioribus, leviter
incrassatis. Prothorax transversus, basi elytrorum latitudinem aequans,
lateribus medio ampliatus ibique angulatus, dein versus apicem con-
vergens, angulis anticis extrorsum productis. Prosternum latum, planum, inter coxas vix perspicue contractum, basi recto truncatum.

Thoracis episterna margine antico leviter concavo. Pedes robusti, tibiis a basi ad apicem dilatatis, fortiter canaliculatis, quatuor anticis praesertim in mare saepius incurvis, tarsis brevibus, articulo 1^0. duobus sequentibus simul sumptis fere aequilongo, unguiculis appendiculatis.

Ad genus *Colaspis* prope accedit, sed prothoracis structura et prosterno multo latiore praecipue optime distinctum.

Huc pertinet *Colaspis hypochalcea* Harold. Col. Heft. XIV. p. 139.

1. *R. tuberculatus* (n. sp.): Ovatus, supra aeneus vel aeneocupreus, corpore subtus piceo magis minusve viridi-metallico, antennis brunneo-testaceis, articulis 5—7 duobusque ultimis nigris; prothorace grosse irregulariter punctato, punctis hic illic aggregatis confluentibusque, interstitiis elevatis, laevibus vel minutissime vix visibiliter punctulatis, margine laterali utrinque anguste reflexo-marginato, viridimetallico, medio ampliato ibique magis minusve angulato; elytris grosse irregulariter sat dense punctatis, ad latera tuberculis rotundatis elevatis in seriebus tribus dispositis longitudinaliter instructis, basi autem, juxta suturam et apicem versus profunde longitudinaliter sulcatis, interstitiis convexis, laevibus, margine laterali utrinque anguste viridimetallico; pedibus nigro-piceis, femoribus tibiisque basi dilutioribus, illis magis minusve aeneo-reflexo-micantibus. — Long. $5 \frac{1}{2}$—6, lat. 3—$3 \frac{1}{4}$ mill.

♂ Elytris sine tuberculis, grosse tantum irregulariter punctatis, 1^0. tarsorum quatuor anticorum articulo valde dilatato.

Cañoas, San Carlos.

2. *R. caliginosus* (n. sp.): Ovatus, nigro vel piceo-aeneus, antennis testaceis, articulis 5—7 duobusque ultimis nigris; prothorace multo minus grosse irregulariter punctato, punctis hic illic aggregatis, interstitiis minutissime sat dense punctulatis, margine laterali utrinque reflexo-marginato, viridi-metallico, medio ampliato ibique subangulato; elytris grosse irregulariter subcicatricoso-punctatis, juxta suturam et apicem versus profunde longitudinaliter sulcatis, interstitiis convexis, laevibus, margine laterali utrinque vix perspicue viridi-metallico; pedibus nigris vel piceis, unguiculis rufescentibus. — Long. 6—7, lat. $3 \frac{1}{2}$—4 mill.

♂ Tibiis quatuor anticis curvatis, 1⁰. tarsorum quatuor anticorum articulo valde dilatato, subquadrato.
Muzo, Copér. — Columb. orient. (Winkler!).

3. *R. curtus* (n. sp.): Subrotundato-ovatus, convexus, piceus, supra obscure aeneus, labro rufo, antennis testaceis, articulo septimo duobusque ultimis nigris; prothorace disperse remote punctato, punctorum interstitiis laevibus, margine laterali utrinque rotundato, vix perspicue angulato, anguste refloxo-marginato, obscure viridi-aeneo; elytris sat fortiter punctatis (punctis prope suturam minoribus et seriatim subgeminatim dispositis), pone medium usque ad apicem profunde longitudinaliter sulcatis, interstitiis minutissime punctulatis; pedibus piceis. — Long. 4, lat. 3 mill.
Columb. orient. (Winkler!).

Otilea.
Lef. Ann. Soc. entom. Fr. 1877. p. 154.

1. *O. collaris* (n. sp.): Suboblongo-ovalis, testacea, oculis mandibulisque nigris, capite crebro punctato, inter oculos valde foveolato, vertice profunde sulcato; prothorace transverso, viridi-aurato, nitido, grosse inaequaliter punctato, punctis hic illic aggregatis, interstitiis laevibus subcallosis, ad latera utrinque late sat fortiter impresso, lateribus medio acute angulato, angulis anticis extus curvato-productis; elytris testaceis, nigro-punctatis, prope suturam regulariter punctato-striatis, basi et apicem versus profunde sulcatis, interstitiis convexis, laevibus, callo humerali subacuto, abrupte interrupto et in costam acutam usque ad apicem extensam producto, impressione basali optime distincta. — Long. 5—7, lat. 2 ½ —3 mill.

♂ Paulo minor, 1⁰. tarsorum quatuor anticorum articulo modice dilatato.
Ocaña (Landolt!).

Chalcophana.
Chevrolat. d'Orbigny Dict. d'Hist. nat. III. p. 372.

1. *Ch. versicolor* Harold. Col. Heft. XII. p. 68.
Fusagasugá, Ubáque. — Columb. orient. (Winkler!).

2. *Ch. bogotana* Harold. Col. Heft. XII. p. 78.
Fusagasugá, Muzo, Paime, La Vega.

Variat corpore subtus cum capite, prothorace pedibusque (tibiis tarsisque nigris exceptis) rufo.

3. *Ch. Haroldi* (n. sp.): Oblongo-ovalis, elongata, rufa vel rufo-picea, elytris varicoloribus, viridibus, purpureis aut viridi-aeneis; antennis omnino rufis vel in medio aeneo-nigris; capite sat denso punctulato, inter oculos valde foveolato; prothorace magis minusve remote punctato, lateribus utrinque medio obsolete angulato; elytris parallelis, dorso subdepressis, densissime minus grosse punctatis, ad latera subtiliter transversim rugulosis ibique costis duabus (quarum prima ante apicem desiuente, secunda autem versus apicem magis elevata) longitudinaliter instructis, impressione basali nulla. — Long. 7—9, lat. 3—4 mill.

♂ Minor, antennis crassis, prothorace lateribus rotundato, elytris utrinque versus marginem lateralem longitudinaliter subcostatis, 1°. tarsorum quatuor anticorum articulo dilatato.

Medellin.

4. *Ch. suavis* Harold. Col. Heft. XII. p. 73.

Fusagasugá, Guayabál, Ocaña, Agnada, Rio negro, La Vega. — Columb. orient. (Winkler!).

5. *Ch. serrula* (n. sp.): Ovalis, rufo-sanguinea, elytris cyaneis, viridibus vel auratis, epipleuris, margine ipso et apice pedibusque rufo-sanguineis, tarsis, tibiis (basi excepta) sicut et antennis cyaneo-nigris, harum articulis 2 basalibus rufis; capite inter oculos sat fortiter foveolato, vertice longitudinaliter canaliculato; prothorace punctis nonnullis hic illic disperse adsperso; elytris apice acuminatis, basi et ad latera sat fortiter costatis, costis dorsalibus pone medium desinentibus, duabus autem lateralibus usque ad apicem fere extensis ibique magis elevatis; inter costas sat fortiter geminatim punctatis, punctis prope suturam et versus apicem minoribus et seriebus simplicibus, impressione basali maxime profunda, angulo apicali tumido. — Long. 5—7, lat. $2\frac{1}{4}$—3 mill.

Cañoas, Muzo, Copér, San Carlos, La Vega.

6. *Ch. Landolti* (n. sp.): Ovalis, rufa vel rufo-picea, elytris lacte aeneo-viridibus vel cupreo-aeneis, margine laterali utrinque anguste ferrugineis, oculis mandibulisque nigris, tarsis sicut et antennis

cyaneo-nigris, harum articulis 3 vel 4 basalibus rufis; capite sat dense punctulato, inter oculos foveolato; prothorace remote punctato, interstitiis minutissime vix perspicue punctulatis; elytris convexis, fortiter sublineatim remote punctatis, punctis in medio disci et versus apicem paulo minoribus, juxta suturam praesertim versus apicem sat profunde longitudinaliter unistriatis, ad latera distincte tricostulatis, costulis versus apicem magis elevatis, impressione basali profunda. — Long. 4—6, lat. 2—4 mill.

♂ Multo minor, elytris non costulatis, 1°. tarsorum quatuor anticorum articulo dilatato.

Ocaña (Landolt!). — Medellin.

7. *Ch. puncticollis* (n. sp.): Ovalis, rufa vel rufo-picea, elytris laete viridibus vel viridi-auratis, epipleuris, margine apicali pedibusque rufis, tarsis nigris, antennis ferrugineis, articulis 5—8 nigris; capite crebre punctulato, inter oculos foveolato; prothorace punctis majoribus et minoribus intermixtis irregulariter adsperso; elytris convexis, dense subtiliter punctulatis, juxta suturam praesertim versus apicem sat profunde longitudinaliter unistriatis, ad latera pone impressionem basalem obsoletam brevissime bicostulatis, angulo apicali grosse punctato. — Long. $6^1/_2$—7, lat. 3—4 mill.

♂ Paulo vix minor, costulis elytrorum obsoletis.

Guayabál, Ibagué.

8. *Ch. seminigra* Harold. Col. Heft. XII. p. 80.
Medellin, La Mesa.

9. *Ch. lutulenta* Harold. Col. Heft. XII. p. 79.
Columb. orient. (Winkler!).

Habrophora.
Erichs. Wiegm. Arch. 1847. I. p. 163.

1. *H. tibialis* (n. sp.): Oblonga, fulva, aequaliter fulvo-pubescens, mandibulis, oculis, antennis apice, genubus, tibiis tarsisque nigris, prothorace elytrisque densissime punctulatis — Long. 5, lat. 2 mill.
Muzo.

Sphaeropis.
Lef. Rev. et mag. de Zool. 1876. p. 302.

1. *Sph. humeralis* (n. sp.): Breviter oblongo-ovata, subviridi-

aeuea, interdum subcuprea, nitidula, pube molli grisea dense undique vestita, labro, palpis, antennis pedibusque brunneis, his interdum dilutioribus; capite prothoraceque crebro undique sat fortiter punctatis; elytris densissime subtiliter inordinatim punctulatis, impressione basali fere nulla. — Long. 3—3 1/2, lat. 1 1/4—1 1/2 mill.

♂ Callo humerali simplici.
♀ Paulo major, callo humerali in cretam elevatam producto.
Nare, Muzo, Paime, Cartago. — Ocaña (Landolt!).

Argolis.

1. *A. Steinheili* (n. sp.): ♀ Oblongo-ovalis, convexus, viridiaeneus, subcupreo-reflexo-micans, nitidus, labro, palpis, pedibus antennisque brunneo-testaceis, harum articulis quinque ultimis nigricantibus; capite crebro undique punctato, vertice obsolete longitudinaliter sulcato; prothorace minutissime remote punctulato, punctis multo majoribus disperse intermixtis; scutello laevi; elytris fortiter punctatis, ad latera transversim subconfluenter strigatis, versus apicem (praesertim juxta suturam) punctato-striatis; corpore subtus cum pedibus pube albida sat dense obtecto. — Long. 5 1/2, lat. 3 1/2 mill.
Cañoas.

Myochrous.

1. *M. explanatus* Baly. Trans. ent. Soc. of Lond. 1865. p. 335.
Magdalena.

2. *M. dubius* Fabr. Syst. El. II. p. 53.
Muzo, Ocaña (Landolt!).

Glyptoscelis.
Leconte. Proc. Ac. Phil. 1859. p. 81.

1. *Gl. fascicularis* Baly. Trans. ent. Soc. of Lond. 1865. p. 334.
Nare. — Ocaña (Landolt!).

Typophorus.
Erichs. Wiegm. Arch. 1847. I. p. 163.

1. *T. nigritus* Fabr. Syst. El. I. p. 421. (1801.)
Var. β. *T. nitidulus* Fabr. *loc. cit.* p. 421.
Mompox-el-Regidor, Muzo, Nare, Copér, La Vega, Cartago. — Columb. orient. (Winkler!).

2. *T. Steinheili* (n. sp.): Obovatus, rufo-testaceus, nitidus, pedibus antennisque nigris, harum articulis 4 basalibus fulvis; capite prothoraceque laevibus; elytris infra humeros vix perspicue impressis, subtiliter striato-punctatis, punctis ultra medium fere omnino evanescentibus. — Long. 3—3 $^1/_2$, lat. 1 $^3/_4$—2 mill.

Nare.

3. *T. exilis* (n. sp.): Minor, obovatus, subtus niger, supra cyaneus, nitidus; prothorace laevissimo; elytris lineatim punctatis, punctis ultra medium omnino evanescentibus, impressione basali obsoleta; pedibus nigro-piceis, tibiis pro parte tarsisque fulvis. — Long. 2—2 $^1/_4$, lat. 1—1 $^1/_4$ mill.

Columb. orient. (Winkler!).

Phanaeta.
(Nov. gen.)

Caput deflexum, usque ad oculos in thoracem insertum, oculis distantibus, rotundatis, integris. Antennae robustae, articulo 1°. inflato, 2°. incrassato tertio parum longiore, 3—6 minus validis, inter se aequilongis, quinque ultimis crassioribus, cylindricis. Prothorax convexus, lateribus utrinque medio angulatus vel minime denticulatus. Prosternum planum, latissimum, basi recte truncatum; thoracis episterna margine anteriore convexo. Mesosternum subquadratum, minus latum. Femora mutica; tibiae rectae, basi ad apicem, sensim leviter dilatatae, extus canaliculatae; unguiculi appendiculati.

Ad genus *Colaspoides* accedit, sed antennarum, prothorace sicut et prosterni structura maxime distinctum.

Huc sane pertinent *Chalcophana striata* Suffr. et *Chalcophana varicornis* Suffr., quae insulam Cuba incolant.

1. *Ph. ruficollis* (n. sp.): Oblongo-ovata, convexa, capite prothoraceque rufis, elytris cyaneis, pectore, abdomine pedibusque nigris vel nigro-piceis, femoribus anticis basi rufescentibus, antennis nigris, articulis quatuor primis testaceis; prothorace nitido, punctis nonnullis hic illic tantum adsperso, lateribus utrinque medio minime sed evidenter bidenticulatis. — Long. 3 $^1/_2$—4, lat. 1 $^3/_4$—2 $^1/_3$ mill.

♂ Elytris fortiter, ad latera crebrius, substriato-punctatis.

♀ Latior, elytris fortiter substriato-punctatis, ad latera utrinque longitudinaliter manifeste costatis, inter costas confluenter subrugose punctatis.

Paimo, Cañoas. — Ocaña (Landolt!).

Colaspoides.
Castelnau. Silb. Rev. 1833. p. 20.

1. *C. fasciata* Lef. Rev. et mag. de zool. 1875. p. 135.
La Vega.

2. *C. viridicornis* (n. sp.): Late ovata, convexa, subtus viridi-cyanea, supra saturate cyanea, nitidissima, labro viridi-aeneo, antennis filiformibus, viridi-metallicis, articulis 3 basalibus fulvis, 1º. macula fusca superne notato, 3º. duobus sequentibus simul sumptis aequilongo; capite crebre fortiter punctato, vertice sat profunde longitudinaliter sulcato; prothorace transverso, laevi, vix perspicue hic illic disperse subtilissime punctulato; scutello laevissimo; elytris subtiliter punctatis, punctis sensim versus apicem minoribus, apice juxta suturam unistriatis; pedibus cyaneis, tibiis apice tarsisque viridibus, unguiculis obscure ferrugineis. — Long. 6, lat. 4 mill.
Medellin.

2. *C. varicolor* (n. sp.): Ovata, valde convexa, viridi-metallica vel cyaneo-viridis, vel cyanea, nitida, pedibus concoloribus, tarsis fuscis, antennis nigris, articulis 4 vel 5 basalibus testaceis; capite crebre undique punctato; prothorace punctis majoribus et minoribus intermixtis sat dense instructo, lateribus utrinque concinne marginato; scutello laevi; elytris infra humeros late sed parum profunde transversim impressis, sat crebre punctulatis, punctis aciculatis et sensim versus apicem minoribus, apice juxta suturam stria impressa. — Long. 5—6, lat. 3½—4 mill.
Cañoas.

Verzeichniss
der von Herrn Ed. Steinheil in Neu-Granada
gesammelten
Cryptocephalini und Criocerini
von Martin Jacoby.

A. *Cryptocephalini.*

Cryptocephalus nigromaculatus (n. sp.): Cylindrisch, hochgewölbt; schwarz, die Mundtheile, das Halsschild und die Flügeldecken hell röthlich gelb, letztere mit einem gemeinsamen dreieckigen Spitzenfleck schwarz. Das Halsschild spiegelglatt, die Flügeldecken deutlich aber nicht stark punktstreifig. — Long. $1\,^2/_3$ lin.

Der Kopf auf dem Scheitel von schwarzer Farbe, nach vorn zu mehr bräunlich und die Mundtheile hellgelb. Die Punktirung oben und zwischen den Augen dicht und grob, auch das Kopfschild mit einzelnen groben Punkten besetzt und in der Mitte flach ausgehöhlt. Die Fühler, die in dem einzigen mir vorliegenden Stücke aus nur 8 Gliedern bestehen, von schwarzer Farbe mit den ersten 4 und die Hälfte des 5. Gliedes hellgelb; das Halsschild nach vorn sehr stark verschmälert, die Oberfläche hochgewölbt, der Seitenrand mässig gerundet und die Hinterecken spitzig vortretend; der Hinterrand kaum merklich geschwungen. Die Oberfläche auch bei starker Vergrösserung durchaus glatt und glänzend, nur jederseits des Schildchens ein kurzer Schrägeindruck, der Hinterrand fein gesägt und schwarz gesäumt. Das Schildchen dreieckig, schwarz, etwas ansteigend und glatt, nur mit einem kleinen Grübchen an der Basis. Flügeldecken von ungefähr doppelter Halsschildlänge, nach hinten leicht verschmälert. Die Schulterbeule kaum hervortretend, mit ziemlich feinen Punktreihen, die nach der Spitze zu fast ganz verschwinden, der 7. und 8. Punktstreifen ist unterhalb der Basis etwas gröber und durch einige extra Punkte gestört. Die Zwischenräume sind sehr fein runzlig genarbt.

Die Farbe von der des Halsschildes nicht verschieden, die Basis jedoch ebenfalls fein schwarz gesäumt und die äusserste Spitze von einem dreieckigen schwarzbraunen Flecken eingenommen. Die Unterseite sowie die Beine glänzend schwarz, fein behaart, und die Basis der Schenkel sowie die Tarsen heller bräunlich.

Von Abejorral.

Cryptocephalus collaris (n. sp.): Schwarz, 5 Flecke des glatten Halsschildes, 2 Querflecke jeder Flügeldecke durch einen feinen Randstreifen verbunden, gelblichweiss. — Long. $1^{1}/_{3}$—$1^{1}/_{2}$ lin.

Der Kopf flach, ohne alle Punktirung und ohne Glanz, das Kopfschild durch eine deutliche Querfurche geschieden, schwarz, nur die Mundtheile bräunlich. Die Fühler von nicht ganz halber Körperlänge, vom 5. Gliede an erweitert, schwarz, nur die unteren 4 oder 5 Glieder hellbräunlich. Das Halsschild sehr schmal und in die Quere gezogen, wohl dreimal so breit als lang, mit spitzen vorgezogenen Hinterecken und die Flügeldecken damit dicht umfassend, durch die nach vorn zu stark abgerundeten Seitenränder daselbst sehr verschmälert. Die Oberfläche sehr fein matt genarbt, dadurch ohne allen Glanz, etwas seidenartig schimmernd, kohlschwarz, ein länglicher dreieckiger Fleck jederseits am Vorderwinkel, ein schmaler Querfleck in der Mitte des Vorderrandes, bei einem andern Stücke jedoch fehlend, und 2 etwas mehr rundlich ovale Flecke am Grunde des daselbst wellig ausgebuchteten Hinterrandes, hellröthlich gelb. Das Schildchen spitz dreieckig mit einem kleinen Grübchen an der Basis, sonst spiegelglatt. Die Flügeldecken am Grunde deutlich schmäler als das Halsschild, nach der Mitte zu erweitert und der Rücken ziemlich hochgewölbt, aber doch trotzdem sehr breit scheinend, mit knotig vortretender Schulterbeule, die Punktstreifen fast nur auf der Mitte, besonders auf dem dort befindlichen weisslichen Querfleck deutlich, davor und nach hinten zu sehr abgeschwächt. Die Zwischenräume flach, fein narbig, dadurch der Glanz nicht stärker als derjenige des Halsschildes. Ein Querfleck in der Mitte, doch näher dem Aussenrande als der Naht gelegen, und ersteren fast berührend, nach innen zu verschmälert, ein andrer ovaler Fleck an der Spitze und beide durch den dazwischen liegenden äusseren Saum von gleicher Farbe verbunden, gelblichweiss. Das Pygidium ebenfalls mit 2 grossen dreieckigen weisslichen Flecken geziert. Unterseite und Beine glänzend schwarz, die Tarsen heller bräunlich.

Zwei Stücke von La Luzera.

Von derselben Localität liegen ferner 3 Stücke vor, die sich ausser in der Färbung weder in Gestalt noch Sculptur in nichts von obiger Art unterscheiden, es ist nämlich von allen hellen Flecken nur eine Andeutung der mittleren der Flügeldecken vorhanden, derselbe überdiess etwas mehr röthlich, alle anderen, selbst diejenigen des Pygidiums sind verschwunden, bei einem Stück ist sogar auch der Fleck der Flügeldecken nicht vorhanden und das ganze Thier einfarbig schwarz, nur die Basalglieder der Fühler und die Tarsen haben ihre bräunliche Färbung behalten; trotzdem dass diese drei Exemplare fast genau gleich gefärbt sind und es mir an Uebergangsformen mit der normalgefärbten Art fehlt, habe ich doch nicht den geringsten Zweifel, dass vorliegender Käfer nur eine dunkle Varietät vorstellt, deren es ja so viele auch bei anderen Arten dieser Gruppe gibt.

Ich benenne diese Varietät deshalb *collaris* var. *morio*.

Cryptocephalus Balyi (n. sp.): Hellbräunlichgelb, unten einfarbig hellgelb; Halsschild spiegelglatt, die Flügeldecken fein bräunlich gesäumt, mit 9 Reihen tiefer brauner Punktstreifen und bräunlichem Längsstrich auf der Schulterbeule. — Long. 2 lin.

Von cylindrischer, robuster Gestalt, der Kopf glatt, hier und da mit einigen Punkten besetzt und deutlicher, ziemlich tiefer Mittelfurche; Kopfschild fein dreieckig abgesetzt, in der Mitte quer ausgehöhlt, die Farbe wie diejenige des Kopfes einfarbig hellbräunlichgelb, die Kinnbacken dunkler. Fühler bei dem einen vorliegenden ♀ nicht vollständig, die unteren 5 Glieder hellgelblich, davon das erste cylindrisch, das zweite rund knopfförmig, das dritte und vierte Glied von gleicher Länge, das fünfte etwas länger, die folgenden etwas erweitert, von schwarzer Farbe. Das Halsschild von mittelmässiger Wölbung, ungefähr doppelt breiter als lang. Der Hinterrand jederseits nur wenig ausgebuchtet, fein bräunlich gesäumt. Die Oberfläche spiegelglatt, hellbräunlich, nur gegen den Hinterrand heller gelblich, mit schwachem kaum bemerkbarem Eindruck jederseits, in der Mitte des Hinterrandes. Das Schildchen fast dreieckig mit abgerundeter Spitze und deutlicher

Grube an der Basis, ebenfalls von hellgelber Farbe, bräunlich gesäumt. Flügeldecken parallel, von regelmässiger Wölbung, der Rücken nicht abgeflacht, mit neun deutlichen, ziemlich tiefen, braun gefärbten Punktreihen auf jeder Flügeldecke, die auf dem hellgelben Grunde mit blossem Auge deutlich sichtbar sind und wie folgt laufen: der erste nahe der Naht aus 6 Punkten bestehend, der zweite von doppelter Länge bis zur Mitte reichend und daselbst den dritten Streifen fast berührend, letzterer geht in einem Bogen fast bis zur Spitze und verbindet sich daselbst mit dem achten Streifen, während der vierte und fünfte, so wie der sechste und siebente Streif sich innerhalb dieses Raumes ebenfalls am Ende verbinden. Keiner dieser Punktstreifen, ausser dem achten, berührt die Basis der Flügeldecken. Die Zwischenräume der äusseren sind unterhalb der länglichen, nur wenig vortretenden Schulterbeule deutlich gewölbt, die der anderen Punkte flach. Die Schulterbeule ausserdem von dunkelbrauner Farbe, während unterhalb derselben, der siebente Streif durch einen andern kurzen braunen Fleck, so wie durch einige überzählige Punkte, gestört ist. Pygidium hellgelb, körnig punktirt, Unterseite und Beine mit Ausnahme der etwas dunkleren Schienen, ebenfalls gelb. Das vorliegende ♀ mit tiefer Grube des letzten Hinterleibsringes.

Von Muzo.

Cryptocephalus Steinheili (n. sp.): Hellgelb, eine M-förmige Zeichnung auf dem Halsschilde, eine Querbinde am Grunde, die Naht und eine Querbinde hinter der Mitte der Flügeldecken, dunkelbraun. Die letzteren mit feinen, hinten erlöschenden Punktstreifen. — Long. 1 lin.

In der Zeichnung der Flügeldecken dem *C. lividipennis* Suffr. nahe stehend und wohl am besten nach ihr in der dreizehnten Rotte ihren Platz findend, zeichnet sich vorliegende Art sofort durch die Zeichnung des Halsschildes aus. Der Kopf einfarbig hellgelb, nur ein flaches Grübchen am Scheitel so wie die Mundtheile heller bräunlich, die Oberfläche sehr matt glänzend, kaum eine Spur von einigen Punkten sichtbar. Die Augen mässig ausgebuchtet und ziemlich weit auseinanderstehend. Die Fühler kurz, nur bis an's Ende des Halsschildes reichend, vom fünften Gliede an etwas verdickt und erweitert, die unteren 4 Glieder hellgelblich, die übrigen von schwarzer Farbe.

Das Halsschild stark in die Quere gezogen, nur auf dem Rücken stark gewölbt. Die Seiten etwas abgeflacht oder vielmehr weniger tief nach unten geneigt, mit ziemlich stark nach vorne abgerundeten Seitenrändern und in der Mitte erweitertem Vorderrande. Die Oberfläche glänzend und glatt, unter starker Vergrösserung nur einige feine Punkte hier und da zeigend, die Farbe ein helles Gelb, von einer ausgebreiteten dunkelbraunen M-förmigen Zeichnung unterbrochen. Das Schildchen glatt, dunkelbraun. Die Flügeldecken von doppelter Halsschildlänge, cylindrisch punktirt gestreift, die Punkte jedoch nur gleich unterhalb der dadurch quer aufgewulsteten Basis tief und deutlich, im Uebrigen schon fast vor der Mitte erlöschend. Die Farbe von demselben Gelb des Halsschildes, die Basis, die Naht und eine Querbinde hinter der Mitte, dunkelbraun. Nimmt man das Braune als Grundfarbe an, so zeigt jede Flügeldecke zwei grosse gelbe Flecke, der erste grössere, unterhalb der Basis nur bis zum zweiten Zwischenraume vor der Naht reichend, der zweite etwas kleinere ovale Fleck die ganze Spitze einnehmend, jedoch ebenfalls durch einen feinen Nahtsaum umgeben. Die Unterseite so wie die Beine einfarbig hellbräunlich gelb.

Von Medellin.

Es ist wahrscheinlich, dass die Zeichnung dieser Art Abänderungen unterworfen ist, die sich durch das mehr oder weniger Hervortreten der braunen Färbung bemerkbar machen würde, durch die Halsschildzeichnung wird der Käfer jedoch von anderen ähnlich gefärbten Arten zu unterscheiden sein.

Cryptocephalus notatipennis Baly. Trans. Ent. Soc. 1877. III.

Ein Stück von Chucuri-Naro von 1 Lin. Länge stimmt so ziemlich mit der Baly'schen Beschreibung, es ist derselben jedoch Folgendes zuzusetzen: es sind statt zwei, drei deutlich erhobene Zwischenräume nahe dem Aussenrande sichtbar, die Unterseite ist hier fast schwarz, nur die Mitte des Hinterleibes leicht gebräunt, die Beine von hellgelblicher Farbe, und ausser den kleinen länglichen Flecken der Flügeldecken findet sich auf jeder Seite des Pygidiums ein hellbräunlicher Flecken. Bei dem einen mir vorliegenden Käfer wage ich nicht denselben als neue Art aufzufassen, da er im Uebrigen nicht von Baly's Beschreibung abweicht.

Cryptocephalus pustulipennis (n. sp.): Kopf, Halsschild, Unterseite und Beine hellröthlich braun, die Flügeldecken röthlichgelb, tief punktstreifig; die Basis, der Saum, die Naht und ein runder Fleck an der Spitze, tiefbraun. — Long. 1 lin.

In der Färbung dem *Monachus rubropustulatus* Stål sehr ähnlich. Der Kopf glatt mit deutlicher Grube zwischen den Fühlern, die Augen schwarz, sehr ausgebuchtet und oben zusammenstossend, der dazwischenliegende Raum viereckig röthlichbraun; die Fühler von gut $^3/_4$ der Körperlänge, schlank, das fünfte Glied am längsten, die vier unteren hellgelb, die übrigen schwarz. Das Halsschild hoch gewölbt und ungefähr 1$^1/_2$ mal breiter als lang, vorne stark verschmälert, die Seiten fein gerandet, nur wenig gerundet, die Oberfläche spiegelglatt mit einem schwachen kurzen Quereindruck vor dem Schildchen, die Farbe tief röthlichbraun, stark glänzend. Schildchen schmal, stark ansteigend mit einem Grübchen am Grunde, dunkelbraun. Die Flügeldecken nach hinten kaum merklich verschmälert, nur $^1/_2$ mal länger als das Halsschild, tief und regelmässig punktstreifig, die Punkte deutlich bis über die hintere Wölbung sichtbar, aber daselbst etwas weiter von einander entfernt, die Zwischenräume flach, glänzend, nur die zwei äusseren etwas gewölbt, die Schulterbeule stark vortretend, ausserdem die Naht jeder Flügeldecke der ganzen Länge nach fein und scharf erhaben. Die Farbe ein helles röthliches Gelb, der Seitenrand schmal, in Verbindung mit dem Basaltheil und der Naht, die letzteren beiden Theile breiter, dunkelbraun gesäumt, der Nahtsaum jedoch nach hinten bedeutend verschmälert, ferner ein ebenso gefärbter Fleck nahe der Spitze jeder Flügeldecke mit dem Seitenrande theilweise in Verbindung stehend, befindlich. Nimmt man das Braun als Grundfarbe, so hat jede Flügeldecke einen breiten, den ganzen Mittelfleck einnehmenden, hellen gelben Flecken, der sich um die Spitze in schmaler Ausdehnung herumzieht. Die Unterseite und die Beine röthlichbraun.

Von Nare.

Durch die langen Fühler und die zusammenstossenden Augen wohl am besten der 10. Rotte einzuverleiben, auch *Cr. gratus* Baly (Trans. 1877) nahe verwandt was die Färbung anbelangt; aber durch die bläuliche Oberseite und die von einander getrennten Augen dieser Art, von ihm verschieden.

Metallactus modestus (n. sp.): Oben hellbräunlich gelb, der Scheitel, fünf verwaschene Flecke des grob punktirten Halsschildes, das Schildchen, und zwei abgekürzte Querbinden jeder vorn doppeltpunktstreifigen Flügeldecke, dunkelbraun, unten schwarz mit hellgelben Beinen. — Long. 1 $^1/_4$ lin.

Kopf mit deutlich punktirter, nach vorn zu breiterer Mittellinie, das Kopfschild mit in die Quere gestellten groben Punkten, die Farbe hellgelb, der Scheitel mit breitem dreieckigem Basalfleck, dessen Spitze sich zwischen den Augen als schmaler Streif verlängert, auch das Kopfschild mit bräunlichem Mittelfleck; die Fühler von halber Körperlänge, schwarz, die unteren drei oder vier Glieder bräunlichgelb. Das Halsschild schmal, nur wenig gewölbt mit deutlich gerandetem Vorder- und Hintersaum. Der Hinterrand nur jederseits des Schildchens seicht ausgebuchtet mit schwach vortretendem Mittelzipfel, die Seiten fast gerade, die Oberfläche mit groben und nicht dicht gestellten Punkten markirt, von hellgelblicher Farbe, in der Mitte verwaschen gebräunt. Fünf unregelmässige grosse Flecke von dunkelbrauner Farbe ziehen sich der Quere nach, von einem Ende zum anderen, davon nehmen zwei die Mitte des Vorderrandes, einer jede Hinterecke, und der mittlere fünfte die Mitte des Hinterrandes ein. Das Schildchen breit ansteigend, glänzend schwarz. Die Flügeldecken mässig gewölbt, tief punktstreifig mit gewölbten glänzenden Zwischenräumen. Die Punktirung ist nahe der Basis doppelt, unterhalb derselben bildet sie jedoch einzelne Reihen, wenn auch hier und da, hauptsächlich nahe des Saumes, eingestreute Punkte dieselbe verwirren. Vor der Spitze ist die Punktirung plötzlich und vollkommen unterbrochen. Die Färbung ist nicht von der des Halsschildes verschieden, nur etwas reiner und deutlicher gelb. An der Basis zieht sich ein breiter nach innen etwas erweiterter dunkelbrauner Querfleck, die Naht und den äusseren Saum jedoch nicht berührend, hin, während ein zweiter ebenso gefärbter, nach der Naht zu spitz dreieckiger Fleck auf der Wölbung liegt, derselbe berührt jedoch den Saum und entsendet zwei deutliche scharfe Zacken nach vorn zu in die Zwischenräume der achten und neunten, sowie der vierten Punktstreifen. Letztere sind überdies, sowie der ganze äussere Saum, ebenfalls von dunkelbrauner Färbung. Die Unterseite, mit Ausnahme der hellgelb gefärbten Brust sowie der Hinterleibsseiten, schwarz, die Beine hellbräunlich gelb.

Von Medellin.

Metallactus Waterhousei (n. sp.): Kopf schwarz, punktirt. Das fein punktirte Halsschild und die vorne doppeltpunktstreifigen Flügeldecken hellknochengelb, glänzend, ersteres mit verwaschen bräunlicher Oberfläche, letztere mit ebenso gefärbter Schulterbeule und Querbinde vor der Spitze; unten und die Beine hellbraun, Hinterleibsseiten und Pygidium gelblich weiss. — Long. 2 lin.

Der Kopf glänzend schwarz, oben einzeln, nach vorn zu dichter und grob punktirt mit hellbräunlicher glänzender Oberlippe und bei dem einen vorliegenden ♀ ziemlich weit entfernten Augen. Die Fühler von mehr als halber Körperlänge, dünn und schlank, vom dritten bis fünften Gliede deutlich verlängert, letzteres fast doppelt so lang als das dritte Glied. Die Uebrigen kürzer und an der Spitze deutlich und ziemlich stark erweitert, schwarz, die ersten drei oder vier Glieder unten gelblich. Das Halsschild verhältnissmässig schmal und stark in die Quere gezogen, die Seiten nach vorn zu verschmälert und hinter der Mitte breiter gerandet, der Hinterrand fast gerade. Die Oberfläche jederseits vor dem Schildchen seicht quer eingedrückt, ziemlich gleichmässig, nicht sehr dicht und tief aber deutlich punktirt, alle Ränder von hellgelber glänzender Farbe, die Mitte leicht verwaschen gebräunt. Das Schildchen breit, schwarz und fein gelblich behaart. Die Flügeldecken breit abgeflacht, nur wenig gewölbt und parallel, mit kurzer nur wenig erhobener Schulterbeule und mässigem stark abgerundetem Seitenlappen. Die Punktstreifen deutlich, vorn theilweise verdoppelt, längs der Naht hinter der Mitte sehr verwirrt, der zweite und dritte sowie vierte und neunte Streif an der Spitze vereinigt, letztere selbst jedoch vollkommen glatt, da alle Punkte etwas vor ihr abbrechen. Die Zwischenräume flach und glänzend. Die Farbe der hellen des Halsschildes entsprechend, die Schulterbeule aber, sowie die Säume und das Innere der Punkte dunkelbraun, ausserdem nimmt schon das blosse Auge eine verwaschene schräge leicht gebräunte Querbinde wahr, die sich hinter der Mitte der Flügeldecken von den hinteren Winkeln nach oben zieht, während der Raum zwischen Schulterbeule und Naht ebenfalls leicht gebräunt erscheint.

Das Pygidium fein körnig punktirt, einfarbig gelblich, so wie die Seiten der Hinterleibsringe, das Uebrige sowie die Beine röthlichbraun, fein silberhaarig, das Klauenglied geschwärzt.

Ein ♀ von Muzo.

Metallactus bifasciatus (n. sp.): Gelblichweiss, der Kopf, ein grosser Mittelfleck am Vorderrande des feinpunktirten Halsschildes, sowie die Naht und 2 Querbinden der Flügeldecken, schwarz; letztere grob punktstreifig. Pygidium und Hinterleibsseiten gelblich weiss. — Long. 2 lin.

Durch die Färbung sich einigen Arten der eilften Rotte anschliessend, ist vorliegende Art durch die Zeichnung sowohl, als durch die starke Sculptur der Flügeldecken doch gut von denselben zu unterscheiden.

Der Kopf oben glatt, nach unten zu deutlich und dicht punktirt; die Augen bei dem einzigen vorliegendem Weibchen ziemlich von einander getrennt. Die Oberlippe sowie die Palpen von hellbräunlichweisser Farbe. Die Fühler schlank und dünn, vom vierten Gliede an fast gleichlang, schwarz, nur die 2 Wurzelglieder unten weisslich. Das Halsschild schmal, $2\frac{1}{2}$ mal breiter als lang, der Hinterrand jederseits vor der Mitte wellig gebogen, der Vorderrand gleichmässig verlaufend, die Seitenränder hinter der Mitte stark erweitert, nach vorne zu sehr verschmälert. Die Oberfläche in der Nähe der Hinterecken leicht schräge eingedrückt, mässig dicht und fein punktirt, nur nach den Seiten zu mit einzelnen gröberen Eindrücken versehen. Die Färbung ein helles knochengelb, in der Mitte des Vorderrandes von einem breiten, nach hinten spitz dreieckigem schwarzem Flecke unterbrochen, dessen Spitze den Hinterrand jedoch nicht erreicht. Schildchen mit breiter Basis stark ansteigend, dessen Spitze breit gerundet. Die Oberfläche punktirt und fein behaart, schwarz. Die Flügeldecken nur mässig gewölbt, parallel, $2\frac{1}{2}$ mal länger als das Halsschild, vor der Spitze des Schildchens stark erhoben, mit tiefen bis zur Wölbung deutlichen Punktstreifen. Der erste und zweite Streifen wellig gebogen, parallel laufend und hinter der Mitte durch eingestreute Punkte verwirrt, der dritte ziemlich regelmässig, auf der Wölbung plötzlich abgebrochen und mit den beiden vorhergehenden von gleicher Länge. Der vierte und neunte auf der Wölbung vereinigt und die übrigen

Streifen in sich schliessend. Die Färbung von derjenigen des Halsschildes nicht verschieden, nämlich die Grundfarbe weisslichgelb, eine gemeinschaftliche gleichbreite Wurzelbinde, und eine zweite hinter der Mitte mit ihrem äusseren Ende nach hinten gebogen und daselbst der Spitze fein umziehend, glänzend schwarz. Die Unterseite ausser die Vorderbrust schwarz fein behaart, nach hinten zu bräunlich gesäumt, das Pygidium und die Seiten des Hinterleibes sowie der letzte Hinterleibsring weisslich. Die Beine hellbräunlich, nur die Schenkel mit schwärzlichem Mittelfleck.

Von Muzo.

Metallactus columbicus (n. sp.): Der Kopf, das Halsschild, die Vorderbrust und Beine hellbräunlich, die Flügeldecken fast schwarz; zwei Flecken des Vorderrandes, drei im Dreieck stehende auf der Mitte, sowie die Spitze der Naht und die Hinterleibsseiten, gelblich weiss; das Halsschild grob punktirt, die Flügeldecken punktstreifig. — Long. 1 lin.

Eine kleine, durch die Färbung höchst ausgezeichnete Art. Der Kopf zur Hälfte von den sehr grossen, oben nur durch eine kleine Mittellinie getrennten Augen eingenommen, und die Basis dadurch bis auf ein länglich dreieckiges Stückchen oben zusammengedrängt, auch unterhalb der Augen fast nur das mit einigen groben Punkten besetzte Kopfschild sichtbar. Die Farbe bräunlichgelb. Fühler von $^3/_4$ der Körperlänge, schwarz, nur die zwei unteren Glieder von der Farbe des Kopfes. Das Halsschild stark gewölbt mit tief herabgezogenen Seiten und jederseits tiefem schrägem Eindrucke nahe des Hinterrandes. Die Seiten nach vorn zu stark gerundet, nach der Basis zu verschmälert, überdies alle Seiten fein gerandet und von einer Punktreihe begleitet. Der Hinterrand jederseits vor dem Schildchen leicht wellig gebogen. Die ganze Oberfläche grob, aber nicht sehr gedrängt punktirt, von hellbräunlicher Farbe, in der Mitte mit einigen dunkleren unbestimmten Längsflecken, die Seitenränder ausserdem von einer hellgelben schwielig erhöhten Strieme begleitet. Das Schildchen ebenfalls bräunlich gelb, glatt. Die Flügeldecken von doppelter Halsschildlänge, tief punktirt gestreift, die Spitze jedoch glatt, die ersten Streifen nahe der Naht unterhalb der Mitte zu einem vereinigt, der dritte, vierte und fünfte ziemlich regelmässig, diejenigen unterhalb der Schulterbeule sehr unregelmässig und durch einen Quereindruck gestört. Die Färbung ein glänzendes tiefes Pechbraun, fast schwarz; der kielig erhöhte Vorderrand mit zwei einander fast berührenden weisslichgelben Flecken markirt, ausserdem auf jeder Flügeldecke drei ebenso gefärbte erhöhte glatte Makeln, wovon die eine etwas vor der Mitte nahe dem Aussenrande, die anderen zwei etwas hinter derselben quergestellt sind. Von diesen letzten beiden berührt die eine fast die Naht, während die andere etwas weiter nach hinten, dem Aussenrande genähert ist. Ausserdem zeigt die Naht nach hinten zu eine hellbräunliche Färbung und geht schliesslich an der Spitze in einen gelblichen Fleck über. Unten, mit Ausnahme der hellbräunlichen Vorderbrust und der Beine, schwarz, die Seiten der Hinterleibsringe weisslich, auch das Pygidium von derselben Farbe mit grossem schwärzlichem Mittelfleck.

Von Nare.

Diese Art würde am besten nach *M. Clarki* Suffr. zu stehen kommen, von der sie sich aber durch die zusammenstossenden Augen, die schwarzen Flügeldecken und sonstige Verschiedenheit in der Färbung sowohl als in der geringeren Grösse unterscheidet.

Scolochrus alutaceus (n. sp.): Unten schwarz, fein silberhaarig mit weissgefleckten Beinen; oben matt ohne Glanz, ziegelroth; das dicht punktirte und längsrunzlige Halsschild mit schwarzem Mittelfleck und hellgelben Vorder- und Seitenrande, die Flügeldecken grob punktstreifig mit fein gerunzelten Zwischenräumen, schwarzem Vorderrande, Naht und schräger hinterer Querbinde.

♂ Augen zusammenstossend, Scheitel und Kopfschild glänzend hellgelb. — Long. $1^{3}/_{4}$ lin.

/ ♀ Augen entfernt, nur der obere innere Augenrand und eine Querbinde oberhalb des Kopfschildes gelblichweiss. — Long. $2^{1}/_{4}$ lin.

Ein durch seine matte fast lederartige Oberfläche und die bunte Färbung sehr ausgezeichneter Käfer. Das ♂ mit grossen, fast den ganzen Kopf einnehmenden, wenig ausgebuchteten Augen, die nur durch eine schmale Mittellinie von einander getrennt sind, der obere Zwischenraum sowie das fast glatte, glänzende Kopfschild hellgelb, schwarz gesäumt, die Oberlippe dunkelbraun mit schwärzlichem Mittelfeld. Die Fühler ungefähr bis zur Schulterbeule reichend, deren Glieder fast alle etwas erweitert, das fünfte am längsten, die unteren fünf unten gelblich, die übrigen schwärzlich, fein bewimpert. Das Halsschild von quer fast viereckiger Form, die Seiten fast gerade, der ebenfalls fast gerade abgeschnittene Mittelzipfel mit deutlicher Querfurche, auch sämmtliche Ränder von einer Furche begleitet, die hauptsächlich am Vorderrande tiefer eingedrückt ist und denselben schwielig erhöht erscheinen lässt. Die Oberfläche grob körnig punktirt mit fein gerunzelten Zwischenräumen, der vordere schwarzgefärbte Theil ausserdem mit länglichen, theilweise zusammenfliessenden Runzeln, nur der hellgelb gefärbte Vorder- und Seitenrand glatt, etwas schwielig mit nur einzelnen tiefen Punkten versehen. Die Färbung ein helles Ziegelroth, unterbrochen durch einen nach hinten spitz zulaufenden grossen dreieckigen schwarzen Fleck, dessen hintere Spitze sich in einer feinen schwarzen Mittellinie dem Hinterrande anschliesst, auch die Hinterwinkel mit schwärzlichem Schatten, das ganze Halsschild überdies schwarz gesäumt. Schildchen breit, an der Basis quer eingedrückt, hoch ansteigend, zweitheilig, der vordere Theil klein, dreieckig, die Oberfläche fein punktirt und etwas behaart. Die Flügeldecken nach hinten zu kaum verschmälert, ausser nahe der Naht, ziemlich regelmässig grob punktirt gestreift, der zweite und neunte Streifen vor der Spitze vereinigt, die Zwischenräume etwas erhöht, sehr fein und dicht querrunzlig, mit nur wenig Glanz, die Basis scharf kielig erhoben. Die Farbe, dasselbe Roth als dasjenige des Halsschildes, nur der Seitenlappen hellgelb und glatt, die Basis, die Naht und eine gemeinschaftliche jederseits nach oben schräg ansteigende Binde vor der Spitze, schwarz; oder nimmt man das Schwarze als Grundfarbe an, so zeigt jede Flügeldecke einen grossen die Naht nicht erreichenden, nach dem Aussenrande zu stark erweiterten Mittelfleck und die Spitze schmäler von rother Farbe. Pygidium schwarz, fein silberhaarig mit glatter Mittellinie, die Unterseite ebenso gefärbt und behaart, die Vorderbeine jedoch unten mit weisser Längslinie und einem weissem Flecke an der Schenkelspitze, die Hinterschenkel mit zwei weissen Längsstreifen, die Schienen weisslich, nach der Spitze zu hellbraun, die Tarsen ebenfalls braun, die Klauen fast schwarz. Ausserdem findet sich jederseits des Prosternums ein weisser Fleck.

Bei dem ♀ finden sich ausser den oben angegebenen Unterschieden die Flügeldecken noch deutlicher gerunzelt und von matterer Farbe, auch ist die schwarze Zeichnung nicht so deutlich markirt.

Dieser Käfer wurde von Herrn Landolt in Ocaña gefunden, es finden sich aber in meiner Sammlung Exemplare von St. Martha in Brasilien und liegt mir nur ein Männchen vor.

Monachus nigripennis (n. sp.): Einfarbig tiefschwarz, glänzend, mit röthlicher Fühlerwurzel, das Halsschild mit Querfurche, deutlich und mässig dicht punktirt, die Flügeldecken tief und bis zur Spitze deutlich punktstreifig mit nach hinten zu erhabenen Zwischenräumen. — Long. 1 lin.

Durch die Querfurche des Halsschildes und die einfarbigen Deckschilde der fünften Rotte nach Suffrian's Eintheilung einzuverleiben, von *nigritulus* Bohem. sogleich durch die deutliche Punktirung des Halsschildes zu unterscheiden. Bei dem einen vorliegenden Stück die Augen oben ziemlich weit von einander getrennt, der Kopf mit deutlicher Mittelfurche und einzelnen Punkten besetzt, schwarz. Die Fühler von fast halber Körperlänge, robust, die unteren zwei oder drei Glieder röthlichbraun, die übrigen schwarz. Das Halsschild von regelmässiger Wölbung, nach vorn zu stark verschmälert; die Seiten fein gerandet und von einer tieferen Punktreihe begleitet; vor dem Schildchen eine kurze, aber unter gewisser Beleuchtung tiefe Querfurche. Die ganze Oberfläche gleichmässig fein, aber nicht gedrängt punktirt, glänzend tiefschwarz. Das Schildchen länglich und spitz dreieckig, glatt. Die Flügeldecken von doppelter Halsschildlänge, fast cylindrisch und hinten nicht erweitert, mit regelmässigen vorne ziemlich tiefen, hinten etwas feiner werdenden Punktstreifen, der siebente Streif unterhalb der Schulterbeule jedoch aus nur einigen Punkten bestehend, der vorhergehende etwas wellig gebogen, die Zwischenräume flach und glänzend und die zwei äussersten, sowie diejenigen nahe der Spitze erhöht. Die Schulterbeule knotig und der Basaltheil durch die tieferen Punkte der Quere nach erhöht. Das Pygidium, die Unterseite und die Beine ebenfalls glänzend schwarz, ersteres deutlich punktirt.

Von Rio negro.

Monachus atrofasciatus (n. sp.): Kopf und Unterseite metallisch grünlich, schwarz. Flügeldecken röthlichgelb, eine Querbinde der letzteren hinter der Mitte sowie das Halsschild schwarz. — Long. 1 lin.

Der achten Rotte nach Suffrian angehörend und *M. babioides* in der Färbung höchst nahe stehend, bei genauer Vergleichung mit dieser Art jedoch von ihr in verschiedenen Punkten abweichend. Der Kopf fein und narbig punktirt, daher ohne allen Glanz, die Augen oben einander sehr genähert; die Mundtheile bräunlich. Fühler bis an's Ende des Halsschildes reichend, vom sechsten Gliede an deutlich verdickt, das Basalglied sehr verlängert, von bräunlicher Farbe, alle übrigen schwärzlich. Das Halsschild ungefähr $1/2$ mal breiter als lang, nach vorne stark verschmälert, die Seitenränder am Grunde fast gerade, nach vorne zu im schwachen Bogen zugerundet, die Hinterecken spitz und etwas vorgezogen, die Oberfläche stark gewölbt mit deutlicher Querfurche vor dem Schildchen und einem weniger starkem, flachem Eindrucke vor den Hinterecken, die Farbe glänzend schwarz, spiegelglatt. Schildchen länglich dreieckig, zugespitzt und ebenfalls glatt. Die Flügeldecken nicht sehr stark gewölbt, verhältnissmässig breit, jede derselben mit zehn deutlichen nach hinten zu feiner werdenden Punktstreifen und flachen glänzenden Zwischenräumen. Die Färbung ein helles gelbliches Roth, welches nur durch eine breite schwarze Binde hinter der Mitte unterbrochen wird. Dieselbe ist beiden Flügeldecken gemeinschaftlich, verschmälert sich jedoch nahe der Naht beiderseits etwas; hinter ihr ist der Rand ebenfalls fein schwarz gesäumt, während der Aussenrand vor der Binde von der röthlichen Grundfarbe bleibt. Unterseite und die Beine von grünlich schwarzer Färbung, erstere deutlich punktirt, letztere mehr metallisch glänzend. Auch das Pygidium von derselben Farbe und ziemlich grob punktirt.

Durch die grünliche Farbe der Unterseite, sowie durch die nicht runzligen Zwischenräume der Flügeldecken und die etwas andere Vertheilung der Farbe derselben unterscheidet sich diese *Monachus*-Art von dem ähnlichen *babioides*. Auch Herr Dr. Suffrian, dem sämmtliche hier beschriebene Arten zur Durchsicht vorlagen, erkannte dieselbe als neu.

Von Muzo.

Monachus flavitarsis (n. sp.): Breit eiförmig, flach gewölbt, glänzend tiefschwarz, die Fühlerwurzeln und die Tarsen röthlichbraun, das Halsschild glatt, die Flügeldecken deutlich, nach hinten zu verschwindend, punktirtgestreift. — Long. 1 lin.

Der Kopf nur matt glänzend mit einigen feinen Punkten und deutlich der Quere nach abgesetztem Kopfschilde. Die Oberlippe röthlichgelb. Die Fühler kaum länger als das Halsschild, robust, schwarz, nur die unteren 4 Glieder röthlich braun. Das Halsschild an der Basis sehr erweitert, nach vorne zu weniger als halb so breit mit tief herabgezogenen Vorderecken. Die Oberfläche fast glatt, nur bei starker Vergrösserung nahe der Basis eine Spur von feiner narbigen Punktirung sichtbar. Der Hinterrand fast ohne alle Ausbuchtung, nur ganz leicht gerundet; bei gewisser Beleuchtung zeigt sich vor dem Schildchen eine kurze und feine Querfurche. Ersteres sehr lang und zugespitzt. Die Flügeldecken etwas breiter als das Halsschild, nur flach gewölbt und hinten deutlich verschmälert, dabei jede Flügeldecke für sich an der Spitze abgerundet. Die Schulterbeulen breit und länglich. Die Punktirung sehr deutlich und regelmässig, nur etwas vor der Spitze fast ganz verschwindend; der neunte Streif furchig eingedrückt, und dadurch der äusserste Zwischenraum gewölbt. Die übrigen Zwischenräume flach und glänzend, auch der Basaltheil glatt und flach und nicht wie gewöhnlich etwas erhöht. Die Unterseite ebenfalls schwarz, nur der Hinterleib und das Pygidium runzlig punktirt. Die Tarsen von hellbräunlicher Farbe.

Von Muzo.

Diese Art würde wohl am besten ihren Platz in der ersten Rotte finden, einentheils durch die Färbung, anderentheils durch das kaum gefurchte Halsschild. Von *nigritulus* Bohem. weicht sie durch die tief schwarze Färbung und die breit eiförmige Gestalt ab. Von dem oben beschriebenen *nigripennis* durch das kaum gefurchte Halsschild und die bräunlichen Tarsen, sowie die nicht zur Spitze reichende Punktirung verschieden.

Monachus abdominalis (n. sp.): Unten schwarz, Kopf, Halsschild, Fühlerwurzel, der letzte Hinterleibsring sowie das Pygidium hellroth. Flügeldecken dunkelviolettfarben, punktirt gestreift, mit flachen glatten Zwischenräumen. — Long. 1 lin.

Der zweiten Rotte angehörend und dem *haematopygus* Suffr. nahe verwandt, von demselben jedoch sogleich durch den rothen Hinterleibsring zu unterscheiden. Der Kopf glatt, ohne alle Punktirung und ohne Mittellinie, die sehr lang gezogenen Augen oben fast zusammenstossend. Fühler nur bis an das Ende des Halsschildes reichend, die ersten 2 Glieder röthlichgelb, die übrigen schwärzlich. Das dritte Glied $2\frac{1}{2}$ mal länger als das zweite, das vierte kürzer als das dritte Glied. Das Halsschild von regelmässiger Wölbung, nach vorn sehr verschmälert mit einem kurzen leichten Schrägeindruck jederseits des Schildchens. Der Hinterrand jederseits nur leicht ausgebuchtet. Die Oberfläche glänzend, nur nahe der Basis bei starker Vergrösserung einige narbenförmige Punkte zeigend, die Färbung ziegelroth. Schildchen länglich dreieckig, glänzend schwarz. Die Flügeldecken etwas breiter als das Halsschild, von doppelter Länge; deutlich, aber mässig tief punktstreifig; die Punktirung auch fast bis zur Spitze deutlich und an der Basis tiefer eingedrückt, letztere daselbst querwulstig erhoben. Die Zwischenräume glatt und flach, nur die zwei äusseren durch die tiefer furchenförmigen Punkte gewölbt. Der Seitenlappen breit und ziemlich tief herabgezogen. Die Farbe ein schönes dunkles violett. Unterseite und Beine schwarz und glänzend, nur die Schenkelwurzeln röthlich. Das Pygidium, der letzte Hinterleibsring sowie die Seiten der vorhergehenden hellroth.

Von Muzo.

B. *Criocerini.*

Megascelis femoralis (n. sp.): Hellgrün, leicht metallisch glänzend, Fühler mit Ausnahme der Endglieder, sowie die Spitzen der Schienen und Tarsen, schwärzlich; der Kopf tief und grübchenartig punktirt, das Halsschild und die Flügeldecken fein querrunzlig. — Long. 2--$2\frac{2}{3}$ lin.

Der *herbacea* Lac. äusserst nahe stehend in Betreff der Färbung und Punktirung, aber durch andere wesentliche Abweichungen doch gut von ihr verschieden. Von schlanker nach hinten zu deutlich verschmälerter Gestalt; der Kopf durchgehends sehr grob und tief punktirt, mit einer mehr oder weniger deutlichen glatten Mittellinie und ohne deutliche Trennung des Kopfschildes, von röthlicher Farbe mit mehr oder weniger grünem metallischem Anfluge; die ziemlich breit ausgebuchteten Augen schwarz. Die Fühler von etwa $^2/_3$ der Körperlänge, schlank und dünn, das Wurzelglied cylindrisch, das zweite sehr kurz und rund, die übrigen Glieder fast von gleicher Länge, vom fünften an etwas erweitert. Die drei ersten, sowie die drei letzten Glieder entweder einfarbig hellgelblich oder erstere auf der Oberseite geschwärzt. Oberlippe und die Palpen gelblichweiss. Das Halsschild ungefähr einhalbmal länger als breit, cylindrisch, nach hinten zu leicht eingeschnürt, mit einer kaum bemerkbaren Querfurche am Seitenrande etwas vor der Mitte; die Oberfläche deutlich punktirt und die Zwischenräume fein querrunzlig, die Punktirung längs des Vorderrandes deutlicher ausgeprägt. Die Farbe gewöhnlich bräunlichgelb mit stark grünlichem Anfluge, der sich hauptsächlich längs des Vorderrandes stärker zu erkennen gibt, jedoch liegt mir auch ein Stück mit einfarbig grüner Oberseite vor. Das Schildchen viereckig mit etwas breiterer Basis, deutlich punktirt. Die Flügeldecken circa $2^1/_2$ mal länger als das Halsschild, nur wenig gewölbt auf der Mitte, längs des Seitenrandes und schon mit nacktem Auge bemerkbar, länglich eingedrückt, die Oberfläche fein und dicht punktstreifig, die Zwischenräume noch feiner querrunzlig. Die Farbe übereinstimmend mit derjenigen des Halsschildes, aber durch eine äusserst feine anliegende Behaarung von gelblicher Farbe etwas mehr gedämpft. Unten, die Brust zart grünlich durch silberweisse Behaarung schimmernd, der Hinterleib jedoch bräunlich oder gelblich, sowie die Beine gänzlich von dieser Farbe mit geschwärzten Spitzen der Schienen und Tarsen. Die hinteren Hüften den Hinterleib deutlich überragend.

Wie schon oben bemerkt, kommt diese Art der *herbacea* Lac. sowie der *socialis* Bates nahe, unterscheidet sich aber durch grössere Gestalt und vor allem durch die den Hinterleib überragenden Hüften und die hintere Verschmälerung der Flügeldecken, sowie durch die grobe Sculptur des Kopfes und die Verwachsung des Kopfschildes mit demselben.

Vier Exemplare von Muzo.

Megascelis ornata (n. sp.): Gewölbt und nach hinten zu stark erweitert; oben überall dunkel kupferfarbig mit schwachem Metallglanz und weisslicher Behaarung; Kopf und Halsschild glatt, mit tiefen Punkten nicht sehr dicht besetzt; die Deckschilde stark punktstreifig ohne Runzeln, mit der Mitte der Naht und einem feinen Seitenstreif von der Schulter bis über die Mitte, glänzend grün. — Long. 1 $^2/_3$ lin.

Der Kopf stark gewölbt, auf dem Scheitel sehr sparsam nach vorne zu etwas dichter mit tiefen Punkten besetzt, dunkel kupferfarbig, das Kopfschild durch tiefe Eindrücke deutlich abgesetzt, jederseits oberhalb der Fühler mit grünlichem Metallglanz. Erstere von halber Körperlänge, mit Ausnahme der zwei ersten helleren Basalglieder, dunkelbraun, und alle Glieder vom fünften an, an der Spitze ziemlich stark erweitert; die Augen deutlich aber nicht tief ausgebuchtet. Das Halsschild ungefähr ein halbmal länger als breit, an der Basis verschmälert, mit deutlicher Querfurche in der Mitte und über die ganze Breite reichend. Die ganze Oberfläche mit groben Punkten besetzt, die dichter zusammenstehen als diejenigen des Kopfes, überdies mit deutlicher glatter und etwas erhöhter Mittellinie. Die Farbe ein metallisches Violett, hier und da mit etwas Purpurschimmer. Schildchen blau oder grün, glänzend, quadratisch. Flügeldecken parallel bis gegen die Mitte, von da an erweitert und ziemlich hoch gewölbt mit einem leichten Quereindruck unterhalb der Basis, sehr regelmässig punktstreifig, die Punkte selbst nahe der Basis am stärksten eingedrückt, nach der Spitze zu bedeutend abgeschwächt; die Zwischenräume, besonders hinten, mit dünner weisslicher Behaarung besetzt, sonst glatt, nur innerhalb des leichten Basaleindrucks sowie in der Nähe des Seitenrandes hier und da eine leichte Querrunzelung sichtbar. Die Farbe ein dunkel kupferfarbiges Violett, die Naht, besonders nach der Mitte zu, und ein sehr schmaler Streif von der Schulter an bis über die Mitte, stark glänzend metallisch grün. Beine und Unterseite fast schwarz mit leichtem Erzglanz, die Ersteren mit helleren Schienenspitzen und die Tarsen hellbräunlich.

Durch die Färbung der *M. aenea* Lac. sowie der *columbina* nahe stehend, von beiden aber durch die geringe Grösse und die Sculptur sofort zu unterscheiden.

Zwei Stücke von Manizales.

Megascelis herbacea Lacord.: Ein mir vorliegendes Stück von Muzo stimmt ausser in der etwas geringeren Grösse, sonst mit der Beschreibung von Lacordaire vollkommen überein und da die Arten

der Gattung *Megascelis* selbst unter sich grossen Abweichungen wie
es scheint unterliegen, so kann nur eine genügende Anzahl von
Exemplaren, wo nicht besondere Merkmale sonst vorliegen, das Recht
einer Art entscheiden.

Megascelis submetallescens (n. sp.): Matt grünlich glänzend,
der Kopf dicht aber mässig grob punktirt, ohne Abgränzung des
Kopfschildes; das Halsschild und die Flügeldecken fein querrunzlig,
dicht anliegend behaart, die Nahtwinkel jeder Flügeldecke als kurzes
Zähnchen vortretend. Beine und Hinterleib hellbräunlich. — Long.
$2\,^1/_2$ lin.

Von paralleler Gestalt, hinten weder erweitert noch verschmälert.
Der Kopf sehr dicht, aber nicht so tief punktirt als bei der oben beschriebenen *femoralis*, nur nach vorne zu ziemlich viel gröber, die
Punkte zu Runzeln zusammenfliessend mit einer ziemlich deutlichen
glatten Mittellinie vom Scheitel an bis zum Kopfschilde, letzteres ohne
alle Abgränzung. Die Farbe ein ziemlich glänzendes Hellgrün, aber
durch das Durchschimmern der Grundfarbe hellbräunlich scheinend, je
nach dem Auffallen des Lichtes. Die Oberlippe und Kinnladen
schwärzlich. Die Augen deutlich aber nicht sehr tief ausgebuchtet.
Fühler von etwas mehr als halber Körperlänge, einfarbig hellbräunlich,
nur die Endglieder etwas dunkler. Das dritte Glied etwas kürzer als
das folgende, dem Endgliede ungefähr an Länge gleich, alle übrigen
vom vierten Gliede an von gleicher Länge. Palpen hellgelblich. Das
Halsschild kaum länger als breit, cylindrisch, an der Basis etwas eingeschnürt ohne irgend eine deutliche Seitengrube, nur die Oberfläche
sehr leicht abgeplattet, letztere überall fein querrunzlig, mit anliegenden gelblichen Härchen dicht besetzt. Schildchen grün glänzend mit
einigen deutlichen Punkten. Die Flügeldecken gut dreimal länger als
das Halsschild, mit gerade abgestutzter Basis, ziemlich tief punktstreifig und die Zwischenräume hauptsächlich nahe der Basis zu
Querrunzeln zusammenfliessend, überall mit dichter gelblich glänzender
Behaarung, wodurch das Metallische sehr gedämpft und dem Thiere
ein mattes Aussehen ertheilt wird. Jede Flügeldecke am Nahtwinkel
mit einem deutlichen etwas nach aussen gerichteten Zähnchen. Unterseite mit Ausnahme der metallisch grün glänzenden Brust sowie die
Beine hellbräunlich, die hinteren Schenkel nur bis an das Ende der

ersten drei Hinterleibsringe reichend. Durch das Zähnchen der Deckschilde wird dieser Art ihre Stellung in die erste Abtheilung nach Lacordaire angewiesen; von den dort beschriebenen Arten weicht die vorliegende durch geringere Grösse und kürzere Hinterschenkel sowie durch andere Merkmale genügend ab.

Ein Stück von Ocaña.

Megascelis melancholica (n. sp.): Dunkel bräunlich oder grünlich erzfarben mit dichter anliegender gelblicher Behaarung, fast ohne allen Glanz. Der Kopf dicht punktirt, das Halsschild und die Flügeldecken dicht querrunzlig, letztere mit sehr dichter, fast filzartiger gelblicher Behaarung. Fühler, Beine und die Unterseite dunkelbraun, sparsam behaart. — Long. 2 lin., lat. 1 lin.

Der Oberkopf und das Kopfschild hellgrünlich, die Mitte mehr bräunlich gefärbt. Ueberall mit starken Punkten, die nach vorn und hauptsächlich auf dem Kopfschilde, wie bei den meisten Arten zu Runzeln zusammenfliessen, ausserdem mit deutlicher Mittellinie der ganzen Länge nach versehen, die vorn in einem Grübchen endigt. Oberlippe hellbraun. Fühler von $2/3$ der Körperlänge, schlank, vom fünften Gliede an erweitert, dunkelbraun, die drei ersten Glieder heller. Auch die Palpen bräunlich. Das Halsschild so lang als breit, jederseits mit einer deutlichen Querfurche in der Mitte, die Basis bis fast zum zweiten Drittheil ziemlich plötzlich verschmälert, die Oberfläche dicht punktirt und querrunzlig, mit einzelnen Haaren besetzt und bei einem Exemplar mit erhabener glatter Mittellinie, die die Basis nicht ganz erreicht, dagegen bei einem anderen kaum ohne Spur einer Mittellinie. Schildchen ebenfalls dicht behaart. Die Deckschilde sehr parallel, das letzte Drittheil seitwärts gesehen ziemlich steil abfallend und die Spitzen breit abgerundet, die Punktirung der Oberfläche sehr dicht und die Zwischenräume überall zu Querrunzeln zusammenfliessend, aber durch die sehr dichte, fast filzförmige gelbliche Behaarung sehr undeutlich. Die Grundfarbe ein dunkles Kupferbraun, auch die Unterseite sowie die Beine von derselben Farbe, erstere spärlich behaart mit etwas grünlichem Schimmer der Brustseiten. Die Hinterschenkel bis an das Ende des Hinterleibes reichend, stark verdickt. Diese Art kann durch ihr einfarbiges, fast düsteres Colorit und die dichte Behaarung der Deckschilde sowohl, als durch die robuste und vorhältnissmässig breite Gestalt von anderen Arten ziemlich leicht unterschieden werden.

Zwei Stück von Muzo.

Megascelis amabilis Lacord. Mon. p. 276.
Von Fusagasugá.

Megascelis dubiosa (n. sp.): Von länglich gestreckter, nach hinten zu leicht verschmälerter Gestalt, der Kopf sehr grob, das Halsschild wenig feiner punktirt. Flügeldecken gestreift punktirt mit deutlich gerunzelten Zwischenräumen, oben hellgrün, der äusserste Seitenrand sowie die Naht breit, kupferfarbig; Unterseite und Beine bräunlich. — Long. $1^{1}/_{2}$ lin.

Kopf sehr tief und grob punktirt, ohne alle Abgränzung des Kopfschildes, metallisch grün glänzend. Augen tief ausgebuchtet. Fühler von etwas mehr als halber Körperlänge, gebräunt, nur die zwei ersten Glieder heller und unbehaart und von derselben Farbe wie die Palpen und die Oberlippe. Das Halsschild ein halbmal länger als breit, in der Mitte ziemlich stark erweitert, fast ebenso grob punktirt als der Kopf, aber die Punkte zu Runzeln zusammenfliessend, einfarbig metallisch grün, mit deutlich erhabener glatter Mittellinie. Das Schildchen ebenfalls punktirt. Die Flügeldecken gut dreimal länger als das Halsschild, nach hinten zu deutlich verschmälert, grob punktstreifig, die Streifen aber durch starke Querrunzeln fast nur an der Basis deutlich bemerkbar, überdies mit weisslichem Haarwuchs ziemlich dicht besetzt. Die Farbe nicht von derjenigen des Halsschildes verschieden, nur der Saum jederseits sehr schmal und die Naht der ganzen Länge nach breit, kupferfarbig. Die ganze Unterseite mit den Beinen bräunlich, ziemlich stark behaart; die Hüften nicht bis an's Ende des Hinterleibes reichend und die Schienen am Ende ziemlich stark erweitert.

Ein Exemplar von Muzo.

Unter den mit dunkleren Bändern der Flügeldecken versehenen Arten, ist die vorliegende wohl am nächsten mit *fasciolata* und *amabilis* Lacord. verwandt. Sie unterscheidet sich aber von ersterer durch bedeutend geringere Grösse und die Verwachsung des Kopfschildes, und von letzterer durch die grobe Sculptur des Kopfes. Auch mit *fatuella* Lac. und *vittata* könnte sie verwechselt werden. Der Kopf bei *fatuella* ist aber fein punktirt und die Fühler sind so lang als der Körper, während *vittata* wieder bedeutend grösser ist, einen breiten Seitenstreif der Deckschilde und getrenntes Kopfschild besitzt.

Megascelis amabilis Lacord.

Ein Exemplar von 1 1/4 Linie Länge mit fast schwarzer Unterseite und hellen Beinen von Ibaqué.

Lema Steinheili (n. sp.):

Der Kopf, die sieben ersten Fühlerglieder, die Brust sowie die Schienen und Fussglieder schwarz. Das Halsschild, die vier letzten Fühlerglieder, Hüften und der Hinterleib bräunlichgelb, die Flügeldecken metallisch grün, deutlich gestreift punktirt. — Long. 4 lin., lat. 2 lin.

Von oben etwas abgeflachter, nach hinten zu leicht erweiterter Gestalt. Der Kopf glänzend schwarz, ohne alle Punktirung, nur längs des Augenrandes mit groben Eindrücken versehen und dieselben durch eine tiefe Furche abgegränzt, auch das Kopfschild jederseits mit einer tiefen nach oben zusammenlaufenden Furche, wodurch es daselbst das Ansehen eines spitzen Dreiecks erhält, ebenfalls vollkommen glatt, nur mit einigen Haaren bewachsen, die längs des Augenrandes dichter stehen. Die Palpen und Mundtheile fast schwarz. Fühler von etwas mehr als halber Körperlänge, robust, schwarz, fein greishaarig, die vier Endglieder röthlichgelb. Das erste und dritte Glied nur doppelt so lang wie das zweite kugelförmige, auch die übrigen Glieder wenig länger als das dritte, aber nach der Spitze zu etwas erweitert. Das Halsschild ungefähr so lang als breit, mit einer seitwärts tiefen Einschnürung, die sich wenn auch weniger tief, so doch sehr deutlich über die ganze Oberfläche der Quere nach fortsetzt, jedoch der Art, dass während die seitliche Einschnürung gerade die Mitte des Halsschildes einnimmt, diejenige der Oberfläche durch eine leichte Biegung näher der Basis zu liegen kommt. Ueberdies alle Winkel stark abgerundet. Die Farbe ist ein glänzendes Röthlichgelb und von einer Punktirung nur eine Spur in der Mitte längs des Vorderrandes sichtbar, die sich in zwei schwachen Punktreihen bis zur Mitte hinzieht. Das Schildchen schwarz, unpunktirt, mit abgerundeter Spitze. Die Deckschilde bedeutend breiter als das Halsschild mit schwacher Einschnürung unterhalb der Schultern und einer kurzen Querfurche in der Mitte etwas unterhalb der Basis. Die Oberfläche regelmässig und tief gestreift, die Streifen mit groben Punkten besetzt, nur unterhalb der Schulterbeulen ohne Streifenbildung; die Zwischenräume stark convex, deutliche Rippen bildend und überdies mit einzelnen feineren Punkten besetzt. Die Farbe ein schönes metallisches Grün, mit leichtem bläulichem Schimmer. Die Unterseite mit Ausnahme der schwarzen Brust hellbräunlich gelb, von derselben Farbe auch die Schenkel, die nicht bis an's Ende des Hinterleibes reichen. Schienen und Tarsen schwarz.

Von Guayabál und Manizales.

Diese schöne Art gehört durch die ununterbrochene neunte Punktreihe der ersten Lacordaire'schen Division an, wo sie unter den Arten der vierzehnten Gruppe am besten ihren Platz findet. Sie steht der Clark'schen *purpureo-aenea* von Brasilien in der Färbung sehr nahe, ist aber grösser und unterscheidet sich leicht durch die schwarze Brust und die starken, schon mit nacktem Auge deutlich sichtbaren Punktstreifen, sowie die erhabenen Zwischenräume.

Lema biarcuata (n. sp.): Halsschild und die Unterseite röthlich gelb, der Kopf, die Brust, Schienen, ein Ring am Grunde, sowie eine gebogene Binde hinter der Mitte der Flügeldecken, schwarz. — Long. $3\frac{1}{4}$ lin.

Kopf ohne alle Punktirung, glänzend schwarz, mit einem kleinen Grübchen in der Mitte des Scheitels, die Furchen am Seitenrande der Augen tief, das Kopfschild ebenfalls seitlich tief gefurcht. Mundtheile und die Palpen fast schwarz. Fühler robust, von $\frac{2}{3}$ der Körperlänge, dunkelbraun, nur das kurze zweite sowie die drei Endglieder heller röthlich. Das Halsschild so lang als breit, in der Mitte am Seitenrande tief eingeschnürt, von einer oberen Furche neben der Basis nur eine schwache Spur sichtbar; die Oberfläche ohne alle Punktirung, die Farbe röthlich gelb. Das Schildchen schwarz, glatt. Die Deckschilde ziemlich stark gewölbt, über dreimal so lang als das Halsschild, ohne allen Eindruck unterhalb der Basis, sehr regelmässig und deutlich punktirt gestreift. Die Punkte nach hinten zu allmählich an Grösse abnehmend und die Zwischenräume daselbst deutlich erhöht. Die Farbe heller gelb als diejenige des Halsschildes, ein kurzer

Schulterstreif in Verbindung mit einem völlig geschlossenen Ringe an der Basis jeder Flügeldecke und eine kurze gebogene Binde in Form eines halben Ringes hinter der Mitte, schwarz. Die Hüften und der Hinterleib röthlich gelb, die Schienen dunkel braun, die Brust schwarz, fein behaart.

Ein Exemplar von San Carlos.

Diese Art, der neunzehnten Gruppe Lacordaire's angehörend, steht sowohl der *basalis* Lac. sowie auch der *nigro-arcuata* Clark sehr nahe, unterscheidet sich aber von beiden durch den einfarbig schwarzen Kopf. Von ersterer ausserdem durch das glatte Halsschild, von letzterer durch den fehlenden Basaleindruck der Flügeldecken und die dunklen Schienen.

Lema Haroldi (n. sp.): Der Kopf und die Unterseite schwarz, vier Endglieder der Fühler, das Halsschild, der Seitenrand und eine Mittelbinde der Deckschilde, sowie die Beine hellgelb, die Ersteren schwärzlich violett. — Long. 3 lin.

Der Kopf und alle Mundtheile glänzend schwarz, ohne alle Punktirung mit einem Grübchen auf dem Scheitel und einer etwas tieferen Grube zwischen den Augen, die letzteren sehr genähert und stark hervortretend; die dieselben umgebenden gewöhnlichen Furchen nur wenig vertieft, der Scheitel dagegen vom Vorderkopf durch eine andere seichte Rinne der ganzen Breite nach getrennt. Die Fühler von halber Körperlänge, robust, schwarz, die vier letzten Glieder hellgelblich. Das Halsschild fast zweimal breiter als lang, die seitliche Einschnürung hinter der Mitte liegend und als tiefe Furche über die ganze Oberfläche sich fortsetzend, der vordere und hintere Theil sehr stark gewölbt. Die Vorderwinkel dabei etwas spitz vortretend. Die Oberfläche vollkommen glatt, hellgelblich, nur durch einige dunklere kleine Pigmentflecke hier und da etwas gebräunt. Das Schildchen vollkommen quadratisch mit einer kleinen Einbiegung in der Mitte des Vorderrandes, sonst glatt, von schwarzer Farbe. Die Flügeldecken gleichbreit, gut dreimal länger als das Halsschild, auf der vorderen Hälfte sehr tief und gross punktirt, die Punkte nahe der Naht zuweilen zusammenfliessend, die hintere Hälfte jedoch fast nur halb so stark punktirt, die Punkte nach der Spitze zu ganz schwindend und die Zwischenräume daselbst rippenartig erhöht. Von

einem Basaleindruck in der Nähe der Naht nur durch das daselbst
stattfindende Zusammenfliessen der Punktirung, eine schwache Spur.
Die Farbe ist ein sehr dunkles Violett. Der stark verdickte Seitenrand, die Schultern umfassend und an der Spitze zu einem dreieckigen
Flecken sich erweiternd, sowie eine gemeinsame etwas erhöhte Querbinde in der Mitte der Deckschilde, hellgelb. Die Unterseite glänzend
schwarz, fein gelblich behaart, auch die Tarsen von derselben Farbe,
die Schenkel und Schienen der Beine dagegen hellgelb.

Ein Exemplar von Paime.

Diese Art findet am besten ihren Platz neben *Olivieri* Lac. der
siebenzehnten Gruppe, von der sie sich durch schwarze Unterseite,
grössere Gestalt sowie andere Merkmale unterscheidet. Auch der von
Baly beschriebenen *Dia* kommt sie nahe, ist aber auch in Färbung
und Grösse sehr verschieden.

Lema limbatipennis (n. sp.): Kopf und Brust schwarz, Fühler,
Halsschild, Beine und Hinterleib röthlich gelb; die Flügeldecken
grünlich schwarz, grob punktstreifig, der Seitenrand und die Spitze
hellgelb. — Long. 3 lin.

In der Gestalt sehr der *Haroldi* gleichend und in der Färbung
der *perizonata* Lac. sowie der *flavomarginata* Clark sehr nahe stehend,
ist sie doch von beiden Arten gut verschieden. Der Kopf glänzend
schwarz, im Uebrigen wie bei *Haroldi* gebildet. Die Fühler sehr
robust, von halber Körperlänge, einfarbig röthlich gelb. Das Halsschild ebenfalls genau von der Gestalt und Bauart der *Haroldi*. Die
Oberfläche bei dem einen mir vorliegenden Exemplar etwas gebräunt.
Das Schilchen ebenfalls viereckig, schwarz, glatt. Die Flügeldecken
gleich breit, ohne allen Basaleindruck, sehr tief und regelmässig
punktstreifig, die Punktirung noch bis an's Ende, wenn auch bedeutend feiner, doch deutlich sichtbar. Die Zwischenräume schon von
der Mitte an rippenartig gewölbt. Die Färbung ein grünliches Schwarz,
der Seitenrand fein, nur auf der Schulter breiter gelb, ebenso die
Spitze mit dreieckigem erweiterten gelben Flecke versehen und mit
dem gelben Seitenrande zusammenhängend. Die Unterseite schwarz,
der Hinterleib und die Beine röthlich gelb.

Von Ocaña.

Der ersten Division angehörend und am nächsten *perizonata* Lac.

oder *flavomarginata* Clark. stehend, ist vorliegende Art durch den ganz anders gebauten Thorax, der bei *perizonata* fast quadratisch ist, während er hier eine stark quere Form und tiefe Einschnürung der Oberfläche besitzt, gut verschieden, von *flavomarginata* unterscheidet sich die Art überdies durch den ganz schwarzen Kopf.

Lema elegans (n. sp.): Unten schwarz, der Kopf und das Halsschild dunkelrothbraun, die Flügeldecken grünlichblau, eine gemeinsame schräge Binde in der Mitte, der hintere Seitenrand sowie die Spitze breit hellgelb. Beine und Fühler gelblich. — Long. 3 lin.

Der Kopf glatt, dunkel röthlichbraun, nur der Scheitel und das Kopfschild fast schwarz, die Palpen wieder heller. Die Augengruben tief. Die Fühler von halber Körperlänge, hell bräunlich, sehr robust und die ersten vier Glieder verhältnissmässig sehr kurz, hauptsächlich das erste Glied nur ein halbmal länger als das zweite, das dritte wenig länger als das erste. Das Halsschild fast so lang als breit, die gewöhnliche Einschnürung des Seitenrandes genau in der Mitte liegend und sich als mässig und nicht tiefe Furche über die Oberfläche fortsetzend; der dahinter liegende Theil nicht gewölbt; die Oberfläche fast ohne alle Punktirung, nur mit einem starken Glase einige feine Punkte in Längsreihen geordnet am Vorderrande sichtbar, von dunkelrothbrauner Farbe, der hintere Theil fast schwarz. Schildchen glatt, länglich viereckig. Die Flügeldecken etwas gewölbt, nach der Mitte zu ein wenig verbreitert. Die Oberfläche grob punktirt gestreift, die Punkte nach hinten zu feiner und die Zwischenräume deutlich gerippt, unterhalb der Basis ein deutlicher breiter Quereindruck. Die Farbe ein metallisches grünlichblau, eine gemeinschaftliche von aussen nach vorne gerichtete schmale Binde in der Mitte, der Seitenrand von dort an sowie die Spitze breit dreieckig, hellgelb. Man kann den hinteren Theil der Deckschilde also als mit einem gelben Ringe umgeben bezeichnen, der dem dazwischen liegenden Raum von der Grundfarbe die Form eines Halbkreises mit abgestutzter Basis gibt. Die ganze Unterseite schwarz, einzeln weisslich behaart, die Beine hellgelblich, die Hüften fast bis an's Ende des Hinterleibes reichend.

Von Fusagasugá.

Ebenfalls der ersten Abtheilung Lac. angehörend, in Färbung

solani Lac. nahe kommend, aber ausser sonstiger Einzelheiten durch helle Fühler, schwarze Unterseite und heller gefärbten Kopf verschieden.

Lema grata Lacord. Mon. p. 403.

Ein Exemplar von Paimo stimmt in Allem mit Lacordaire's Beschreibung, nur ist der Zwischenraum der zwischen den beiden gelben Querbinden liegt, bei dem vorliegenden Stück nicht schmal, sondern etwas breiter als der Basaltheil und die hintere Binde hat die Gestalt eines ∧.

Lema azureipennis Lac. Mon. p. 506.
Lema nigrocoerulea Clark. Cat. p. 58.
Ein Stück von Medellin.

Lema Baaleni (n. sp.): Unten und die Beine glänzend schwarz, Kopf und Halsschild röthlichbraun, letzteres fast quadratisch. Flügeldecken bläulichviolett oder blau, tief und regelmässig punktirt gestreift, der neunte Streifen in der Mitte unterbrochen. — Long. 2 lin.

Von nach hinten deutlich verschmälerter Gestalt, der Kopf gewölbt, vollkommen glatt, glänzend rothbraun, die Augenfurchen von mittelmässiger Tiefe, das Kopfschild und die Oberlippe schwarz, hellgesäumt, etwas behaart, sonst glatt und scheinend, die Palpen heller. Fühler von gut halber Körperlänge, robust, ganz schwarz, nur die zwei ersten Glieder mit etwas hellerer Spitze. Das Halsschild fast viereckig, ein wenig breiter als lang, mit wenig eingeschnürten Seiten, von oben gesehen und auch die Oberfläche nahe der Basis, nur leicht gefurcht, im Uebrigen glatt, ohne alle Punktirung, von derselben Farbe wie der Kopf. Das Schildchen viereckig, schwärzlich. Die Flügeldecken 2½ mal länger als das Halsschild, mit deutlich erhobener Basis, schon dem blossen Auge sichtbar und dieselbe nach hinten zu durch eine schräge Furche abgegränzt. Die Punktirung sehr tief und regelmässig, nur vom letzten Drittheil an etwas feiner und die Zwischenräume daselbst rippenförmig gewölbt. Der neunte Punktstreifen ein wenig vor der Mitte unterbrochen, aber nicht als erhobene Längsrippe vortretend, sondern fast glatt und flach. Die Schulterbeule jedoch durch einen kurzen und sehr tiefen seitlichen Eindruck stark hervortretend. Unterseite und Beine einfarbig schwarz, fein und dicht gelblich behaart. Die Hinterschenkel bis an das Ende des Hinterleibes reichend.

Von Medellin.

Diese mir in zahlreichen Stücken vorliegende Art, lässt sich mit keiner der von Lacordaire beschriebenen Arten mit einfarbig blauen Deckschilden und der zweiten Abtheilung angehörig verwechseln. Am nächsten kommt sie noch *pudens* sowie *tricolor*, unterscheidet sich aber von Beiden durch den fast viereckigen Thorax und die sehr leichte Seiteneinschnürung desselben sowie durch die Länge der Hinterschenkel, die weder bei *pudens* noch *tricolor* das Ende des Hinterleibes erreichen. Ausserdem ist sie auch durch die deutliche Erhöhung des Basaltheiles der Flügeldecken leicht kenntlich und durch den nicht leistenförmig erhobenen Theil des unterbrochenen neunten Punktstreifens.

Lema helvola Lac. Mon. p. 532.

Während die meisten Stücke von Medellin in nichts von Lacordaire's Beschreibung abweichen, haben einige das erste Fühlerglied von schwarzer Farbe und ein Stück hat ausserdem die Unterseite und das Schildchen schwarz.

Lema obscura Fabr.

Ein Stück von Medellin.

Lema praetextata Lac. Mon. p. 497.

Es liegen mir mehr als ein Dutzend Exemplare von Medellin vor, die alle mehr oder weniger mit Lacordaire's Beschreibungen sowohl von obiger Art sowie derjenigen von *dorsalis* oder *gracilis* übereinstimmen. Es finden sich auch zwei Stücke mit ganz schwarzem Halsschilde und ebenso gefärbter Unterseite, die einentheils durch das Fehlen des gebräunten Seitenrandes der Flügeldecken, worauf Lacordaire besonders Gewicht legt, sich zu *gracilis* hinneigen, anderntheils wieder von dieser Art abweichen. Ich bin deshalb ausser Stande bei der grossen Färbungsverschiedenheit der genannten Arten, die alle Uebergänge von einer zur andern zeigen, mit gutem Gewissen obige zwei Stücke mit vorwiegendem Schwarz als neu zu beschreiben und betrachte sie vorläufig als Varietät der *praetextata*.

Lema ducalis Lac. Mon. p. 435.
Zwei Stücke von Viani.

Lema jucunda Lac. l. c. p. 437.
Drei Stücke von Fusagasugá.

Lema bipartita Lac. l. c. p. 443.
Von La Vega.

Ein vorliegendes Stück von Manizales ist durch die Färbung der Deckschilde, die fast weiss sind und ausser der breiten Basalbinde noch eine schmälere hinter der Mitte besitzen, von den normal gezeichneten Stücken ausgezeichnet, da es aber weder in der Gestalt noch Sculptur oder sonstigen Merkmalen abweicht, so betrachte ich es als eine Local-Varietät.

Lema arcuata Lac. l. c. p. 439.
Von Muzo.

Tarpa spissicornis Klug

von

A. Hiendlmayr.

Die Raupen dieser Blattwespe erscheinen Ende Juli bis Anfang August auf *Laserpitium latifolium* L. In den ersten Ständen leben dieselben in Gesellschaft übersponnen in den Blattwinkeln; erst wenn sie halbausgewachsen sind, überspinnen dieselben einzeln die Blätter und gehen Ende August bis Mitte September zur Verpuppung in die Erde. Durch Zucht erhielt ich aus im August 1877 eingetragenen Raupen am 1. Juni heurigen Jahres obige Blattwespe in beiden Geschlechtern; auch in der freien Natur erscheint das vollkommene Insekt Anfangs Juni. Kaltenbach führt in seinem Werke „Die Pflanzenfeinde aus der Klasse der Insekten" keine *Tarpa* auf, und dürften demgemäss die Futterpflanzen der Raupen der Gattung *Tarpa* noch nicht genügend bekannt sein.

Sitzungsberichte
des
Münchener Entomologischen Vereins.

Sitzung vom 8. Januar 1878.

Unter dem Vorsitze des Herrn Eduard Steinheil wird zur Neuwahl des Ausschusses geschritten, und nach Berichterstattung über die Vereinsthätigkeit im verflossenen Jahre und nach Darlegung des finanziellen Berichtes durch Herrn Cassier Hiendlmayr, wird das bisherige Bureau mit Acclamation wieder gewählt. Es besteht dasselbe hienach aus:

Herrn Ed. Steinheil, erster Vorstand;
„ Dr. Gemminger, Stellvertreter desselben;
„ F. Will, erster Sekretär;
„ Frhr. v. Gumppenberg, zweiter Sekretär;
„ Anton Hiendlmayr, Cassier.

Ein Antrag des Vorsitzenden bezüglich der Abänderung des Preises von Separatabdrücken aus den Vereinspublikationen wird nach eingehender Debatte wegen vorher noch herzustellender Berechnungen der nächsten Sitzung zum Beschlusse vorbehalten.

Herr Dr. Gemminger hält einen belehrenden Vortrag über Präparation von Schmetterlingsraupen unter Vorzeigung vorzüglich schöner Exemplare.

Als neue Mitglieder werden aufgenommen die Herren: Friedrich Hermann in München, Max Frhr. v. Hopfgarten in Mülverstadt bei Langensalza, Dr. Ottmar Hofmann, Bezirksarzt in Würzburg, Ferdinand Kowarz, k. k. Telegraphenbeamter in Asch bei Eger, Dr. Candèze in Glain bei Lüttich. Ihren Austritt erklärten die Herren: Anton Baumann, Theodor Kitt, Joseph Merkl, sämmtlich in München.

Sitzungsberichte des Münchener Entomologischen Vereins. 165

Sitzung vom 5. Februar 1878.

Vorsitzender Herr Ed. Steinheil.

Es kommen zum Antrag: die Einhebung der Beiträge ganzjährig, dann: Bestimmung des Preises für abzugebende Separatabdrücke.

Da beide Anträge Statutenabänderung nöthig machen, werden dieselben einer Generalversammlung überwiesen, die am 19. Februar stattzufinden hat.

Herr Schriftführer Will hält einen Vortrag über das Stridulationsorgan des *Cryptorrhynchus lapathi* L.

Als Mitglied wird aufgenommen: Herr Landolt in Sparrenberg bei Engstringen, Canton Zürich.

Generalversammlung am 19. Februar 1878.

Unter dem Vorsitz des Herrn Ed. Steinheil wird beschlossen:

1) § 2 der Statuten soll im zweiten Theile folgende Fassung erhalten:

„Der Beitrag wird in der Regel mit einem Male erhoben, „ausnahmsweise ist den Münchener Mitgliedern gestattet diesen „Beitrag in zwei Raten zu leisten. Die Zeitschrift wird den „Mitgliedern franco unter Kreuzband zugesandt, jedoch erst „dann, wenn sie den vollen Jahresbeitrag erlegt haben."

2) Der für Separata zu bezahlende Preis wird folgenderweise per Exemplar fixirt:

Für einen halben Bogen oder weniger 13 Pfennige.

Für mehr als einen halben bis zu einem ganzen Bogen 25 Pfennige.

Für Aufsätze die mehr als einen ganzen Bogen umfassen, wird jeder ganze Bogen und ein Rest von mehr als einem halben Bogen zu je 25 Pfennige; ein Rest unter einem halben Bogen und bis zu diesem mit 13 Pfennige berechnet.

Als neue Mitglieder werden aufgenommen die Herren: Schapler in Kiel und Janson in London.

Sitzung vom 12. März 1878.

Anlässlich des 50-jährigen Doctorjubiläums des Ehrenmitgliedes Herrn Professor Dr. v. Siebold wird beschlossen: eine Deputation zu entsenden und werden die Herren Ed. Steinheil, Dr. Forel und **Hiendlmayr** dem verehrten Jubilar die Wünsche des Vereines darbringen.

Herr Baron **Gumppenberg** hält einen mit 3 Karten belegten sehr interessanten Vortrag über die Lepidopteren-Fauna des Mangfallgebietes.

Als neue Mitglieder werden aufgenommen die Herren: Dr. **Beyer**, Oberstabsarzt in Dresden, und **Jacoby** in London.

Sitzung vom 2. April 1878.

Unter dem Vorsitz des Herrn **Ed. Steinheil** werden wie gewöhnlich die neuen Erscheinungen der entomologischen Literatur vorgezeigt und besprochen, sowie verschiedene Mittheilungen der Mitglieder belehrend ausgetauscht.

Der angekündigte Vortrag des Herrn Dr. **Pauli** musste wegen Unwohlsein desselben auf eine spätere Sitzung vertagt werden.

Sitzung vom 7. Mai 1878.

Den Vorsitz führt Herr **Ed. Steinheil**.

Vortrag des Herrn Dr. **Pauli** über Genitalorgane von Coleopteren unter Vorzeigung sehr instructiver Präparate.

Als Mitglieder werden aufgenommen die Herren: **Frey-Gessner**, Conservator des zool. Museums in Genf, **Stockmayer**, Domänenpächter in Oberstenfeld bei Lichtenberg in Württemberg.

Sitzung vom 4. Juni 1878.

Vorsitzender Herr **Ed. Steinheil**.

Herr Dr. **Forel** erläutert in höchst interessantem Vortrag, unter Vorzeigung der nöthigen Instrumente und durch praktische Beispiele an verschiedenen Insekten, die anatomische Präparationsmethode, wie sich solche nach dem heutigen Stande der Wissenschaft als die bewährteste gezeigt hat, zugleich demonstrirt er an den Präparaten die wichtigsten internen Organe.

Als neue Mitglieder werden aufgenommen die Herren: **Arthur Petry** in Tilleda, **René Oberthur** in Rennes, Fbg. de Paris, Baron **Türkheim**, grossherzogl. Badischer Gesandter in Berlin, **E. Witte**, Appellationsgerichtsrath in Breslau.

Generalversammlung vom 27. August 1878.

Der Vorsitzende Herr Ed. Steinheil legt die bisher bekleidete Stelle des ersten Vorstandes nieder, da er in Begleitung des Herrn Dr. Forel Anfangs September eine längere Abwesenheit bedingende Reise nach Neu-Granada in Mittel-Amerika antreten wird.

Bei der hiedurch nothwendig gewordenen Wahl zur Ergänzung des Präsidiums werden Herr Dr. Gemminger als erster Vorstand und Herr Cassier Hartmann als dessen Stellvertreter berufen.

Als neues Mitglied wurde aufgenommen Herr: Benjamin Schultheis.

Das erste Heft der Vereinszeitschrift für 1878 wurde hier ausgegeben, die Redaction des zweiten Heftes hat Herr v. Harold zu besorgen, und soll dasselbe so bald als thunlich abgeschlossen und vertheilt werden. Desshalb werden denn auch die Berichte über die im laufenden Jahre noch stattfindenden Sitzungen, sowie der Cassa- und Rechenschaftsbericht für 1878 erst in den Mittheilungen für 1879 erscheinen.

Druck der Dr. Wild'schen Buchdruckerei (Gebr. Parcus) in München.

www.ingramcontent.com/pod-product-compliance
Lightning Source LLC
Chambersburg PA
CBHW032047220426

43664CB00008B/901